JavaScript

Informatik

Sandra Krüger, Helmut Balzert
HTML5, XHTML & CSS, 2. Auflage
Websites systematisch & barrierefrei entwickeln

Heide Balzert
Basiswissen Web-Programmierung, 2. Auflage
XHTML, CSS, JavaScript, XML, PHP, JSP, ASP.Net, Ajax

Dieter Wißmann
JavaServer Pages, 3. Auflage
Dynamische Websites mit JSP erstellen

Helmut Balzert
Java: Der Einstieg in die Programmierung, 3. Auflage
Strukturiert und prozedural programmieren
Mit Einführung in die Sprache C

Helmut Balzert
Java: Objektorientiert programmieren, 2. Auflage
Vom objektorientierten Analysemodell bis zum objektorientierten Programm
Mit Einführung in die Sprachen C++ und C#

Tilman Bollmann, Klaus Zeppenfeld
Mobile Computing
Hardware, Software, Kommunikation, Sicherheit, Programmierung

Ergänzend zu vielen dieser Bände gibt es »Quick Reference Maps« zum Nachschlagen und Wiederholen:
JSP, SQL, UML 2.

Zu allen diesen Bänden gibt es »E-Learning-Zertifikatskurse« unter www.W3L.de.

Olaf Benten

JavaScript

Für Einsteiger und Fortgeschrittene

W3L-Verlag | Herdecke | Witten

Autor:
Olaf Benten
E-Mail: Olaf.Benten@gmx.de

Bibliografische Information der Deutschen Nationalbibliothek:
Die Deutsche Nationalbibliothek verzeichnet diese Publikation in der Deutschen Nationalbibliografie. Detaillierte bibliografische Daten sind im Internet über http://dnb.ddb.de/ abrufbar.

Der Verlag und der Autor haben alle Sorgfalt walten lassen, um vollständige und akkurate Informationen in diesem Buch und den Programmen zu publizieren. Der Verlag übernimmt weder Garantie noch die juristische Verantwortung oder irgendeine Haftung für die Nutzung dieser Informationen, für deren Wirtschaftlichkeit oder fehlerfreie Funktion für einen bestimmten Zweck. Ferner kann der Verlag für Schäden, die auf einer Fehlfunktion von Programmen oder Ähnliches zurückzuführen sind, nicht haftbar gemacht werden. Auch nicht für die Verletzung von Patent- und anderen Rechten Dritter, die daraus resultieren. Eine telefonische oder schriftliche Beratung durch den Verlag über den Einsatz der Programme ist nicht möglich. Der Verlag übernimmt keine Gewähr dafür, dass die beschriebenen Verfahren, Programme usw. frei von Schutzrechten Dritter sind. Die Wiedergabe von Gebrauchsnamen, Handelsnamen, Warenbezeichnungen usw. in diesem Buch berechtigt auch ohne besondere Kennzeichnung nicht zu der Annahme, dass solche Namen im Sinne der Warenzeichen- und Markenschutz-Gesetzgebung als frei zu betrachten wären und daher von jedermann benutzt werden dürften. Der Verlag hat sich bemüht, sämtliche Rechteinhaber von Abbildungen zu ermitteln. Sollte dem Verlag gegenüber dennoch der Nachweis der Rechtsinhaberschaft geführt werden, dann wird das branchenübliche Honorar gezahlt.

© 2012 W3L GmbH | Herdecke | Witten | ISBN 978-3-86834-014-3

Das Werk einschließlich aller seiner Teile ist urheberrechtlich geschützt. Jede Verwertung außerhalb der engen Grenzen des Urheberrechtsgesetzes ist ohne Zustimmung des Verlages unzulässig und strafbar. Das gilt insbesondere für Vervielfältigungen, Übersetzungen, Mikroverfilmungen und die Einspeicherung und Verarbeitung in elektronischen Systemen.

Lektor: M.Sc. Jakob Pyttlik

Gesamtgestaltung: Prof. Dr. Heide Balzert, Herdecke

Herstellung: Miriam Platte, Witten

Satz: Das Buch wurde aus der E-Learning-Plattform W3L automatisch generiert. Der Satz erfolgte aus der Lucida, Lucida sans und Lucida casual.

Druck und Verarbeitung: CPI buchbücher.de GmbH, Birkach

Vorwort

HTML (einschließlich XHTML) ist die Basissprache des Web. Milliarden von Webseiten bestehen aus HTML-Quelltext, täglich kommen Hunderttausende hinzu.

Allerdings ist die Anwendung von HTML nicht ausschließlich auf das Web beschränkt. Digitale Handbücher, Präsentationen, interaktive Anwendungen und sogar einfache Textdokumente basieren häufig auf HTML. Hinzu kommen zahllose Intranet-Anwendungen und Informationssysteme.

Während per HTML Struktur und Inhalt festgelegt werden, setzt man für die Darstellung bzw. das Layout *Cascading Style Sheets* (CSS) ein. Ohne weitere Werkzeuge ist es nicht möglich, animierte Objekte auf einer Webseite darzustellen, den Seiteninhalt und das Layout dynamisch zu verändern oder auf Benutzereingaben flexibel zu reagieren.

Bei Animationen kommen oft Browser-Plug-Ins (z. B. Flash) zum Einsatz, für dynamische Effekte und Interaktion können Server-Programme bzw. -Skripte (PHP, Perl, Java, ...) sorgen. Allerdings verursacht die stetige Kommunikation zwischen Webclient (Browser) und Webserver viel Internet-Traffic.

Eine Lösung, welche großenteils clientseitig arbeitet und standardmäßig von allen Browsern unterstützt wird, ist JavaScript. Perfekt auf HTML und CSS abgestimmt, ermöglicht es dynamische Effekte und auch Interaktion.

HTML, CSS und auch Flash werden immer weiter entwickelt: Flash ist mehr als eine ernstzunehmende Konkurrenz für JavaScript-Animationen geworden, HTML ermöglicht mittlerweile die Überprüfung und Validierung von Benutzereingaben sowie die Erstellung von Grafiken ohne Browser-Plug-Ins. In mehreren Bereichen geht der Bedarf, programmgesteuerte Lösungen zu entwickeln, zurück.

Sicherlich wird es noch einige Jahre dauern, bis HTML5 und CSS 3 weit genug verbreitet sind, jedoch sind beide neuen Techniken schon heute in den aktuellen Browser-Modellen größtenteils implementiert.

Mit HTML und CSS wird auch JavaScript mächtiger, beispielsweise lassen sich schon heute per JavaScript dynamische grafische Objekte erstellen, gestalten und auch animieren.

Der Anwendungsbereich von JavaScript wird stetige Veränderungen erfahren. Mehr und mehr Effekte, für welche bisher Programmierung notwendig war, werden durch HTML und CSS abgedeckt. Durch neue Anforderungen seitens der Benutzer und auch bedingt durch die neuen Möglichkeiten von HTML und CSS ergeben sich neue Herausforderungen für die Webprogrammierer.

Dieses Buch vermittelt Ihnen, wie Sie JavaScript praxisgerecht einsetzen können. Es ist dabei allerdings weder ein Referenzwerk – davon gibt es genug – noch vermittelt es allgemeine Programmierkonzepte. Es setzt vielmehr Kenntnisse bzgl. HTML und CSS sowie Grundlagen der Programmierung voraus und vermittelt Ihnen darauf aufbauend die Konzepte und Besonderheiten von JavaScript. Dabei geht es auch um technische Aspekte. Zahlreiche Praxisbeispiele und Übungen zeigen Ihnen die Einsatzmöglichkeiten, jedoch auch die Probleme und Grenzen von JavaScript.

Neue Didaktik

Um Ihnen das Lernen zu erleichtern, wurde für die W3L-Lehrbücher eine neue Didaktik entwickelt. Der Buchaufbau und die didaktischen Elemente sind auf der vorderen Buchinnenseite beschrieben.

Kostenloser E-Learning-Kurs

Zu diesem Buch gibt es den kostenlosen E-Learning-Kurs »Schnelleinstieg in JavaScript«. Sie finden den Kurs auf der Website http://Akademie.W3L.de. Unter Startseite & Aktuelles finden Sie in der Box E-Learning-Kurs zum Buch den Link zum Registrieren. Nach der Registrierung und dem Einloggen geben Sie bitte die folgende Transaktionsnummer (TAN) ein: 6478737130.

Vom Lesen zum Zertifikat

Wenn Sie Ihren Lernerfolg überprüfen wollen, dann sollten Sie den kostenpflichtigen, gleichnamigen E-Learning-Kurs auf http://Akademie.W3L.de buchen. Eine Vielzahl von Tests, Selbsttest- und Einsendeaufgaben (Hochladen auf den Server) sowie Animationen helfen Ihnen, Ihr Wissen zu vertiefen und zu festigen. Mentoren und Tutoren betreuen Sie dabei. Bei erfolgreichem Abschluss erhalten Sie ein Test- und ein Klausurzertifikat, mit dem Sie Ihren Erfolg dokumentieren können.

Inhalt

1	**Aufbau und Gliederung ***	1
2	**Schnelleinstieg in JavaScript ***	3
2.1	»Hello World« mit JavaScript *	4
2.2	Funktionen und Objekte in JavaScript *	9
2.3	HTML und JavaScript *	18
2.4	Aufbau und Darstellung einer Webseite *	27
2.5	Sicherheit ***	29
2.6	JavaScript ist eine Interpretersprache *	35
2.7	Von JavaScript bis zu Ajax **	40
2.8	JavaScript vs. Java **	44
2.9	JavaScript vs. JScript **	46
2.10	Fehlersuche/Debugging *	47
2.10.1	Fehlerkonsole und Validierung *	48
2.10.2	Entwicklungswerkzeuge *	52
2.10.3	Einführung in Firebug *	59
3	**Einführung in die Ereignisbehandlung ***	65
3.1	Mausereignisse *	66
3.2	Tastaturereignisse *	69
3.3	Ereignisse in Formularen *	70
3.4	Weitere Ereignisse einschl. HTML5 *	74
4	**Sprachelemente ***	77
4.1	Bezeichner und Kommentare *	77
4.2	Anweisungen *	79
4.3	Variable, Konstanten und Typen *	80
4.4	Einstieg in Funktionen *	89
4.5	Operatoren *	92
4.6	Auswahlanweisungen *	100
4.7	Wiederholungsanweisungen *	103
4.8	Die n + 1/2-Schleife *	107
5	**Core-Objekte ***	111
5.1	Das Objekt Date *	112
5.2	Das Objekt Math *	114
5.3	Das Objekt Number *	116
5.4	Das Objekt Boolean *	119
5.5	Das Objekt Array *	119
5.6	Das Objekt String *	132
5.7	*Wrapper*-Objekte **	139
5.8	Das Objekt Object *	140
5.9	Fehler-Objekte *	149
5.10	Skripte in Formularen einsetzen *	158
5.11	Formularvalidierung und reguläre Ausdrücke **	168
5.11.1	Validierung durch String-Methoden **	169
5.11.2	Reguläre Ausdrücke anwenden **	171
5.11.3	Begrenzer, Modifikatoren, Replikatoren **	174
5.11.4	Methoden zum Suchen und Ersetzen ***	181

5.11.5	Eigenschaften regulärer Ausdrücke **		186
5.12	Funktionen *		190
5.12.1	Objektunabhängige Standardfunktionen *		192
5.12.2	Benutzerdefinierte Funktionen *		196
5.12.3	Literale und anonyme Funktionen *		201
5.12.4	Rekursion *		209
5.12.5	Funktionen als Objekt **		214
5.12.6	this *		220
5.12.7	Prototyping *		222
5.13	*Web Workers* ***		230
5.14	WebSockets ***		237
6	**Host-Objekte ***		**241**
6.1	Einführung *		241
6.2	Das Objekt window *		245
6.3	Das Objekt document *		254
6.4	Das Objekt screen *		257
6.5	Die Objekte navigator und geolocation **		257
6.6	Das Objekt location *		264
6.7	Das Objekt history *		265
6.8	*Cookies* *		266
6.9	*Local Storage* und *Session Storage* **		274
6.10	*Application-Cache* ***		278
7	**DHTML und DOM ***		**283**
7.1	DHTML-Beispiele **		284
7.2	DOM-Konformität **		288
7.3	Das W3C-DOM **		292
7.4	*Stylesheets* **		295
7.5	DOM-Inspektoren **		315
7.6	Knotentypen **		318
7.7	Zugriff auf den Inhalt von Knoten **		329
7.8	Zugriff auf Elementknoten **		338
7.9	Elementknoten hinzufügen und entfernen **		345
7.10	Zugriff auf Attribute **		351
7.11	Drag&Drop ***		362
7.12	*Scrolling* ***		366
8	**Erweiterte Ereignisbehandlung ***		**369**
8.1	*Event-Handler* als Objekteigenschaft **		369
8.2	Das DOM 0 **		373
8.3	Das DOM 2- und Microsoft-Modell **		375
8.4	Ereignisse weiterleiten **		384
9	**Canvas ***		**395**
9.1	Rechtecke zeichnen ***		397
9.2	Muster und Farbverlauf ***		407
9.3	Pfade und Formen ***		411
9.4	Text und Schatteneffekte ***		419
9.5	Transformationen ***		422
9.6	Bilder und Pixelmanipulation ***		424

9.7	WebGL – die dritte Dimension ***		430
10	**Ajax-Grundlagen** **		433
11	***Frameworks*** **		443
11.1	Das *Framework* jQuery **		446
11.2	Das *Framework* Prototype ***		453
11.3	Das *Framework* Qooxdoo ***		454
12	**Effizienz** **		457
13	**Die Zukunft von JavaScript** **		465
Glossar			469
Sachindex			475

1 Aufbau und Gliederung *

Webanwendungen spielen eine immer größere Rolle. Die Programmiersprache JavaScript ergänzt in idealer Weise die Seitenbeschreibungssprache HTML und die Stilvorlagensprache CSS. Dieses Buch vermittelt Ihnen fundiertes Wissen über die Programmiersprache JavaScript. Es wird aber nicht nur Wissen vermittelt, sondern es werden viele praxisorientierte Beispiele vorgestellt, die die Konzepte veranschaulichen. Damit Sie die Konzepte nicht nur kennenlernen, sondern auch beherrschen und in eigenen Programmen einsetzen können, ist es – wie bei allen Programmiersprachen – erforderlich, dass Sie die angegebenen Übungen und Aufgaben durchführen.

Ein Schnelleinstieg in JavaScript vermittelt Ihnen einen ersten intuitiven Eindruck von dieser Programmiersprache und ihrem Umfeld:

- »Schnelleinstieg in JavaScript«, S. 3

Eine Stärke von JavaScript besteht darin, auf Ereignisse zu reagieren. Anhand von vielen Beispielen sehen Sie, wie einfach es ist, Ereignisse zu verarbeiten:

- »Einführung in die Ereignisbehandlung«, S. 65

Einen Überblick über die wichtigsten Sprachelemente von JavaScript ermöglicht Ihnen einen schrittweisen Einstieg in die Programmierung, insbesondere wenn Sie noch keine oder erst wenige Erfahrungen mit Programmiersprachen haben. Haben Sie bereits andere Programmiersprachen intensiv kennengelernt, dann werden Sie viele Parallelen erkennen und können diese Ausführungen zügig durcharbeiten:

- »Sprachelemente«, S. 77

JavaScript-Programmierern stehen zahlreiche vordefinierte Objekte zur Verfügung, welche sich in zwei Gruppen einteilen lassen. Eine Gruppe bilden die Core-Objekte, die zweite Gruppe stellen die Host-Objekte dar. Zunächst werden die Core-Objekte behandelt:

- »Core-Objekte«, S. 111

Die Host-Objekte beziehen sich unmittelbar auf das Browserfenster sowie den Browser selbst und erlauben den Zugriff auf deren Eigenschaften und die Seiteninhalte:

- »Host-Objekte«, S. 241

Das Kürzel DHTML steht für dynamisches HTML und erlaubt es, Webseiten mit Dynamik zu versehen. Dazu wird auf das DOM – das so genannte *Document Object Model* – zugegriffen. Das DOM bildet die Schnittstelle zwischen Inhalt, Struktur, Layout und Verhalten einer Webseite:

- »DHTML und DOM«, S. 283

Event-Objekte und Ereignisweiterleitung ermöglichen eine differenzierte Behandlung von Ereignissen:

- »Erweiterte Ereignisbehandlung«, S. 369

HTML5 stellt eine »Leinwand« – englisch *Canvas* genannt – auf einer Webseite zur Verfügung. Mithilfe von JavaScript können auf dieser rechteckigen Zeichenfläche Zeichen- und Bildobjekte erstellt und manipuliert werden:

- »Canvas«, S. 395

Seit einigen Jahren ist es möglich, durch eine Kombination vorhandener Techniken asynchron Teile von Webseiten zu aktualisieren, ohne die gesamte Webseite neu vom Server laden zu müssen. Dadurch gibt es neue Möglichkeiten für die Webseiten-Programmierung:

- »Ajax-Grundlagen«, S. 433

Zur Erleichterung der Programmierung gibt es zahlreiche JavaScript-Bibliotheken, die dem Programmierer Standardaufgaben abnehmen:

- »Frameworks«, S. 443

Damit Webanwendungen schnell auf Benutzerinteraktionen reagieren können, müssen die JavaScript-Programme für die Laufzeit optimiert werden:

- »Effizienz«, S. 457

Bereits heute lassen sich weitere Perspektiven von JavaScript aufzeigen:

- »Die Zukunft von JavaScript«, S. 465

2 Schnelleinstieg in JavaScript *

Dieser Schnelleinstieg in die Sprache JavaScript vermittelt Ihnen ein intuitives Gefühl der Möglichkeiten und Besonderheiten von JavaScript.

Zur Einführung werden zwei kleine JavaScript-Programme, eingebettet in eine HTML-Seite, gezeigt und erklärt:

- »»Hello World« mit JavaScript«, S. 4

Wesentliche Sprachelemente von JavaScript sind Funktionen und Objekte, die anhand von einigen Beispielen erläutert werden:

- »Funktionen und Objekte in JavaScript«, S. 9

Es gibt verschiedene Möglichkeiten, JavaScript-Programme mit HTML-Seiten zu verknüpfen:

- »HTML und JavaScript«, S. 18

Um die Wirkungen von JavaScript-Programmen zu verstehen, ist es wichtig zu wissen, wie Webseiten vom Browser verarbeitet werden:

- »Aufbau und Darstellung einer Webseite«, S. 27

Durch Sicherheitslücken ist JavaScript bei vielen Benutzern in Verruf geraten:

- »Sicherheit«, S. 29

JavaScript wird im Browser sofort ausgeführt:

- »JavaScript ist eine Interpretersprache«, S. 35

Durch die geschickte Kombination verschiedener Techniken ist es möglich, Webseiten asynchron zu aktualisieren:

- »Von JavaScript bis zu Ajax«, S. 40

Die Bezeichnung JavaScript legt nahe, dass JavaScript mit der Programmiersprache Java verwandt ist, was aber nicht der Fall ist:

- »JavaScript vs. Java«, S. 44

JScript ist die Microsoft-Konkurrenz zur Sprache JavaScript:

- »JavaScript vs. JScript«, S. 46

Jeder Programmierer macht Programmierfehler. Daher müssen Fehler systematisch gesucht und beseitigt werden:

- »Fehlersuche/Debugging«, S. 47

2 Schnelleinstieg in JavaScript *

2.1 »Hello World« mit JavaScript *

JavaScript-Anweisungen werden in HTML-Programmen durch das HTML-Element <script> gekennzeichnet. Sie werden von einem Interpreter analysiert und sofort ausgeführt. Durch den Aufruf der Standardfunktionen confirm() und alert() werden Dialogboxen geöffnet. Enthält ein HTML-Element das Attribut onclick="...", dann wird beim Klick auf den Inhalt des entsprechenden HTML-Elements durch den Benutzer die Funktion aufgerufen, die als Wert des Attributs angegeben ist.

Tradition

Traditionell ist das erste Programm, das ein Programmierer schreibt, wenn er eine neue Sprache lernt, das Programm »Hello World«. Tradition ist es ebenfalls, das fertige Programm, wie es im Folgenden vorgegeben wird, mechanisch in einen Texteditor einzutippen und dann zu sehen, wie es läuft, bevor erklärt wird, was die einzelnen Programmzeilen bewirken. Das folgende Beispiel zeigt ein einfaches JavaScript-Programm, das den Text Hello World nach dem Klicken auf den Druckknopf OK im Webbrowser anzeigt.

Beispiel 1:
1. JavaScript-Programm

```
1   <!DOCTYPE HTML>
2   <html>
3       <head>
4           <title>Erstes JavaScript-Programm</title>
5           <meta charset="UTF-8"/>
6       </head>
7       <body>
8           <p>Mein erstes JavaScript-Programm</p>
9           <script>
10              confirm("Neugierig?");  //JavaScript-Funktion
11          </script>
12          <p>Jetzt kommt es:<br/>
13              <strong>Hello World!</strong>
14          </p>
15      </body>
16  </html>
```

Das Beispiel zeigt ein HTML5-Dokument. Im Kopfteil (<head>) wird unter <title> der Text Erstes JavaScript-Programm angegeben, der in der Titelleiste des Browsers angezeigt wird. Anschließend wird durch <meta charset="UTF-8"/> festgelegt, dass der Zeichensatz UTF-8 verwendet werden soll.

Im Rumpfteil (<body>) steht in einem Absatz (<p>) der Text Mein erstes JavaScript-Programm.

Das folgende HTML-Element <script> gibt an, dass nun JavaScript-Programmteile folgen. Bei der JavaScript-Anweisung confirm("Neugierig?"); handelt es sich um den Aufruf der standardmäßig in JavaScript enthaltenen Funktion confirm mit dem Parameter Neugierig?. Diese Funktion erzeugt eine Dialogbox mit dem Text, der als Parameter übergeben wurde – hier Neugierig? und den Druckknöpfen *(buttons)* OK und Abbrechen (Abb. 2.1-1). Hinter der Anweisung confirm("Neugierig?"); steht ein so genannter Zeilenkommentar (eingeleitet durch //), der die Anweisung erläutert, der aber nicht ausgewertet wird. Das Ende der JavaScript-Anweisung wird durch </script> angegeben.

Abb. 2.1-1: Erste Browserausgabe des JavaSkript-Programms »HelloWorld«.

Anschließend folgt wieder ein Absatz (<p>) mit dem Text Jetzt kommt es:
 <strong>Hello World!</strong>, wobei das HTML-Element <strong> angibt, dass der Text Hello World hervorgehoben dargestellt werden soll, in der Regel wird der Text dann **fett** dargestellt.

Wird ein HTML-Programm in den Webbrowser geladen, dann wird das Programm von oben nach unten abgearbeitet. Sind im <body> JavaScript-Anweisungen enthalten, dann werden sie unmittelbar ausgeführt. Die Abb. 2.1-1 zeigt, dass nach der Ausgabe des Textes Mein erstes JavaScript-Programm die Dialogbox angezeigt wird, der Text Jetzt kommt es:Hello World! aber noch nicht zu sehen ist. Erst nach dem Klicken auf einen der Druckknöpfe werden die folgenden HTML-Elemente ausgeführt und der restliche Text wird angezeigt (Abb. 2.1-2).

![Browserausgabe: Mein erstes JavaScript-Programm / Jetzt kommt es: Hello World!]

Abb. 2.1-2: Browserausgabe des JavaScript-Programms »HelloWorld« nach dem Klick auf OK.

Übertragen Sie das Beispielprogramm in einen Texteditor und speichern Sie es auf Ihrem Computersystem mit der Dateiendung .html ab. Öffnen Sie die Datei anschließend in mehreren Webbrowsern und führen Sie das Programm aus.

Hinweis   Wenn Sie bereits eine klassische Programmiersprache wie Java, C#, C++ oder C kennengelernt haben, dann werden Sie sich sicher wundern, dass Sie das JavaScript-Programm nicht übersetzen müssen. JavaScript-Programme werden durch einen so genannten **Interpreter** direkt ausgeführt, d. h. Zeile für Zeile wird analysiert und sofort ausgeführt. Ein JavaScript-Interpreter befindet sich heute in allen Webbrowsern.

Wenn beim Start des Programms in Ihrem Webbrowser keine Dialogbox erscheint, dann ist in Ihrem Webbrowser JavaScript deaktiviert. Zum **Aktivieren von JavaScript** gehen Sie wie folgt vor (ähnlich in anderen Webbrowsern):

- **Firefox**: Extras/Einstellungen/Inhalt/JavaScript aktivieren.
- **Internet Explorer**: Extras/Internetoptionen/Sicherheit/Lokales Intranet/Stufe anpassen/Scripting/Active Scripting/Aktivieren. Analog können Sie JavaScript für die Webinhaltszone Internet aktivieren.

Ereignisse   JavaScript stellt eine Vielzahl von Funktionen zur Verfügung, um auf Ereignisse zu reagieren. Das folgende Beispiel zeigt, wie durch einen Klick auf einen Link eine Dialogbox geöffnet wird.

2.1 »Hello World« mit JavaScript *

```
 1  <!DOCTYPE HTML>
 2  <html>
 3    <head>
 4      <title>Zweites JavaScript-Programm</title>
 5      <meta charset="UTF-8"/>
 6    </head>
 7    <body>
 8      <a href="#unten"
 9         onclick="javascript:alert
10           ('Hello World! Und jetzt geht´s nach unten');">
11         Hier klicken
12      </a>
13      <p>Oben</p>
14      <p>Mitte</p>
15      <a id="unten"> </a>
16      <p>Unten</p>
17    </body>
18  </html>
```

Beispiel 2:
2. JavaScript-Programm

In der Zeile 9 finden Sie in dem HTML-Element Anker <a> das HTML-Attribut onclick="...".. Dieses Attribut bewirkt, dass beim Klick mit der Maus auf den Link – im Beispiel Hier klicken – die Anweisung ausgeführt wird, die in Anführungsstrichen hinter onclick angegeben ist. Als Anweisung wird in diesem Beispiel die JavaScript-Funktion alert() mit dem Eingabeparameter 'Hello World! Und jetzt geht´s nach unten' aufgerufen. Diese Funktion sorgt dafür, dass nach dem Anklicken des Links eine Dialogbox mit dem Text Hello World! Und jetzt geht´s nach unten erscheint. Durch das Anklicken wird in HTML ein Ereignis-Steuerungsprogramm – *Event-Handler* genannt – aktiviert, das die Funktion alert() aufruft. Anschließend wird in diesem Beispiel die Standardaktion ausgeführt und der Browser navigiert zum Anker "unten". Die Ausgabe im Webbrowser zeigt die Abb. 2.1-3.

In JavaScript sind Texte – wie in anderen Programmiersprachen auch – *Zeichenketten* *(Strings)*, die in doppelte Anführungszeichen eingeschlossen werden. In JavaScript ist es auch möglich, einfache Anführungszeichen zu verwenden, siehe Beispiel 2.

Ändern Sie das Beispiel 2 in der Zeile 9 so, dass 'Hello World ...' in doppelten Anführungszeichen geschrieben wird: "Hello World ...". Führen Sie das so geänderte Programm in Ihrem Webbrowser aus. Was stellen Sie fest?

Sie werden feststellen, dass beim Klick auf den Link keine Dialogbox geöffnet wird. Sie erhalten aber auch keine Fehlermeldung. Führen Sie das Programm im Webbrowser Firefox aus und schalten Sie – wie folgt – die so genannte Fehlerkonsole ein:

Menü Extras/Web-Entwickler/Fehlerkonsole

2 Schnelleinstieg in JavaScript *

Abb. 2.1-3: Browserausgabe des JavaScript-Programms »HelloWorld« vor dem Klick.

Wenn Sie jetzt das geänderte Beispiel ausführen, erhalten Sie in der Fehlerkonsole den in der Abb. 2.1-4 angegebenen Syntaxfehler. Der Fehler liegt darin, dass beim Aufruf einer Funktion in einem HTML-Attribut Zeichenketten in einfache Anführungsstriche gesetzt werden müssen. Hier zeigt sich der Nachteil von Interpreter-Sprachen. Bei Programmiersprachen, die übersetzt werden müssen, hätte der Übersetzer den Fehler festgestellt.

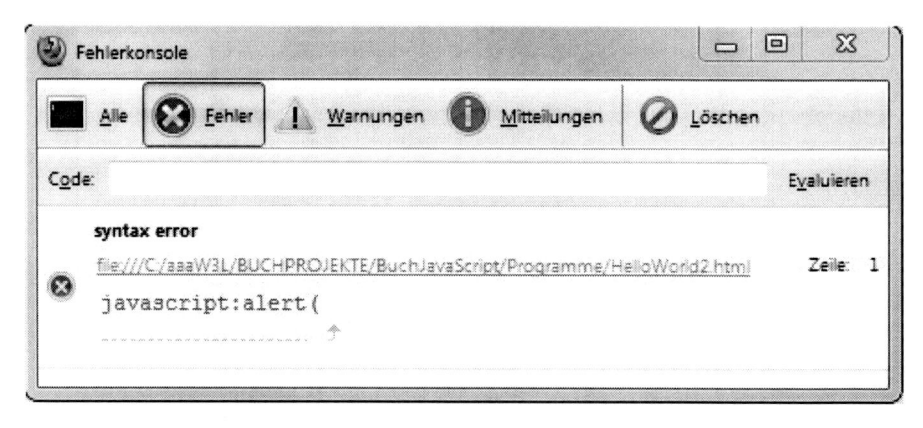

Abb. 2.1-4: Hinweis auf einen Fehler in der JavaScript-Anweisung, Zeile 1.

Das waren Ihre ersten JavaScript-Programme. Wie Sie gesehen haben, können Sie mit wenig Programmieraufwand bereits gute Effekte erzielen.

2.2 Funktionen und Objekte in JavaScript *

In JavaScript ist es – wie in anderen prozeduralen und objektorientierten Programmiersprachen – möglich, eigene Funktionen zu deklarieren und zu benutzen, um Teilaufgaben zu erledigen. Die Deklaration erfolgt im <head>-Teil des Dokuments, eingeklammert in <script>. Über eine Parameterliste können Informationen an die Funktion übergeben werden. Ergebnisse können einer Variablen zugewiesen werden. In JavaScript gibt es vordefinierte Objekte mit festgelegten Eigenschaften und zugeordneten Funktionen, die in diesem Kontext Methoden genannt werden. Wichtige Objekte sind das navigator-Objekt, das window-Objekt und das document-Objekt. Jedes HTML-Dokument wird beim Laden in der Web-Browser in einer hierarchischen Baumstruktur dargestellt. Über eine Programmierschnittstelle kann auf diese so genannte DOM-Struktur *(Document Object Model)* über Methoden zugegriffen werden.

Selbstdefinierte Funktionen

In sich abgeschlossene Teilprobleme können in den meisten Programmiersprachen in Form von **Funktionen** beschrieben bzw. deklariert werden. Die so deklarierten Teilprobleme erhalten einen eigenen Namen (Funktionsnamen). Diese Funktionen können dann durch Angabe des Funktionsnamens von anderen Programmteilen aus aufgerufen werden. Sie werden dann ausgeführt und nach Ende der Ausführung wird das Programm hinter der Aufrufstelle fortgesetzt. Damit Funktionen nicht nur eine spezielle Aufgabe lösen können, sondern möglichst eine Aufgabenklasse, ist es möglich, Informationen in Form von Eingabeparametern an gerufene Funktionen zu übergeben. In runden Klammern hinter dem Funktionsnamen werden auf einer formalen Parameterliste bei der Funktionsdeklaration Platzhalter spezifiziert. Mehrere Platzhalter werden durch Kommata voneinander getrennt. Beim Aufruf der Funktion werden den formalen Parametern aktuelle Parameter gegenübergestellt, die die formalen Parameter initialisieren. Es erfolgt eine Wertübergabe *(call by value)*, d.h. der Wert des aktuellen Parameters wird in die Speicherzelle des formalen Parameters kopiert, so dass innerhalb der gerufenen Funktion nur auf Kopien der aktuellen Parameter gearbeitet wird. Soll ein Ergebnis an das rufende Programm zurückgegeben werden, dann geschieht dies innerhalb der Funktion durch die Angabe return, gefolgt von dem zu übergebenden Ergebnis.

Für Einsteiger

Neben den Standardfunktionen, die JavaScript zur Verfügung stellt, können Sie selbst auch eigene Funktionen programmie-

2 Schnelleinstieg in JavaScript *

ren. In JavaScript werden solche Funktionen im `<head>`-Teil eines HTML-Dokuments deklariert und können im `<body>`-Teil des HTML-Dokuments dann aufgerufen werden.

Beispiel 1: JavaScript-Programm mit Funktionen

In diesem Programm werden Kilometer in amerikanische Meilen umgerechnet. In den Zeilen 7 bis 10 (siehe unten) wird eine Funktion `KMinMeilen` mit dem Eingabeparameter `km` deklariert. Der Wert des Eingabeparameters wird in der Zeile 9 mit dem Umrechnungsfaktor 0.6213712 für Meilen multipliziert und das Ergebnis durch `return` zurückgegeben.

In der Zeile 16 wird die JavaScript-Standardfunktion `prompt(..)` mit zwei Eingabeparametern aufgerufen. Der erste Parameter gibt an, welcher Text in der Dialogbox angezeigt werden soll. Der zweite Parameter gibt an, welcher Text als Voreinstellung in dem Eingabefeld angezeigt wird. Der vom Benutzer eingegebene Wert wird von der Funktion `prompt(...)` als Ergebnis zurückgeliefert und in der Variablen `kilometer` gespeichert.

In der Zeile 19 wird die selbstdefinierte Funktion `KMinMeilen(...)` mit dem aktuellen Eingabeparameter `kilometer` aufgerufen. Es wird der Wert übergeben, der in der Variablen `kilometer` steht. Das Ergebnis der Berechnung wird von der Funktion `KMinMeilen(...)` zurückgeliefert und in der Variablen `meilen` gespeichert.

In der Zeile 20 wird die JavaScript-Standardfunktion `alert(...)` aufgerufen. Es erscheint eine Dialogbox mit den eingelesenen Kilometern und den berechneten Meilen.

```
1   <!DOCTYPE HTML>
2   <html>
3    <head>
4     <title>JavaScript-Programm mit Funktionen</title>
5     <meta charset="UTF-8"/>
6     <script>
7      function KMinMeilen(km) //Deklaration
8      {
9          return km * 0.6213712;
10     }
11    </script>
12   </head>
13   <body>
14    <h3>Umrechnungsprogramm</h3>
15    <script>
16     var kilometer = prompt
17     ('Umrechnung Kilometer in Meilen', 'Kilometer eingeben');
18         //Aufruf der selbstdeklarierten Funktion
19         var meilen= KMinMeilen(kilometer);
20         alert(kilometer + " Km = " + meilen + " Meilen");
21    </script>
22   </body>
23   </html>
```

2.2 Funktionen und Objekte in JavaScript *

Die Abb. 2.2-1 zeigt die Dialogbox zur Eingabe der Kilometer. Zu beachten ist, dass Stellen nach dem Komma durch einen Punkt und nicht durch ein Komma getrennt werden. Die Abb. 2.2-2 zeigt die Ausgabe des Ergebnisses in einer Dialogbox.

Abb. 2.2-1: Eingabe der Kilometer über eine Dialogbox.

Abb. 2.2-2: Ausgabe der eingegebenen Kilometer und der berechneten Meilen über eine Dialogbox.

Wenn Sie eine Programmiersprache wie Java, C++ oder C# kennengelernt haben, dann werden Sie sich wundern, dass bei den formalen Parameterangaben und bei den Variablendeklarationen *keine* Typen angegeben werden. Im Gegensatz zu den klassischen Programmiersprachen ergibt sich in JavaScript der Typ einer Variablen implizit aus dem zugewiesenen

Hinweis für klassische Programmierer

Wert. Jede Variable kann jederzeit einen neuen Wert und damit auch einen neuen Typ erhalten.

Objekte

Frage | Welche Objekte fallen Ihnen spontan ein, wenn Sie den Begriff »Objekt« hören?

Antwort | Im allgemeinen Sprachgebrauch ist ein Objekt ein Gegenstand des Interesses, insbesondere einer Beobachtung, Untersuchung oder Messung. Objekte können Dinge (z. B. Fahrrad, Büro), Personen (z. B. Kunde, Mitarbeiter) oder Begriffe (z. B. Programmiersprache, Krankheit) sein.

Eigenschaften | Ein **Objekt** lässt sich durch seine **Eigenschaften** – auch Attribute genannt – und sein Verhalten charakterisieren.

Beispiel | Ein Mitarbeiter besitzt u. a. folgende Eigenschaften:
- Vorname
- Nachname
- Gehalt

Diese Eigenschaften müssen gelesen, verändert und neu gesetzt werden können. Dazu benötigt man Funktionen, die beispielsweise das Gehalt ändern oder das Gehalt lesen, um das Jahresgehalt zu berechnen.

Methoden | In der Programmierung werden Eigenschaften von Objekten durch Funktionen manipuliert. Diese Funktionen werden **Methoden** genannt. Die Gesamtheit aller Methoden eines Objekts beschreiben das mögliche »Verhalten« des Objekts.

Zugriff | Der Zugriff auf Eigenschaften und Methoden eines Objekts geschieht durch Angabe des Objektnamens, gefolgt von einem Punkt und der Angabe des Eigenschaftsnamens oder des Methodennamens. Diese Notation heißt auch **Punktnotation** oder Dot-Notation – *Dot* ist der englische Begriff für Punkt.

JavaScript | In JavaScript ist es möglich, auf eine Vielzahl von Objekten zuzugreifen. Wichtige Objekte sind:
- navigator-Objekt: Stellt Informationen über den verwendeten Webbrowser bereit.
- window-Objekt: Liefert Informationen über das gesamte Browserfenster.
- document-Objekt: Liefert Informationen über das im Browserfenster geladene HTML-Dokument.

navigator-Objekt | Das navigator-Objekt besitzt u. a. folgende Eigenschaften:
- Eigenschaft appName: Name des Webbrowsers

2.2 Funktionen und Objekte in JavaScript *

- Eigenschaft `platform`: Name der System-Plattform, auf der der Browser läuft.
- Eigenschaft `language`: Die vom Benutzer eingestellte Sprache des Browsers.

Das `window`-Objekt besitzt u. a. folgende Eigenschaften und Methoden:

window-Objekt

- Eigenschaft `innerHeight`: Höhe des Anzeigebereichs des Browsers.
- Eigenschaft `innerWidth`: Breite des Anzeigebereichs des Browsers.
- Methode `alert(Meldung)`: Gibt in einer Dialogbox die angegebene Meldung aus.
- Methode `moveBy(PixelHorizontal, PixelVertikal)`: Verschiebt ein Fenster um die angegebenen Pixel in horizontaler und/oder vertikaler Richtung.
- Methode `scrollBy(PixelHorizontal, PixelVertikal)`: Scrollt den Fensterinhalt um die angegebenen Pixel in horizontaler und/oder vertikaler Richtung.

Das `document`-Objekt besitzt u. a. folgende Eigenschaften und Methoden:

document-Objekt

- Eigenschaft `bgColor`: Liefert die Hintergrundfarbe, die im HTML-Dokument oder vom Benutzer im Browser eingestellt ist.
- Eigenschaft `lastModified`: Liefert Datum und Uhrzeit der letzten Änderung der Datei in Greenwich-Zeit.
- Methode `write()`: In das Browserfenster werden HTML-formatierter Text und von JavaScript verwaltete Variableninhalte geschrieben.
- Methode `writeln()`: Zusätzlich zu `write()` wird noch ein Zeilenumbruchzeichen am Ende eingefügt, das aber in einem HTML-Dokument keinen Zeilenumbruch in der Anzeige bewirkt.
- Methode `getSelection()`: Ermittelt, welchen Text ein Benutzer im Dokument selektiert hat.
- Methode `getElementById('id')`: Gibt das Element zurück, das im HTML-Dokument mit dem Attribut `id` ausgezeichnet ist (siehe unten Beispiel 3).

```
1  <!DOCTYPE HTML>
2  <html>
3    <head>
4      <title>JavaScript-Programm mit Objekten</title>
5      <meta charset="UTF-8"/>
6    </head>
7    <body>
8      <h3>Zugriff auf das navigator-Objekt</h3>
```

Beispiel 2:
Zugriff auf Objekte

2 Schnelleinstieg in JavaScript *

```
 9   <script>
10     document.write ("Verwendeter Browser: ",
11       navigator.appName, "<br/>");
12     document.write ("Verwendete Plattform: ",
13       navigator.platform, "<br/>");
14     document.write
15       ("Eingestellte Sprache: ", navigator.language);
16   </script>
17   <h3>Zugriff auf das window-Objekt</h3>
18   <script>
19     document.write("Höhe des Browser-Anzeigebereichs: ",
20       window.innerHeight, "<br/>");
21     document.write("Breite des Browser-Anzeigebereichs:"
22       , " ", window.innerWidth);
23   </script>
24   <h3>Zugriff auf das document-Objekt</h3>
25   <script>
26     document.write("Hintergrundfarbe: ",
27       document.bgColor, "<br/>");
28     document.write
29       ("Datum und Uhrzeit der letzten Dateiänderung: ",
30       document.lastModified);
31   </script>
32   </body>
33 </html>
```

In diesem Beispiel wird auf die Werte der Eigenschaften in den jeweiligen Objekten zugegriffen. In Zeile 11 wird auf die Eigenschaft appName des Objekts navigator zugegriffen. Die Methode write() des Objekts document erlaubt es über Eingabeparameter Texte (hier "Verwendeter Browser: " und "<br/>") und Werte von Eigenschaften (hier Wert der Eigenschaft appName) in das Browserfenster auszugeben. Analog wie in dieser Zeile wird in den anderen Zeilen auf die Werte von Eigenschaften der Objekte zugegriffen und diese werden anschließend im Webbrowser ausgegeben (Abb. 2.2-3).

Übertragen Sie das Beispielprogramm auf Ihr Computersystem und öffnen Sie es in verschiedenen Browsern.

Frage Welche Werte werden Ihnen bei der Höhe und Breite des Browser-Anzeigebereichs angegeben? Ändern Sie die Größe des Browser-Anzeigebereichs und aktualisieren Sie die Ansicht.

Antwort Es wird die Höhe und Breite des jeweils aktuellen Browser-Anzeigebereichs angegeben. Immer wenn Sie den Browser-Anzeigebereich in der Größe ändern, ändern sich nach einer Aktualisierung auch die Werte. Das window-Objekt besitzt für die Eigenschaften innerWidth und innerHeight also automatisch immer die aktuellen Werte.

Wenn bei der Ausgabe des Programms im Webbrowser die deutschen Umlaute nicht richtig angezeigt werden, dann liegt das

Zugriff auf das navigator-Objekt

Verwendeter Browser: Netscape
Verwendete Plattform: Win32
Eingestellte Sprache: de-DE

Zugriff auf das window-Objekt

Höhe des Browser-Anzeigebereichs: 401
Breite des Browser-Anzeigebereichs: 396

Zugriff auf das document-Objekt

Hintergrundfarbe:
Datum und Uhrzeit der letzten Dateiänderung:
12/04/2011 18:40:33

Abb. 2.2-3: Anzeige der Objekt-Werte im Web-Browser.

daran, dass Sie das Programm in Ihrem Texteditor nicht richtig abgespeichert haben. Durch die Angabe <meta charset="UTF-8"/> im HTML-Programm wird der Zeichensatz UTF-8 festgelegt. Bei diesem Zeichensatz wird jedes Zeichen mit 2 Byte codiert, 1 Byte besteht aus 8 **Bit** . Ein Texteditor speichert normal jedes Zeichen mit einem Byte ab. Es muss daher extra angegeben werden, dass der Texteditor die UTF-8-Codierung verwenden soll. In dem Editor von Windows kann die Codierung explizit gewählt werden (Abb. 2.2-4).

Alternativ dazu können Sie auch den so genannten **Latin-1** - Zeichensatz in Ihrem HTML-Programm einstellen: <meta charset="iso-8859-1"/>. In diesem Zeichensatz wird jedes Zeichen nur in 1 Byte gespeichert.

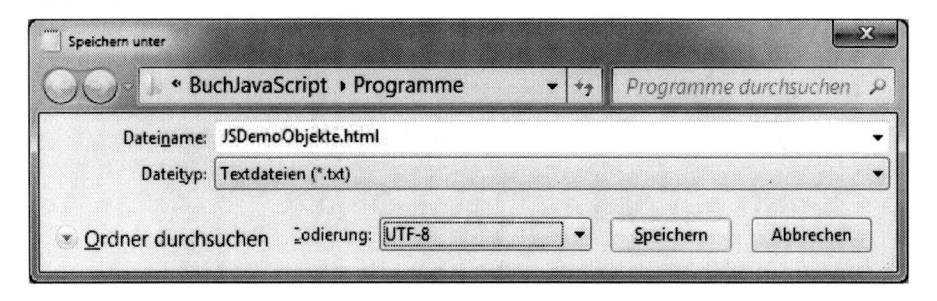

Abb. 2.2-4: Einstellung der Codierung UTF-8 im Editor von Windows.

DOM

In JavaScript ist es möglich, auf das Browserfenster (window) und das im Browserfenster angezeigte HTML-Dokument (document) sowie auf die einzelnen Bestandteile bzw. Elemente des HTML-Dokuments zuzugreifen. Beim Laden eines HTML-Dokuments in den Webbrowser wird es intern in eine hierarchische Baum-Struktur umgewandelt – ähnlich wie bei einem Stammbaum. Diese Darstellung in einer hierarchischen Baum-Struktur wird als DOM-Darstellung bezeichnet. **DOM** steht dabei für *Document Object Model* und definiert eine Programmierschnittstelle (**API**), die es erlaubt lesend und schreibend auf die Bestandteile bzw. Elemente des Dokuments zuzugreifen und das Dokument zu durchlaufen (traversieren).

Beispiel 3: Zugriff über das DOM

In diesem Beispiel wird mithilfe der selbstdefinierten JavaScript-Funktion aendernSchriftgroesse() der Text in einem HTML-Dokument vergrößert oder verkleinert dargestellt.

```
1   <!DOCTYPE HTML>
2   <html>
3    <head>
4     <title>JavaScript-Programm zur
5      Demonstration des DOM
6     </title>
7     <meta charset="UTF-8"/>
8     <script>
9      //Deklaration der Funktion
10     function aendernSchriftgroesse()
11     {
12      var absatz = document.getElementById('text');
13      if (absatz.style.fontSize == "medium")
14      {
15       absatz.style.fontSize = "x-large";
16      }
17      else
18      {
19       absatz.style.fontSize = "medium";
20      }
```

2.2 Funktionen und Objekte in JavaScript *

```
21       }
22     </script>
23   </head>
24   <body>
25     <p id="text" style="font-Size: medium">
26       Hello World! mal groß mal klein
27     </p>
28     <button onclick=
29         "javascript:aendernSchriftgroesse();">
30       Schriftgröße ändern
31     </button>
32   </body>
33 </html>
```

Die Abb. 2.2-5 zeigt, wie das HTML-Dokument als Hierarchiebaum dargestellt wird.

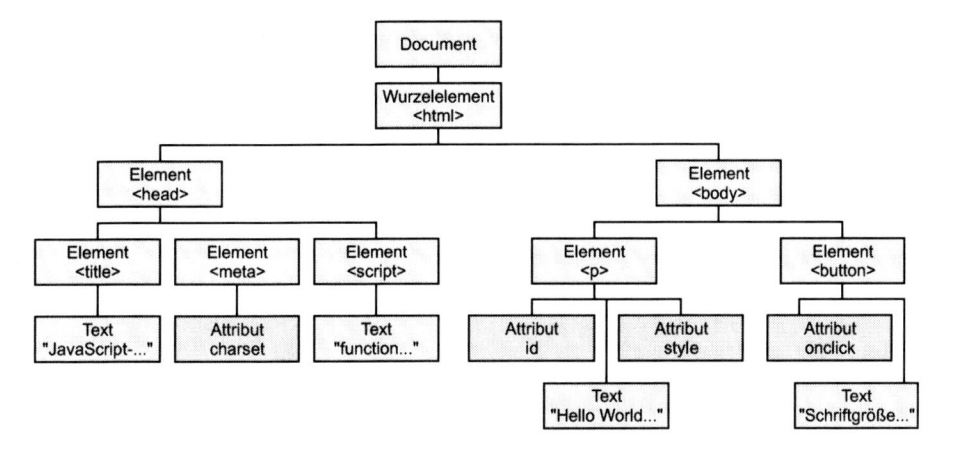

Abb. 2.2-5: DOM-Baum des Programms »Demonstration des DOM«.

Sehen Sie sich bitte zunächst den <body>-Teil an (Zeilen 24-32). In der Zeile 25 beginnt ein Absatz <p>. Dieser Absatz wird mit dem Attribut id="text" gekennzeichnet. Mit dem Attribut style="font-Size: medium" wird die Schriftgröße dieses Absatzes auf medium eingestellt. In der Zeile 26 steht der Inhalt des Absatzes: Hello World! mal groß mal klein.

In den Zeilen 28-31 wird ein Druckknopf mit der Beschriftung Schriftgröße ändern erzeugt. Das Attribut onclick= "javascript:aendernSchriftgroesse();" bewirkt, dass beim Klicken auf den Druckknopf die selbstdefinierte JavaScript-Funktion aendernSchriftgroesse() aufgerufen wird.

Betrachten Sie bitte als nächstes die Zeilen 10-21, in der die Funktion aendernSchriftgroesse() deklariert wird. In der Zeile 12 wird die Methode getElementById('text') auf dem Objekt document ausgeführt, d.h. diese Methode durchläuft den DOM-Hierarchiebaum (Abb. 2.2-5) von der Wurzel Document über alle Elemente hinweg, bis das Attribut id='text' gefunden wird. Das zugehörige Element <p> wird der Variablen absatz zugewiesen. In der Zeile 13 wird überprüft, ob dem Attribut style der Wert fontsize == "medium" zugeordnet ist. Wenn ja, wird anschließend die Schriftgröße in der Zeile 15 auf x-large gesetzt, sonst auf medium. Die Abb. 2.2-6 zeigt die Ausgabe des Programms beim Start, die Abb. 2.2-7 nach einem Klick auf den Druckknopf.

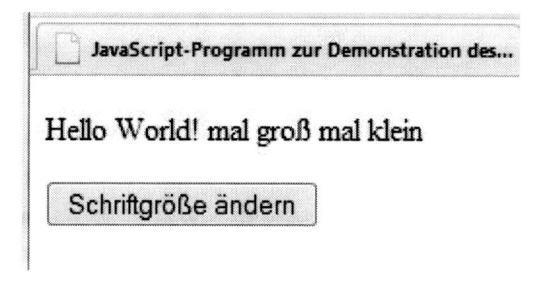

Abb. 2.2-6: Normale Schrift beim Start des Programms.

Abb. 2.2-7: Große Schrift nach Klick auf den Druckknopf.

2.3 HTML und JavaScript *

JavaScript-Code kann im Dokumentkopf <head> ... </head> oder zusammen mit einem HTML-Element im <body>-Bereich oder in einer externen Datei angegeben werden.

Damit ein bestimmtes HTML-Element direkt per JavaScript und auch per CSS angesprochen werden kann, bietet HTML ein Universalattribut an: id.

2.3 HTML und JavaScript *

Universalattribute haben die Besonderheit, dass sie mit nahezu jedem HTML-Element verwendet werden können. Die allgemeine Syntax lautet:

```
<Element id="name">Inhalt</Element>
```

Durch das `id`-Attribut kann ein HTML-Element einen eindeutigen Namen erhalten, über welchen per JavaScript und auch per CSS auf dieses zugegriffen werden kann.

id-Attribut

```
<p id="ersterabsatz">Text</p>     <!-- Absatz -->
<em id="important">wichtiger Text</em>  <!-- Inline-Element -->
<h1 id="seitentitel">Titeltext</h1>  <!-- Überschrift -->
<ol id="langeliste">  <!-- geordnete Liste -->
  <li>Listeneintrag 1
  </li>
</ol>
```

Beispiel

Um Konflikte und unerwünschte Effekte zu vermeiden, muss jede `id` allerdings innerhalb einer einzigen HTML-Seite bzw. -Datei eindeutig sein.

Grundsätzlich akzeptieren die Browser JavaScript überall im HTML-Dokument. Sie können JavaScript-Code somit auch innerhalb des `<body>`-Bereiches angeben. Dazu können Sie einen `<script>`-Bereich wie folgt notieren:

`<script>`

```
<script type="text/javascript">
          //Anweisungen;
</script>
```

Die hier aufgeführten Befehle werden vom Browser sequenziell ausgeführt, soweit durch das Programm keine andere Folge der Abarbeitung festgelegt ist.

Lange Jahre führte JavaScript-Code zu Fehlfunktionen einiger Browser und damit zu fehlerhaft dargestellten Webseiten. Browser, welche kein JavaScript verarbeiten konnten, verarbeiteten den `<script>`-Bereich und interpretierten diesen als HTML-Quelltext. Die Folge war, dass JavaScript vor derartigen Browsern versteckt werden musste. Dies geschah durch Auskommentieren im HTML-Quelltext:

```
<script type="text/javascript">
    <!--
        function formular_lesen()
        {
            //Anweisung 1
            //Anweisung 2

            //Anweisung n;
        }
    -->
</script>
```

Durch `<!--` wird der Beginn eines ein- oder mehrzeiligen HTML-Kommentars gekennzeichnet. Das Ende stellt `-->` dar. Ein Browser, welcher JavaScript versteht, ignoriert die HTML-Befehle innerhalb des `<script>`-Bereiches. Ein Browser, welcher kein JavaScript kennt, überspringt das `<script>`-Element und fährt mit der Folgezeile fort.

Bei deaktiviertem JavaScript wird der gesamte `<script>`-Bereich übersprungen.

Da heute nahezu jeder Browser JavaScript unterstützt, ist das Auskommentieren von JavaScript-Code allerdings nicht mehr notwendig. Wer trotzdem absolut sicher gehen möchte, dass keine Probleme auftreten, der sollte weiterhin seinen JavaScript-Code auskommentieren oder in eine externe Datei auslagern.

language — Zu Zeiten von HTML 4 diente das `language`-Attribut dazu, die verwendete Skriptsprache bzw. den **MIME-Typ** anzugeben:

```
<script language="javascript1.3">
{
    alert("Dies ist ein JavaScript-Dialog");
}
</script>
```

type — Heute wird zur Angabe des MIME-Typen das `type`-Attribut eingesetzt, wie Sie obigen Beispielen entnehmen können. Allerdings besteht auch hier eine sehr geringe Unsicherheit. Ein winziger Teil der heute verwendeten Browser kann das `type`-Attribut nicht verarbeiten. Wenn Sie dieses Risiko ausschließen möchten, so sollten Sie sowohl `type` als auch `language` verwenden.

Beispiel

```
<script language="javascript1.3" type="text/javascript">
{
    alert("Dies ist ein JavaScript-Dialog");
}
</script>
```

Hinweis — Da JavaScript die am meisten eingesetzte Skriptsprache ist, kann die Angabe `type="text/javascript"` auch fehlen. Die meisten Browser haben diese Angabe als Voreinstellung.

Falls Sie eine andere Skriptsprache als JavaScript verwenden, können Sie diese als Wert des `type`-Attributes angeben. Unterstützt werden von einigen Browsern neben JavaScript auch JScript und VBScript. Auf diese Weise können Sie ausschließen, dass der Browser Scriptbefehle einliest und verarbeitet, falls er den MIME-Typ nicht kennt. In diesem Fall wurde der `<script>`-Bereich beim Parsen übersprungen. Unter »parsen« versteht man die Durchführung einer Syntaxanalyse, die durch eine Software mit Namen **Parser** vorgenommen wird.

2.3 HTML und JavaScript *

Die aktuellen Browser unterstützen sowohl type als auch language.

Dieses Beispiel zeigt Ihnen, wie Sie die von Ihrem Browser unterstützte JavaScript-Version feststellen können:

Beispiel

```html
<head>
  <script language="JavaScript" type="text/javascript">
    var v = "unknown";
  </script>
  <script language="JavaScript1.1">v=1.1;</script>
  <script language="JavaScript1.2">v=1.2;</script>
  <script language="JavaScript1.3">v=1.3;</script>
  <script language="JavaScript1.4">v=1.4;</script>
  <script language="JavaScript1.5">v=1.5;</script>
  <script language="JavaScript1.6">v=1.6;</script>
  <script language="JavaScript1.7">v=1.7;</script>
  <script language="JavaScript1.8">v=1.8;</script>
  <script language="JavaScript1.9">v=1.9;</script>
  <script language="JavaScript2.0">v=2.0;</script>
  <script language="JavaScript2.1">v=2.1;</script>
  <script language="JavaScript2.2">v=2.2;</script>
  <script language="JavaScript2.3">v=2.3;</script>
  <script language="JavaScript2.4">v=2.4;</script>
  <script language="JavaScript2.5">v=2.5;</script>
  <script>
    document.writeln("JavaScript Version " + v );
  </script>
</head>
```

Ihr Browser wird diejenige Versionsnummer von JavaScript ausgeben, welche er vollständig unterstützt.

Binden Sie das Script in eine HTML5-Seite ein. Ermitteln Sie in verschiedenen Browsern die unterstützte JavaScript-Version (Abb. 2.3-1).

Abb. 2.3-1: Ausgabe der JavaScript-Version im Webbrowser Opera.

Hier gibt der Opera-Browser in der Version 10.63 an, dass er JavaScript 2.0 unterstützt

Es gibt allerdings kaum andere Situationen in welchen `language` heute noch sinnvoll eingesetzt werden kann.

Beispiel
Durch den folgenden Code wird eine Seitenüberschrift (`<h1>...</h1>`), danach eine Dialogbox (Skriptausführung) und nach dem Schließen der Dialogbox durch den Benutzer eine Unterüberschrift (`<h2>... </h2>`) angezeigt:

```
<body>
  <h1>JS-Beispiel</h1>
  <script type="text/javascript">
  {
     alert("Dies ist ein JavaScript-Dialog");
  }
  </script>
  <h2>Untertitel</h2>
</body>
```

Das Notieren von JavaScript-Code im `<body>`-Bereich ist allerdings meistens umständlich und unübersichtlich. Außerdem ist die Mehrfachverwendung einzelner Codebestandteile nicht möglich und der JavaScript-Code als Ganzes ist schwieriger zu warten, da er sich an unterschiedlichen Stellen innerhalb der HTML-Datei befindet. Von dieser Art der JavaScript-Notation ist aus den genannten Gründen abzuraten.

Beispiel
Ebenfalls unübersichtlich ist die direkte Angabe von JavaScript-Code innerhalb eines HTML-Elementes:

```
<h1 onclick="javascript:alert('Noch ein Dialog');">JS-Beispiel
</h1>
```

Wie Sie im Kapitel »Event-Handler als Objekteigenschaft«, S. 369, sehen werden, lassen sich Ereignisse auch per JavaScript-Eigenschaft registrieren. Übersichtlicher ist es, innerhalb eines `<script>`-Bereiches JavaScript-Funktionen zu erstellen und diese ereignisgesteuert auszuführen. Eine im `<script>`-Bereich definierte Funktion könnte dann durch einen Hyperlink bzw. einen Anker aufgerufen werden.

Beispiel
```
<a href="javascript:test();">Ausführen</a>
```

Da das `<a>`-Element einen Link repräsentiert, also auf Klick automatisch reagiert, muss hier kein spezielles Ereignis angegeben werden. Das Sprungziel ist jetzt jedoch keine Webseite oder Datei, sondern eine JavaScript-Funktion.

JavaScript-Code lässt sich verschiedenartig angeben:

- Als Inline-Referenz in einem HTML-Element,

2.3 HTML und JavaScript *

- global im Seitenkopf <head>...</head> oder
- ausgelagert in einer externen Datei.

Inline-Referenzen sollten aus Lesbarkeitsgründen auf die HTML-Elemente <a> und <area> sowie auf Funktionsaufrufe beschränkt werden.

Dazu sehen Sie hier ein paar Inline-Referenzen: *Beispiel*

```
<a href="javascript:alert('Hallo');">Begrüßung</a>
    // Bei Klick auf den Link erscheint eine Meldung.
<p ondblclick="javascript:test();">Dies ist ein Absatz </p>
// Bei Doppelklick auf den Absatz wird test() ausgeführt.
```

Das folgende Programm zeigt, wie der Anker <a> für den Aufruf eines JavaScript-Dialoges in eine Webseite eingebunden werden kann: *Beispiel*

```
<!DOCTYPE html>
<html lang="de">
<head>
   <meta http-equiv="content-type"
       content="text/html; charset=windows-1252" />
   <title> JS-Link
   </title>
</head>
<body>
   <h1>Ein Link führt ein Script aus</h1>
   <p>Wenn Sie den folgenden Link anklicken
              wird ein Dialog angezeigt.    <br/>
     <a href="javascript:alert('Hallo');">
          Begrüßung
     </a>
   </p>
</body>
</html>
```

Hier sehen Sie, wie Sie den Absatz auf einer Webseite darstellen können, sodass sich per Doppelklick ein Dialog öffnet: *Beispiel*

```
<!DOCTYPE html>
<html lang="de">
<head>
    <meta http-equiv="content-type"
      content="text/html; charset=windows-1252" />
    <title>JS-Link
    </title>
    <script type="text/javascript">
      function test()
      {
        alert("Doppelklick erfolgreich");
      }
    </script>
</head>
<body>
```

```
<h1>Ein Doppelklick startet ein Script</h1>
<p ondblclick="javascript:test();">Doppelklick startet
    Script - öffnen Sie den Dialog, indem Sie irgendwo
    in diesem Absatz einen Doppelklick ausführen.
</p>
</body>
</html>
```

Der `<script>`-Bereich sollte entweder im Dokumentkopf `<head>...</head>` oder in einer externen Datei stehen. Steht er in einer externen Datei, dann ist es möglich, denselben JavaScript-Code auf mehreren Webseiten zu verwenden, ihn zentral zu ändern und auch zentral zu verwalten. Zudem vermeiden Sie auf diese Weise Redundanzen (Mehrfachspeicherung derselben Funktionen) und halten Ihre HTML-Dateien möglichst klein.

Externe Scriptdatei

Eine Datei, welche JavaScript-Code für dessen Anwendung auf Webseiten enthält, sollte die Endung `.js` erhalten. Das Einbinden einer solchen Datei kann ebenfalls über das `<script>`-*Tag* erfolgen:

```
<script type="text/javascript" src="test.js">
        //Hier wird eine externe JavaScript-Datei geladen.
</script>
```

src-Attribut

Das Attribut `src` verweist auf die `js`-Datei. Der Pfad kann entweder relativ oder absolut angegeben werden. Bei einem absoluten Pfad handelt es sich um einen **URL** (Uniform Resource Locator), eine eindeutige Adresse im Web.

Beispiele

```
http://www.computer.de/dateien/js/pr.js
http://100.111.1.10/dateien/js/pr.js
```

Bei relativem Pfad geht der Browser von einem Startverzeichnis aus. Dieses können Sie im Dokumentkopf `<head>...</head>` angeben, z. B.

`<base href="http://www.computer.de/dateien/js/" />`

Fehlt hier ein entsprechender Eintrag, so geht der Browser von demjenigen Ordner aus, in welchem sich die gerade eingelesene HTML-Datei befindet. Die Tab. 2.3-1 zeigt die Wirkung relativer Pfadangaben für die HTML-Datei `http://www.meinweb.de/home/data/index.html`.

Die meisten Browser ignorieren bei Angabe von `src` zwar die Scripting-Befehle innerhalb des `<script>`-Bereiches, allerdings sollten Sie zur Vermeidung von Fehlinterpretationen den Element-Inhalt bei Angabe einer Referenz immer leer lassen:

```
<script type="text/javascript" src="test.js">
</script>
```

relativer Pfad	base nicht angegeben	base href="http://www.abc.de/scripts/"
scr.js	http://www.meinweb.de/home/data/scr.js	http://www.abc.de/dateien/scripts/scr.js
../scr.js	http://www.meinweb.de/home/scr.js	http://www.abc.de/dateien/ scr.js
test/scr.js	http://www.meinweb.de/home/data/test/scr.js	http://www.abc.de/dateien/scripts/test/scr.js
/alles/scr.js	http://www.meinweb.de/alles/scr.js	http://www.abc.de/alles/ scr.js

Tab. 2.3-1: Pfadangaben in HTML-Dateien.

Es dürfen sich im Dokumentkopf mehrere Referenzen befinden, sodass mehr als eine js-Datei durch dieselbe Webseite verwendet werden kann. Dabei wird schon beim Laden der Webseite jeder <script>-Bereich vollständig abgearbeitet und sämtliche Anweisungen ausgeführt, welche nicht Teil einer Funktionsdeklaration sind. Befinden sich allerdings namensgleiche öffentliche Variablen oder Funktionen in Ihren Programmen, so gilt in der Regel das zuletzt eingelesene Objekt. Um Konflikte zu vermeiden, sollten Ihre Codesegmente also keine gleichnamigen Objekte enthalten.

Um Zeichensatzfehler zu vermeiden, können Sie auch hier die Codierung angeben.

Zeichensatzangabe

```
<script type="text/javascript" charset="UTF-8" src="test.js">
</script>
```

Beispiel

In diesem Beispiel interpretiert der Browser die js-Datei als Unicode.

Zum HTML5-Standard gehören zwei neue Attribute des <script>-Elements:

HTML5

- defer und
- async.

Beide ermöglichen es, den Ausführungszeitpunkt von JavaScript-Code zu steuern.

Ist weder defer noch async angegeben, so werden die einzelnen Seitenbestandteile Top-down und synchron geladen und ausgeführt. Beim Laden/Ausführen eines <script>-Bereichs werden die nachfolgenden Bereiche blockiert.

Bei defer und auch bei async handelt es sich jeweils um ein Boolsches Attribut. Ein solches Attribut kann wie folgt verwendet werden:

```
<script defer="defer" type="text/javascript" src="script.js">
</script>
```

defer-Attribut defer informiert den Server, dass das Programm den Inhalt der Seite nicht schon beim Laden serverseitig ändern darf. Wenn ein Skript in eine HTML-Seite eingebunden wird, muss das Script bei fehlendem defer bereits beim Parsen der Seite geladen/verarbeitet werden, wodurch sich das Laden der restlichen Seite verzögert.

Das defer-Attribut besagt, dass der Browser JavaScript erst interpretieren soll, wenn die Seite geladen und aufgebaut ist. Dies soll den Seitenaufbau beschleunigen. Bei Verwendung von defer wird die Verarbeitung des zugehörigen <script>-Bereichs zunächst blockiert – sie erfolgt erst dann, wenn der Rest der Seite geladen ist.

Beispiel Hier wird ein <script>-Bereich erst dann ausgeführt, wenn die gesamte Seite geladen ist:

```
<script defer="defer" type="text/javascript">
    alert("Geladen.");
</script>
```

async-Attribut Durch async können Skripte parallel geladen und ausgeführt werden – die Verarbeitung des <script>-Bereichs verzögert das Laden der nachfolgend aufgeführten Seitenbestandteile nicht.

Manchmal soll ein Skript automatisch gestartet werden, welches auf Inhalte der aktuellen Webseite zugreift. Wer in einem solchen Fall auf defer verzichtet, der muss <script>-Bereiche unten im <body>-Bereich definieren oder auf onload-*Event-Handler* zurückgreifen. Nur so ist gewährleistet, dass das Skript nicht auf Seitenelemente zugreift, welche noch nicht geladen sind.

<noscript> Für den Fall, dass ein Browser JavaScript nicht unterstützt oder lokal JavaScript deaktiviert sein sollte, können Sie <noscript> verwenden:

```
<noscript>
    <p>Ihr Browser unterstützt JS nicht!
    </p>
</noscript>
```

Ermitteln Sie per Websuche, in welchem Bereich Ihrer Webseite <noscript> hier anzugeben ist.

Mit Hilfe von <noscript> kann in Browsern, welche den <script>-Bereich nicht verarbeiten, ein Hyperlink angezeigt werden, welcher beim Anklicken eine Alternativseite öffnet.

Beispiel Hier sehen Sie ein Anwendungsbeispiel für <noscript>:

```
<noscript>
    <a href="http://www.ohnescript.de">
```

```
                Hier erhalten Sie eine scriptfreie Darstellung
        </a>
</noscript>
```

2.4 Aufbau und Darstellung einer Webseite *

Eine Webseite wird charakterisiert durch Inhalt, Struktur, Layout und Verhalten. Nach dem Laden einer Webseite und der Interpretation des Quelltextes durch den Browser erfolgt das *Reflow* – das Erzeugen der Struktur. Danach findet das *Repaint* statt: Der Browser berechnet das Layout sämtlicher Seitenbestandteile. Abschließend erledigt der Browser das *Rendering*: Er sorgt für die endgültige Darstellung der Seite im Browserfenster.

Eine Web-Anwendung setzt sich aus drei Komponenten zusammen:

- Struktur (HTML),
- Layout (CSS) und
- Verhalten (JavaScript).

Der Inhalt *(Content)* einer Webseite wird durch HTML strukturiert. Hier werden die Inhalte lediglich ausgezeichnet, die Strukturen der Seite sowie die Textbestandteile werden festgelegt. Der hier aufgeführte HTML-Quelltext sollte nicht zu Designzwecken missbraucht werden. — Struktur

Darstellung, Formatierung, Positionierung und Layout erfolgen mit Hilfe von **CSS**. — Layout

Verhalten einer Webseite lässt sich durch JavaScript steuern. Dabei ergänzt und erweitert JavaScript die Möglichkeiten von HTML und CSS erheblich. — Verhalten

Eine Skriptsprache wie JavaScript lässt Schreib- und Lesezugriffe auf die Browser-Objekte zu. Auch die Erstellung dynamischer Webseiten und interaktiver Elemente ist kein Problem.

Der Seitenquelltext einschließlich der eingebundenen Dateien wird auf einem Webserver gespeichert. Gibt der Benutzer in der Adresszeile seines Browsers einen gültigen URL ein, so liefert der Webserver die angeforderten Informationen zurück. Wenn der Browser eine Webseite vollständig geladen hat, erzeugt er zwei interne Datenstrukturen:

1 Er ermittelt den logischen Seitenaufbau, welcher die Basis der Webseite bildet.
2 Er legt die visuellen Eigenschaften der Seitenelemente fest. Diese bestimmen, wie jedes Element dargestellt wird. Als

versteckt oder unsichtbar gekennzeichnete Elemente werden hier nicht aufgeführt.

DOM   Der Seitenaufbau wird durch den DOM-Baum dargestellt. Diesem liegt das *Document Object Model* des W3C zugrunde. Der DOM-Baum enthält sämtliche Bestandteile der Seite. Außerdem speichert er Informationen über Inhalt und Typ der einzelnen Knoten. Ebenfalls ist die Beziehung der Elemente untereinander hier ersichtlich. Erst wenn der Browser beide Datenstrukturen erstellt hat, kann er die Seite darstellen (zeichnen). Damit der Browser die Seite auf dem Clientcomputer darstellen kann, ermittelt er zunächst Angaben zu Rahmen, Farben, Position, Ausrichtung, Größe etc. Diese wertet er aus und setzt sie grafisch um. Aus den vom Webserver gelieferten Textinformationen und Binärdateien erzeugt er den Inhalt eines Tabs bzw. Fensters.

Rendering   Der Benutzer sieht schließlich nach und nach die Bestandteile der angeforderten Seite im Browserfenster – dieser Prozess des Zeichnens einer Webseite heißt *Rendering*.

Durch JavaScript kann das Verhalten einer Webseite bestimmt werden. Nicht nur beim erstmaligen Rendern können Sie als JavaScript-Programmierer auf die Eigenschaften der Seitenelemente Einfluss nehmen. Eigenschaften, welche Sie per JavaScript verändern können, sind beispielsweise Sichtbarkeit, Höhe/Breite, Interaktivität, Rahmenstärke, Schriftfarbe, Textinhalt, Position.

Bei nachträglichen Änderungen muss der Interpreter reagieren und eine neue Darstellung erzeugen. In vielen Fällen werden lediglich einige rein äußerliche Elementeigenschaften geändert, wie z. B. Schriftfarbe und Hintergrund.

Repaint   Da derartige Änderungen keine geometrischen Auswirkungen besitzen, erfolgt im Browser ein *Repaint*. Es bleiben dann alle Elemente an derselben Stelle.

Reflow   Ändert sich allerdings die Aufteilung der Elemente der Webseite, so muss der Interpreter zunächst sämtliche Positionen neu berechnen, also die Geometrie der Seite erneut festlegen. Er führt ein *Reflow* durch und erstellt das endgültige Layout *(Repaint)*, um anschließend die Seite zu rendern.

Häufig betreffen Änderungen die geometrischen Eigenschaften der Seitenelemente. Beispielsweise gehören dazu Schriftgröße, Inhalt, Rahmen, und Position. In diesen Fällen ist es notwendig, dass die Webseite auf dem Clientcomputer neu aufgebaut wird. Der Browser muss also ein *Reflow* durchführen. Dabei umfasst jedes *Reflow* auch ein *Repaint*.

Nach dem Hinzufügen und Entfernen einzelner Elemente sowie nach einer Größenänderung des Browserfensters ist ebenfalls ein *Reflow* notwendig.

Bei jedem *Reflow* wird ein neuer DOM-Baum erzeugt. Alle Elementeigenschaften werden neu berechnet und die Seite wird neu im Browser-Tab oder Browser-Fenster angezeigt *(Rendering)*.

Der DOM-Baum und dessen Darstellung werden stetig vom Interpreter überwacht. Änderungen führen unmittelbar zu einer erneuten Berechnung des jeweiligen Baumes und zu einer Aktualisierung der Seite im Browser.

Jede Änderung des DOM-Baumes verursacht ein *Reflow*. *Reflow* und auch *Repaint* verbrauchen erhebliche System-Ressourcen und kosten Zeit, bis sämtliche Änderungen im Browser sichtbar sind.

Jeder JavaScript-Programmierer sollte daher versuchen, die Anzahl der *Reflows* zu minimieren. In letzter Instanz geht es dabei darum, die Wartezeit des Benutzers bezogen auf die vollständige Darstellung der Webseite (bis zum Beenden des *Rendering*-Prozesses) zu optimieren.

2.5 Sicherheit ***

JavaScript läuft in einer *Sandbox* – dem Browser. Die Sicherheitsmodelle von JavaScript sind streng, Probleme macht hier nicht JavaScript selbst. Der große Risikofaktor ist das Browser-Programm. Immer wieder werden Bugs bekannt, welche es JavaScript-Programmierern ermöglichen, das Sicherheitskonzept zu umgehen.

Sie können mit JavaScript *nicht* auf native Bibliotheken bzw. System-DLLs des Betriebssystems zugreifen und auch keine Programme direkt starten. Es ist *nicht* möglich, beliebige Dateien auf die Festplatte des Benutzers zu schreiben oder Verzeichnisse auszulesen. Dennoch bleibt auch bei JavaScript ein Restrisiko. Aktive Inhalte sind in jedem Fall ein potenzielles Sicherheitsproblem.

Es gibt mehrere Sicherheitsmodelle, die nach und nach in den verschiedenen Versionen von JavaScript und auch JScript standardisiert und implementiert wurden. Siehe dazu Website BSI (https://www.bsi.bund.de/ContentBSI/Themen/Internet_Sicherheit/ Gefaehrdungen/AktiveInhalte/definitionen/javascriptsichmodell. html), Website Uni Ulm (http://www.mathematik.uni-ulm.de/sai/ ws07/inetSem/downloads/vortrag_Security.pdf), Website Firehead (http://www.firehead.de/files/stuff/BrowserTainting.pdf), Website Uni Hohenheim (https://rz-static.uni-hohenheim.de/ sicherheit/internet/aktivinh.pdf), Website Uni Passau (http: //staff.fim.uni-passau.de/~schneidb/AusarbeitungJavaScript.pdf).

Sicherheits-
modelle

- *Same Origin Policy*
Eine wichtige Technik stellt im Rahmen der Sicherheit von JavaScript die *Same Origin Policy* dar. Dieses Konzept, welches erstmals mit JavaScript 1.1 implementiert wurde, legt fest, dass ein von einem Webserver geladenes JavaScript-Programm nur Zugriff auf Eigenschaften derjenigen Objekte erhalten darf, welche vom selben Ort wie das JavaScript-Programm selbst stammen. Insbesondere kann nicht scriptgesteuert auf Inhalte eines anderen Browserfensters zugegriffen werden.

- *Data Tainting*
Durch *Data Tainting* sollte man auf Daten in anderen Browserfenstern zugreifen können, falls dies der Benutzer explizit gestattet. Die Implementation des *Data Tainting*-Konzepts wies jedoch einige gravierende Sicherheitslücken auf. Das Verfahren hat sich allerdings nie durchgesetzt. Der Nachfolger von *Data Tainting* ist das *Signed Script Policy*-Konzept.

- *Signed Script Policy*
Seit der JavaScript-Version 1.2 gehört zu JavaScript ein Sicherheitsmodell, das sich *Signed Script Policy* nennt und auf dem Java-Sicherheitsmodell für digital signierte Objekte basiert (und in ähnlicher Weise auch für **ActiveX**-Controls umgesetzt wird). Entwickler können Scripte im Rahmen dieses Konzeptes digital signieren lassen (mit einer *Policy* versehen). Solchen signierten Scripten kann ein Benutzer dann mehr Zugriffsrechte auf das lokale Computersystem einräumen. Eine digitale Signatur identifiziert den Entwickler und stellt theoretisch sicher, dass der Scriptcode nach dem Signieren nicht verändert wurde. Wenn ein JavaScript-Programm mit einer *Policy* von einer Webseite geladen wird, dann gibt der Browser einen Dialog mit einer entsprechenden Meldung aus. Hier kann der Benutzer entscheiden, ob diesem JavaScript-Code zusätzliche Zugriffsrechte eingeräumt werden sollen. Die Verwendung von **digitalen Signaturen** hat sich allerdings vor allem im Zusammenhang mit ActiveX-Objekten überhaupt *nicht* bewährt und auch bei JavaScript ist es durchaus zu hinterfragen, ob eine *Policy* wirklich vertrauenswürdig ist. Insbesondere kann man bei so einer digitalen Signatur weder auf die tatsächliche Funktionsweise des Codes rückschließen, noch vor Fehlfunktionen bedingt durch Programmierfehler sicher sein.

Auch die Verwendung von Signaturen birgt Risiken, wenn ihre Sicherheitsfunktionen nicht richtig eingeschätzt werden. Der Benutzer erhält zwar die Gewissheit, dass die JavaScript/JScript-Dateien unverändert sind. Bezüglich der Vertrauenswürdigkeit und der Kompetenz des Entwicklers werden jedoch durch die

Signatur keine Anhaltspunkte gegeben. Auch wird keine Aussage zum Funktionsumfang der JavaScript/JScript-Dateien und der davon ausgehenden Gefahren getroffen.

Ein spezielles Risiko entsteht durch den Einsatz von JScript, welches über ActiveX-Controls nicht ausschließlich auf Browser-Objekte zugreifen kann.

JScript

Da auch mit JavaScript ein gewisses Sicherheitsrisiko verbunden ist, ermöglichen es alle Browser, die JavaScript-Funktionalität gänzlich zu deaktivieren. Sie stellen auch andere Sicherheitseinstellungen zur Verfügung (Abb. 2.5-1).

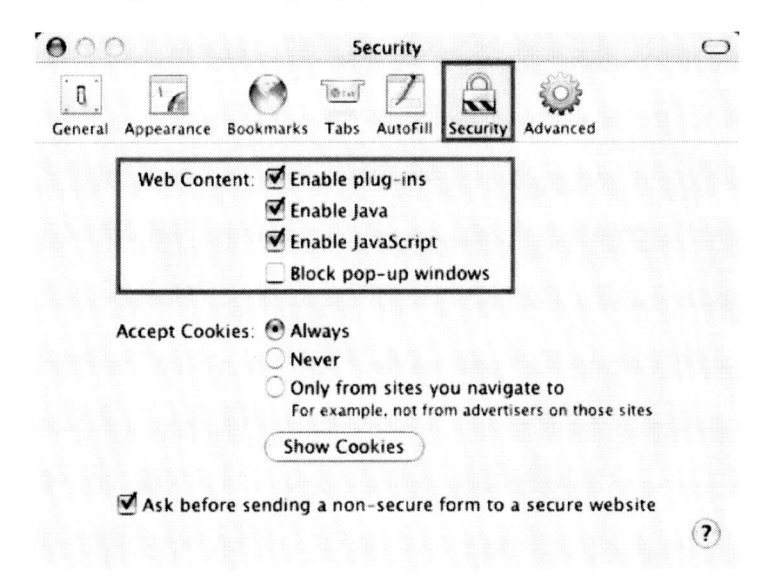

Abb. 2.5-1: Safari-Sicherheitseinstellungen.

Ähnlich wie beim Safari-Browser kann auch bei den anderen Browsern die Ausführung von JavaScript verhindert werden (Abb. 2.5-2).

Mit der zunehmenden Darstellung aktiver Inhalte und dynamischer Seiten im Web kommen mehr und mehr *Inline-Frames* (ausgezeichnet durch das HTML-Element <iframe>) zum Einsatz. Zahlreiche Website-Anbieter verwenden eingebettete Rahmen <iframe> zur Darstellung der Inhalte spezieller Web-Dienste auf der eigenen Webseite.

<iframe>

Dabei verhindert das bisherige Sicherheitskonzept, insbesondere die *Same Origin Policy*, dass diese Fremdinhalte Einfluss auf die Anzeige der eigenen Seite im Browser nehmen bzw. Änderungen an deren Inhalt und Layout vornehmen können. Dies gilt auch im umgekehrten Fall: Die einbettende Seite kann nicht auf

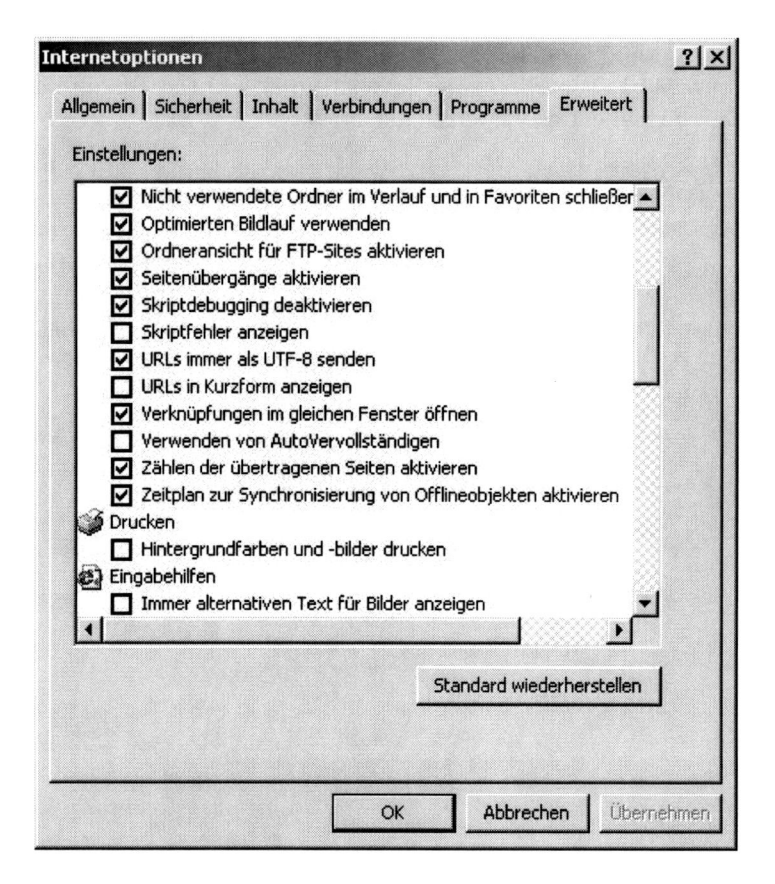

Abb. 2.5-2: Sicherheitseinstellungen des Internet Explorers.

die eigebettete Unterseite zugreifen und dortige Inhalte verändern.

Sandbox-Attribut Um eine noch feinere Steuerung der Restriktionen zu ermöglichen, wurde in HTML5 das Sandbox-Attribut eingeführt. Wird es angegeben, so werden dem Inline-Frame zunächst zusätzliche Restriktionen auferlegt.

Der Inline-Frame ist dann nicht mehr in der Lage, Skripte auszuführen, Formulare abzuschicken und auf übergeordnete Frames, wie z. B. die einbettende Seiten, zuzugreifen. Ferner wird der Inline-Frame so behandelt, als stamme sein Inhalt von einer fremden Quelle, unabhängig von seinem wirklichen Ursprung.

Durch Angabe folgender Werte können diese Restriktionen wieder rückgängig gemacht werden:

- Falls Sie `allow-sameorigin` angeben, so wird der eigentliche Ursprung des Inline-Frames wieder beachtet, d. h. die Same-Origin-Policy wird wieder wie gewohnt angewendet.

2.5 Sicherheit ***

- Die Angabe von `allow-top-navigation` ermöglicht es dem eingebundenen Inhalt, Einfluss auf den Inhalt des obersten Browsing-Kontextes – also des Browserfensters als Ganzes – zu nehmen. Bei Anklicken eines Links, welcher durch `<a href="demo.html" target="_top">Demo</a>` ausgezeichnet ist, würde die verlinkte Seite in den aktuellen Browser-Tab geladen (nicht nur in den *Inline-Frame*).
- Der Attributwert `allow-forms` lässt es zu, dass sich innerhalb des `<iframe>`-Bereiches Formulare zur Abfrage von Benutzereingaben befinden. Allerdings merkt der Benutzer dabei oft nicht, dass seine Formular-Eingaben an einen fremden Server weitergeleitet sowie dort verarbeitet und gespeichert werden.
- Durch Angabe von "allow-scripts" wird die Skriptausführung für den Inline-Frame erlaubt.

Möglich sind insbesondere Einzelangaben wie

`<iframe sandbox="allow-top-navigation">`.

Auch eine beliebige Kombination der hier angegebenen Attributwerte, etwa

`<iframe sandbox="allow-top-navigation allow-forms">`

ist nach dem HTML5-Standard zulässig.

Das `sandbox`-Attribut bietet noch mehr Möglichkeiten, als nur die Berechtigungen von Fremdinhalten zu steuern. Sie können nämlich umgekehrt auch Ihre eigenen Inhalte explizit als Sandbox-Inhalte deklarieren. Auf diese Weise verhindern Sie, dass bestimmte Inhalte Ihrer Seite andere Seitenelemente manipulieren, obwohl dies entsprechend der *Same Origin Policy* möglich wäre.

Sandbox-Inhalte deklarieren

Wenn etwa der Inhalt eines `<iframe>` von einem serverseitigen Script dynamisch generiert wird und hier ein potenzielles Sicherheitsrisiko besteht, kann dieses Vorgehen sinnvoll sein.

Durch die *Same Origin Policy* wird auch der Zugriff zwischen Subdomains geblockt. Das heißt, ein Script in einem Dokument unter `de.demo.org` erhält keinen Zugriff auf ein Dokument unter `en.demo.org`, obwohl die Domain dieselbe ist (`demo.org`) und lediglich die Subdomain unterschiedlich ist (`de` gegenüber `en`).

Die Auszeichnung eines *Inline-Frames* könnte beispielsweise wie folgt aussehen:

`<iframe sandbox src="getContent.php?parameters=ac22">`

Hier liest ein Serverscript Benutzereingaben ein, welche aus kritischen Inhalten bestehen könnten. Durch Angabe des allein stehenden `sandbox`-Attributes wird der Browser angewiesen, die *Same Origin Policy* für den `<iframe>`-Inhalt abzuschalten. Wenn Sie das `sandbox`-Attribut standalone notieren, dann werden eigene

`<iframe>`-Inhalte vom Browser so behandelt, als stammten diese von einer fremden Domain.

srcdoc-Attribut — In diesem Zusammenhang ist es möglich, den Inhalt eines *Inline-Frames* über das `srcdoc`-Attribut direkt anzugeben, anstatt ihn über das `src`-Attribut zu referenzieren. So lassen sich Inhalte unmittelbar einfügen, welche als Sandbox-Inhalt gelten.

Nützlich ist die Verwendung von `srcdoc` weniger bei statischen Webseiten als vielmehr bei Inhalten, welche zur Laufzeit von einem Script erzeugt werden und/oder Benutzereingaben enthalten können. Dies ist z. B. bei Kommentaren zu einem Blog-Eintrag oder bei Beiträgen in einem Diskussionsforum der Fall.

Beispiel — Hier sehen Sie, wie Sie `srcdoc` einsetzen können:

```
<iframe sandbox seamless
   srcdoc="<p>Beispiel für den Missbrauch:
   <script>top.location.href=&quot;
   http://www.badsite.com&quot;
   </script>
   </p>">
</iframe>
```

Hier besteht der Inhalt des *Inline-Frames* aus standardkonformem HTML und JavaScript. Der Browser behandelt den `srcdoc`-String wie den Quelltext einer Webseite: Er parst den gesamten Text, führt Scriptbefehle aus, interpretiert die HTML-*Tags* und erzeugt eine visuelle Darstellung. Die Darstellung erfolgt hier innerhalb des *Inline-Frames*. Die eigentliche Gefahr besteht hier darin, dass Benutzereingaben oft per JavaScript eingelesen und in einem `<iframe>`-Element ausgegeben werden. Hier liegt ein erhebliches Sicherheitsrisiko (Stichworte: Cross Site Scripting, XSS). Durch das allein stehende `sandbox`-Attribut wird der `<iframe>`-Inhalt so behandelt, als stammte er von einem fremden Server – mit allen Restriktionen der *Same Origin Policy*.

seamless-Attribut — Das `<iframe>`-Element besitzt im soeben dargestellten Beispiel kein `src`-Attribut. Stattdessen sorgt das `seamless`-Attribut dafür, dass der `<iframe>`-Inhalt nahtlos in die aktuelle Seite integriert wird. Die Angabe des *Standalone*-Attributes `seamless` hat einige Konsequenzen:

- Auch Stylesheet-Definitionen werden gültig.
- Hyperlinks werden im aktuellen Browser-Tab geöffnet.
- Der `<iframe>` verhält sich wie ein Block-Element.

Durch das `srcdoc`-Attribut wird der gesamte im *Frame* darzustellende Inhalt ausgezeichnet. Allerdings ist bei der Weitergabe von Daten zwischen Webanwendungen grundsätzlich auf die korrekte Zeichencodierung zu achten. Im hier vorliegenden Fall schreibt der HTML5-Standard lediglich vor, dass die Zeichen " und & innerhalb der Wertzuweisung an das srcdoc-Attribut durch die entsprechenden HTML-*Entities* " bzw. & ersetzt werden müssen.

2.6 JavaScript ist eine Interpretersprache *

JavaScript ist eine Skriptsprache. Sie kommt im Regelfall clientseitig zum Einsatz. Der Quellcode wird in den meisten Fällen durch einen Browser interpretiert und ausgeführt.

Der Name JavaScript wurde einst durch Netscape aufgrund der weiten Verbreitung und Beliebtheit von Java eingeführt – wobei allerdings die Gemeinsamkeiten mit Java äußerst gering sind.

Die Sprache JavaScript beinhaltet einen internen Befehlssatz, eine Syntax und eine Schnittstelle für den Zugriff auf Browserobjekte – das DOM. Sie ermöglicht die Kontrolle und die Manipulation zahlreicher Browserobjekte. JavaScript enthält selbst einige wenige eigene Objekte, kann aber vor allem auf zahlreiche fremde Objekte seiner Umgebung zugreifen.

JavaScript kann u. a. zur Kontrolle von Bestandteilen einer Webseite verwendet werden. Ein kontrollierbares Objekt ist beispielsweise das Browserfenster. Aber auch andere Objekte lassen sich mit Skripten beeinflussen. JavaScript ist jedoch nur eine objektbasierte, aber keine objektorientierte Sprache, denn zu einer echten objektorientierten Sprache fehlen einige bedeutende Eigenschaften (etwa die Vererbung im eigentlichen Sinn).

Bei Interpretersprachen kann der Quellcode – soweit er standardkonform ist – unmittelbar interpretiert werden, vorausgesetzt, der Interpreter ist auf dem lokalen Computersystem installiert und aktiv. Aus diesem Grund müssen Sie als JavaScript-Entwickler theoretisch nicht berücksichtigen, für welches Gerät (PC, Mac, Smartphone, Tablet) der Code entwickelt werden soll – in der Praxis sieht dies jedoch wieder anders aus. Der Grund dafür ist, dass jede Webseite bzw. deren Inhalte der maximalen Anzahl von Benutzern zugänglich sein soll. Allerdings aktualisieren nur relativ wenige Webanwender ihre Softwareumgebung regelmäßig. Als Webentwickler müssen Sie für Ihr Projekt folglich einen »Minimalstandard« festlegen.

Der Haupteinsatzzweck eines JavaScript-Programms ist die Erweiterung einer Webseite um dynamische Abläufe. Die Sprache JavaScript wurde speziell dafür entwickelt, die Erstellung interaktiver Webseiten zu ermöglichen und die Grenzen von HTML und CSS zu überschreiten.

JavaScript ist sowohl für client- als auch für serverseitige Programmierung einsetzbar (Abb. 2.6-1). Für die serverseitige Programmierung haben sich Sprache wie PHP und JSP (JavaServer Pages) etabliert, während JavaScript dort noch ein Nischendasein fristet. Viel mehr wird JavaScript hauptsächlich für Client-Anwendungen eingesetzt.

```
┌─────────────────┐    ┌─────────────────┐
│  Clientseitiges │    │  Serverseitiges │
│   JavaScript    │    │   JavaScript    │
└────────▲────────┘    └────────▲────────┘
         │                      │
         └──────────┬───────────┘
         ┌─────────────────────────┐
         │     JavaScript-Kern     │
         └─────────────────────────┘
```

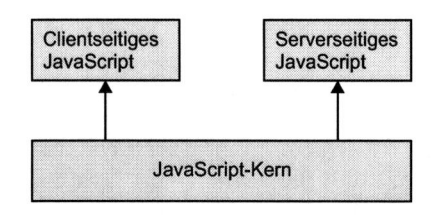

Abb. 2.6-1: Aufbau von JavaScript.

Client-JavaScript läuft auf den Clientcomputern ab. Das Client-Programm ist in den meisten Fällen ein Webbrowser. Heute wird JavaScript-Code nicht mehr in allen Fällen unmittelbar im Browser verarbeitet. Auf einigen Systemen kommt eine speziell für den Browser konzipierte JavaScript-*Engine* zum Einsatz, welche geringen Speicherverbrauch verursacht. Derartige *Engines* sind optimiert hinsichtlich prozessor- und ressourcenlastiger Vorgänge, so dass sie zu deutlichem Performancegewinn führen. Bei zahlreichen JavaScript-*Engines* wird der Quellcode vor dem Ausführen durch einen **Just-In-Time-Compiler** kompiliert.

JavaScript-Kern — Der JavaScript-Kern stellt das Grundgerüst für client- und serverseitiges JavaScript dar. Er enthält unter anderem die Definitionen für die Verarbeitung von Anweisungen, Core-Objekte sowie deren Eigenschaften und Methoden.

Serverseitiges JavaScript — Mit JavaScript können Sie auch serverseitige Anwendungen erstellen. Serverseitiges JavaScript verwendet dazu die gleiche Syntax wie clientseitiges JavaScript, nicht jedoch die gleichen vordefinierten Objekte. An die Stelle von `window`, `document`, `location` etc. treten auf der Serverseite Objekte wie `server`, `project`, `client`, `request` oder `file`, mit deren Hilfe man beispielsweise Formulareingaben bearbeiten, Dateien öffnen und speichern oder auf Datenbanken zugreifen kann – ohne dass der Client davon betroffen ist.

Die serverseitigen Objekte oder die Möglichkeiten der serverseitigen JavaScript-Programmierung sind *nicht* Gegenstand dieses Buches. Denn: JavaScript kommt auf der Serverseite bei Weitem nicht die gleiche Bedeutung zu wie bei der clientseitigen Programmierung. Für Server-Scripting verwendet man in der Praxis eher Sprachen wie Perl, Ruby und Python. Weitere Server-Techniken sind PHP, JavaServer Pages und ASP.Net (hier kommen C# und VB.Net zum Einsatz).

Ein entscheidender technischer Unterschied gegenüber serverseitigen Sprachen wie etwa ASP, Perl und PHP besteht darin, dass Client-JavaScript-Programme keine Anforderungen an den **Webserver** stellen.

Viele **Internet-Provider** bieten kostenlosen Webspace an, welcher nur für HTML geeignet ist. Professionelle **Webhoster** dagegen ermöglichen (in vielen Fällen jedoch nicht kostenlos) serverseitige Programmierung und stellen dafür entsprechende Ressourcen zur Verfügung.

JavaScript ist keine rein prozedurale Sprache, sondern außerdem objektbasiert, d. h., der Programmierer kann auf die Objekte des Browsers sowie deren Eigenschaften und Methoden zugreifen und auch neue Objekte bzw. Instanzen erzeugen.

JavaScript stellt die ideale Ergänzung zu HTML und zu serverseitiger Programmierung dar. Sie können JavaScript nutzen, um

Einsatzbereiche

- Webseiten zu dynamisieren,
- den Browser des Benutzers zu steuern,
- Daten nachzuladen und
- Aktivitäten vom Webserver auf das Computersystem des Benutzers zu verlagern.

Rufen Sie einige dieser Web-Dienste auf und beobachten Sie die Effekte:

- Füllen Sie ein Webformular aus und vergessen, ein Pflichtfeld korrekt auszufüllen, so wird das Formular nicht abgeschickt, sondern Sie erhalten eine Fehlermeldung.
- Sie werden automatisch nach Eingabe einer Webadresse auf eine andere Webseite weitergeleitet.
- Sie besuchen eine Webseite und finden dort ein Navigationsmenü mit zusammengeklappten Menüstrukturen, wie Sie es von Ihrem Dateimanager gewohnt sind. Wenn Sie auf ein Symbol (etwa ein Pluszeichen) klicken, klappt das Menü auf, und Sie sehen eine Reihe weiterer Links, die Sie anklicken können. Das Symbol links neben dem übergeordneten Link hat sich verändert (meistens wird es zum Minuszeichen). Wenn Sie dieses erneut anklicken, reduziert sich das zuvor aufgeklappte Menü wieder.
- Sie werden auf einer bereits vorher schon einmal besuchten Webseite persönlich begrüßt. Wahrscheinlich wurde bei Ihnen bei Ihrem letzten Besuch ein **Cookie** gespeichert, um Sie bei einem neuen Besuch identifizieren zu können.
- Auf der Webseite läuft eine Animation.

- Eine Webseite stellt Ihnen das aktuelle Tagesdatum oder die momentane Uhrzeit dar. Es werden weitere dynamische Informationen wie Ihr Browsertyp, Ihre Landeseinstellungen oder Ihr Betriebssystem angezeigt.
- Wenn Sie eine Webseite besuchen, werden automatisch diverse Browserfenster (meist mit aufdringlicher Werbung) zusätzlich geöffnet bzw. angezeigt.
- In einer **Frame**-Struktur werden mit einem einzigen Mausklick gleichzeitig mehrere *Frames* aktualisiert.

Alle diese Vorgänge lassen sich mit JavaScript realisieren. Allerdings kommen insbesondere bei Animationen auch andere Techniken zum Einsatz. Viele Situationen und Effekte, welche Ihnen beim Zugriff auf das Web begegnen, werden erst durch die Verwendung von JavaScript möglich. Es gibt aktuell kaum eine moderne größere Webapplikation, welche ohne JavaScript auskommt.

JavaScript-Code kann mit einem beliebigen Editor erstellt werden. Er wird, wie auch die Seiteninhalte (HTML, XHTML) und die Layoutanweisungen (CSS), beim Seitenaufruf vom Webserver zum lokalen Browser übertragen und von diesem interpretiert (falls JavaScript nicht deaktiviert ist).

JS-Anwendungen

Typische JavaScript-Anwendungen sind:

- Prüfung von Formulareingaben vor dem Absenden.
- Dynamische Manipulation von Webseiten über das **DOM**.
- Zeitgesteuerte Effekte.
- Banner und Laufschriften.
- Asynchrone Datenübertragung (Ajax).
- Benutzer-Interaktion durch *Event-Handler*.
- Browsersteuerung, etwa das Öffnen eines Browserfensters mit individuellen Vorgaben.
- Pulldown-Menüs in der Navigationsleiste.
- Herausfinden, welchen Browser der Benutzer verwendet *(Browsersniffing)*.
- Browserabhängig dynamische Seitenelemente darstellen.
- Darstellen von Zeit und Datum.
- Dialogsteuerung.
- Zugriff auf *Cookies*.
- Eingabehilfen in Formularen.
- Tabellenaktionen (z. B. Datensätze sortieren oder Spalten per Drag & Drop verschieben).
- Animationen.
- Spiele.

Zugängliche Webseiten

JavaScript ermöglicht die Interaktion mit dem Benutzer und die Steuerung des Verhaltens Ihrer Webseiten. Da auf einigen Computersystemen JavaScript deaktiviert ist und die Benutzer oft keinen Einfluss darauf haben, ist es für JavaScript-Entwickler wichtig, einige Regeln einzuhalten:

- Das automatische Absenden von Formulardaten sollte unterbleiben.
- Elemente, welche nur bei JavaScript-Verwendung sinnvoll sind, sollten auch per JavaScript erzeugt werden.
- Der Seiteninhalt sollte sowohl bei eingeschaltetem JavaScript als auch bei ausgeschaltetem JavaScript korrekt dargestellt werden.
- Ihre JavaScript-Effekte sollten durch verschiedene Eingabegeräte bzw. unterschiedliche Techniken (Drag & Drop, Klick, Tastendruck) ausgelöst werden können.
- Interaktive Seitenbestandteile müssen klar als solche erkennbar sein.
- Leiten Sie nicht automatisch auf eine andere Webseite um.

Regeln

Die Benutzerfreundlichkeit und auch die Zugänglichkeit Ihrer Webseiten sollte grundsätzlich im Vordergrund stehen. Es sollte auch darauf geachtet werden, die Webseite barrierefrei zu gestalten, sodass auch Menschen mit Behinderung sie nutzen können.

Oft wird JavaScript allerdings auch vorsätzlich missbraucht. JavaScript stellt eine sinnvolle Ergänzung zu HTML/XML und CSS dar. Einige Anwendungen, die mit JavaScript möglich sind, verärgern meistens den Benutzer und werden als »schlechter Stil« angesehen:

Schlechter Stil

- Quellcode verbergen.
- Verschleiern von Internetadressen, auf die ein Link verweist.
- Deaktivieren des Kontextmenüs, um Benutzeraktionen einzuschränken.
- Verhindern, dass Seiteninhalte kopiert/gespeichert oder gedruckt werden können.
- Unaufgefordert (Werbe-)*PopUps* oder *PopUnders* einblenden, die meisten modernen Browser besitzen PopUp-Blocker.
- Unkontrolliertes Öffnen von Fenstern.
- Automatisches Schließen und Größenänderung des Browserfensters.
- Ausnutzung von Sicherheitslücken um Spionageprogramme oder Malware einzuschleusen.

Verglichen mit anderen Programmier- und Skriptsprachen besitzt JavaScript zahlreiche positive Eigenschaften. Als Vorteil gilt z. B., dass JavaScript

JS-Vorteile

+ leicht erlernbar ist,
+ keine Lizenzkosten verursacht,
+ bestens auf HTML, CSS und auch XML abgestimmt ist,
+ keine spezielle Entwicklungsumgebung benötigt.

2 Schnelleinstieg in JavaScript *

JS-Nachteile Als nachteilig dagegen gilt, dass JavaScript
- auf Web-Anwendungen beschränkt ist,
- unterschiedlich in den aktuellen Browsern implementiert ist,
- nicht nur aufgrund seiner Sicherheitslücken hohes Missbrauchspotenzial besitzt,
- nur bedingt für Datenbankzugriffe geeignet ist,
- durch leicht und vor allem unabsichtlich zu realisierende Endlosschleifen jedes System instabil machen kann[1],
- irreführende und falsche Informationen in die Statuszeile des Browserfensters schreiben kann[2].

Ebenso wie HTML-Code ist auch JavaScript-Code grundsätzlich durch den Benutzer einsehbar. Abhilfe schafft hier weder das Blockieren der rechten Maustaste, das Auslagern des Quellcodes in eine externe Datei noch die Verwendung von *Frames*.

Es gibt allerdings Komprimierungswerkzeuge, welche das Auslesen von JavaScript-Code erheblich erschweren. Siehe dazu die Website seo-ranking-tools (http://www.seo-ranking-tools.de/javascript-compressor-cruncher.html).

Risiken Aufgrund der Komplexität der Anwendungen und der Vielzahl an Möglichkeiten, die mit JavaScript realisiert werden können, existieren auch Sicherheitsbedenken. Immer wieder erscheinen Pressemeldungen über **Malware**, welche mit Hilfe von JavaScript und anderen Schwachstellen zahllose Anwendersysteme verseucht hat.

Den großen Browserentwicklern Microsoft (Internet Explorer), Mozilla (Firefox), Opera, Apple (Safari) und Google (Chrome) unterlaufen immer wieder Fehler bei der Programmierung. Findige Hacker suchen gezielt nach Sicherheitslücken und nutzen diese zum Einschleusen von Malware auf die Clientcomputer.

Zwar werden zeitnah Bugfixes und auch Sicherheitsupdates online zur Verfügung gestellt, der (Image-)Schaden jedoch ist zu diesem Zeitpunkt schon eingetreten.

2.7 Von JavaScript bis zu Ajax **

Core-JavaScript richtet sich nach der Norm ECMA-262. Die Versionsstände von JavaScript ergeben sich allerdings durch die zunehmende Unterstützung bzw. Umsetzung des ECMA-Standards der einzelnen Browser. Der JavaScript-Zugriff auf Browser-Objekte wird durch das DOM, zahlreiche API-Methoden, API-Eigenschaften und API-Objekte sowie vorweggenommene Implemen-

---

[1] Ein moderner Browser erkennt dieses Problem und bietet nach kurzer Zeit an, das Skript abzubrechen.
[2] In einigen Browsern muss diese Funktionalität allerdings explizit freigeschaltet werden.

2.7 Von JavaScript bis zu Ajax **

tierungen (z. B. HTML5) seitens der Browserhersteller möglich. Ajax ist eine Kombination mehrerer Webtechniken. Die Kommunikation erfolgt über die XML-Schnittstelle des Webbrowsers. Nachträglich angeforderte Inhalte vom Webserver können direkt im Browserfenster dargestellt werden, ohne dass die Seite vom Webserver völlig neu geladen werden muss.

Gegen Ende des Jahres 1995 stellte die Firma Netscape die Version 2.0 ihres Webbrowsers vor. Dieser unterstützte das **Frame**-Konzept und LiveScript, eine Java-ähnliche Sprache zur Überprüfung von Benutzereingaben sowie zur Manipulation von Browserobjekten. LiveScript wurde kurze Zeit später in JavaScript umbenannt. — LiveScript

Seither entwickelte Netscape JavaScript stetig weiter, Microsoft führte 1996 notgedrungen ebenfalls diese Technik ein und nannte sein Produkt JScript.

Im November 1996 taten sich Netscape und die internationale Industrievereinigung **ECMA** (European Computer Manufacturers Association) mit Sitz in Genf/Schweiz zusammen und beschlossen, JavaScript zu standardisieren. Aus dem Projekt entstand ein Sprachdialekt mit Namen ECMA-Script, was der Name für das von ECMA standardisierte JavaScript ist. Auch Microsofts JavaScript-Klon JScript orientierte sich an diesem Standard.

Im Juni 1997 wurde die erste Version von ECMA-Script freigegeben – der Standard ECMA-262, an welchem sich JavaScript seither orientiert. Die im Juni 1998 eingeführte JavaScript-Version 1.3 war erstmalig kompatibel zu ECMA-262. Im Jahr 2000 stellte Netscape JavaScript 1.5 vor (Tab. 2.7-1).

Weitere Informationen zu ECMA und den JavaScript-Versionen finden Sie auf der Website ECMA (http://www.ecma-international.org/publications/files/ECMA-ST/ECMA-262.pdf) und auf Wikipedia: Versionsgeschichte (http://de.wikipedia.org/wiki/JavaScript#Versionsgeschichte).

Zu den Neuerungen bei JavaScript finden Sie auf der Website Mozilla (https://developer.mozilla.org/en/JavaScript/New_in_JavaScript) zahlreiche Informationen.

Mit den HTML5-*Working Drafts*, zahlreichen neuen Browser-Schnittstellen sowie zahllosen Objekten, Methoden und Eigenschaften, welche die Browserhersteller nahezu einheitlich unstandardisiert in ihre Produkte implementieren, erweitern sich die Javascript-Möglichkeiten derzeit beinahe täglich.

JavaScript erlebt – nicht erst seit dem Web 2.0-Hype – erheblichen Auftrieb unter der Bezeichnung Ajax *(Asynchronous JavaScript and XML)*, welches etwa bei **Google Maps** zum Einsatz — Ajax

2 Schnelleinstieg in JavaScript *

Jahr	Sprache	Unterstützt durch
1995	LiveScript 1.0	Netscape Browser 2.0
1996	JavaScript 1.1	Netscape Browser 3.0
1996	JScript (ähnlich JavaScript 1.0)	IE 3
1997	JavaScript 1.1	IE 4
1997	JavaScript 1.2	Netscape Browser 4.0
1998	Microsoft verknüpft HTML, Scripting und Style Sheets zu DHTML (Dynamic HTML)	
1998	JavaScript 1.3	Netscape Browser 4.06–4.7x
1998	Anlehnung von JavaScript 1.3 an den ECMA-262-Standard (ECMA-Script)	
1998	DOM Level 1 *(Document Object Model)*	IE 5
1998	JavaScript 1.4	nicht implementiert
2000	JavaScript 1.5	Netscape Browser 6 und 7
2002	JavaScript 1.6	Firefox
2006	JavaScript 1.7	Firefox
2009	JavaScript 1.8	Firefox 3

Tab. 2.7-1: Historie von JavaScript.

kommt. Ajax ist hierbei keine neue Programmiersprache, sondern lediglich eine JavaScript-Erweiterung.

Durch Ajax ist es möglich, dass eine Webseite nicht als Ganzes vom Server geladen werden muss, sondern dass einzelne Elemente/Seitenbestandteile nachgeladen werden können. Dabei muss nicht die gesamte Seite erneut angefordert werden. Ajax setzt auf verschiedene Techniken auf:

- HTML/XHTML für Struktur und Inhalt (statisch),
- JavaScript für Interaktion (dynamisch),
- das XMLHttpRequest-Objekt.

XMLHttp-Request-Objekt

Zum XMLHttpRequest-Objekt gehört eine Sammlung von API-Funktionen, welche den Transport von Daten per **HTTP** ermöglicht. Es bildet die Grundlage der Ajax-Technik und wird von JavaScript aus verwendet. Mit Hilfe des XMLHttpRequest-Objekts wird es möglich, per JavaScript HTTP-Anfragen an einen Server zu richten und die eingehenden Antworten des Servers zu verarbeiten. Es stellt also eine Schnittstelle für die Kommunikation zwischen dem Web-Client und dem Server dar.

2.7 Von JavaScript bis zu Ajax **

Ajax ist betriebssystemunabhängig, wird von jedem javascriptfähigen Browser unterstützt – eine Standardisierung wird durch die OpenAjax Alliance angestrebt, siehe Website OpenAjax (http://www.openajax.org/). Allerdings kann übermäßiger Einsatz des XMLHttpRequest-Objekts auf derselben Webseite hohen Datenverkehr zwischen Browser und Webserver verursachen (Abb. 2.7-1).

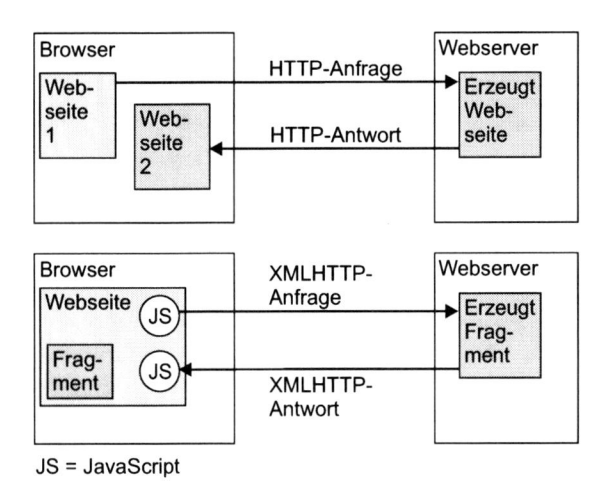

Abb. 2.7-1: Klassische Web-Anwendung vs. Ajax-Web-Anwendung.

Bei der Verwendung von Ajax werden Daten erst angefordert, wenn sie benötigt werden, dann für JavaScript verfügbar gemacht und anschließend z. B. in die bestehende Webseite eingebaut oder anderweitig ausgegeben. Dabei wird in vielen Fällen die Interaktion des Benutzers mit der Webanwendung nicht durch das Laden einer neuen Seite unterbrochen. Die Kommunikation zwischen Browser und Server, die der Benutzer wahrnimmt, ist nur die, die durch seine Aktionen ausgelöst wird, etwa das Anklicken eines Hyperlinks oder das Versenden von Formulardaten.

Der Datenaustausch zwischen Browser und Webserver mittels Ajax findet asynchron und damit unabhängig von einer offensichtlichen Benutzeraktion statt. Der Server liefert dann eine **XML**-Antwort oder einen String zurück, welcher ggf. durch den Browser interpretiert wird.

Ajax fordert zwar von dem Client bestimmte Techniken, jedoch stellt es keine explizit einzuhaltenden Voraussetzungen an den Webserver. Ajax verwendet im Wesentlichen Techniken, welche schon lange im Web etabliert sind. Beginnend bei HTML und HTTP über JavaScript und CSS bis hin zu XML.

2.8 JavaScript vs. Java **

JavaScript und Java haben wenige Gemeinsamkeiten. Java-Programme werden zunächst vorkompiliert. Der resultierende Code kann auf jedem System in einer *Java Virtual Machine* interpretiert und ausgeführt werden. Mit *LiveConnect* steht eine Schnittstelle zwischen Java und JavaScript zur Verfügung.

Java wurde Anfang der 90er Jahre von Sun Microsystems unter der Leitung von James Gosling entwickelt. Wichtigster Unterschied zwischen Java und JavaScript ist sicherlich, dass es sich bei Java um eine objektorientierte Programmiersprache handelt, deren Programme unabhängig von einem Browser ausgeführt werden. Sie benötigen als Laufzeitumgebung nur eine *Java Virtual Machine* (JVM). Java-Applets – Java-Programme mit besonderen Eigenschaften – können ebenfalls in Webseiten integriert und im Browser ausgeführt werden.

Während der JavaScript-Code als Klartext vorliegt und interpretiert wird, werden Java-Programme zuerst von einem Compiler in einen so genannten Bytecode übersetzt. Der **Bytecode** wird dann von der *Java Virtual Machine* interpretiert.

Durch den Compiliervorgang geht jedoch die Textstruktur des Quellcodes verloren. Man kann diesen deswegen nicht direkt im HTML-Dokument notieren, sondern er wird in Form von Binärdaten in einer speziellen separaten Datei (`class`-Datei) gespeichert. Das Einbinden einer `class`-Datei kann über das HTML-Element `<applet>` erfolgen.

JVM   Einige Browser besitzen inzwischen eine standardmäßig Integration einer installierten *Java Virtual Machine*. Diese ist nicht nur dafür zuständig, eine Laufzeitumgebung für Java-Applets zur Verfügung zu stellen, sondern sie bietet außerdem eine Schnittstelle zwischen Java und JavaScript innerhalb des Browsers. So werden Funktionen der jeweils anderen Sprache verfügbar. Netscape nannte diese Schnittstelle *LiveConnect*, beim Microsoft Internet Explorer realisierte man diese Schnittstelle über spezielle, proprietäre Browser-Objekte.

Java erleichtert den Zugang zu den Systemressourcen, die für allgemeine Anwendungen, auch nicht allein auf das Internet bezogene, nötig sind (mit entsprechend mächtiger Bibliothek), während JavaScript sich speziell auf die Browserumgebung konzentriert.

Gemeinsam ist den Programmiersprachen Java und JavaScript die Plattformunabhängigkeit – sowie eine gewisse Ähnlichkeit ihrer Syntax, welche aus der Sprachfamilie C/C++ stammt.

2.8 JavaScript vs. Java **

Einen JavaScript-Interpreter kann man aus dem Web herunterladen und in einer beliebigen Anwendung installieren. Während Java eine vollständige Programmiersprache zur Entwicklung eigenständiger Anwendungen ist, handelt es sich bei JavaScript um eine Skriptsprache, welche in zahlreichen Umgebungen eingesetzt werden kann, etwa

- Browser,
- Photoshop, siehe Website Adobe (http://www.Adobe.com/PhotoshopCS5),
- Adobe Air Anwendungen, siehe Website Adobe (http://www.adobe.com/de/products/air),
- Adobe Acrobat, siehe Website Adobe (http://www.adobe.com/de/products/acrobat/),
- Yahoo Widget Engine, siehe Website Yahoo (http://widgets.yahoo.com/),
- Apple Dashboard Widgets, siehe Website Apple (http://www.apple.com/downloads/dashboard/).

Eine besondere Rolle spielen im Umfeld von Java und JavaScript *PlugIns* und Java-Applets.

Ein Plug-in ist ein Erweiterungsmodul für einen Webbrowser, das diesem bestimmte Fähigkeiten (meist zur Darstellung bestimmter Dateitypen) hinzufügt. Zu den Plug-ins gehört beispielsweise das Flash-Plug-in von Adobe, welches es dem Browser ermöglicht, Flash-Animationen darzustellen. Plug-in

Ein Java-Applet ist ein Java-Programm, das in der Regel nur in einem Browser ausgeführt werden kann. Auf der Grundlage von *LiveConnect* bzw. entsprechender Schnittstellen eines Browsers können JavaScript-Programme und Java-Applets miteinander kommunizieren. Dies geschieht so, dass Zugang zu Variablen und Methoden gewährt wird, die in den Java-Applets verwaltet werden. Ähnlich funktioniert auch ein Plug-in. Java-Applet

Java-Applets und Plug-ins nutzen ihrerseits die Schnittstelle zu JavaScript dadurch, dass sie auf Eigenschaften von JavaScript-Objekten und JavaScript-Funktionen zugreifen.

Der Microsoft Internet Explorer behandelt Java-Applets als so genannte ActiveX-Objekte. ActiveX-Objekte sind eine spezielle von Microsoft entwickelte Art von Steuerungselementen. Hier werden sie benutzt, um auf öffentliche Methoden von Java-Applets zuzugreifen. ActiveX-Objekt

Zwischen Java und JavaScript gibt es tiefgreifende technische Unterschiede. So ist etwa JavaScript im Vergleich zu Java nicht typisiert. Daher kann eine einzige JavaScript-Variable innerhalb einer Funktion verschiedene Typen von Werten enthalten. Der Interpreter nimmt bei Bedarf die Umwandlung von einem Typ zum anderen automatisch vor. Dadurch vereinfacht sich die Sprachsyntax erheblich. Allerdings kann es vorkommen, dass der Interpreter den Kontext falsch erkennt und die Typumwandlung nicht korrekt durchführt.

Ein weiterer Unterschied zwischen Java und JavaScript besteht darin, dass Java-Objekte und auch Java-Klassen nach ihrer Instanziierung betreffend ihrer Struktur nicht mehr veränderbar sind, wogegen Eigenschaften von JavaScript-Objekten sich während der Laufzeit noch verändern lassen.

Allerdings gehören zu JavaScript relativ wenige Objekte, während in der Laufzeitumgebung von Java durch die mitgelieferten Pakete der Funktionsumfang erheblich größer ist.

2.9 JavaScript vs. JScript **

JScript, die JavaScript-Konkurrenz von Microsoft, ist zwar nahezu JavaScript-kompatibel, hat sich jedoch nicht durchgesetzt.

JScript   Microsoft implementierte als Antwort auf JavaScript 1996 in der Version 3.0 des Internet Explorers die fast identische Sprache JScript. Diese bietet nahezu dieselben Möglichkeiten wie JavaScript, ist jedoch um spezifische auf den Internet Explorer und die Windows-Umgebung bezogene Funktionen erweitert.

Microsoft hat sowohl in seine aktuellen Windows-Versionen als auch in seinen Browser, den Internet Explorer, die JScript-Unterstützung integriert.

Zu JScript gehört einerseits eine fast vollständige JavaScript-Implementierung, andererseits jedoch zusätzliche Objekte, wie etwa das FileSystem-Object. Dieses ermöglicht Schreib- und Lesezugriff auf Dateien, Ordner und Laufwerke – eine Fähigkeit, welche nicht Teil des JavaScript-Standards ist.

Auf der Website Microsoft (http://www.microsoft.com/jscript/us/jstutor/jstutor.com) finden Sie dazu weitere Informationen.

Der langjährige Browserkrieg zwischen Netscape und Microsoft ließ damals in Sachen Webstandards nichts Gutes erwarten. Somit entwickelte das W3C Vorgaben für HTML und CSS sowie für Programmierschnittstellen wie das DOM. Auch die **ECMA** wollte den proprietären browserspezifischen Entwicklungen bei den Client-Sprachen ein Ende bereiten und die Grundlage für eine einheitliche JavaScript-Sprache schaffen, welche in allen Browsern auf allen Systemen gleichermaßen verwendet werden kann. Webentwickler sollten sicher sein können, dass sich alle Browser an die Vorgaben halten.

Von der ECMA wurde der Standard ECMA-Script erarbeitet (ECMA-262), an den sich heute JavaScript und auch JScript weitestgehend halten. Dennoch gibt es feinere Unterschiede zwischen den beiden Sprachen, die es Browsern erschweren, alle HTML-Seiten, unabhängig davon ob sie JavaScript- oder JScript-Elemente enthalten, gleichermaßen richtig darzustellen.

Der Internet Explorer nutzt beispielsweise für die Interpretation und Ausführung von JScript-Code die Windows Script-Umgebung. Andere Webbrowser unterstützen kein JScript und haben für die Ausführung von JavaScript ihre eigenen Script-Module implementiert.

Die Möglichkeiten von JScript sind denen von JavaScript sehr ähnlich. Es gibt bei beiden Sprachen kaum Unterschiede in der Ereignisbehandlung und bei den Möglichkeiten, Einfluss auf das Seitenlayout zu nehmen.

Der allgemeine Begriff »Microsoft Windows Script« definiert eine Umgebung, welche bei Microsoft Windows-Betriebssystemen seit Windows 98 zur Scriptausführung eingesetzt wird. Seit Windows XP ist die Version 5.6 von Microsoft Windows Script enthalten. Bei älteren Betriebssystem-Versionen wird die Windows Script-Umgebung aktualisiert, sobald Sie einen neueren Internet Explorer installieren.

Microsoft Windows Script

Bestandteil von Microsoft Windows Script – siehe Website Microsoft (http://www.microsoft.com/learning/syllabi/2433Afinal.mspx) und Website MSDN (http://msdn.microsoft.com/en-us/library/6kxy1a51(VS.85).aspx) – sind folgende Module:

- Visual Basic Scripting Edition (VBScript),
- JScript,
- Windows Script Components,
- Windows Script Runtime,
- Windows Script Host.

Die ersten beiden Module bezeichnen die *Script-Engines* für die Skriptsprachen VBScript und JScript. Sie werden im *Scripting Host* ausgeführt. Im Falle eines in einer HTML-Seite eingebetteten Skripts bildet der Browser den *Scripting Host*. Der Internet Explorer lieferte den ersten *Scripting Host* für VBScript und JScript.

Script-Engine

2.10 Fehlersuche/Debugging *

Die erste Ausführung eines neuen JavaScript-Programms schlägt oft fehl. Nicht nur logische Fehler, sondern auch Syntaxfehler sowie Umwandlungs- und Zuweisungsfehler sind hier häufige Ursache. Bei der Fehlersuche helfen neben der Fehlerkonsole des Browsers Validatoren, spezielle Skript-*Debugger*, externe IDEs, Browser-AddOns und Entwicklerwerkzeuge.

Sie lernen nun einige Techniken und Hilfsprogramme kennen, welche Sie bei der Webprogrammierung unterstützen können. Dabei liefert Ihnen oft schon der Browser selbst rudimentäre Möglichkeiten der Fehlersuche:

- »Fehlerkonsole und Validierung«, S. 48

Der darauf folgende Abschnitt beschreibt Ihnen grundsätzliche Funktionalitäten von IDEs und stellt einige von diesen vor:

- »Entwicklungswerkzeuge«, S. 52

Der letzte Abschnitt vermittelt Ihnen einen Einstieg in das Arbeiten mit dem populärsten Werkzeug für Webentwickler:

- »Einführung in Firebug«, S. 59

2.10.1 Fehlerkonsole und Validierung *

Die gängigen Browser besitzen eine Fehlerkonsole, die bei der Analyse von JavaScript-Programmen wertvolle Hilfe leistet.

JavaScript wird heute beinahe auf jeder Webseite verwendet. Der Quelltext dazu kann mit jedem Editor erstellt werden – standardkonformes JavaScript ist auf jedem Computersystem einsatzfähig[3], es wird allein im Browser verarbeitet. Jeder aktuelle Browser versteht JavaScript. Es gibt jedoch Unterschiede bei der Verarbeitung von JavaScript durch die verschiedenen Browser. Für die Optimierung der Zugänglichkeit Ihrer Webseiten sind *Debugging*-Techniken und auch Funktionstests in verschiedenen Browsern unabdingbar.

Wenn Ihre Webseite möglichst vielen Benutzern zugänglich sein soll, müssen Sie deren Darstellung einschließlich der dynamischen Effekte in möglichst vielen Browsern überprüfen und für diese optimieren.

Für die Fehlersuche in Skripten besitzen moderne Browser entsprechende Funktionen. Die Fehlerkonsole bei Firefox 3.5 (ehemals hieß diese JavaScript-Konsole) und zahlreichen anderen Browsern informiert über Probleme auf der geöffneten Webseite mit fehlerhaftem HTML-Code, JavaScript-Quelltext und CSS-Layout (Abb. 2.10-1).

Bei Firefox 4 gibt es zusätzlich die Web-Konsole, welche ein mächtiges Entwicklerwerkzeug für erweitertes *Debugging* und eine detailliertere Problemanalyse darstellt.

Bei Firefox 3.5 wird die Fehlerkonsole in einem eigenen Browserfenster dargestellt, bei Firefox 4.0 ist sie in das aktuelle Browserfenster integriert. Manchmal ist die Konsole jedoch abge-

---

[3] Dies gilt natürlich nur dann, wenn JavaScript nicht im Browser des Benutzers deaktiviert ist.

2.10 Fehlersuche/Debugging *

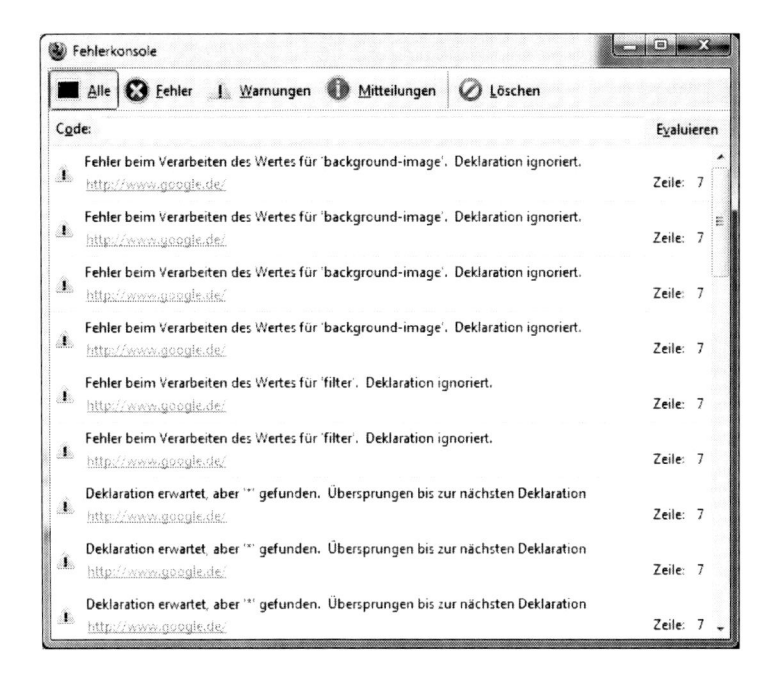

Abb. 2.10-1: Fehlerkonsole von Firefox 3.5.

schaltet. Das Öffnen der Fehlerkonsole geschieht über das Menü Extras. Eine Fehlerkonsole besitzt auch der Opera-Browser (Abb. 2.10-2).

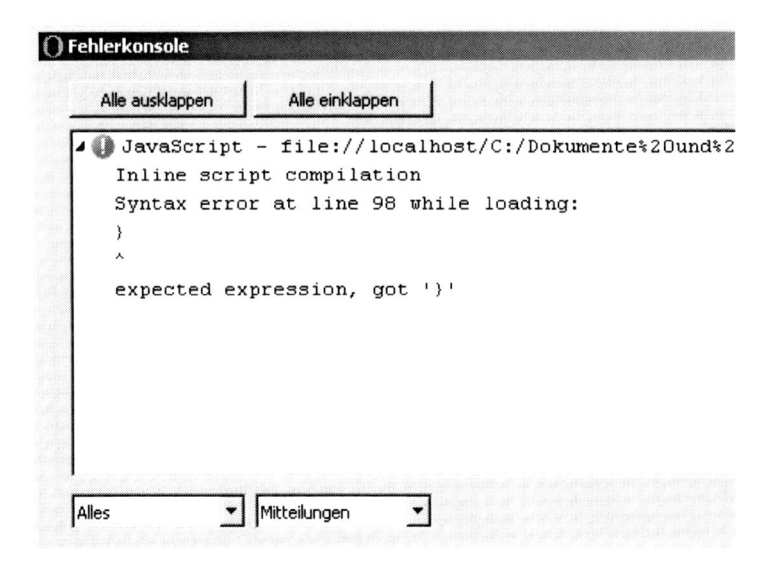

Abb. 2.10-2: Opera-Fehlerkonsole.

2 Schnelleinstieg in JavaScript *

Ein häufig auftretendes Problem stellen Anführungszeichen dar, welche aus einer anderen Anwendung kopiert worden sind. Wenn Sie etwa eine JavaScript-Funktion aus einem Browserfenster oder einer dafür nicht geeigneten Anwendung, wie bspw. Microsoft Word, kopieren und dann in einen Texteditor einfügen und speichern, dann sind möglicherweise einfache und auch doppelte Anführungszeichen so codiert, dass der Browser diese nicht verarbeiten kann (Abb. 2.10-3).

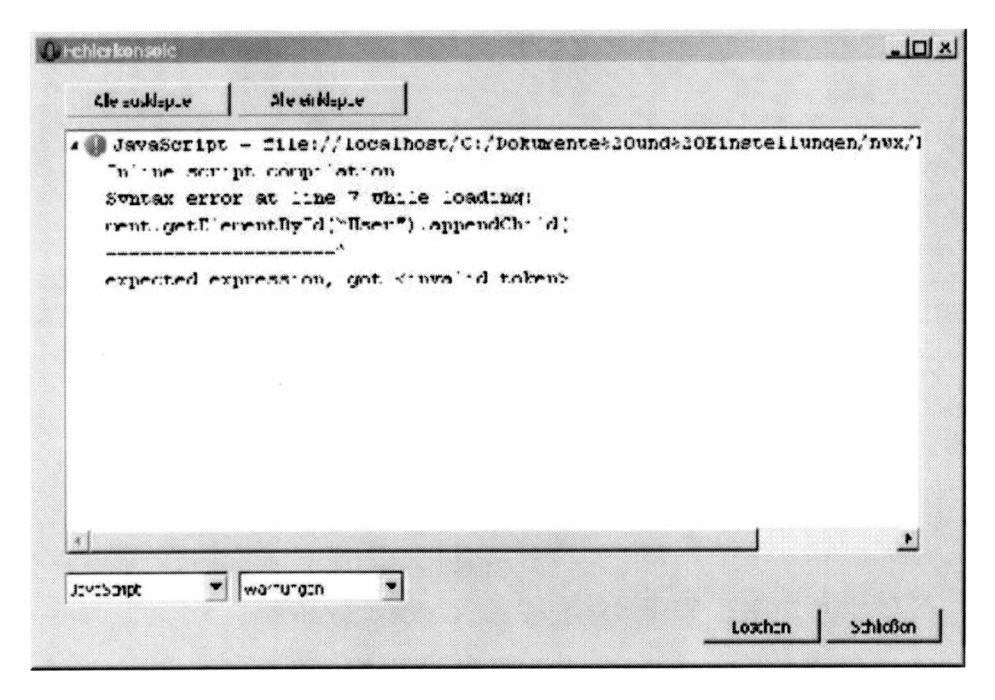

Abb. 2.10-3: Fehlermeldung.

Sie müssen dann die fraglichen Zeichen im Editor überschreiben.

Das Aktivieren der Fehlerkonsole erfolgt beim Opera-Browser über die erweiterten Einstellungen, Inhalte - JavaScript-Optionen.

Dragonfly Das Opera-Werkzeug Dragonfly kann über Extras-Weiteres-Entwicklerwerkzeuge aktiviert werden. Die Fehlermeldungen können hier – anders als in der Opera-Fehlerkonsole – nicht nur in einem gesonderten Fenster, sondern alternativ auch am unteren Fensterrand angezeigt werden.

Im Internet Explorer schalten Sie die Fehleranalyse über die Internetoptionen/Erweitert ein. Skriptfehler anzeigen muss aktiviert werden.

2.10 Fehlersuche/Debugging *

Allerdings signalisiert der Internet Explorer auch bei inaktiver Fehlerkonsole Probleme mit Webseiten. Klicken Sie im Fehlerfall doppelt auf das gelbe Fragezeichen unten links im Browserfenster (Abb. 2.10-4).

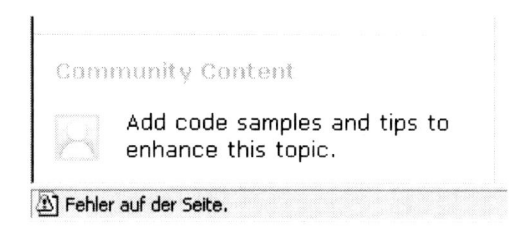

Abb. 2.10-4: Fehler im Internet Explorer.

Sie erhalten dann eine ausführliche Fehlerbeschreibung.

Auch der Safari-Browser (Version 4) bietet zahlreiche Einstellungen für Fehlersuche und Entwicklung von Webseiten und Scripten. Um im Safari-Browser Fehlermeldungen zu analysieren, sollten Sie zunächst das Developer-Menü aktivieren, denn über dieses lässt sich die JavaScript-Fehlerkonsole öffnen. Wählen Sie zu diesem Zweck unter Bearbeiten den Eintrag Einstellungen. Auf dem Register Erweitert können Sie dann die Option Menü "Developer" in der Menüleiste einblenden aktivieren.

Für die Fehlersuche gibt es eine Schnittstelle zur JavaScript-Konsole des Browsers, welche bei einigen modernen Browsern bzw. Debugging-Werkzeugen zur Verfügung steht. Durch die JavaScript-Eigenschaft window.console lassen sich zusätzlich zu Scriptfehlern auch script-gesteuert Statusmeldungen in die browsereigene Konsole schreiben. Beachten Sie jedoch, dass Browser ohne eine Konsole Probleme beim Verarbeiten der Anweisung haben werden.

console-Eigenschaft

Die folgende Codezeile erzeugt einen neuen Eintrag in der Konsole:

```
window.console.debug("Hinweis:", hilfsvar);
```

Diese Anweisung schreibt den Text "Hinweis:" sowie den Inhalt der Variablen hilfsvar. Weitere Methoden, Meldungen in die Konsole zu schreiben, werden auf der Firebug-Seite im Web ausführlich dargestellt. So lassen sich für Ihre Scripte detailgenaue Ablaufprotokolle anlegen. Diese Methodenaufrufe sind jedoch ausschließlich während der Entwicklung Ihrer Scripte sinnvoll einsetzbar und sollten vor der Freigabe Ihrer Webseiten wieder entfernt werden, da der Zugriff auf window.console einen Laufzeitfehler verursachen könnte, sodass die Scriptausführung abgebrochen würde.

Bei der Interpretation von JavaScript besitzen die Browser eine sehr geringe Fehlertoleranz. Ein Skriptfehler kann zu einem Abbruch der Programmausführung führen. In der Fehlerkonsole finden Sie in vielen Fällen einen Hinweis auf die Ursache des Problems. Ggf. wird die Verarbeitung der restlichen Webseite abgebrochen. Daher ist der beste **Validator** der Browser selbst: Erzielen Sie beim Test alle gewünschten Effekte in jedem Browser, welcher nennenswerte Marktanteile besitzt, so kann zumindest gesagt werden, dass der Code kompatibel ist.

Validatoren sind externe eigenständige und auch leistungsfähige Programme. Sie überprüfen jedoch nicht die Funktionsfähigkeit und das Layout einer Webseite, sondern lediglich die syntaktische Korrektheit und die Einhaltung der Web-Standards.

Für JavaScript gibt es Validatoren, welche Ihren Code auf korrekte Syntax und stilistische Fehler hin untersuchen. Bevor Sie umständlich anhand der Fehlermeldungen im Browser Ihren Code auf Fehler überprüfen, sollten Sie einen kostenlosen Validator verwenden. Beispielsweise bietet sich dazu JSLint (http://www.jslint.com/) an, welcher u. a.

- Syntaxfehler findet,
- Browserprobleme aufdeckt und
- nicht deklarierte Variable erkennt.

Auch der Validator »JavaScript Lint« kann hier eingesetzt werden. Seine Funktionalitäten sind nahezu identisch mit denen von JSLint.

Das effektive Testen des Quelltextes auf Funktionsfähigkeit kann lediglich im Browser erfolgen. Erst hier können Sie zuverlässig erkennen, ob alles korrekt dargestellt wird und sämtliche Effekte – wie vorgesehen – funktionieren.

Zwar gibt es einige externe Webeditoren, welche JavaScript-Syntax überprüfen und den Code analysieren können. Jedoch sind diese nicht auf die Entwicklung von Webseiten hin optimiert und umständlich zu bedienen. Zudem besitzen diese oft keine Vorschaufunktionen.

2.10.2 Entwicklungswerkzeuge *

Bei der Erstellung umfangreicher Webanwendungen ist eine komfortable Entwicklungsumgebung unabdingbar. Hilfsmittel bei der Fehlersuche, wie zum Beispiel Validatoren oder eine Fehlerkonsole, reichen da in der Regel nicht aus. Ein einfacher Texteditor ist lediglich ausreichend, wenn es um wenige Programmzeilen geht. Zur Standardausstattung eines Webdesigners gehören mehrere aktuelle Browser, eine IDE mit Debugger und ein Web-Editor.

2.10 Fehlersuche/Debugging *

Debugging ist die Suche von Fehlern in einem Programm sowie deren Analyse und Beseitigung, siehe dazu auch die Website DrWeb (http://www.drweb.de/magazin/javascript-debugging/).

Allerdings können Sie selbst als Webentwickler zahlreiche Fehler schon im Vorfeld vermeiden durch

Fehler-vermeidung

- Modularisierung des Quelltextes,
- optisches Einrücken zusammengehöriger Quelltextabschnitte,
- Kommentare,
- die Verwendung sinnvoller Namen für Variable und Funktionen,
- gruppierende Klammern,
- die sparsame Verwendung globaler Variablen.

Editoren

Ausreichend für die Erstellung von sehr kleinen JavaScript-Programmen ist schon ein einfacher Texteditor, welcher bereits in viele Betriebssysteme integriert ist. Allerdings ist die Erstellung von größeren Webseiten auf diese Weise sehr mühsam. Daher gibt es Web-Editoren, welche die Erstellung von Programmcode unterstützen und so die Entwicklung von Programmen erheblich vereinfachen. Dies wird erreicht durch

- optische Strukturierung des Quelltextes,
- Korrekturvorschläge,
- Eingabehilfen,
- Textbausteine,
- Makrofähigkeit,
- Vollständigkeitsprüfung und
- automatische Kommentierung.

Derartige Werkzeuge bieten speziell Programmierern deutliche Arbeitserleichterungen. Von dieser Sorte gibt es zahlreiche kostenlose Programme:

- Phase 5
- PFE
- TextPad
- HTMLCol
- Notepad 2
- NVU
- Notepad++

Die Suche nach Fehlern gestaltet sich allerdings auch mit einem solchen Programm als sehr mühsam.

Das Auffinden von **Syntaxfehlern** erledigt i.d.R. der Browser. Schwieriger aufzuspüren sind allerdings logische Fehler, bei welchen das Programm zwar ohne Unterbrechung abläuft, jedoch nicht das gewünschte Ergebnis erzielt wird.

In einigen Fällen gibt der Browser in seiner Fehlerkonsole dann eine Meldung wie NaN *(Not a Number)* oder undefined (undefiniert) aus. Dieses Programmverhalten resultiert oft aus einem fehlerhaften Term, Problemen mit lokalen und globalen Variablen oder auch aus einer fehlerhaften Reihenfolge der Anweisungen.

Fehlersuche

Hilfreich bei der Suche nach logischen Programmfehlern sind häufig folgende Aktionen:

- Stellen Sie weniger wichtigen Anweisungen die Kommentarzeichen // voran; sie werden dann nicht bearbeitet (Auskommentieren).
- Durch alert(...) kann der Inhalt einer Variablen oder auch eines Terms ausgegeben werden.
- Prüfen Sie den Quellcode auf fehlerhafte Funktionsaufrufe, unregelmäßige Groß-/Kleinschreibung, Zugriffe auf globale Variable.

Fehlertypen

Fehlerquellen und -arten können von Programmiersprache zu Programmiersprache unterschiedlich sein. Speziell beim Umgang mit JavaScript werden Sie es mit folgenden Fehlertypen zu tun bekommen:

- ConversionError: Eine Typumwandlung schlägt fehl.
- RangeError: Der Definitions- oder Wertebereich eines Objektes/einer Variablen wird überschritten. Beispiel ist hier der Zugriff auf ein Array-Element mit negativem Index.
- ReferenceError: Die Zuordnung eines Wertes zu einer Variablen ist nicht möglich, etwa a += c; wobei c undefiniert ist.
- RegExpError: Hier kann ein **regulärer Ausdruck** durch den Browser nicht ausgewertet werden. Beispiel: abc//ii
- SyntaxError: Verstoß gegen Regeln für Anweisungen, Methodenaufrufe usw. Beispiel: alert(x:=y");
- TypeError: Anwendung einer Methode auf einen inkompatiblen Datentyp.
- URIError: Das Ziel einer Referenz oder eines Links (Webseite, CSS-Datei, js-Datei, Bild) existiert nicht.

Endlosschleifen

Eine häufige Fehlerursache sind Schleifen, die nicht beendet werden, weil sie ihre Endbedingung nie erreichen. Hierbei empfiehlt es sich, eine Abbruchmöglichkeit zu ergänzen, um den Browserabsturz oder ähnliche Probleme zu verhindern.

Wesentlich effizienter als mit dem Browser finden Sie Programmierfehler unter Zuhilfenahme eines speziellen Programms. Derartige Entwicklungsumgebungen bzw. **IDEs** sind etwa

- die F12 Entwicklertools,
- Venkman,

- Aptana,
- Firebug,
- der SplineTech JavaScript HTML Debugger sowie
- die IDE Eclipse.

Nicht nur JavaScript-Dialoge ermöglichen Kontrollausgaben, mit deren Hilfe Sie den Ablauf eines Scripts nachvollziehen und die Werte der lokalen und globalen Variablen verfolgen können. Hier sind *Debugger* sehr hilfreich. Jedes Entwicklerwerkzeug besitzt einen integrierten *Debugger*.

Debugger

Mit Hilfe eines *Debuggers* lässt sich komfortabel die Funktionsweise eines Scripts untersuchen, ohne dass nach jeder Anweisung eine Kontrollausgabe erfolgen muss. Zahlreiche Möglichkeiten stehen in einem *Debugger* zur Verfügung.

Innerhalb eines *Debuggers* lässt sich der Ablauf eines Scripts unterbrechen. Dazu können Sie Haltepunkte setzen, durch welche die Scriptausführung unterbrochen wird und sich der *Debugger* öffnet. Ausgehend von der Programmzeile mit dem Haltepunkt können Sie Anweisungen überspringen oder die Abarbeitung einer Funktion abbrechen.   *Haltepunkt*

Im Debug-Fenster können Sie beispielsweise nachvollziehen, welchen Inhalt eine bestimmte Variable oder welche Eigenschaften ein bestimmtes Objekt besitzt. Für die weitere Überwachung dieser Werte gibt es *Watches*, das sind Überwachungsausdrücke.   *Watches*

Falls sich in Ihrem Script viele Funktionen gegenseitig aufrufen, können Sie per Einzelschritt-Ausführung den *Call Stack* (Aufrufstapel) überwachen. Hier erkennen Sie die einzelnen Abhängigkeiten zwischen den Funktionen, welche soeben abgearbeitet werden.

Die oberste Funktion dieses *Call Stack* ist diejenige, welche gerade die Kontrolle über den Ablauf besitzt. Darunter befindet sich diejenige Funktion, welche nach dem Beenden der gerade arbeitenden Funktion die Kontrolle wieder erhalten wird.   *Call Stack*

F12 Entwicklertools

Die F12 Entwicklertools sind heute (seit der Version 8) fester Bestandteil des Internet Explorers. Sie können sowohl HTML-, als auch CSS- und JavaScript-Code analysieren. Innerhalb des integrierten *Debuggers* können Sie durch verschiedene Schaltflächen den Ablauf des Scripts nachverfolgen und kontrollieren. Die Werkzeuge bieten eine Übersicht über die aktuell geöffneten Dokumente sowie den *Call Stack*. Sie verfügen über ein Kommando-Fenster (Abb. 2.10-5). Sie besitzen jedoch bei weitem nicht die Fähigkeiten von Firebug, welches separat und detailliert vorgestellt wird.

Neben seiner Fehlerkonsole besitzt der Internet Explorer seit der Version 8 eine JavaScript-Konsole, in welcher sämtliche Fehlermeldungen aufgezeichnet werden können. Diese ist Bestandteil der Entwicklerwerkzeuge. Beim Betätigen der F12-Taste öffnet sich eine Leiste am unteren Fensterrand. JavaScript-Fehler werden dort auf dem Register Skript angezeigt.

In dieser zweigeteilten Ansicht können Sie links alle eingebundenen JavaScripte erkennen, rechts erscheint eine Liste mit den aufgetretenen Ausnahmefehlern. Hier findet man neben einer Fehlerbeschreibung auch einen Verweis auf die zugehörige JavaScript-Codezeile. Bei Anklicken dieses Eintrags wird die entsprechende Zeile im linken Bereich der Konsole hervorgehoben.

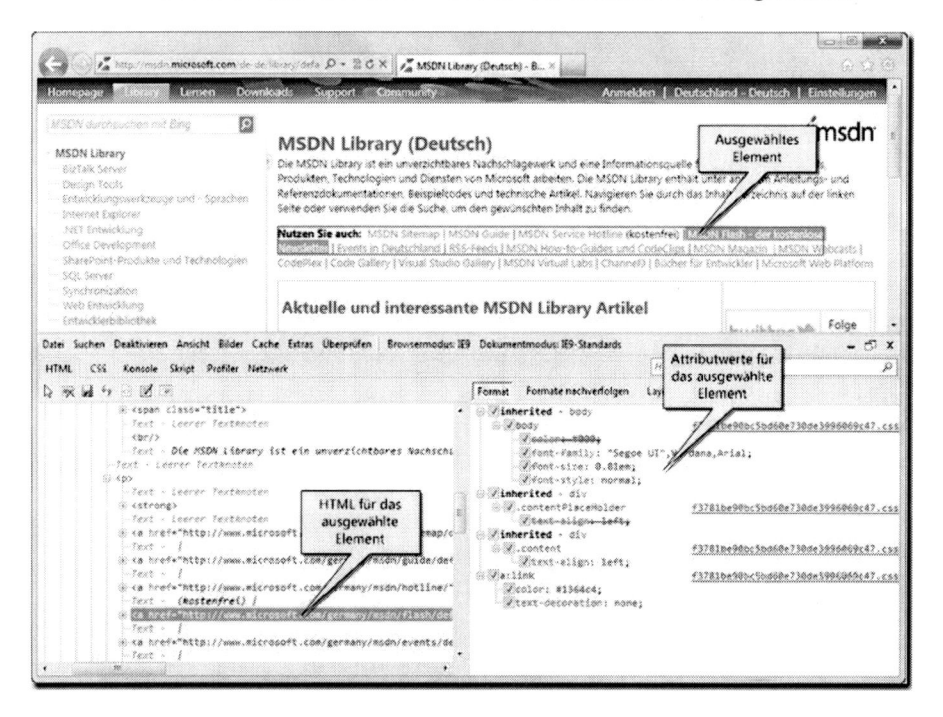

Abb. 2.10-5: Microsoft Script Debugger.

Venkman

Auch das Entwicklungswerkzeug Venkman ist eine Anwendung, welche zunächst über den Browser gestartet werden muss. Sie können das Programm herunterladen von der Website Hacksrus (http://www.hacksrus.com/~ginda/venkman/). Das Programm besitzt eine Überwachungsmöglichkeit für Variable, deren Werte und Eigenschaften (Abb. 2.10-6). Venkman besitzt ähnliche Fähigkeiten wie Firebug. Das Werkzeug lässt sich ausschließlich in Browsern verwenden, welche auf Mozilla-Basis programmiert sind.

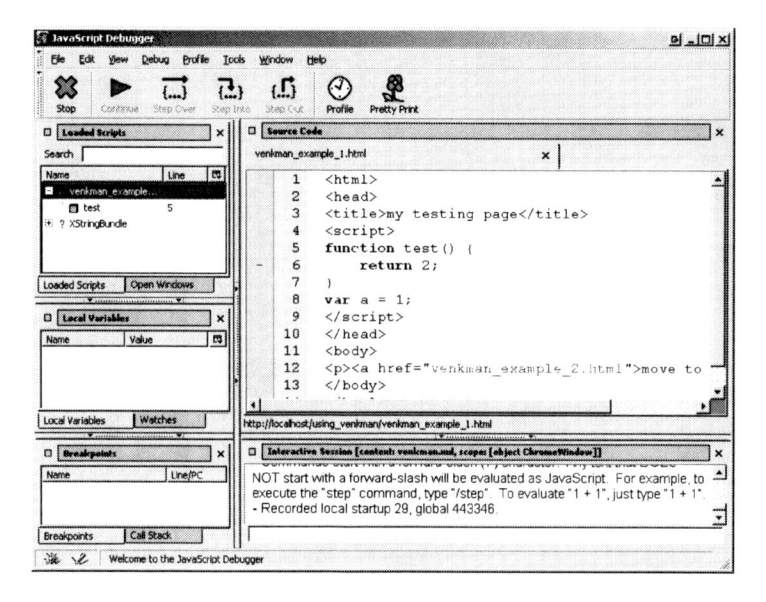

Abb. 2.10-6: Venkman.

Dragonfly
Das Entwicklungswerkzeug, welches in den aktuellen Opera-Browser integriert ist, heißt Dragonfly. Auch diesem Werkzeug ist Firebug allerdings weit überlegen.

SplineTech JavaScript HTML Debugger
Der SplineTech JavaScript HTML Debugger ist ein Entwicklungswerkzeug für die Prüfung von Programmcode innerhalb von HTML-Seiten. Clientseitiges JavaScript, JScript und VBScript werden unterstützt (Abb. 2.10-7).

Sie können ihn von der Website Download-Source (http://www.download-source.de/2581/JavaScript-HTML-Debugger/) herunterladen.

IDE Eclipse
Für die Fehlersuche in Programmen können Sie auch die IDE Eclipse einsetzen. Durch diese kostenlose, professionelle Entwicklungsumgebung wird die Webentwicklung dank vieler Werkzeuge vereinfacht (Abb. 2.10-8).

Downloadlinks und Informationen zu den Erweiterungsmöglichkeiten der IDE Eclipse finden Sie auf der Website Tutego (http://

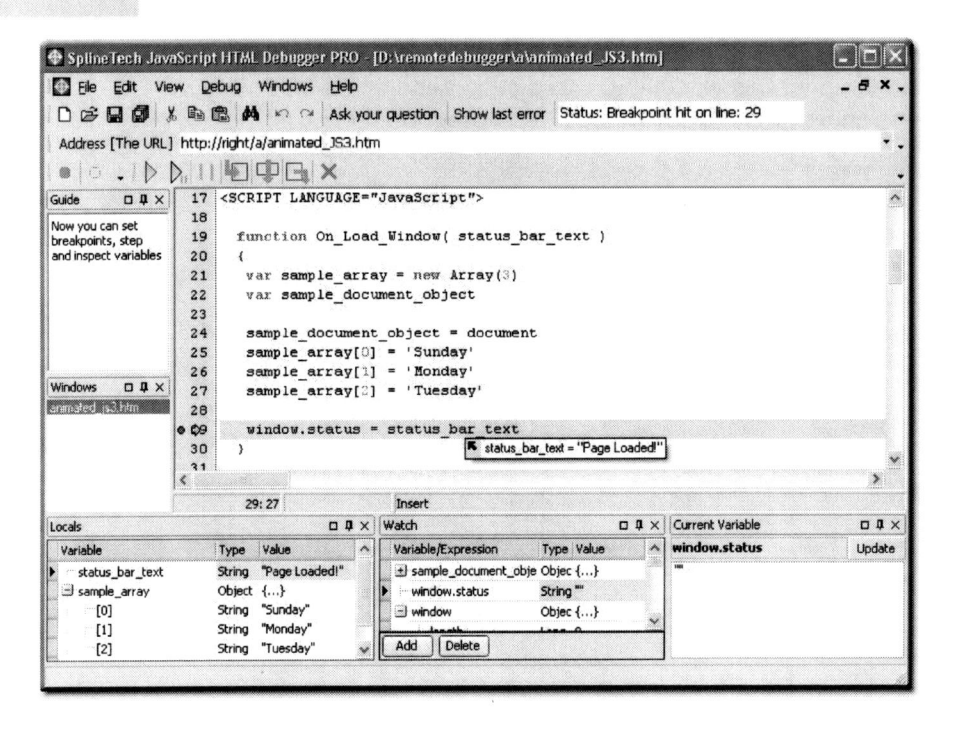

Abb. 2.10-7: SplineTech JavaScript HTML Debugger.

www.tutego.de/java/eclipse/plugin/eclipse-plugins.html#Editoren). Sie sollten die IDE allerdings durch den JavaScript-Editor von Adobe erweitern. Dieser bietet farbliche Hervorhebung, Templates, Tastaturvervollständigung, Fehler- und Hinweismeldungen, Outline und mehr.

Das *PlugIn* lässt sich manuell oder über den Update-Manager auf der Seite Website Macromedia (http://download.macromedia.com/pub/labs/jseclipse/autoinstall) installieren. Die Dokumentation wird bei der Installation in den Eclipse Hilfe-Manager eingebunden.

Aptana
Ein weiteres Programm zur Webentwicklung ist die IDE Aptana – ein Werkzeug für die Arbeit mit HTML, CSS, JavaScript und Ajax.

Auch das Entwicklungswerkzeug Aptana unterstützt das Webdesign, es ermöglicht eine plattformunabhängige Entwicklung. Es steht sowohl als Standalone-Programm als auch als PlugIn für Firefox, den Internet Explorer und auch für die IDE Eclipse zur Verfügung. Aptana verfügt über

- einen Code-Assistenten zur Auto-Vervollständigung,
- Vorschau-Funktionen,

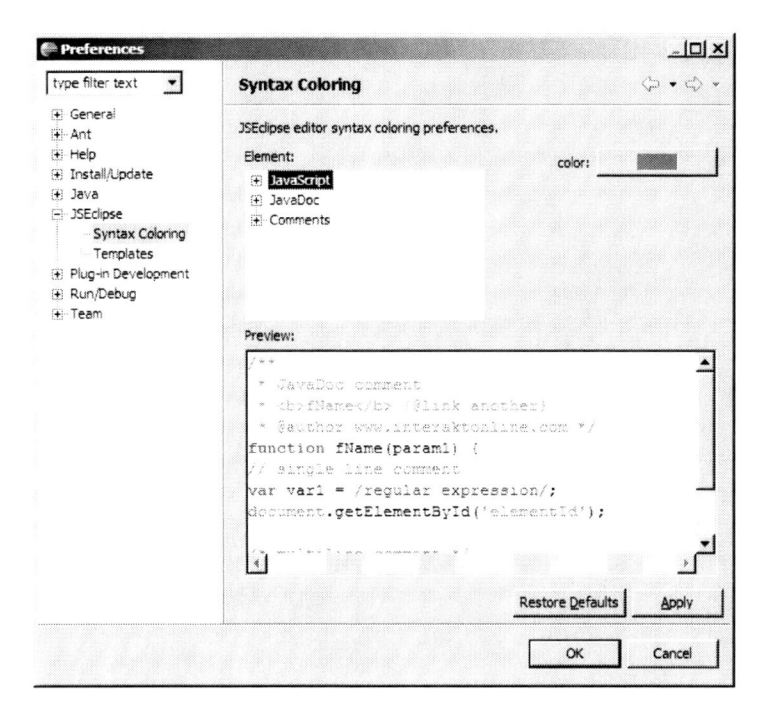

Abb. 2.10-8: IDE-Eclipse.

- Up- und Downloadmöglichkeiten via FTP,
- einen internen JavaScript-Debugger sowie
- integrierte JavaScript- und Ajax-Tools.

2.10.3 Einführung in Firebug *

Mit Firebug lassen sich CSS-Layouts überprüfen sowie DOM-Objekte anzeigen und editieren. Auch eine Analyse der Ladezeiten einzelner Seitenelemente ist möglich. Die Popularität von Firebug führt dazu, dass immer mehr Erweiterungen zu diesem Werkzeug entwickelt werden.

Sämtliche Browser-Hersteller haben mittlerweile ihre Produkte um eine eigene Entwicklungsumgebung erweitert. Diese bieten sie entweder als AddOn für ihren Browser an oder es ist bereits standardmäßig eine solche IDE in den Browser integriert. Tab. 2.10-1 zeigt einige solcher Programmier- und Testwerkzeuge für die einzelnen Browser.

Browser-IDEs

Der Seitenquelltext wird durch die einzelnen Werkzeuge bzw. IDEs in einer Baumstruktur angezeigt. Die einzelnen Zweige lassen sich aufklappen, sodass man von einem Element zum anderen navigieren und die Abhängigkeiten der einzelnen Seitenbestandteile erkennen kann.

Browser	IDE	Status
Firefox	Firebug	AddOn
Internet Explorer	F12 Enwicklertools	integriert
Opera	Dragonfly	integriert

Tab. 2.10-1: IDEs.

Firebug

Das populärste Entwicklungswerkzeug, welches bei der Erstellung von Webseiten erhebliche Unterstützung bietet, heißt Firebug. Es handelt sich dabei um ein AddOn zum Browser Firefox. Zu Firebug gibt es inzwischen zahlreiche Erweiterungen bzw. Zusatzmodule. Diese lassen sich nahtlos in Firebug integrieren und bieten nützliche Zusatz-*Features*.

Firebug-Lite

Mittlerweile gibt es sogar eine browserunabhängige Alternative zu Firebug, in welcher allerdings nicht alle Funktionen zur Verfügung stehen: Firebug-Lite. Dieses Werkzeug lässt sich nicht nur in den Firefox-Browser, sondern auch in andere Browser integrieren.

Während viele Entwicklungswerkzeuge für Webseiten schon bei der Installation des Browsers automatisch eingerichtet werden und von Anfang an zur Verfügung stehen, wird Firebug unter der BSD-Lizenz frei auf der Website getfirebug (http://getfirebug.com/) und über das Mozilla AddOn-Verzeichnis (http://addons.mozilla.org) bereitgestellt. Das Firefox-AddOn muss separat in den Browser eingebunden werden.

Nach dem Download und der Installation lässt sich Firebug entweder über die Menüleiste oder durch Klick auf ein Icon rechts in der Statusleiste starten. Es öffnet sich sofort die Debug-Konsole im unteren Bereich des Browserfensters (Abb. 2.10-9). Hier wird der Quelltext der im Browsertab geladenen Webseite dargestellt.

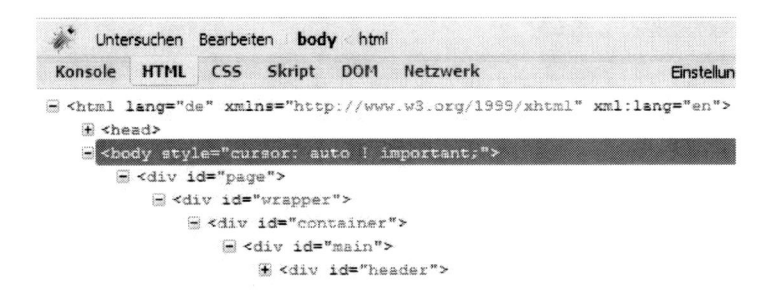

Abb. 2.10-9: Firebug.

Quelltext und Seitenlayout können Sie nun gleichzeitig einsehen. Wenn Sie auf der dargestellten Webseite für ein Element im Kontextmenü den Befehl Inspect Element aufrufen, hebt Firebug im unteren Fensterbereich den zugehörigen HTML-Quellcode und auch das zugeordnete CSS-Layout hervor.

Sie können auch umgekehrt vorgehen: Beim Zeigen mit der Maus auf ein HTML-Element wie <ul> oder <p> wird oben im Browsertab der zugehörige Bereich der Webseite farbig hervorgehoben.

Firebug macht es möglich, schon am Baum Änderungen an der Seitenstruktur vorzunehmen. Hier kann auch das Layout verändert und die Lesbarkeit der Seite optimiert werden. Es lassen sich beispielsweise verschiedene Schriftgrößen im Rahmen eines Designprozesses testen und miteinander vergleichen.

Zu Firebug gehört die Funktion Untersuchen. Mit deren Hilfe können Sie den Mauszeiger über die dargestellte Webseite bewegen, wobei die jeweiligen Elemente eingerahmt werden und gleichzeitig der zugehörige HTML-Quelltext angezeigt wird.

Firebug besitzt einen JavaScript-Debugger zur Analyse eingebetteter Scripte. Sie können hier Variable überwachen, um deren aktuellen Wert während der Ausführung nachzuvollziehen.

Auch die Überwachung des Netzwerkverkehrs ist möglich. Die gesamte Kommunikation zwischen Browser und Webserver wird durch Firebug protokolliert. Unabhängig vom Dateitypen (HTML-, PHP-, JS-, CSS- oder auch Multimediadateien) zeigt Firebug Dateigröße und Übertragungsdauer an. Sogar der Header einer HTTP-Anfrage kann hier eingesehen werden. Auf diese Weise lässt sich die Kommunikation mit Server-Anwendungen (PHP, Perl usw.) überwachen. Zusätzlich können Sie die Antwort des Servers analysieren.

Zahlreiche Webentwickler verwenden Firebug und seine Erweiterungen für die Quelltextanalyse und Fehlersuche. Durch die Möglichkeiten, den Quelltext direkt im Browser zu bearbeiten, vermindert sich der Entwicklungsaufwand deutlich. Neben der Quellcode-Bearbeitung ermöglicht Firebug

- das pixelgenaue Layout im Browser sowie
- die Definition von Farben über ein Farbauswahlelement.

Auch die Ladezeit einer Seite lässt sich durch Optimierung mittels Firebug erheblich beschleunigen.

Zu Firebug gehören nicht nur Code-Navigation, Anzeige- und Analysemöglichkeiten. Das Firefox-AddOn bietet auch Editier-Funktionalitäten und macht dadurch die Bearbeitung der Webseite *on the fly* möglich. Dem Webentwickler werden Änderungen im Quelltext unmittelbar im Browsertab angezeigt. Auf die-

JavaScript-Konsole
: Integriert in Firebug ist eine JavaScript-Konsole. Diese ermöglicht das unmittelbare Ausführen von JavaScript-Code zu Testzwecken. Auch eine Liste sämtlicher in die aktuell geladene Webseite eingebundener Dateien (Bilder, JavaScript-, CSS- und Flash-Dateien) einschließlich ihrer Dateigrößen steht hier zur Verfügung.

CodeBurner
: Eine interessante Ergänzung zu Firebug ist das Firefox-AddOn CodeBurner, welches Firebug voraussetzt. SodeBurner liefert die Befehlsreferenz, welche bei Firebug fehlt.

Bei der Installation integriert sich CodeBurner in das Firebug-Menü. Auf die Funktionalitäten von Firescope können Sie über den Menüpunkt Reference zugreifen (Abb. 2.10-10).

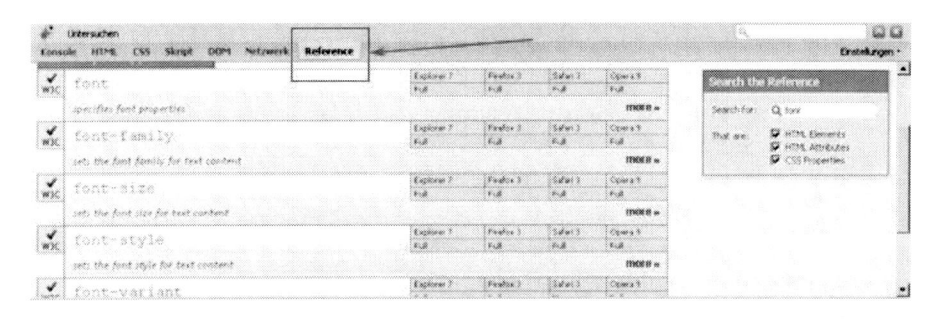

Abb. 2.10-10: FireScope starten.

Nach dem Klick auf Reference erscheint ein Suchdialog (Abb. 2.10-11).

Abb. 2.10-11: Suchen bei Firescope.

Abhängig von der hier getätigten Auswahl erscheint nun eine Liste, welche Informationen über das gesuchte Element enthält (Abb. 2.10-12).

Hier gelangen Sie über den Link more zur Online-Referenz des ausgewählten Eintrags. Die Online-Referenz umfasst sowohl HTML und CSS als auch JavaScript (Abb. 2.10-13).

2.10 Fehlersuche/Debugging *

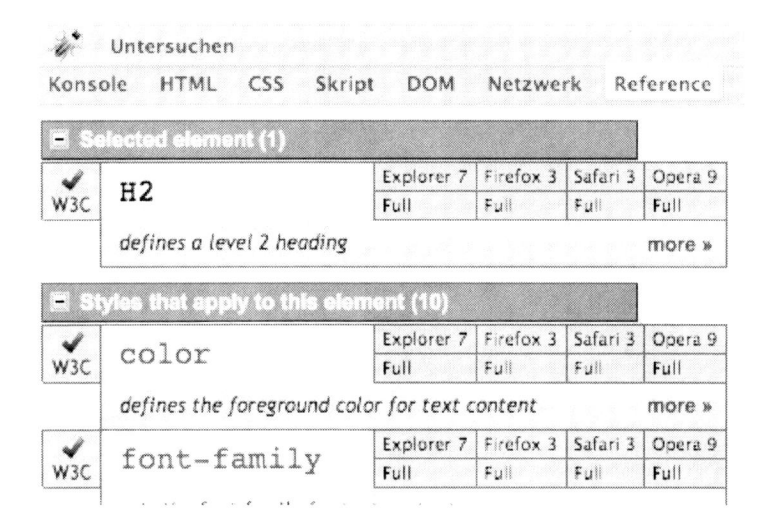

Abb. 2.10-12: Firescope-Treffer.

Abb. 2.10-13: Element-Referenz.

Alternativ können Sie sich über das Kontextmenü eines Listeneintrags ein Code-Beispiel anzeigen lassen (Abb. 2.10-14).

Die Funktionen von CodeBurner stehen beinahe in sämtlichen Firebug-Bereichen zur Verfügung. Im Kontextmenü finden Sie den Befehl Look up selection, welcher Ihnen Erläuterungen und Codebeispiele zu fast allen Elementen liefert.

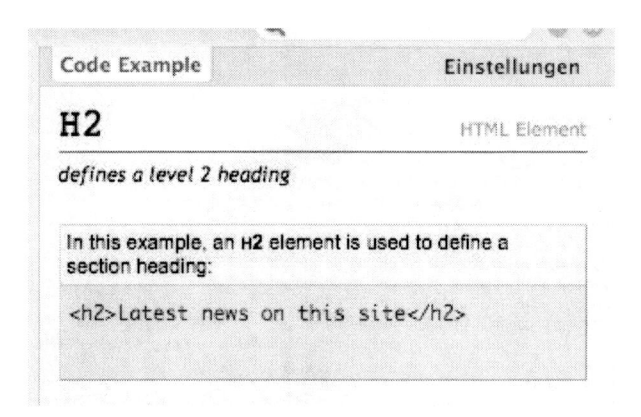

Abb. 2.10-14: Beispiel-Code.

Neben CodeBurner gibt es zahlreiche weitere Ergänzungen zu Firebug:
- FirePHP + FirePython,
- FireRainbow,
- CSS Usage,
- Inline Code Finder,
- Firecookie,
- Pixel Perfect,
- Drupal

3 Einführung in die Ereignisbehandlung *

JavaScript-Programme können durch Ereignisse *(events)* ausgelöst werden, d. h. die Ausführung des Programms wird nach Eintreten eines Ereignisses gestartet.

Ereignisse können durch Benutzeraktionen ausgelöst werden. Dies geschieht beispielsweise durch

- Anklicken eines Objektes (click),
- Bewegen der Maus (mousemove),
- Drücken einer Taste (keydown),
- Loslassen der Maustaste (mouseup).

Es gibt allerdings auch Ereignisse, auf welche der Benutzer keinen Einfluss hat. Zu diesen gehören

- der Abschluss eines Ladevorgangs (load) oder
- ein Fehler bei der Script-Ausführung (error).

Damit aufgrund eines Ereignisses ein JavaScript-Programm ausgeführt werden kann, muss eine Verbindung zwischen dem Ereignis und dem JavaScript-Programm hergestellt werden. Für diesen Zweck gibt es *Event-Handler* bzw. *Handler*-Funktionen. Diese werden durch den Browser im Falle des Eintretens eines speziellen Ereignisses aufgerufen und ausgeführt.

Beim einfachen **Event-Handling** bzw. bei der einfachen Ereignisbehandlung wird einem HTML-Attribut eines HTML-Elements oder einer JavaScript-Objekteigenschaft ein *Event-Handler* zugewiesen, so dass beim Eintreten des überwachten Ereignisses das zugeordnete JavaScript-Programm durch den Browser ausgeführt wird. *Handler*-Attribute gehören zum HTML-Sprachstandard. Durch ihn wird auch festgelegt, mit welchen HTML-Elementen welches *Handler*-Attribut verwendet werden darf.

Event-Handling

Während Mausereignisse bei beinahe allen HTML-Elementen abgefragt werden können, sind die restlichen Ereignis-Typen größtenteils auf <body>, <img> und Formularelemente beschränkt.

Das Problem bei der Ereignisbehandlung ist jedoch, dass die verschiedenen Browser sich nicht immer an die Vorgaben der ECMA und des W3C halten. In vielen Fällen hilft die Auswertung der Meldungen in der **Fehlerkonsole** weiter. Letztendlich müssen Sie mit mehreren Browsern die Effekte prüfen.

Sie werden dabei feststellen, dass die Ereignisbehandlung von Browser zu Browser sehr unterschiedlich ist:

- Die Möglichkeit, auf ein bestimmtes Ereignis zu reagieren,
- das Auslösen eines konkreten Ereignisses sowie
- der Umgang mit Ereignissen und *Event-Handlern* überhaupt.

Mancher Browser unterstützt ein spezielles Ereignis bzw. dessen Eigenschaften unvollständig, fehlerhaft oder überhaupt nicht.

Es lassen sich mehrere Typen von Ereignissen unterscheiden:

- »Mausereignisse«, S. 66
- »Tastaturereignisse«, S. 69
- »Ereignisse in Formularen«, S. 70
- »Weitere Ereignisse einschl. HTML5«, S. 74

Im Detail wird die Ereignisbehandlung hier behandelt:

- »Erweiterte Ereignisbehandlung«, S. 369

3.1 Mausereignisse *

Aktionen mit der Maus lösen zahlreiche HTML-Ereignisse aus. Dazu gehören u.a. `click`, `mouseup` und `dblclick`.

Event-Handler sind JavaScript-Funktionen. Sie werden oft über ein HTML-Attribut registriert. Dadurch wird die Verbindung zwischen dem jeweiligen Ereignis und der auszuführenden JavaScript-Funktion hergestellt. Der Name eines solchen Attributes besitzt grundsätzlich die Vorsilbe `on`. Ein *Event-Handler* `f()`, welcher ein HTML-Element auf das Anklicken hin überwacht, kann durch `onclick="javascript:f()"` registriert werden.

Beispiel

Beim Klick auf den Text »Hier klicken« (Überschrift 2. Ordnung) wird eine Dialogbox angezeigt:

```
<h2 onclick="javascript:alert('Sie haben geklickt!');">
    Hier klicken
</h2>
```

Auch über einen Anker `<a>` können Sie ereignisgesteuert JavaScript-Code ausführen.

Beispiel

```
<a href="demo1.htm"
    onclick="javascript:alert
       ('Ein neues Browserfenster');">
  Hier klicken
</a>
```

Browser, welche JavaScript unterstützen, führen beim Klicken den Code aus und folgen (in der Regel) danach auch dem Link. Ältere Browser kennen kein JavaScript und würden lediglich den Link verfolgen.

Der Inhalt von `<a>...</a>` wird allerdings nur als Link dargestellt, falls das `href`-Attribut einen Wert besitzt. Der Wert von `href` ist im Regelfall ein URL.

Mit einem Trick erstellen Sie einen Anker, welcher kein Sprungziel besitzt.

```
<a href="#"
    onclick="javascript:alert('Kein neues Fenster');">
  Hier klicken
</a>
```
Beispiel

Es handelt sich dabei um einen Verweis, welcher ins Leere zeigt. Wenn Sie auf den Link klicken, zeigt dies keine Wirkung. Auch der Link in dem folgenden Beispiel reagiert auf einen Klick ausschließlich mit der Ausführung der JavaScript-Anweisung.

```
<a href="demo2.htm"
    onclick="javascript:alert('Weiter geht es');
        return false;">
   Hier klicken
</a>
```
Beispiel

Nach Abarbeitung der Anweisungen wird der Rückgabewert, den die Handler-Funktion mittels return liefert, ausgewertet. Ist dieser Rückgabewert `true`, dann wird mit der Standardaktion (Hier: Dem Link folgen) fortgefahren. Durch `return false;` wird signalisiert, dass der Browser keine weiteren Aktionen durchführen muss und dass das Ereignis bereits vollständig verarbeitet worden ist.

Weitere Mausereignisse sind:

- `drop` – Ein Objekt wird nach dem Ziehen fallen gelassen.
- `dblclick` – Schnelles zweifaches Klicken auf ein Seiten-Element.
- `mousedown` – Herunterdrücken einer Maustaste.
- `mousewheel` – Es wird am Scrollrad der Maus gedreht.
- `mousemove` – Die Maus wird unabhängig vom Drücken einer Maustaste über einem HTML-Element bewegt.
- `mouseout` – Der Mauszeiger wird aus einem Element-Bereich (z. B. aus einem Bild) herausbewegt.
- `mouseover` – Der Mauszeiger wird in den Bereich eines HTML-Elements hineinbewegt.
- `mouseup` – Der Benutzer lässt eine Maustaste los.

Mausereignisse lassen sich bei nahezu allen HTML-Elementen überwachen und auswerten. Ausnahmen sind diejenigen Elemente, welche keine grafische Darstellung besitzen. Zu diesen gehören beispielsweise

- `<meta />`,
- `<style>...</style>`,
- `<applet>...</applet>`,
- `<html>...</html>` und
- `<br/>`.

3 Einführung in die Ereignisbehandlung *

In der Regel löst der Benutzer einer Webseite die Ereignisse per Maus oder Tastatur aus.

Ereignisse lassen sich aber auch innerhalb eines JavaScript-Programms durch Aufruf einer entsprechenden JavaScript-Methode auslösen, ohne dass der Benutzer etwas tun muss. Die Methodennamen sind dieselben wie die Namen der Ereignisse (Tab. 3.1-1).

Ereignis	*Handler*-Attribut	Methode
dblclick	ondblclick	ondblclick()
mouseup	onmouseup	onmouseup()
mouseover	onmouseover	onmouseover()

Tab. 3.1-1: Ereignisauslösende Methoden.

Beispiel

Zum Testen eines JavaScript-Programms ist es manchmal sinnvoll, bestimmte Ereignisse zu simulieren. Die Simulation eines Ereignisses per JavaScript kann über das document-Objekt (siehe »Funktionen und Objekte in JavaScript«, S. 9) erfolgen.

```
<!DOCTYPE HTML>
<html>
  <head>
    <title>Ereignisausführung</title>
    <meta charset="UTF-8"/>
  </head>
  <body>
    <p>Ereignis vom Programm ausgelöst</p>
    <script>
      document.ondblclick = function()
      {
        alert("Doppelklick");
      }
      document.ondblclick();
    </script>
    <p>Jetzt kommt es:<br/>
    <strong>Hello World!</strong>
    </p>
  </body>
</html>
```

Wenn Sie das Programm ausführen, wird die Dialogbox geöffnet, ohne dass Sie als Benutzer einen Doppelklick ausführen müssen. Beachten Sie jedoch, dass der direkte Aufruf von Event-Handler-Methoden Probleme bereiten kann, wenn die Methode weitergehende Informationen zum Event (Mausposition, Maustaste usw.) benötigt.

3.2 Tastaturereignisse *

Zu den Tastaturereignissen gehören beispielsweise keypress, keyup und keydown.

Die wichtigsten Tastaturereignisse sind keydown, keypress und keyup. Die entsprechenden *Handler*-Attribute heißen onkeydown, onkeypress und onkeyup.

Ein typischer Tastendruck löst alle drei Ereignisse aus:
- keydown (das Herunterdrücken),
- keypress (der Anschlag) und
- keyup (die Taste wird losgelassen).

Wenn eine Taste gedrückt gehalten wird, kann es mehrere keypress-*Events* zwischen keydown und keyup geben. Dies ist jedoch betriebssystem- und browserabhängig.

> Hier sehen Sie, wie Sie auf ein keypress-Ereignis innerhalb eines Formularfeldes reagieren können: — Beispiel

```
<!DOCTYPE HTML>
<html>
  <head>
    <title>Tastaturereignis</title>
    <meta charset="UTF-8"/>
  </head>
  <body>
    <p>Bitte Zeichen eingeben
      <input type="text"
        onkeypress="javascript:alert('Taste wurde gedrückt');">
      </input>
    </p>
  </body>
</html>>
```

Wenn der Benutzer eine Taste drückt, dann werden die Informationen über die gedrückte Taste in einem so genannten event-Objekt gespeichert. Diese Informationen können an das document-Objekt weitergegeben werden (siehe »Funktionen und Objekte in JavaScript«, S. 9).

> Beispiel

```
1   <!DOCTYPE HTML>
2   <html>
3     <head>
4       <title>Tastaturereignis</title>
5       <meta charset="UTF-8"/>
6     </head>
7     <body>
8       <p>
9         Bitte eine Taste drücken
10      </p>
11      <!--Der Internet Explorer muss auf Dokumentansicht
         (Internet Explorer 9) eingestellt sein. -->
```

```
12      <script>
13        document.onkeydown = function(event)
14        {
15            var tastencode = event.keyCode;
16            var tastencodeStr = String.fromCharCode
                 (tastencode);
17            alert("KeyCode: " +
                 tastencode+ " " + tastencodeStr);
18        }
19      </script>
20    </body>
21  </html>
```

In der Zeile 12 werden die Informationen des Objekts event über die Parameterliste einer anonymen Funktion an das Objekt document weitergegeben, wenn eine Taste gedrückt wird. In der Zeile 14 wird der **ASCII-Code,** der der entsprechenden Taste zugeordnet ist, an die Variable tastencode zugewiesen. In der Zeile 15 wird mit der Methode String.fromCharCode(tastencode) der ASCII-Code in die zugehörige Zeichendarstellung gewandelt. Der Zeile 16 wird der Text Keycode sowie die Inhalte der Variablen tastencode und tastencodeStr in einem Dialogfenster ausgegeben.

3.3 Ereignisse in Formularen *

In HTML-Formularen können durch Benutzer vielfältige Ereignisse ausgelöst werden, z. B. blur, change, focus, submit und reset. Zwischen Ereignissen kann es Abhängigkeiten geben.

blur-Ereignis
: Das JavaScript-Ereignis blur tritt auf einer HTML-Seite ein, wenn ein Fenster oder ein Element (<a>, <area>, <button>, <input>, <select>, <textarea>) seinen Fokus verliert. Das blur-Ereignis ist zwar nicht auf Formulare beschränkt, spielt jedoch beim Umgang mit Formularen eine entscheidende Rolle. Das Ereignis wird dadurch ausgelöst, dass der Benutzer außerhalb des aktuellen Fensters oder Eingabefelds klickt oder mit der Tabulatortaste ein anderes Element aktiviert.

change-Ereignis
: Das change-Ereignis wird ausgelöst, wenn in einem Formular der Wert bzw. der Inhalt eines Feldes per Tastatur oder Maus geändert wird. Ein durch onchange registrierter *Event-Handler* wird allerdings nicht sofort bei der Änderung eines Formularfeldes aufgerufen, sondern erst, wenn nach der Änderung ein anderes Feld angewählt wurde, sodass das geänderte Feld nicht mehr aktiv ist.

Das change-Ereignis betrifft die editierbaren Bestandteile eines HTML-Formulars <form>. Zu diesen gehören beispielsweise das einzeilige Textfeld (<input type="text">), die Checkbox (<input

3.3 Ereignisse in Formularen *

type="checkbox">), der Radio-Button (<input type="radio">) und das mehrzeilige Textfeld (<textarea>).

In der Abb. 3.3-1 sehen Sie ein Beispiel für ein HTML-Formular. test1() und test2() repräsentieren hier beliebige JavaScript-Funktionen:

Beispiel:
JSFormular
Ereignis.html

```html
<!DOCTYPE HTML>
<html>
<head>
 <title>Ereignisse in Formularen</title>
 <meta charset="UTF-8"/>
 <script type="text/javascript">
  function test1()
  {
    alert("Textfeld Anmerkungen verlassen");
  }

  function test2()
  {
    alert("Checkbox angeklickt");
  }
 </script>
</head>
<body>
 <form id="frm_kontakt" onsubmit="javascript:test();">

 <!-- Bei Klick grün färben-->
 <h3 onclick="this.style.color='green'">
  Kontaktformular
 </h3>

 <p>
 Ihre Kundennummer <input type="text"/>
 <br/><br/>
 <strong>Ihr Anliegen</strong>
 <br/>
 <input type="radio" name="auswahl" value="an"/>
  Anfrage<br/>
 <input type="radio" name="auswahl" value="best"/>
  Bestellung<br/>
 <input type="radio" name="auswahl" value="vt"/>
  Vertragliches
 </p>
 <p>
  <strong>Ihre Anmerkungen</strong>
  <br/>
  <textarea onblur="javascript:test1();"
    cols="35"rows="4">
  </textarea>
  <br/><br/>
  <input type="checkbox"
    onchange="javascript:test2();
   "id="opt" value="chk"/> Bitte um Rückruf
   <br/><br/>
```

```
<input type="button" value="Absenden"/>
</p>
</form>
</body>
</html>
```

Abb. 3.3-1: Formular-Beispiel.

In einem solchen Formular kann man mithilfe des onchange-Attributs und JavaScript ereignisgesteuert beispielsweise eine Prüfung der Eingabedaten erreichen oder es könnten Hinweise zur getätigten Eingabe angezeigt werden.

focus-Ereignis
Das Ereignis focus tritt bei der Aktivierung eines Formular-Elementes ein, etwa durch Klick in ein Eingabefeld. Hier könnte zum Beispiel ein Hinweis bezüglich der einzugebenden Daten angezeigt werden.

Beispiel
Durch die folgende Codezeile in einem HTML-Formular wird im Fall, dass der Browser JavaScript-Code verarbeiten kann, beim Aktivieren eines Textfeldes der Hinweistext "Ihre Kd.-Nr." im Textfeld durch JavaScript angezeigt:

```
<input type="text"
  onfocus="javascript:this.value = 'Ihre Kd.-Nr.'";>
```

In diesem Beispiel bezeichnet das JavaScript-Objekt `this` das aufrufende Element (hier ist es das Textfeld). Die Eigenschaft `value` ist der Inhalt des Textfeldes.

Das Gegenteil zu `focus` ist das Ereignis `blur`.

Das `reset`-Ereignis bezeichnet das Zurücksetzen eines Formulars. Dies geschieht im Regelfall durch Klicken auf ein Formular-Element, welches durch `<input type="reset" value="Abbrechen" />` oder ähnlich ausgezeichnet ist.

reset-Ereignis

`submit` bezeichnet das Abschicken eines Formulars. Dies ist beispielsweise durch Klicken auf die Absenden-Schaltfläche eines Formulars `<input type="submit" value="Absenden" />` möglich.

submit-Ereignis

Beim einfachen *Event-Handling* wird einem HTML-Attribut eines Seitenelements oder einer JavaScript-Objekteigenschaft ein *Event-Handler* zugewiesen, sodass bei Eintreten des überwachten Ereignisses JavaScript-Code durch den Browser ausgeführt wird. Die Zuordnung/Beziehung zwischen Ereignis und *Event-Handler* ist allerdings keineswegs eindeutig.

Abhängige Ereignisse

> Beim Klick auf die Absendeschaltfäche eines Formulars kann sowohl durch
> `<form onsubmit="javascript:meldung();"></form>`
> als auch durch
> `<input type="submit" onclick="javascript:meldung();"/>`
> reagiert werden.

Beispiel

Umgekehrt kann eine bestimmte Benutzeraktion verschiedene Ereignisse auslösen.

> Markiert man in einem Formular-Textfeld ein Zeichen mit der Maus, so würde der *Event-Handler* des Textfeldes
> `<input type="text" onselect="javascript:meldung();"/>`
> und ebenso der *Event-Handler* des Textfeldes
> `<input type="text" onclick="javascript:meldung();"/>`
> durch den Browser aufgerufen.

Beispiel

Es können also durch ein bestimmtes Ereignis verschiedene *Event-Handler* aufgerufen werden. In einigen Fällen lässt sich durch verschiedene *Event-Handler* auf dasselbe Ereignis reagieren.

Es gibt eine Möglichkeit, die Reaktion des Browsers bei Eintreten eines bestimmten *Events* zu steuern. Dazu ist es in manchen Fällen sinnvoll, dass Sie im Wert des *Event-Handler*-Attributs eine `return`-Anweisung notieren. Der hier angegebene Rückgabewert kann für den Browser eine besondere Bedeutung besitzen.

3.4 Weitere Ereignisse einschl. HTML5 *

Häufig benutzte Ereignisse sind load (beim Laden der Webseite), error (bei einem Skriptfehler), unload (beim Verlassen eines Dokuments), abort (beim Abbruch einer Aktion) und resize (bei der Größenänderung des Browserfensters). In HTML5 gibt es neue Attribute zu Ereignisbehandlung: onafterprint, onbeforeprint, onbeforeonload, onhaschange, oncontextmenu und onmousewheel.

Neben Tastatur-, Formular- und Mausereignissen lassen sich zahlreiche weitere Ereignisse auf Webseiten abfragen:

- Das error-Ereignis tritt bei einem Scriptfehler ein. Allerdings wird dadurch nicht der Fehler selbst behoben, sondern es dient lediglich dem Testen.
- Wurde eine Seite oder ein Bild vollständig geladen, so tritt das Ereignis load ein.
- Wenn der Benutzer eine Markierung vornimmt, dann wird das Ereignis select ausgelöst.
- Beim Verlassen eines Dokuments tritt unload ein, etwa beim Schließen des Browserfensters oder beim Anfordern eines neuen Dokuments durch Anklicken eines URL.
- move tritt ein, wenn der Benutzer ein Fenster oder einen *Frame* bewegt.
- Das Ereignis input (neu ab HTML5) tritt ein, wenn der Benutzer beispielsweise einen Regler (<input type="range"/>) betätigt.
- scroll wird oft in Zusammenhang mit Ajax verwendet. So lässt es sich zum Beispiel erreichen, dass erst beim Scrollen bzw. beim Verändern des Bildschirmausschnitts während der Darstellung einer Liste neue Werte durch Laden vom Server hinzugefügt werden.
- Wenn der Benutzer eine Aktion abbricht, tritt das Ereignis abort ein.
- Das Ereignis resize wird ausgelöst, wenn der Benutzer die Größe des Browserfensters ändert.

Einige der hier aufgeführten Eigenschaften besitzen je nach Zielelement eine unterschiedliche Bedeutung.

Erstellen Sie eine HTML5-Seite, auf welcher bei Eintreten der Ereignisse load und select per JavaScript reagiert wird. Auf einer weiteren Webseite soll bei Eintreten von unload und move, auf einer dritten Seite im Fall von abort und resize JavaScript-Code ausgeführt werden.

HTML5   In HTML5 gibt es eine große Zahl neuer Attribute zum Registrieren eines *Event-Handlers*. Eine kleine Auswahl zeigt Ihnen die Tab. 3.4-1.

3.4 Weitere Ereignisse einschl. HTML5 *

onafterprint	Ermöglicht den Aufruf eines Scriptes nach dem Drucken der Seite
onbeforeprint	Vor dem Drucken der Seite
onbeforeonload	Vor dem Laden
onhaschange	Nach dem Ändern
oncontextmenu	Beim Aufruf des Kontextmenüs
onmousewheel	Wenn das Mausrad betätigt wird

Tab. 3.4-1: Neue HTML-Attribute zur Ereignisbehandlung.

Ebenfalls neu in HTML5 sind zwei Ereignisse, die durch Änderungen des Browserstatus ausgelöst werden: online und offline. Beide gehören zum document-Objekt.

online wird ausgelöst, wenn der Browser vom Offline- in den Online-Status wechselt. offline wird ausgelöst, wenn die Netzwerkverbindung unterbrochen wird.

Weitere Informationen finden Sie auf folgender Webseite:

- Website HTML world (http://www.html-world.de/program/js_event.php)

4 Sprachelemente *

JavaScript stellt ähnliche Mittel und Möglichkeiten zur Verfügung wie andere Programmiersprachen auch. Besitzen Sie schon Kenntnisse in einer anderen Programmiersprache, müssen Sie sich nur an Syntax, Semantik sowie einige Besonderheiten von JavaScript gewöhnen. Dieses Kapitel führt Sie anhand von Beispielen in die wichtigsten Sprachelemente von JavaScript ein:

- »Bezeichner und Kommentare«, S. 77
- »Anweisungen«, S. 79
- »Variable, Konstanten und Typen«, S. 80
- »Einstieg in Funktionen«, S. 89
- »Operatoren«, S. 92
- »Auswahlanweisungen«, S. 100
- »Wiederholungsanweisungen«, S. 103
- »Die n + 1/2-Schleife«, S. 107

4.1 Bezeichner und Kommentare *

Bezeichner dürfen in JavaScript weder reservierte Wörter sein noch aus anderen Zeichen als Kleinbuchstaben (a, ..., z), Großbuchstaben (A, ..., Z), Ziffern und dem Unterstrich bestehen. Einzeilige Kommentare werden durch // gekennzeichnet, mehrzeilige Kommentare durch /* ... */.

Für Bezeichner bzw. Namen gelten folgende Regeln:

- Die Länge sollte maximal 32 Zeichen betragen.
- Es dürfen, abgesehen vom Unterstrich »_« und Dollarzeichen »$«, nur Buchstaben und Ziffern vorkommen, Umlaute oder »ß« sind nicht erlaubt.
- Das erste Zeichen muss ein Buchstabe, ein Dollarzeichen oder ein Unterstrich sein. Es sind Groß- und Kleinbuchstaben erlaubt – sie werden auch unterschieden (JavaScript ist case-sensitiv).
- Es dürfen keine reservierten Schlüsselwörter verwendet werden. Einige Schlüsselwörter zeigt die Tab. 4.1-1.

Einige Beispiele für gültige und ungültige JavaScript-Bezeichner zeigt die Tab. 4.1-2.

Ein Programm wird heute in der Regel nicht nur vom Autor des Programms gelesen, sondern auch von anderen Personen, z. B. Kollegen, der Qualitätssicherung usw. Es ist daher nötig, dass ein Programm gut dokumentiert ist. Eine gute Dokumentierung erhält man u. a. durch die geeignete Verwendung von Kommentaren in einem Programm. Jede Programmiersprache erlaubt es, Kommentare in Programme einzufügen. Dem menschlichen Leser erleichtern passende Kommentare das Verständnis des Pro-

Kommentare

4 Sprachelemente *

abstract	boolean	break	byte	case	catch
char	class	const	continue	default	delete
do	double	else	extends	false	final
finally	float	for	function	goto	if
implements	import	in	instanceof	int	interface
long	native	new	null	package	private
protected	public	return	short	static	super
switch	synchronized	this	throw	throws	transient
true	try	typeof	var	void	volatile
while	with				

Tab. 4.1-1: Einige reservierte JavaScript-Schlüsselwörter.

erlaubt	unzulässig
name1	10er_liste
preis_schild	erste box
_abc	nach#name
Abc_22	A-23
A23	5

Tab. 4.1-2: Gültige und ungültige Variablennamen.

gramms erheblich. Kommentare werden vom JavaScript-Interpreter des Webbrowsers ignoriert. Obwohl der Text innerhalb der Kommentarzeichen von Browsern nicht interpretiert wird, sollte man nicht zu viele Kommentarzeilen einsetzen, da auch Kommentarzeilen Speicherplatz belegen und zu längeren Ladezeiten führen. JavaScript sieht zwei Möglichkeiten vor, Kommentare zu verwenden. Dabei werden einzeilige Kommentare durch // gekennzeichnet, mehrzeilige Kommentare benötigen dagegen eine Anfangskennung /* und eine Abschlusskennung */.

Beispiel
```
<script type="text/javascript">
   var z=0;    // kurzer einzeiliger Kommentar
   /* Dieser
      Kommentar
      ist
      mehrzeilig
   */
</script>
```

4.2 Anweisungen *

Anweisungen sind Hauptbestandteile eines Programms. Typische Anweisungen sind: Auswertung eines Ausdrucks, Zuweisungen an Variablen, Aufruf einer Funktion oder einer Methode. Anweisungen können zu Blöcken zusammengefasst werden. Jede Anweisung sollte mit einem Semikolon abgeschlossen werden.

In JavaScript gibt es verschiedene Arten von Anweisungen – analog wie in anderen Programmiersprachen. In Anweisungen werden oft Werte durch eine **Zuweisung** Variablen zugeordnet, z. B. wird durch nachname = "Mustermann"; der Variablen nachname der Text Mustermann als Wert zugewiesen. Das Gleichheitszeichen »=« wird auch als Zuweisungssymbol bezeichnet.

Auf der rechten Seite des Zuweisungssymbols stehen oft **Ausdrücke**, d. h. Operanden, die durch Operatoren miteinander verknüpft sind. Diese Ausdrücke werden zunächst ausgewertet und dann der Variablen auf der linken Seite des Zuweisungssymbols zugewiesen, z. B. brutto = netto * mwst;.

Die Tab. 4.2-1 zeigt weitere typische JavaScript-Anweisungen.

Anweisung	Erläuterung
Vorname = "Claus";	Textzuweisung an eine Variable
betrag = 8.4;	Zuweisung einer Zahl an eine Variable
x = (wert > 50 ? 15 : 0);	bedingte Zuweisung
kosten = (menge1 + menge2) * preis;	Berechnung eines Ausdrucks und Zuweisung an eine Variable
netto = zeit * lohn * 0.58 + zulage;	Berechnung eines Ausdrucks und Zuweisung an eine Variable
pname = nachname + ", " + vorname;	Text-Operation (Konkatenation von Texten)
if (wert < 100) wert = 100;	bedingte Wertzuweisung
return x;	Rückgabewert einer Funktion festlegen
berechn_ausf();	eine Funktion ohne Parameter aufrufen
x = berech(2);	Ergebnis einer Funktion in der Variablen x speichern
history.back();	Methode eines Objektes aufrufen
alert(document.bgcolor);	Objekteigenschaft in einem Dialogfenster ausgeben

Tab. 4.2-1: Beispiele für JavaScript-Anweisungen.

4 Sprachelemente *

Syntax
: JavaScript-Anweisungen werden durch Semikola voneinander getrennt. Allerdings darf auf das trennende Semikolon verzichtet werden, falls jede Anweisung in einer separaten Zeile steht.

Empfehlung
: Anweisungen sollten grundsätzlich durch Semikola voneinander getrennt werden bzw. jede Anweisung sollte per Semikolon abgeschlossen werden.

JavaScript-Code kann innerhalb eines *Event-Handlers*, innerhalb eines `<script>`-Bereiches oder in einer separaten JavaScript-Datei (siehe »HTML und JavaScript«, S. 18) platziert werden.

In vielen Fällen fasst man Anweisungen zu einem Block zusammen. Ein Anweisungsblock besteht aus mehreren Anweisungen, welche innerhalb einer übergeordneten Anweisung stehen oder zu einer Funktion gehören. Ein Block wird in geschweiften Klammern eingeschlossen.

Beispiel
: Häufig findet man Anweisungsblöcke innerhalb eines `if`-Auswahlanweisung. Hier sehen Sie einen Anweisungsblock, der bedingt ausgeführt wird:

```
if (zahl > 1000)   //über 1000?
{
  alert("Der Wert ist zu groß"); //Meldung
  zahl = 0; //Neuen Wert setzen
}
```

Hier wird der Anweisungsblock innerhalb der geschweiften Klammern nur dann ausgeführt, wenn die zuvor aufgeführte Bedingung `zahl > 1000` erfüllt ist (siehe »Auswahlanweisungen«, S. 100).

4.3 Variable, Konstanten und Typen *

Die elementaren JavaScript-Datentypen heißen `Number`, `String` und `Boolean`. Bei der Deklaration von Variablen werden keine Typen angegeben. Der JavaScript-Interpreter unterscheidet anhand des Kontextes selbst, welcher Typ benötigt wird *(loose typing)*. Die Deklaration einer lokalen Variablen erfolgt mit dem Schlüsselwort `var`, ihr Gültigkeitsbereich ist der Block, in dem sie definiert wurde. Innerhalb einer Funktion muss eine globale Variable ohne `var` deklariert werden, sie ist dann allerdings erst nach dem ersten Aufruf der Funktion bekannt. Deklarationen können mit oder ohne Initialisierung erfolgen. Bei nicht-initialisierender Deklaration erhält die betreffende Variable den Wert `undefined`.

Variable

In Variablen speichern Sie Daten, die Sie für die Abarbeitung Ihrer Programme benötigen. Der Inhalt, der in einer Variablen gespeichert ist, wird auch als »Wert« bezeichnet. Sie können bei der Abarbeitung des Programms der Variablen jederzeit einen neuen Wert zuweisen. Bevor Sie Variable im Programm verwenden, sollten Sie diese erst einmal definieren, sodass sie vom Interpreter einen Speicherbereich zugewiesen bekommen.

Eine Variablendeklaration kann sowohl ohne als auch mit gleichzeitiger Wertzuweisung bzw. Initialisierung erfolgen. In einem JavaScript-Programm müssen Variable zwar nicht deklariert werden, allerdings verbessert eine Deklaration die Nachvollziehbarkeit und auch die Lesbarkeit des Programms erheblich. Bei Bedarf nimmt der Interpreter die Deklaration (implizit) selbst vor.

Deklaration

Mit dem Schlüsselwort var explizit deklarierte Variable sind dauerhaft. Implizit deklarierte Variable können mit dem delete-Operator freigegeben bzw. gelöscht werden, explizit deklarierte Variable dagegen nicht.

Es gibt zwei Arten von **undefinierten Variablen**:

- Zur ersten Art gehören nicht deklarierte Variable. Wenn Sie versuchen, aus einer solchen Variablen einen Wert zu lesen, tritt ein Laufzeitfehler auf.
- Zur zweiten Art gehören diejenigen Variablen, welche zwar deklariert wurden, jedoch keinen Wert bzw. Inhalt besitzen. Eine nicht initialisierte Variable enthält den Wert undefined. Den Wert undefined besitzt auch eine Funktion, welche keinen definierten Rückgabewert liefert.

Undefinierte Variable

Explizit deklarierte Variable

- sind ausschließlich und überall in derjenigen Funktion gültig, in welcher sie deklariert werden (lokale Variable). Dasselbe gilt für Funktionsparameter.
- gelten global im gesamten JavaScript-Programm, falls die Deklaration außerhalb einer Funktion erfolgt.

Zur expliziten Deklaration einer Variablen gibt es in JavaScript das Schlüsselwort var. Am Ende einer derartigen Deklaration sollte ein Semikolon angegeben werden.

var

Eine Variablendeklaration kann wie folgt aussehen:

Beispiel 1

```
var i;      //Eine Variable unbestimmten Typs
var a,b,c;  //Mehrere Variable unbestimmten Typs
```

Ein **Typ** *(type)* legt fest, welche Werte eine Variable annehmen kann, und welche Operationen auf diesen Werten ausgeführt

Typen

werden können. Es werden nur Zahlen (Number), Zeichenketten (String) und Wahrheitswerte (Boolean) unterschieden.

Ein JavaScript-Interpreter ist sehr flexibel und tolerant, was die Typen von Variablen betrifft. Wo es nötig und möglich ist, führt der JavaScript-Interpreter selbstständig eine Typumwandlung zwischen unterschiedlichen Typen durch. Trotzdem ist es programmiertechnisch sinnvoll, jeder Variablen einen kontextbezogenen Namen zu geben und auch eine »Typdeklaration« zugunsten der Lesbarkeit und Interpretierbarkeit des Programmcodes vorzunehmen.

Implizite Deklaration

In dem Beispiel ist den Variablen noch kein Wert zugeordnet. Der jeweilige Typ ist noch nicht erkennbar, ihr Wert ist undefined. In den folgenden Beispielen ist das anders. Wenn Sie einer nicht deklarierten Variablen einen Wert zuweisen, so wird diese durch den Interpreter implizit deklariert. Für die Deklaration und die gleichzeitige erstmalige Wertzuweisung bzw. Initialisierung genügt eine einzige Anweisung.

Beispiele

```
var zahl = 20;
//Ganze Zahl (Integer), initialisiert mit 20 (Number)
var antwort = true; //Wahrheitswert (Boolean)
var vname = "Moni"; //String, initialisiert
var preis = 6.2;
//Gleitkommazahl, initialisiert mit 6,2 (Number)
```

Der Typ einer Variablen sollte von Anfang an ersichtlich sein; dies erleichtert die spätere Fehlersuche erheblich. Sollten Sie Variablen verwenden, die keinen Initialisierungswert benötigen, dann können und sollten Sie trotzdem bei der Definition den Typ durch Initialisierung mit einem Standardwert festlegen.

Beispiele

```
var menge = 0;    //Number / ganzzahlig
var gehalt = 0.0; //Number / Gleitkommazahl
var bezeichnung = ""; //leerer String
var ok = false; //Boolsche Variable
```

Die Kennzeichnung des Variablentyps wird von vielen Programmierern schon durch die Namensvergabe vorgenommen.

Beispiele

```
var int_zahl = 0; //Integer (ganze Zahl)
var fl_betrag = 0.0; //Float (Gleitkommazahl)
var str_name = "";  //String
```

Zwar unterscheidet JavaScript nicht zwischen *Integer* und *Float*, jedoch wird durch eine entsprechende Deklaration die Verständlichkeit des Quellcodes erhöht.

4.3 Variable, Konstanten und Typen *

Auch die Deklaration var dummy = demo(); ist möglich. Der Typ und auch der Wert von dummy hängt hier von dem Rückgabewert der Funktion demo() ab.

Beispiel

Konstante

Einer Konstanten kann nur einmal ein Wert zugewiesen werden, der dann unveränderbar ist, d. h. auf eine Konstante kann nach der Initialisierung nur lesend zugegriffen werden. Eine Konstante ist sozusagen ein Sonderfall einer Variablen. In den meisten Programmiersprachen werden Konstanten besonders gekennzeichnet, um sie von Variablen zu unterscheiden. Seit JavaScript 1.5 können Sie auch in JavaScript Konstante definieren.

```
const mwst = 19;
const url = "www.musterfirma.de";
```

Beispiel

Allerdings unterstützen nicht alle Browser den Einsatz von Konstanten.

Elementare Typen

JavaScript unterscheidet die elementaren Typen

- Zahl (Number),
- Zeichenkette (String) und
- Boolscher Wert (Boolean).

Eine Variable vom Typ Number besitzt den Wertebereich -1,79769*e308 bis -2,22507*e-308 sowie 2,22507*e-308 bis 1,79769*e308, einschließlich 0. Eine JavaScript-Variable vom Typ Number kann zahlreiche Darstellungen besitzen – Literale (literals) genannt (Tab. 4.3-1).

Number

Eine Boolsche Variable enthält einen Wahrheitswert (true oder false).

Boolean

Ein nichtleerer String besteht aus einem oder mehreren Zeichen.

String

Typische Strings sind
"Dieser Text", "Int_Zahl", "234".

Beispiele

Neben den sichtbaren Textzeichen kann ein String auch Steuerzeichen enthalten, welche oft zur komfortableren Ausgabe verwendet werden (Tab. 4.3-2).

Lokale und globale Variable

Die Deklaration einer lokalen Variablen kann beinahe überall im Programmcode einer Funktion erfolgen. Gültig ist die Variable

Lokale Variable

4 Sprachelemente *

07211	Oktalzahl
0x72AB	Hexadezimalzahl
12.432e12	Exponentialdarstellung
3.3123e-31	Exponentialdarstellung
12.3	Gleitkommazahl
4	Ganzzahl
Infinity	positiv Unendlich
-Infinity	negativ Unendlich
NaN	»Not a Number«, bei Laufzeitfehler während einer Berechnung

Tab. 4.3-1: JavaScript-Zahldarstellungen.

Zeichen	JavaScript-Code
Einfaches Anführungszeichen	\'
Doppeltes Anführungszeichen	\"
Backslash	\\
Horizontaler Tabulator	\t
Zeilenvorschub	\n
Backspace/Rückschritt	\b
Wagenrücklauf/Carriage Return	\r

Tab. 4.3-2: Sonder- und Steuerzeichen.

allerdings innerhalb der gesamten Funktion, nicht erst ab der Zeile, in welcher sie deklariert ist.

Empfehlung — Eine Variablendeklaration sollte aus Gründen der Übersichtlichkeit immer am Anfang einer Funktion stehen.

Globale Variable — Eine Variablendeklaration kann sich im <script>-Bereich auch außerhalb einer Funktion befinden.

Beispiel 2

```
<script type="text/javascript">
var vwert = 30;
function anz1()
{
    alert("Die Zahl heißt " + vwert + ".");
}
function anz2()
{
```

```
      alert(("Wert > 70 ") + (vwert > 70));
   }
</script>
```

Eine globale Variable, wie sie im Beispiel 2 verwendet wird, ist innerhalb des gesamten `<script>`-Bereiches gültig bzw. bekannt. Sie wird einmalig (beim Laden der HTML-Seite) initialisiert. Wenn der Wert der Variablen geändert wird, so zeigt dies Wirkung an allen anderen Stellen, an denen auf die Variable zugegriffen wird. Globale Variable können Sie auch in externen JavaScript-Dateien verwenden. Hier muss die Deklaration ebenfalls außerhalb der Funktionen erfolgen.

```
// Externe js-Datei
var x = 20, b = "Text", c = 0.2;
function f1(b)
{
    alert(b);
}
function f2()
{
    alert(b);
}
function f3()
{
    alert("b");
}
```
Beispiel

Hinsichtlich der übergebenen Parameter beim Funktionsaufruf ist der JavaScript-Interpreter tolerant. Einen fehlenden Parameter interpretiert er als `undefined`. Werden zu viele Parameter angegeben, so ignoriert der Interpreter die überflüssigen Werte.

Globale Variable sind in allen Funktionen bekannt, können dort abgerufen und auch geändert werden. Lokale Variable dagegen werden ausschließlich innerhalb einer Funktion verwendet, außerhalb dieser Funktion sind sie nicht bekannt.

```
function quadrat(x)
{
    var y = -1;
    y = x*x;
    return y;
}
```
Beispiel

Weder Inhalt noch Name der hier verwendeten Variablen x und y sind außerhalb der Funktion bekannt. Versuchen Sie, diese in einer anderen Funktion zu verwenden, so meldet der Browser, dass y nicht definiert ist.

Beispiel — Erfolgt innerhalb der Funktion eine erneute Definition der Variablen, so wird sie *nicht* mit einem Wert vorbelegt, sodass der Interpreter den Ausdruck nicht auswerten kann:

```
function vardemo()
{
   var y;
   alert("Ergebnis " + (y + 30));
}
```

Wenn Sie jedoch die Deklaration durch y = ""; ersetzen, so werden Sie ein ganz anderes Ergebnis erhalten, denn der Interpreter wird mehrere Konvertierungen durchführen. Zunächst wandelt er den Leerstring in 0 um und schließlich das Rechenergebnis 30 in Text. Und das alles in einer einzigen Anweisung. Doch Vorsicht! Die Variable y wird hier inkonsequent im Wechsel als Text und als Zahl eingesetzt. Das führt häufig zu einem Laufzeitfehler, daher sollte im Kopf der Funktion eine Variablendeklaration erfolgen und der Typ sollte durch Zuweisung eines Anfangswertes eindeutig festgelegt und nicht während des Programmablaufes geändert werden.

Rundungsfehler

Zahlreiche JavaScript-Operationen werden auf Basis von 32 Bit-Zahlen ausgeführt. Rundungsfehler sind daher eine Problematik, derer sich alle JavaScript-Entwickler bewusst sein sollten.

Einfache Variablen-Deklarationen, wenige Typen, flexible Umwandlung – der Umgang mit JavaScript ist verglichen mit anderen Programmier- und Skriptsprachen auf den ersten Blick unkompliziert. Allerdings müssen bei mathematischen Operationen sämtliche Werte in ein einheitliches Format – Number – umgewandelt werden. Die eigentliche Berechnung des Ausdrucks findet dann bei zahlreichen JavaScript-Operationen auf Basis von 32 Bit-Ganzzahlen statt – Rundungsfehler sind schon bei einfachen Operationen an der Tagesordnung.

Wenn Sie also exakte Rechenergebnisse benötigen, werden Sie häufiger Rundungsfehler eliminieren müssen.

Beispiel — Wertet man den Ausdruck 7*22.9+9 aus, so erhält man statt des exakten Wertes 162.3 ein Ergebnis, welches ein wenig von diesem abweicht.

Die Fehlerbehandlung könnte dann wie folgt aussehen:

```
Math.round(7*22.9*100)/100+9
```

So erhalten Sie das Rechenergebnis auf 2 Nachkommastellen genau.

undefined und null

Eine besondere Rolle in JavaScript spielt der Wert null. Dieser bedeutet »kein Wert«.

null

Der Wert null ist eindeutig, er unterscheidet sich von allen anderen Werten. Eine Variable mit dem Inhalt null enthält keine zulässige Zahl, keinen zulässigen String und auch keinen Wahrheitswert.

Das boolsche Analogon zu null ist false, das Text-Analogon ist ebenfalls null, der gleichwertige numerische Wert ist 0. Auch der Zugriff auf ein nicht existierendes Objekt ergibt null. Achtung: null ist nicht dasselbe wie 0!

Auch undefined ist ein eindeutiger Wert. Er wird beim Zugriff auf eine nicht existierende Objekt-Eigenschaft zurückgegeben oder beim Lesen einer deklarierten Variablen, der bisher kein Wert zugewiesen wurde.

undefined

Es gilt undefined == null, d.h. beide sind wertgleich. Allerdings gilt nicht undefined === null, die beiden Werte sind also nicht identisch (siehe »Operatoren«, S. 92).

Bei einer boolschen Operation wird undefined in false umgewandelt, bei einer numerischen Operation in NaN *(Not a Number)*. In einem String-Kontext wird es zu undefined (Tab. 4.3-3).

Kontext	undefined **wird umgewandelt in**
Boolean	false
Text	"undefined"
numerisch	NaN

Tab. 4.3-3: undefined.

Explizite und implizite Konvertierung

Bei Anweisungen müssen nicht zwingend alle beteiligten Werte vom selben Typ sein. Nach Möglichkeit wandelt der Interpreter die einzelnen Werte so um, dass eine Operation durchgeführt werden kann. Die Tab. 4.3-4 zeigt ein paar Beispiele.

Ausdruck	**Wert**
"12"*"7"	84 (implizit)
"20"-0	20 (implizit)
Number("8")	8 (explizit, Zwangskonvertierung)

Tab. 4.3-4: Beispiele zur impliziten und expliziten Konvertierung.

Auch bei boolschen Operationen erfolgt eine implizite Umwandlung (Tab. 4.3-5).

Wert	wird umgewandelt in
0	false
""	false
"0"	true
NaN	false
undefined	false
null	false

Tab. 4.3-5: Konvertierung im Boolschen Kontext.

In manchen Fällen ist eine explizite Umwandlung notwendig. Hier bietet sich die doppelte Verneinung (!!) oder die Verwendung des Boolschen Konstruktors Boolean() an (Tab. 4.3-6).

Ausdruck	Ergebnis
!!0	false
Boolean(0)	false

Tab. 4.3-6: Boolsche Operationen.

Von null verschiedene Objekte, Funktionen sowie nichtleere Strings und Zahlen, welche nicht den Wert 0 besitzen, werden in true konvertiert. In umgekehrter Richtung gelten je nach Kontext (Number oder String) einige Regeln, welche aus der Tab. 4.3-7 ersichtlich sind.

Wert	wird umgewandelt in
false	"false"
false	0
true	"true"
true	1

Tab. 4.3-7: Umwandlung Boolscher Werte.

In den meisten Fällen konvertiert der Interpreter die beteiligten Werte in das korrekte Format, damit er die gewünschte Operation ausführen kann. In einigen Fällen werden Sie allerdings selber eine Hilfs-Funktion schreiben müssen, etwa um eine Zahl in Text umzuwandeln oder um Text in eine Zahl umzuwandeln (Tab. 4.3-8).

Ausdruck	Ergebnis	neuer Typ
3+"3"	"33"	String
1*"4"	4	Number
3+""	"3"	String

Tab. 4.3-8: String-Konvertierung.

4.4 Einstieg in Funktionen *

Funktionen stellen das wichtigste Sprachmitttel von JavaScript dar. Neben vordefinierten Funktionen gibt es auch benutzerdefinierte Funktionen (*User Defined Functions*, UDF), die von den Programmierern selbst erstellt werden.

Eine Funktion ist eine *Blackbox*. Sie verkürzt das Hauptprogramm, da für ihren Aufruf nur eine einzige Anweisung notwendig ist – auch wenn sie viele hundert Programmzeilen enthält.

Eine Funktion kann beliebig oft ausgeführt werden. Die Ausführung kann abhängig sein von

- Übergabewerten,
- Struktur und Inhalt der aktuellen Seite,
- Benutzereingaben,
- lokalen Systemeigenschaften.

Dieses Kapitel zeigt die wichtigsten Möglichkeiten, die Ihnen bei der Erstellung und der Verwendung benutzerdefinierter Funktionen zur Verfügung stehen. Im Detail werden Funktionen dem Kapitel »Funktionen«, S. 190, behandelt.

Bei vielen JavaScript-Ausdrücken wird das Ergebnis undefined oder null zurückgegeben. Die implizite Konvertierung zwischen den verschiedenen Variablentypen ist ein typisches JavaScript-Merkmal. Für die explizite Umwandlung gibt es die vordefinierten JavaScript-Funktionen parseInt() und parseFloat().

Beide Funktionen benötigen als Übergabeparameter einen String (Tab. 4.4-1).

Beide Funktionen wandeln Text in Zahlen um. Die beiden vordefinierten JavaScript-Funktionen werten Zeichenketten aus. Sind die führenden Zeichen des übergebenen String als Zahl interpretierbar, so wird ein Wert vom Typ Number zurückgegeben; allerdings werden Werte, welche mit 0x beginnen (etwa 0xAB10) als Hexadezimalzahlen und Werte mit führender Null (beispielsweise 04535) als Oktalzahlen interpretiert. Beide Funktionen lesen den String von links bis zum ersten »verunreinigenden Zeichen« aus. Bei erfolgreicher Umwandlung ist das Ergebnis vom Typ Number.

Ausdruck	Ergebnis
parseInt("8.92")	8
parseInt("80 kg")	80
parseInt("0x23") Hexadezimal	35
parseInt("0332") Oktal	218
parseFloat("8")	8
parseFloat("8.92")	8.92
parseFloat("4.11€")	4.11
parseFloat("8,52")	8.0
parseFloat("€ 250.25")	NaN

Tab. 4.4-1: parseInt(), parseFloat().

Der Unterschied zwischen parseInt() und parseFloat() besteht darin, dass parseInt() eine ganze Zahl zurückgibt, indem es ggf. die Nachkommastellen abschneidet. parseFloat() dagegen verändert den Zahlenwert nicht. parseFloat() gibt lediglich dann eine ganze Zahl zurück, wenn der numerische Wert des Strings ganzzahlig ist.

eval() Zum Auswerten von Ausdrücken, welche als String übergeben werden, stellt Ihnen JavaScript die vordefinierte Funktion eval() zur Verfügung, welche als Parameter einen String erwartet. In Tab. 4.4-2 sehen Sie einige Anwendungsbeispiele.

Ausdruck	Ergebnis
eval("8+5")	13
eval("8==9")	false
eval("'a' * 4")	NaN
eval("parseInt('4.71€')")	4

Tab. 4.4-2: Verwendung von eval().

Bei der Auswertung von Ausdrücken, welche aus einem Eingabefeld gelesen werden, stellt eval() eine große Hilfe dar.

Beispiel Das folgende Listing zeigt Ihnen, wie Sie eval() anwenden können:

```
<h1>Ausdrücke mit eval() auswerten
<form id="test_frm" >
<p>
```

```
<input type="name" size="30" name="Eingabe"/>
<input type="button" value="Eval" onclick="alert(eval(
            document.test_frm.Eingabe.value));" />
</p>
</form>
```

Wenn Sie in das Eingabefeld 8 * 20 eingeben, so erscheint nach Klick auf die Schaltfläche die Ausgabe 160.

Übernehmen Sie das Formular in eine valide HTML5-Seite.

Per JavaScript können Sie auch eigene benutzerdefinierte Funktionen (»User Defined Functions«, UDF) erstellen. Zu diesem Zweck leitet das Schlüsselwort function die Definition ein. Der Funktionsname darf nicht mit einer Zahl beginnen und darf lediglich aus Buchstaben, Ziffern, dem Dollarzeichen und dem Unterstrich bestehen. Innerhalb der runden Klammern dürfen Parameter definiert sein. Innerhalb der obligatorischen Mengenklammern befinden sich die Anweisungen.

Eine Funktion kann ohne oder auch mit Parameter aufgerufen werden.

```
lesen(); //Kein Übergabewert
alert(f("no")); //Übergabewert ist Text
var x = berech(2); //Übergabewert ist eine Zahl
if (x == berech(y)); //Übergabewert ist eine Variable
```
Beispiele

Jeder beim Aufruf übergebene Parameter ist ein gültiger JavaScript-Ausdruck.

Innerhalb der Funktion ist festgelegt, wie viele und welche Parameter verarbeitet werden. Falls eine Funktion mit mehr Parametern aufgerufen wird als in der Definition angegeben, so werden die überflüssigen Parameter ignoriert.

Hier werden sämtliche Übergabewerte ignoriert:
```
function f(x, y)
{
    alert("Hello");
}
```
Beispiel

Rückgabewert der Funktion f ist grundsätzlich undefined.

Die hier dargestellte Funktion besitzt 2 Aufrufparameter. Durch den Operator || wird hier erreicht, dass fehlende Parameter gleich Null gesetzt werden.
```
function f(x||0, y||0)
{
    return (x + y);
}
```
Beispiel

Die Funktion liefert einen Rückgabewert. f(20) ergibt 20, f(-1,10) liefert 9, f(,2) gibt 2 zurück, f() ergibt 0.

Beispiel

Die folgenden Zeilen zeigen eine UDF.

```
function Quadrat(x)
   //berechnet das Quadrat der übergebenen Zahl
{
   var result = x * x; //Berechnung
   return result; //Der Funktion das Ergebnis zuweisen
}
```

Beispiel

Diese Funktion überprüft, ob die übergebene Variable nicht dem leeren String "" entspricht. Sie gibt den Inhalt aus, falls die Übergabevariable nicht leer ist (Rückgabewert true); sie fordert zur Eingabe auf, falls die Variable keinen Inhalt besitzt (Rückgabewert false):

```
function ausw(eingabe)
{
   var erfolg = false; //Boolsche Variable vorbelegen
   if (eingabe == "")  //Wurde etwas eingegeben
   {
      alert("Tragen Sie Ihren Namen ein");   //Meldung
   }
   else
   {
      alert("Sie haben " + eingabe + " eingegeben");
                        //Meldung
      erfolg = true;   //Wert zuweisen
   }
   return erfolg; //Der Funktion einen Wert zuweisen
}
```

4.5 Operatoren *

Operatoren verarbeiten Ausdrücke, Variable und Literale. Zu JavaScript gehören arithmetische Operatoren, Zuweisungsoperatoren, Vergleichsoperatoren, Inkrementoperatoren, Dekrementoperatoren, logische Operatoren und Bit-Operatoren.

Literale und Ausdrücke

Literale sind Konstante oder Werte von Variablen. Ein Literal kann Teil eines Ausdrucks sein. Falls Sie einer bis zu diesem Zeitpunkt nicht deklarierten Variablen ein Literal zuweisen, nimmt der Interpreter eine implizite Deklaration vor.

Ein JavaScript-Programm enthält in der Regel zahlreiche Ausdrücke, die vom Interpreter ausgewertet werden. Einfache Ausdrücke sind Literale oder Variable. Einige Beispiele zeigt die Tab. 4.5-1.

Wert	Bedeutung
1.7	Numerisches Literal
"Java ist eine Programmiersprache"	Text-Literal
true	Boolsches Literal
null	Literalwert null
/javascript/	Literaler regulärer Ausdruck
{x:3, y:-4}	Objekt-Literal
["Montag", "Dienstag"]	Array-Literal
summe	Variable

Tab. 4.5-1: Beispiele für Literale.

Der Wert einer Variablen ist der Wert, der der Variablen zugewiesen wurde oder welchen sie referenziert. Der Wert eines Literals ist das Literal selbst.

Objekteigenschaften sind Ausdrücke. Dazu zeigt die Tab. 4.5-2 einige Beispiele.

Eigenschaft	Wert
window.closed	true, falls Fensterobjekt geschlossen ist, sonst false
"abcd".length	Länge des String-Objektes
navigator.appName	Name des Browsers

Tab. 4.5-2: Objekteigenschaften.

Ausdrücke entstehen durch die Verknüpfung von Operanden durch Operatoren. Wenn innerhalb eines JavaScript-Programms einer Variablen ein Wert zugewiesen wird oder wenn Werte, Variable oder Eigenschaften von Objekten miteinander verglichen, verkettet oder verrechnet werden, dann geschieht dies durch Operatoren.

Sie haben bereits den Zuweisungsoperator (das einfache Gleichheitszeichen), mit dem einer Variablen ein Wert zugewiesen wird, und den Additionsoperator zur Verknüpfung zweier Werte kennen gelernt. Beide können sowohl für Text als auch für Zahlen verwendet werden. Je nach Kontext addiert der +-Operator die Werte zweier Operanden oder er verkettet Strings miteinander. Beispiele zum +-Operator zeigt die Tab. 4.5-3.

Zuweisung

Ausdruck	Wert
8+11	19
"Audi A"+6	"Audi A6"
3+"com"	"3com"
"Intel"+" "+"Prozessor"	"Intel Prozessor"

Tab. 4.5-3: Beispiele für den +-Operator.

JavaScript führt also – je nach Inhalt der Operanden – eine Zeichenverkettung – Konkatenation genannt – oder eine mathematische Addition durch. Zuvor führt JavaScript – falls notwendig/möglich – eine Typkonvertierung durch, damit die Operation überhaupt möglich ist. Der + -Operator benötigt nämlich 2 Operanden identischen Typs.

Ermitteln Sie mit Hilfe eines JavaScript-Programms die Ergebnisse der folgenden Operationen: `false+true`, `7*false`, `true+"a"`, `0.4-true`, `8+4+"b"`, `"b"+8+4`, `"7"+0.4`, `"7"+"0.4"`, `7+0.4`, `7+"0.4"`, `0,4+7`.

Arithmetische Operatoren

Die Grundrechenarten sowie die Division mit Rest werden bei JavaScript durch arithmetische Operatoren durchgeführt. Die Tab. 4.5-4 zeigt dazu einige Beispiele.

Operator	Anwendung	Beispiel	Erläuterung
+	Addition	`Summe = 9 + 4;`	Ergebnis ist 13
-	Subtraktion	`Differenz = 9 - 4;`	Die Differenz ist 5
*	Multiplikation	`Produkt = 9 * 4;`	Das Ergebnis lautet 36
/	Division	`Quotient = 9 / 4;`	Der Quotient ergibt die Zahl 2.25
%	Modulo	`Rest = 9% 4;`	Der Rest beträgt 1

Tab. 4.5-4: Arithmetische Operatoren.

Bei arithmetischen Operationen erwartet der Interpreter jeweils numerische Operanden (Number), ggf. versucht er nichtnumerische Werte zu konvertieren und die Operation auszuführen. Ist eine Konvertierung nicht möglich, so erhält die Ergebnisvariable den Inhalt NaN zugewiesen. Sollte dagegen ggf. nach erfolgreicher Konvertierung keine Berechnung möglich sein, so wird undefined zurückgegeben.

Zuweisungsoperatoren

Der Zuweisungsoperator dient dem Speichern von Werten in Variablen. Dies kann durch eine Variablendeklaration oder durch eine Anweisung erfolgen.

```
var wert = 10;    //Variable deklarieren und initialisieren
summe = summe * 2;  //Ausdruck berechnen und Ergebnis zuweisen
myname = "Bernd"; //Textinhalt zuweisen
```
Beispiel

Zuweisungen lassen sich oft in verkürzter Form notieren.

Folgende Zuweisungen sind gleichbedeutend:
```
summe *= 2 und
summe = summe * 2;
```
Beispiele

Es gibt noch weitere Zuweisungsoperatoren, welche zu JavaScript gehören. Die wichtigsten Zuweisungsoperatoren sehen Sie in der Tab. 4.5-5.

Operator	Beispiel	Alternative	Ergebnis für z = 28
+=	z += 7	z = z + 7	35
-=	z -= 7	z = z - 7	21
*=	z *= 7	z = z * 7	196
/=	z /= 7	z = z / 7	4
%=	z %= 7	z = z % 7	0
<<=	z <<= 7	z = z << 7	3584
>>=	z >>= 7	z = z >> 7	0
>>>=	z >>>= 7	z = z >>> 7	0
&=	z &= 7	z = z & 7	4
|=	z |= 7	z = z | 7	31
^=	z ^= 7	z = z ^ 7	27

Tab. 4.5-5: Zuweisungsoperatoren.

Die in der Tab. 4.5-5 dargestellten Operatoren basieren zum Teil auf anderen Operatortypen, die unten erläutert werden.

Vergleichsoperatoren

Für bedingte Auswahlanweisungen und Wiederholungen benötigen Sie Vergleichsoperatoren (Tab. 4.5-6).

Operator	Vergleichstyp	Gegenteil
<	Kleiner als	>=
>	Größer als	<=
==	Gleichwertig	!=
===	Identisch	!==

Tab. 4.5-6: Vergleichsoperatoren.

Bei unterschiedlichen Typen versucht der Interpreter einen der beiden Operanden in das Format des anderen umzuwandeln. Gelingt dies nicht oder ist mindestens ein Operand NaN, so ist das Ergebnis des Vergleiches negativ bzw. false.

Eine Konvertierung erfolgt allerdings nur, falls weder beide Werte vom Typ String, noch beide vom Typ Number sind. Bei Vergleichen zwischen Objekten und Strings bzw. Zahlen wird versucht, das Objekt in einen entsprechenden Wert umzuwandeln, indem die Methoden toString() oder valueOf() aufgerufen werden.

Der Vergleich von Strings erfolgt Zeichen für Zeichen, wobei der Interpreter als Vergleichskriterium jeweils denjenigen numerischen Wert verwendet, welchen die betroffenen Zeichen im **Unicode**-Zeichensatz besitzen. Die Tab. 4.5-7 zeigt einige Beispiele.

Vergleich	Ergebnis
8==="8"	false
"0"==0	true
document.forms[1]===document.frm	true, falls das 2. Formular frm heißt.[1]

Tab. 4.5-7: Auswertung von Vergleichsoperationen.

Die Operatoren >= und <= orientieren sich dabei nicht an == oder ===, wenn es um die Gleichheit geht. Daher ist >= als »nicht kleiner« und <= als »nicht größer« zu interpretieren.

Ein Vergleich findet immer zwischen zwei Operanden statt. Dabei werden Zahlen, Strings oder Wahrheitswerte nach ihrem Inhalt, Objekte und Arrays nach ihrer Referenz verglichen.

Zu den Vergleichsoperatoren gehören auch == und ===, wobei beide eine völlig unterschiedliche Bedeutung besitzen.

Der Operator === überprüft zwei Operanden auf Identität. Er liefert grundsätzlich false, falls die Werte unterschiedlichen Typs

---

[1] document.forms verweist auf alle Formulare der aktiven Webseite. Das erste Formular besitzt den Index 0, das zweite den Index 1, ... document.frm verweist auf das HTML-Element, welches durch name = "frm" ausgezeichnet ist.

sind oder mindestens einer von ihnen ein NaN-Wert ist. Er liefert true, wenn beide Werte null oder undefined sind. Besitzen zwei Variable identischen Typs denselben Inhalt, so sind sie identisch. Dasselbe gilt für Referenzen, welche auf dasselbe Objekt verweisen.

Gilt für zwei Werte x===y, so folgt daraus zwingend x==y. Die Umkehrung gilt jedoch nicht.

Zwei Werte sind gleich (==), jedoch nicht identisch, falls nach Konvertierung beide null oder undefined sind. Zwei Werte nicht identischen Typs sind ebenfalls gleich (==), falls es möglich ist, beide so zu konvertieren, dass sie identischen Inhalt besitzen. Das Gegenteil zu == heißt !=, zu === heißt es !==.

Inkrement- und Dekrementoperatoren

Der Inkrement-Operator ++ (lat. incrementum = Wachstum, Zuwachs) addiert 1 zum Wert des Operanden, der Dekrement-Operator vermindert den Wert des Operanden um 1.

Die beiden Operatoren lassen sich sowohl vor- als auch nachgestellt verwenden:

```
++z;     //Prä-Inkrement
--z;     //Prä-Dekrement
z++;     //Post-Inkrement
z--;     //Post-Dekrement
```

Wenn Sie den Wert einer Variablen um 1 vergrößern möchten, so können Sie dies auf verschiedene Weisen erreichen:

```
x = x + 1;
x += 1;
x++;
++x;
```

Beispiel 1

Auch für das Verringern eines Variablenwertes um 1 gibt es mehrere Möglichkeiten:

```
x = x - 1;
x -= 1;
x--;
--x;
```

Beispiel 2

Beim Prä-Inkrement bzw. -Dekrement wird zuerst der Inhalt von z um 1 vergrößert/verringert und danach dieses Ergebnis zurückgeliefert. Beim Post-Inkrement bzw. -Dekrement wird zuerst der Wert von z zurückgeliefert und erst dann die Erhöhung/Verringerung um 1 vorgenommen.

Als einzelne Anweisungen sind Post- und Pre-Inkrement gleichwertig. Bei Zuweisungen jedoch haben sie jedoch eine unterschiedliche Wirkung.

Beispiel
```
<!DOCTYPE html>
<html lang="de">
<head>
  <meta http-equiv="content-type" content="text/html;
                        charset=utf-16" />
  <title>Zuweisungen</title>
<script type="text/javascript">
function comp(x)
{
   var result = 0;
   var z = x;
   result = x++;
   alert("x = " + x + "         " + "result = " + result);
   x = z;
   result = ++x;
   alert("x = "+ x  + "         " + "result = " + result);
   x = z;
   result = x--;
   alert("x = " + x + "         " + "result = " + result);
   x = z;
   result = --x;
   alert("x = " + x + "         " + "result = " + result);
   return result;
}
</script>
</head>
<body>
<h1>Inkrement, Dekrement</h1>
<form id="demo_frm">
<p>
<input type="button" name="btn1"
        onclick="javascript:comp(4);" value="comp(4)"/>
<input type="button" name="btn2"
        onclick="javascript:comp(-4);" value="comp(-4)/>
</p>
</form>
</body>
</html>
```

Oft werden diese In- und Dekrementierungsoperatoren bei der Programmierung mit JavaScript zur Steuerung eines Schleifenzählers verwendet. Deren Verwendung führt jedoch in vielen anderen Fällen zu unübersichtlichem Programmcode.

Logische Operatoren

JavaScript besitzt die logischen Operatoren &&, || und ! (Tab. 4.5-8).

4.5 Operatoren *

Operator	Bedeutung	Syntax
&&	logisches Und	A1&&A2
||	logisches Oder	A1||A2
!	logisches Nicht	!A1

Tab. 4.5-8: Boolsche Operatoren.

Es folgen zu der Auflistung in Tab. 4.5-8 einige Erläuterungen:

1 Im Ausdruck A1&&A2 wird zunächst A1 ausgewertet und dessen Wert zurückgegeben, falls er in false umgewandelt werden kann. Sollte der Wert von A1 nicht in false umgewandelt werden können, so wird A2 zurückgegeben.
2 Im Ausdruck A1||A2 wird zunächst A1 ausgewertet und dessen Wert zurückgegeben, falls er in true umgewandelt werden kann. Sollte der Wert von A1 nicht in true umgewandelt werden können, so wird A2 zurückgegeben.
3 Im Ausdruck !A1 wird A1 ausgewertet und das Gegenteil seines Boolschen Äquivalents zurückgegeben.

Beachten Sie dabei, dass sowohl 0 als auch "", null und undefined sämtlich dem boolschen Wert false entsprechen. In JavaScript gibt es noch Bit-Operatoren (z. B. >>=, &, |, <<<, >> und <<), auf die hier nicht näher eingegangen wird, da sie selten verwendet werden.

Prioritäten

In JavaScript-Ausdrücken und -Anweisungen gelten folgende Prioritäten:

1 !, ++, --, ~
2 *, /, %, +, -
3 <<, >>, >>>
4 <, <=, >, >=
5 ==, !=, ===, !==
6 &, |, ^, &&, ||
7 ?: (Bedingung)
8 =, +=, -=, /=, *=, %=, <<=, >>=, >>>=, &=, ^=

Weitere JavaScript-Operatoren zeigt Tab. 4.5-9.

Behandelt werden diese im Zusammenhang mit Objekten:

- »Core-Objekte«, S. 111

Operator	Operandentyp	Durchgeführte Operation
.	Objekt und Eigenschaft als Bezeichner	Zugriff auf Eigenschaft
[ ]	Array, Ganzzahl bzw. String	Zugriff auf Array-Element
( )	Funktion, beliebiger Parametertyp	Funktionsaufruf

Tab. 4.5-9: Einige JavaScript-Operatoren.

4.6 Auswahlanweisungen *

Eine Auswahl-Anweisung ermöglicht die Auswahl einer bestimmten Anweisung oder Anweisungsfolge (Block) während der Ausführung eines Programms. Bei der ein- und zweiseitigen Auswahl wird eine Anweisung oder Anweisungsfolge in Abhängigkeit von einer Bedingung ausgewählt. Bei der Mehrfach-Auswahl steuert ein Selektor die Auswahl einer markierten Anweisung oder Anweisungsfolge aus mehreren disjunkten Alternativen. Die Mehrfachauswahl ist immer mit einem Fehlerausgang (default) zu versehen.

Sollen Anweisungen nur in Abhängigkeit von bestimmten Bedingungen ausgeführt werden, dann verwendet man das Konzept der **Auswahl** – auch Verzweigung oder Fallunterscheidung genannt.

3 Konzepte　Es gibt drei verschiedene Auswahl-Konzepte, die jeweils für bestimmte Problemlösungen geeignet sind:

- einseitige Auswahl,
- zweiseitige Auswahl,
- Mehrfachauswahl.

Die ein- und zweiseitige Auswahl

Einseitige Auswahl　Soll in Abhängigkeit von einer Bedingung eine Anweisung oder ein Anweisungsblock ausgeführt werden, dann kann dies in JavaScript durch eine einseitige Auswahl wie folgt geschehen:

```
if (Bedingung)
   {
      Anweisung1;
      Anweisung2;
      ...
   }
```

Nur wenn die Bedienung zutrifft, werden die im ein Anweisungsblock aufgeführten Anweisungen ausgeführt, sonst wird direkt hinter dem Anweisungsblock fortgefahren.

4.6 Auswahlanweisungen *

Soll in Abhängigkeit von einer Bedingung die Alternative 1 oder die Alternative 2 ausgeführt werden, dann kann dies in JavaScript durch eine zweiseitige Auswahl wie folgt geschehen:

Zweiseitige Auswahl

```
if (Bedingung)
   { //Alternative 1
     Anweisung1;
     Anweisung2;
     ...
   }
else
   { //Alternative 2
     Anweisung1;
     Anweisung2;
     ...
   }
```

Besteht ein Anweisungsblock aus einer einzelnen Anweisung, dann brauchen keine Klammern gesetzt zu werden; der Bedingungsteil ist allerdings grundsätzlich in runde Klammern einzuschließen.

In einfachen Fällen kann für die zweiseitige Auswahl folgende verkürzte Form verwendet werden:

(Bedingung) ? Ausdruck1 : Ausdruck2;

Hier darf kein Anweisungsteil fehlen. Das Ergebnis wird entweder einer Variablen zugewiesen oder Bedarf einer weiteren Verarbeitung.

Auswahlanweisungen können ineinander geschachtelt werden, z. B.

```
if (Bedingung)
  {Anweisungsblock 1;}
else
{
  if (bedingung2)
     {Anweisungsblock 2;}
  else
     {Anweisungsblock 3;}
}
```

Eine Passwortabfrage kann wie folgt programmiert werden:

Beispiel

```
function pw()
{
  var eingabe = "", ausgabe = "", pw = "abcf";
  eingabe = prompt("Passwort eingeben","");
              //Abfrage per Dialogbox
  if (eingabe === pw)
     ausgabe = "Passwort korrekt";
  else
     ausgabe = "falsche Eingabe";
  alert(ausgabe);
}
```

Auch die Kurzform lässt sich hier verwenden:
```
function pw1()
{
  var eingabe = "";
  eingabe = prompt("Passwort eingeben","");
  alert(((eingabe == "abcf") ?
       "Passwort korrekt" : "falsche Eingabe"));
}
```
Beide Funktionen überprüfen das eingegebene Passwort und geben anschließend eine entsprechende Meldung aus.

Beispiel

Die folgende HTML-Seite zeigt ein Formular mit zwei Checkboxen und einem schreibgeschützten Textfeld. Beim Anklicken der ersten Checkbox wird deren Zustand/Wert an die Funktion react() übergeben, welche bei aktiver Checkbox eine Meldung in das Textfeld schreibt.

```
<head>
<script type="text/javascript">
function react(aktiv)
{
   //abh. vom Übergabewert Feldinhalt schreiben
   var feld = document.frm.meldung;
                //Referenz auf das Textfeld
   feld.value = (aktiv == true ? "Nutzung beruflich": "");
                //Feldinhalt schreiben
}
</script>
</head>
<body>
<form name="frm">
<p>Nutzung des Computers:<br/>
<input type="checkbox" id="art1"
       onchange="javascript:react(this.checked);"/>
                           beruflich<br/>
     //Bei Änderung Wert an react()übergeben
<input type="checkbox" id="art2"/> privat<br/>
     //zweite Checkbox
<input type="text" readonly="readonly" name="meldung"/>
     <br/> //Ausgabefeld readonly
</form>
</body>
```

Die Mehrfachauswahl

Muss zwischen *mehr* als zwei Möglichkeiten gewählt werden, dann wird die Mehrfachauswahl verwendet – auch switch-Anweisung genannt. In JavaScript wird die Mehrfachauswahl ab der Version 1.2 unterstützt:

```
switch(Bedingung)
{
  case wert1: //Anweisungsblock 1
    { Anweisung1; Anweisung2; ...; break;}
  case wert2: //Anweisungsblock 2
    { Anweisung1; Anweisung2; ...; break;}
  ...
  default: //default-Block
    { Anweisung1; Anweisung2; ...;}
}
```

In JavaScript wird in Abhängigkeit von der Bedingung einer der aufgeführten Fälle (case) angesprungen und die anschließend aufgeführten Anweisungen ausgeführt.

Innerhalb eines jeden case-Blockes sollten Sie zusätzlich break verwenden, damit die nachfolgenden Fälle nicht mehr abgearbeitet werden, das switch-Konstrukt also verlassen wird. Als letzten Block sollten Sie einen Fehlerausgang (default) vorsehen, dessen Anweisungen ausgeführt werden, wenn keiner der zuvor definierten Fälle zutrifft. Wenn Sie innerhalb eines Anweisungsblockes continue; angeben, dann wird die Verarbeitung dieses Blockes abgebrochen und mit dem nächsten Block fortgefahren.

Falls Sie innerhalb eines Anweisungsblocks die break-Anweisung verwenden, so wird die Verarbeitung von switch{} unmittelbar beendet. Der Programmablauf wird mit der ersten Anweisung nach der switch-Konstruktion fortgesetzt.

4.7 Wiederholungsanweisungen *

Ist es in einer Problemstellung nötig, Anweisungen zu wiederholen und ist die Anzahl der Wiederholungen im Voraus bekannt, dann wird dazu die Zählschleife verwendet – in JavaScript lautet sie for (initialisierung; wiederholungsbedingung; zähleraktualisierung) bzw. vereinfacht for (von; bis; schrittweite). Die for-in-Schleife ermöglicht es, alle Elemente eines Objekts zu durchlaufen. Bedingte Wiederholungen erlauben es, Anweisungen solange zu wiederholen, solange eine Bedingung erfüllt ist. Bei der abweisenden Wiederholung (while ...) wird vor der ersten Wiederholung die Bedingung überprüft. Bei der akzeptierenden Wiederholung (do ...) wird jeweils nach der Wiederholung die Bedingung überprüft.

Mit Schleifen kann man einen Anweisungsblock wiederholt ausführen. JavaScript unterstützt folgende Schleifenkonstrukte:

1. Wenn schon vorher feststeht, wie oft eine Schleife durchlaufen werden muss, kann man die Zählschleife bzw. for-Schleife einsetzen.

2 Muss man eine Eigenschaften von Objekten abarbeiten, so lässt sich das Problem mit der for/in-Schleife lösen.
3 Ist die wiederholte Ausführung gewünscht solange oder bis eine Bedingung erfüllt ist, so kann man die while-Schleife bzw. die do-Schleife verwenden.

Die Zählschleife

Sollen eine oder mehrere Anweisungen (Blöcke) für eine gegebene Zahl von Wiederholungen durchlaufen werden, so ist das Konzept der Zählschleife – auch Laufanweisung genannt – zu verwenden. Typischerweise wird Anzahl der Durchläufe im so genannten Schleifenkopf festgelegt. Hierbei können drei Angaben gemacht werden, welche durch Semikolon zu trennen sind: Eine Initialisierungsanweisung, die Wiederholungsbedingung und eine Anweisung, die nach jedem Schleifendurchlauf ausgeführt wird.

Beispiel 1a

Das folgende Programm zeigt eine Schleifenkonstruktion mit for:

```
function sum_for1()
{
    var summe=0; //Initialisierung
    for (var k = 1; k<= 100; k++) //Schleifenkopf
    {
        summe = summe + k; //Schleifenkörper
    }
    return summe; //Funktionswert zurückgeben
}
```

Es werden alle Zahlen k = 1, 2, ... 100 durchlaufen und schrittweise in der Variablen summe addiert. Die eigentliche Anweisung befindet sich im Körper der Schleife. Abschließend wird das Ergebnis der Berechnung als Funktionswert zurückgegeben.

Beispiel 1b

Das folgende Programm ist flexibler:

```
function sum_for2(grenze)
{
    var summe=0;
    for (var k = 1; k<= grenze; k++)
    summe = summe + k;
    return summe; //Funktionswert zurückgeben
}
```

Hier werden alle ganzen Zahlen, angefangen bei 1, bis zu der als Parameter übergebenen Zahl grenze addiert. Um auszuschließen, dass durch einen fehlerhaften Parameterwert ein Laufzeitfehler entsteht, sollten hier allerdings noch Mechanismen zur Fehlererkennung eingebaut werden. Diese könnten darin bestehen, den Parameter ggf. in eine ganze Zahl umzuwandeln, sowie auszuschließen, dass Text oder andere inkompatible Inhalte einen Fehler verursachen.

Die for-in-Schleife

for-in-Schleifen werden häufig zur Ermittlung der Eigenschaften und Methoden eines Objektes verwendet. Alle Elemente einer Auflistung werden werden einmal im Schleifenkörper durchlaufen. Es kann dabei auf sämtliche Eigenschaften des Elementes zugegriffen werden. Ist die Auflistung ungeordnet, dann legt der Browser die Reihenfolge fest, in der die Elemente durchlaufen werden.

Eigenschaften aufzählen

> Im folgenden Programm wird über alle Attribute des Objekts person iteriert. Die entsprechenden Werte werden dann als Meldung auf dem Bildschirm ausgegeben.
> ```
> function for_in()
> {
>    var person = new Object();
>    person["name"] = "Meier";
>    person["vorname"] = "Max";
>
>    for(var attribut in person)
>    {
>        alert(attribut + " ist " + person[attribut]);
>    }
>
>    // Zeigt "name ist Meier" und "vorname ist Max"
>
> }
> ```

Beispiel

Führen Sie die Funktion in verschiedenen Browsern aus.

Bei einer for-in-Schleife werden nicht unbedingt alle existierenden Eigenschaften und Methoden abgearbeitet. Einige Objekteigenschaften besitzen nämlich spezielle *Flags*. Durch diese ist beispielsweise festgelegt, ob eine bestimmte Eigenschaft schreibgeschützt, permanent (d. h. nicht löschbar) oder etwa nicht aufzählbar ist. Letztere Eigenschaften und auch Methoden werden von einer for-in-Schleife übersprungen. Dies trifft allerdings nicht auf benutzerdefinierte Eigenschaften bzw. Methoden zu.

Beachten Sie außerdem, dass die for-in-Schleife nur bedingt geeignet ist, um über Arrays zu iterieren. Verwenden Sie hierzu immer eine Zählschleife.

> Im folgenden Programm werden durch eine for-in-Schleife sämtliche Eigenschaften des Objekts window durchlaufen:

Beispiel

```
function fenster_attribute()
{
   var alle_attr = "";
   for(var attr in window)
   {
      alle_attr+= attr+ "\n";
   }
   return alle_attr;
}

// Zeigt Einträge wie bspw. document, innerWidth...
alert(fenster_attribute());
```

Die abweisende Wiederholung

Bei der Wiederholung mit Abfrage *vor* jedem Wiederholungsdurchlauf wird solange wiederholt, wie die Bedingung erfüllt ist. Dann wird hinter der zu wiederholenden Anweisung bzw. Anweisungsfolge fortgefahren. Ist die Bedingung bereits am Anfang *nicht* erfüllt, dann wird die Wiederholungsanweisung *nicht ein einziges Mal* ausgeführt.

Beispiel 2

Die folgende Funktion ist äquivalent zu sum_for2() im Beispiel 1. Auch hier wird vor erstmaligem Schleifendurchlauf die Bedingung geprüft, ggf. wird die Schleife gar nicht erst ausgeführt:

```
function sum_while1(grenze)
{
   var summe=0, k = 1;
   while (k <= grenze)
   {
      summe = summe + k;
      k++;
      alert(summe); //Ausgabe
   }
   return summe;
}
```

Die akzeptierende Wiederholung

Bei der Wiederholung mit Abfrage *nach* jedem Wiederholungsdurchlauf wird solange wiederholt, wie die Bedingung erfüllt bzw. der Ausdruck wahr ist. Die zu wiederholenden Anweisungen werden also in jedem Fall einmal ausgeführt, da die Bedingung erst am Ende abgefragt wird. Eine Wiederholung mit Abfrage nach jedem Durchlauf lässt sich auf eine Wiederholung mit Abfrage vor jedem Durchlauf zurückführen, wenn die Schleife so initialisiert wird, dass die Bedingung am Anfang erfüllt ist.

Dieses Beispiel ist ähnlich dem Beispiel 2, jedoch wird erst nach dem ersten Durchlauf die Bedingung geprüft, also wird die Schleife zumindest ein einziges Mal ausgeführt:

Beispiel 3

```
function sum_while2(grenze)
{
   var summe = 0, k = 1;
   do
   {
      summe = summe + k;
      k++;
      alert(summe);  //Ausgabe
   }
   while (k <= grenze);
   return summe;
}
```

Hier ist folglich eine differenzierte Fehlerbehandlung bzw. eine Anpassung notwendig, da sum_while1(-5) und sum_while2(-5) zu unterschiedlichen Ergebnissen führen. Bei einem negativen Wert (z.B. grenze = -5) führt die while-Schleife zu einem falschen Ergebnis. Die folgenden Anweisungen beheben dieses Problem:

```
if (grenze < 1 )
   return 0;  //Verlassen der Funktion mit Rückgabewert 0
```

4.8 Die n + 1/2-Schleife *

Mit break kann innerhalb einer Wiederholung die weitere Ausführung der Wiederholung abgebrochen werden (z.B. in einem Fehlerfall). Mit continue kann die laufende Wiederholung abgebrochen und die Bedingung erneut überprüft werden (n + 1/2-Schleife). Jede Anweisung und jeder Anweisungsblock kann mit einer Marke *(label)* versehen werden. Diese Marken werden von den Anweisungen break und continue »angesprungen«.

Es gibt Fälle, in denen es notwendig ist, innerhalb der Wiederholungsanweisungen die laufende Wiederholung abzubrechen. Dies ist insbesondere dann sinnvoll, wenn z.B. bei einer Berechnung innerhalb einer Wiederholung Fehler auftreten, die eine weitere Verarbeitung der Wiederholungsanweisungen überflüssig machen.

Konzeptionell kann eine Wiederholungsanweisung so verallgemeinert werden, dass

- innerhalb des Wiederholungsteils ein oder mehrere Unterbrechungen *(breaks)* oder Aussprünge programmiert werden können, die bewirken, dass aus dem Wiederholungsteil hinter das Ende der Wiederholung verzweigt bzw. gesprungen wird,

- die aktuelle Wiederholung abgebrochen wird und sofort eine neue Wiederholung beginnt *(continue)*, d. h. es wird zur jeweiligen Wiederholungsbedingung verzweigt, und
- die Funktion, in der sich die Wiederholung befindet, durch ein return beendet wird.

Wird eine Wiederholung auf eine dieser Arten verlassen, dann spricht man von einer **n + 1/2 -Schleife**.

Durch break wird immer der innerste umgebende Anweisungsblock verlassen.

Beispiel

In diesem Beispiel wird die for-Schleife beendet, sobald ein Formular gefunden wurde, welches durch id="test_frm" ausgezeichnet ist:

```
for(var i = 0; i < document.forms.length; i++)
{
    if(document.forms[i].id == "test_frm") break;
}
```

Geschachtelte Anweisungen

Auswahl- und Wiederholungsanweisungen können in JavaScript beliebig ineinander geschachtelt werden. Um eine ineinandergeschachtelte Anweisung zu verlassen, muss durch eine Marke angegeben werden, wo die Verarbeitung fortgesetzt werden soll.

Dazu ist es den JavaScript möglich, jede Anweisung durch eine Marke zu kennzeichnen. Eine Marke ist ein Bezeichner gefolgt von einem Doppelpunkt, z. B. Schleife1:. Neben Schleifen und bedingten Anweisungen können Sie auf diese Weise jeden beliebigen durch gruppierende Klammern eingeschlossenen Anweisungsblock markieren:

```
marke:
{
  //Anweisungen
}
```

break

Steht hinter dem Schlüsselwort break der Bezeichner einer Marke, dann wird derjenige Anweisungsblock verlassen, dessen Name hinter break angegeben ist. Auf diese Weise lassen sich auch geschachtelte Schleifen sowie ganze switch-Anweisungen vollständig abbrechen bzw. beenden.

Beispiel

Das folgende Programm zeigt, wie die break-Anweisung zusammen mit Markierungen verwendet werden kann:

```
aussen:
for (var j=1; j<40; j++)
{
   innen:
   for (var k=0; k<40; k++)
   {
     if (j>20) break; //Innerste Schleife abbrechen
```

```
      if (j == 1) break innen; //Abbruch der inneren Schleife
      if (j == 5) break aussen; //Beenden der äußeren Schleife
      alert(("j="+j+"k="+k+"\n");
      //Alternative: document.write("j="+j+"k="+k+"<br/>");
      //Protokollierung nicht abgebrochener Durchläufe
    }
}
alert("Endwerte j="+j+"k="+k+"\n");
//Alternative: document.write("Endwerte j="+j+"k="+k+"<br/>");
```

continue

Im Gegensatz zu break bricht die continue-Anweisung eine Schleife nicht vollständig ab, sondern lediglich den aktuellen Schleifendurchlauf und hat zur Folge, dass eine neue Iteration beginnt. Bei den einzelnen Schleifentypen von JavaScript hat dies unterschiedliche Auswirkungen:

- Bei einer while-Schleife wird die Bedingung im Schleifenkopf erneut geprüft und ggf. eine neue Iteration ausgeführt.
- Im Fall einer do-while-Konstruktion wird die Schleifenbedingung am Ende erneut geprüft und es findet ggf. die nächste Iteration statt.
- Bei einer for-Schleife wird die Inkrementierung durchgeführt, danach wird die Schleifenbedingung geprüft und ggf. eine weitere Iteration vorgenommen.
- Bei einer for-in-Schleife wird das nächste Element der Auflistung im Schleifenkopf verarbeitet.

Die continue-Anweisung verhält sich bei while anders als bei einer for-Schleife. Während bei while-Schleifen die Schleifenbedingung wieder geprüft wird, findet bei einer for-Schleife zunächst die Inkrementierung statt und danach erst die Prüfung der Schleifenbedingung.

Da continue bei den verschiedenen Schleifentypen unterschiedliche Wirkung besitzt, ist es nicht einfach möglich, jede for-Schleife durch eine gleichwertige while-Konstruktion zu ersetzen.

Beispiel

Das folgende Programm zeigt eine gewöhnliche continue-Anweisung. Wird ein Formular gefunden, welches kein id-Attribut besitzt, so wird die aktuelle Iteration abgebrochen:

```
for(var i = 0; i < document.forms.length; i++)
{
   var b = document.forms[i];
   if(b.id == null || b.id == "")
     continue;

   alert(b.id);
}
```

5 Core-Objekte *

In JavaScript gibt es Variablen, in deren Speicherzelle ein Wert von einem elementaren Typ (`Number`, `String` und `Boolean`) gespeichert ist, und **Referenzvariablen**, in deren Speicherzelle eine Referenz auf eine andere Speicherzelle enthalten ist. Speicherzellen, auf die referenziert wird, werden Objekte genannt. Die Unterschiede werden in der Abb. 5.0-1 dargestellt.

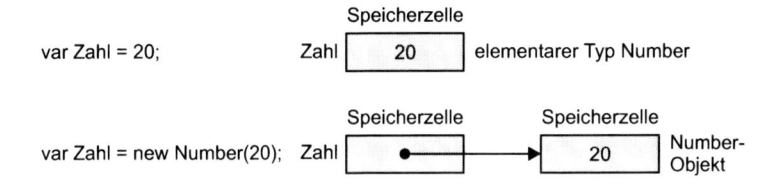

```
                           Speicherzelle
var Zahl = 20;        Zahl |    20    |  elementarer Typ Number

                           Speicherzelle      Speicherzelle
var Zahl = new Number(20); Zahl |  •——→ |    20    |  Number-Objekt
```

Abb. 5.0-1: Unterschied zwischen einem elementaren Typ und einem Objekt.

Ein Objekt wird durch den Operator `new` gefolgt von der so genannten Konstruktormethode – in der Abb. 5.0-1 `Number()` – erzeugt. Eine Konstruktormethode – kurz **Konstruktor** genannt – ist eine spezielle Methode, die ein Objekt eines bestimmten Typs erzeugt.

Objekten sind Eigenschaften und Methoden zugeordnet (siehe auch »Funktionen und Objekte in JavaScript«, S. 9). JavaScript stellt eine ganze Reihe von Objekten dem Programmierer zur Verfügung.

In diesem Kapitel geht es um die Kern-Objekte der JavaScript-Sprache.

Häufig benötigt werden Zeit- und Datumsoperationen, für die es Datumsobjekte gibt:
- »Das Objekt Date«, S. 112

Mathematische Konstanten und Funktionen werden zur Verfügung gestellt:
- »Das Objekt Math«, S. 114

Zu den elementaren Datentypen `Number` und `Boolean` gibt es entsprechende Objekte:
- »Das Objekt Number«, S. 116
- »Das Objekt Boolean«, S. 119

Felder ermöglichen es, inhaltlich zusammengehörige Daten zu einer Einheit zusammenzufassen:
- »Das Objekt Array«, S. 119

Auch für den elementaren Datentypen `String` gibt es ein zugehöriges Objekt:

- »Das Objekt String«, S. 132

Jeder elementare Datentyp wird bei Bedarf in ein Objekt konvertiert:

- »Wrapper-Objekte«, S. 139

Jeder Programmierer kann eigene Objekte definieren:

- »Das Objekt Object«, S. 140

Fehler werden durch Fehler-Objekte abgefangen:

- »Fehler-Objekte«, S. 149

JavaScript ermöglicht es, auf Formularinhalte und Formulareigenschaften zuzugreifen:

- »Skripte in Formularen einsetzen«, S. 158

In Formularen können Suchmuster identifiziert und Ersetzungen vorgenommen werden:

- »Formularvalidierung und reguläre Ausdrücke«, S. 168

Funktionen ermöglichen es, Anweisungen unter einem Bezeichner zu einer Einheit zusammenzufassen und anzuwenden:

- »Funktionen«, S. 190

Neue Programmierschnittstellen ermöglichen zusätzliche Programmiermöglichkeiten in JavaScript:

- »Web Workers«, S. 230
- »WebSockets«, S. 237

5.1 Das Objekt Date *

Der Konstruktor Date() erzeugt Zeit- und Datumsobjekte. So lassen sich Zeitdifferenzen berechnen und auch Alterszahlen. Der Wert eines Date-Objekts ist eine Zahl. Diese stellt die Anzahl der Millisekunden dar, welche seit dem 1.1.1970 um 00:00 Uhr (Weltzeit UTC, *Universal Time Coordinated*) vergangen sind. Wird der Konstruktor ohne Parameter aufgerufen, so ist der Wert des Date-Objekts die aktuelle Systemzeit des lokalen Computersystems.

Für Datums- und Uhrzeitwerte stellt JavaScript das Objekt Date zur Verfügung. Ein Date-Objekt besitzt keine Eigenschaften, die direkt gelesen und geschrieben werden können, sondern jeder Zugriff geschieht über Methoden. Der Wert eines Date-Objektes ist eine Zahl. Diese stellt die Anzahl der Millisekunden dar, welche seit dem 1.1.1970 um 00:00 Uhr (Weltzeit UTC, *Universal Time Coordinated*) vergangen sind. Der Vorgänger von UTC war GMT *(Greenwich Mean Time)*. GMT wurde durch die *Universal Time* (UT) und diese wiederum durch UTC abgelöst.

5.1 Das Objekt Date *

Ein Datumsobjekt wird unter Einsatz des Date()-Konstruktors erzeugt. Dieser kann verschiedenartig aufgerufen werden:

- Date(): Objekt mit dem aktuellen Datum und der aktuellen Uhrzeit
- Date("Monat Tag, Jahr Stunden:Minuten:Sekunden"): Literal als Parameter
- Date(Jahr, Monat, Tag)
- Date(Jahr, Monat, Tag, Stunden, Minuten, Sekunden)
- Date(Millisekunden)

Konstruktor

```
var datum = new Date();
var datum = new Date("March 01, 2012 10:05:55");
var datum = new Date(2012,2,1);
var datum = new Date(2012,2,1,10,5,55);
var datum = new Date(1330592755000);
```

Beispiele

Bei den Parametern sind die Browser sehr tolerant. Beim Monatsnamen akzeptieren sie auch Kleinschreibung und die 3-buchstabige Kurzform. Bei Angabe eines ungültigen Datums erzeugen sie das Datumsobjekt und berechnen einen gültigen Inhalt.

So ergibt beispielsweise var datum = new Date("January 35,2011"); ein Datumsobjekt, dessen Wert der 04. Februar 2011, 00:00:00 ist.

Für den Zugriff auf seine Bestandteile und die Formatierung besitzen Datumsobjekte zahlreiche Methoden, welche sich intuitiv anwenden lassen. Im Folgenden sehen Sie anhand eines Beispiels wichtige lesende Methoden:

get-Methoden

```
var datum = new Date("November 22, 2010 04:05:12");
getFullYear()       //2010
getMonth()          //10 (11. Monat, Zählung beginnt bei 0)
getDay()            //1 (Wochentag als Tageszahl)
getDate()           //22 (Tagesangabe)
getHours()          //4
getMinutes()        //5
getSeconds()        //12
getTime()           //1290395112000
                    //(Millisekunden seit 1.1.1970, 00:00)
getMilliseconds()   //0
```

Der Rückgabewert der einzelnen Methoden kann ausgegeben oder einer Variablen zugewiesen werden:

Beispiel

```
var datum = new Date();       //Initialisieren
alert(datum.getDay());        //Tag ausgeben
var tag = datum.getDay();     //Tag zuweisen
```

Zu allen get-Methoden gibt es analoge set-Methoden, die es erlauben, entsprechende Datums- und Zeitwerte zu setzen. So wird etwa durch datum.setMonth(8) der Monat des Datums-Objektes datum auf den Juli gesetzt.

set-Methoden

5 Core-Objekte *

Weitere Methoden

Neben den hier aufgeführten Datums-Methoden können auch einige allgemeine Objekt-Methoden auf Datums-Objekte angewendet werden.

- toString(): Konvertiert Datumswerte in Strings.
- toLocaleString(): Konvertiert Datumswerte in Strings, wobei die Einstellungen des Betriebssystems für die lokal gültigen Konventionen berücksichtigt werden. Zum Beispiel erscheint bei einem US-Datum der Monat vor dem Tag, während in Deutschland der Tag vor dem Monat angezeigt wird.

Beispiel

```
var datum=new Date("November 22, 2010 04:05:12");
datum.toString()          //Mon Nov 22 2010
                          //04:05:12 GMT+0100
datum.toLocaleString()    //22.11.2010 04:05:12
```

Beispiel

Die Differenz zweier Datumswerte ist deren Unterschied in Millisekunden. Um zum aktuellen Datum 5 Tage dazu zu addieren, können Sie folgende Anweisungen verwenden:

```
var datum = new Date();
var wert = 5*1000*60*60*24;  //86400000 Millisekunden pro Tag
datum = datum + wert;
alert(datum.toLocaleString());
```

5.2 Das Objekt Math *

In dem Objekt Math werden mathematische Funktionen und mathematische Konstanten zur Verfügung gestellt. Der Aufruf der Funktionen erfolgt durch Math.Funktionsname(), die Nutzung der Konstanten durch Math.NameDerKonstanten. Es können keine Objekte durch einen Konstruktor erzeugt werden.

Das Objekt Math fasst **mathematische Funktionen** und **mathematische Konstanten** in einem Objekt zusammen und stellt sie zur Verfügung. Im Unterschied zu anderen JavaScript-Objekten können keine eigenen Objekte mit einem Konstruktor erzeugt werden.

Auf die Eigenschaften – hier handelt es sich um Konstanten – wird in der Form Math.Konstantenname zugegriffen. Der Aufruf der Methoden – hier handelt es sich um Funktionen – erfolgt in der Form Math.Funktionsname().

Hinweis

Wenn Sie bereits eine objektorientierte Programmiersprache kennen, ist das JavaScript-Objekt Math vergleichbar mit einer Klasse, von der *keine* Objekte erzeugt werden bzw. es keine Objekte gibt. Bei den Eigenschaften handelt es sich um Klassen-Eigenschaften (statische Eigenschaften), bei den Methoden handelt es sich um Klassen-Methoden (statische Metho-

5.2 Das Objekt Math *

den). In objektorientierten Programmiersprachen bezeichnet man eine solche Klasse als *Utility*-Klasse (Hilfsmittelklasse).

```
x = Math.PI // Nutzung der Konstanten Pi = 3.14159....
y = Math.ceil(8.01) // Aufruf der Funktion ceil(), ergibt 9
z = Math.pow(2,7); // Aufruf von pow(), Ausgabe: 128
```
Beispiele

Folgende Eigenschaften (Konstanten) gehören zum Math-Objekt:

```
E       //Eulersche Zahl (2,71828....)
LN2     //Natürlicher Logarithmus von 2
LN10    //Natürlicher Logarithmus von 10
LOG2E   //2er-Logarithmus der Eulerschen Zahl
LOG10E  //10er-Logarithmus der Eulerschen Zahl
PI      //Kreiszahl Pi
SQRT1_2 //Quadratwurzel aus 0.5
SQRT2   //Quadratwurzel aus 2
```
Math()-Eigenschaften

Funktionen, die das Math-Objekt zur Verfügung stellt:

```
abs()    //Argument als positive Zahl
acos()   //Arcus Cosinus
asin()   //Arcus Sinus
atan()   //Arcus Tangens
ceil()   //Ganzzahlig aufrunden
cos()    //Cosinus
exp()    //Natürliche Exponentialfunktion
floor()  //Ganzzahlig abrunden
log()    //Natürlicher Logarithmus
max()    //Größerer Wert
min()    //Kleinerer Wert
pow()    //Potenzieren
random() //Zufällige Gleitkommazahl zwischen 0 und 1
round()  //Ganzzahlig kaufmännisch runden
sin()    //Sinus
sqrt()   //Quadratwurzel
tan()    //Tangens
```
Math-Funktionen

Das Runden bei JavaScript erfolgt ganzzahlig. Möchten Sie etwa den Wert eines JavaScript-Ausdruckes auf ein 1000er-Vielfaches abrunden, ist dies möglich durch `x = Math.floor(x/1000)*1000;`

Runden

Das Aufrunden auf die erste Stelle nach dem Komma erreichen Sie durch `x = Math.ceil(10*x)/10;`

Die Funktion `random()` ermöglicht es, Zufallszahlen zu erzeugen.

Zufallszahlen

Zufallszahlen können als Basis für zufällige RGB-Farben verwendet werden:

Beispiel

```
function rand(basis)
{ //Ergibt ganzzahlige Zufallszahl
  return Math.floor(Math.random()*basis);
}
function color(transp)
{ //Gibt rgba-String zurück
  return "rgba("+rand(255)+","+rand(255)+","
```

```
                    +rand(255)+","+transp+")";
}
```

5.3 Das Objekt Number *

Das Objekt Number ermöglicht es, direkt oder über Methoden auf Eigenschaften numerischer Werte zuzugreifen. So lässt sich z. B. ermitteln, ob ein Wert eine gültige Zahl ist, oder welches die maximale positive oder negative Zahl ist, welche in einer numerischen Variablen gespeichert werden kann.

Zahlen können in JavaScript sowohl durch den elementaren Typ Number als durch die Objekte Number repräsentiert werden. Im Gegensatz zu einer Zahl vom elementaren Typ Number verfügt ein Objekt Number über zusätzliche Eigenschaften und Methoden. Zum Erzeugen eines solchen Objektes gibt es den Konstruktor Number().

Beispiel

Ein Number-Objekt erzeugen Sie wie folgt:

```
var nr = new Number(); //nr erhält den Wert 0
var num = new Number(3.44); //num erhält den Wert 3.44
```

Ist nr ein Number-Objekt, so konvertiert Number(nr) das angegebene Objekt nr in eine elementare Zahl (siehe »Wrapper-Objekte«, S. 139).

Tab. 5.3-1 zeigt einige zum Number-Objekt gehörige Konstante und Eigenschaften.

Eigenschaft	Bedeutung
Infinity	unendlich
NaN, Number.NaN	Not a Number
Number.MAX_VALUE	Größte darstellbare Zahl
Number.MIN_VALUE	Kleinste darstellbare Zahl
Number.POSITIVE_INFINITY	Unendlich
Number.NEGATIVE_INFINITY	Minus unendlich

Tab. 5.3-1: Number-Eigenschaften.

Literale

Für die Darstellung von Zahlen erlaubt JavaScript verschiedene Literale.

Beispiele

```
3.141 //3,141
3.2e5 //320000
.352 //0,352
1e-4 //0,0001
```

5.3 Das Objekt Number *

Die Ausgabe von Zahlen erfolgt per Standard uneinheitlich. Die Formatierung der auszugebenden Zahlen können Sie durch Einsatz spezieller Methoden des Number-Objekts und auch durch Verwendung allgemeiner Objekt-Methoden vereinheitlichen. Die einzelnen Methoden geben jeweils einen String zurück. Eine Übersicht mit den wichtigsten Methoden zeigt Tab. 5.3-2.

Methode	Bedeutung
toPrecision()	Zahl mit angegebener Signifikanz, Exponential- oder Dezimaldarstellung
toExponential()	Zahl in Exponentialschreibweise mit fester Anzahl Dezimalstellen
toFixed()	Zahl in Fließkommadarstellung mit fester Anzahl Dezimalstellen
toString()	Zahl aus einem anderen Zahlensystem
toLocaleString()	ortsübliche Darstellung

Tab. 5.3-2: Einige Methoden für den Number-Kontext.

Wenn Sie die Anzahl der signifikanten Ziffern festlegen möchten, können Sie die Methode toPrecision() des Number-Objektes verwenden.

toPrecision()

Folgende Anweisungen zeigen, wie toPrecision() funktioniert:

Beispiel

```
var zahl = 7726.195; //7726.195
var pre1 = zahl.toPrecision(1); //8e+3
var pre2 = zahl.toPrecision(3); //7.73e+3
var pre3 = zahl.toPrecision(6); //7726.20
var pre4 = zahl.toPrecision(9); //7726.19800
```

Die Genauigkeit (Anzahl der signifikanten Stellen) sollte eine ganze Zahl über 0 sein, jedoch höchstens 21 betragen. Implementierungsabhängig werden manchmal auch andere Werte unterstützt. Im Fall, dass Sie den Parameterwert 0 übergeben, erhalten Sie einen *Range-Error* – einen Programmabbruch mit einer Fehlermeldung in der Fehlerkonsole des Browsers. Fehlt der Parameter, so wird die Zahl unverändert zurückgegeben.

Verwenden Sie toExponential(), um eine Exponentialdarstellung zu erhalten. Dargestellt wird dann eine Zahl mit einer einzigen von 0 verschiedenen Vorkommastelle, so vielen Nachkommastellen wie angegeben und einer Zehnerpotenz.

toExponential()

Hier sehen Sie, welche Rückgabewerte toExponential() liefert:

Beispiel

```
var zahl = 7726.195;
var exp1 = zahl.toExponential(0); //e+3
var exp2 = zahl.toExponential(4); //7.7262e+3
var exp3 = zahl.toExponential(8); //7.72619500e+3
var exp4 = zahl.toExponential(); //7.726195e+3
```

5 Core-Objekte *

Der Übergabeparameter – die Anzahl der darzustellenden Nachkommastellen – sollte eine ganze Zahl beginnend bei 0 bis einschließlich 20 sein. Bei fehlendem Parameter werden so viele Stellen wie notwendig übergeben.

toFixed() Durch die Methode toFixed() wird ein String zurückgegeben, welcher die angegebene Anzahl Nachkommastellen besitzt.

Beispiel Die folgenden Zeilen zeigen, wie toFixed() angewendet wird:
```
var zahl = 7726.195;
var fix1 = zahl.toFixed(); //7726
var fix2 = zahl.toFixed(2); //7726.20
var fix3 = (7.726e+10).toFixed(2); //77260000000.00
var fix4 = (7.726e-10).toFixed(6); //0.000000
```

toLocale-String() Eine weitere Methode, welche Sie im Number-Kontext verwenden können, ist toLocaleString(). Sie gibt einen String zurück, welcher eine ortsübliche Darstellung etwa in Bezug auf Dezimaltrennzeichen und Tausendertrennzeichen besitzt. Die endgültige Darstellung hängt vom lokalen Betriebssystem und den Ländereinstellungen ab. Unter einer deutschsprachigen Windows-Version beispielsweise erhält die JavaScript-Zahl 28877.16 die Darstellung 28.877,16. Die Methode toLocaleString() kann auch mit anderen Objekten verwendet werden.

toString() Die Methode toString() wandelt eine Zahl in einen String um. Der optionale Parameter, eine Zahl ab 2 bis maximal 36, gibt bei der Umwandlung das zugrunde liegende Zahlensystem des Rückgabewertes an. toString() kann auch mit anderen Objekten verwendet werden.

Beispiel Hier sehen Sie, wie toString() funktioniert:
```
var zahl = new Number(111);
var txt = zahl.toString(); // Ergebnis: "111"
var txt2 = zahl.toString(2); // Ergebnis: "1101111"
var txt8 = zahl.toString(8); // Ergebnis: "157"
var txt10 = zahl.toString(10); // Ergebnis: "111"
var txt16 = zahl.toString(16); // Ergebnis: "6F"
```

Tab. 5.3-3 zeigt weitere Methoden, welche mit dem Number-Objekt verwendet werden können.

Methode	Rückgabewert
isFinite(zahl)	true, wenn zahl endlich ist, sonst false
isNaN(zahl)	true, wenn sich zahl nicht in eine JavaScript-Zahl konvertieren lässt

Tab. 5.3-3: Weitere Methoden.

isNaN() ist allerdings eine allgemeine Objekt-Methode und nicht auf Number-Objekte beschränkt.

5.4 Das Objekt Boolean *

Der Boolean()-Konstruktor erzeugt die JavaScript-Standardwerte true und false. Boolsche Objekte werden bei der Definition immer mit einem dieser beiden Werte initialisiert. Wenn der Konstruktor ohne Parameter aufgerufen wird oder der Parameter 0, null, "", false, undefined oder NaN lautet, so erfolgt die Initialisierung automatisch mit false. Ansonsten lautet der Wert des Objektes true.

Auch für den elementaren Datentyp Boolean gibt es ein entsprechendes Objekt. Sie erzeugen es durch den Boolean-Konstruktor.

Dieses Beispiel zeigt die Anwendung des Boolean-Konstruktors. — Beispiel

```
//Boolsches Objekt mit false vorbelegt
var blv = new Boolean();
//Boolsches Objekt mit true vorbelegt
var blv1 = new Boolean(1);
//Boolsches Objekt mit true vorbelegt
var blv2 = new Boolean("false");
```

Der Boolean()-Konstruktor liefert die Vorbelegung false für die Werte 0, null, NaN und ""; ansonsten liefert er true. Für das Umwandeln in einen elementaren boolschen Wert gibt es die Funktion Boolean() (siehe »Wrapper-Objekte«, S. 139). Sie gibt das boolsche Äquivalent ihres Argumentes zurück.

Hier sehen Sie, wie die Umwandlung in einen Wahrheitswert bzw. einen primitiven Boolschen Wert erfolgen kann: — Beispiel

```
var txt="Demo";
var wert = 1;
var x = Boolean(txt);    //true
var y = Boolean(wert);   //true
var z = Boolean(0);      //false
```

Eine ähnliche Funktion besitzt die allgemeine Objekt-Methode toString(). Allerdings liefert die Methode toString() einen primitiven String mit dem Inhalt true oder false (siehe »Wrapper-Objekte«, S. 139). — toString()

5.5 Das Objekt Array *

Ein Array-Objekt enthält eine eindimensionale Liste von Werten. Der Zugriff auf Array-Elemente erfolgt ausschließlich über einen numerischen Index. Der Index des ersten Elements lautet

0, das letzte Element besitzt den Index n - 1, wobei n (JavaScript-Eigenschaft length) die Anzahl aller Array-Elemente ist. Fehlende Array-Elemente besitzen den Wert undefined. Es stehen zahlreiche Methoden zur Verfügung, ein Array zu sortieren, einzelne Elemente zu entfernen oder es als Ganzes in einen String umzuwandeln, wobei die ursprünglichen Array-Elemente durch ein frei wählbares Zeichen getrennt sind. Folgende Methoden können ein Array verändern: pop(), push(), reverse(), shift(), sort(), splice() und unshift(). Zugriffsmethoden für Arrays sind concat(), join(), slice(), toSource(), toString(), indexOf() und lastIndexOf(). Einige von ihnen sind browserabhängig und/oder lediglich Bestandteil neuerer JavaScript-Versionen. Einige Methoden sind reine Array-Methoden, andere können auch auf andere Objekte angewendet werden.

Problem Oft müssen viele inhaltlich zusammengehörende Daten verarbeitet werden, z. B. Tausende von Messwerten. Dazu wäre es erforderlich, Tausende von Variablen zu verwenden. Das ist in der Praxis nicht durchführbar.

Lösung Als Lösung für dieses häufig auftretende Problem hat man in der Programmierung so genannte *Felder*, Reihen oder Reihungen – englisch *Arrays* – eingeführt. In JavaScript steht dafür das Objekt Array zur Verfügung. Den Unterschied zwischen einer einzelnen Variablen und einem Feld von Variablen zeigt die Abb. 5.5-1.

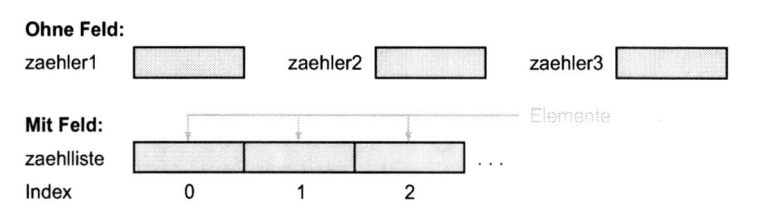

Abb. 5.5-1: Unterschied zwischen einzelnen Variablen und einem Feld von Variablen.

Anstelle von drei Variablen zaehler1, zaehler2 und zaehler3 wird nun ein Feld mit dem Bezeichner zaehlliste verwendet und mit einem Konstruktor erzeugt:

var zaehlliste = new Array(123,456,789);

Im Konstruktor können dem Feld bereits Werte zugewiesen werden, hier drei Werte. Auf die einzelnen Elemente der zaehlliste wird über einen Index zugegriffen, der immer bei 0 beginnt. Nach dem Variablennamen wird in eckigen Klammern der Index angegeben, von dessen Element man den Wert erhalten möchte, z. B. element2 = zaehlliste[1];

5.5 Das Objekt Array *

Jedes Element in einem Array-Objekt besitzt eine eindeutige Nummer bzw. einen Index. Die Nummerierung erfolgt fortlaufend, beginnend bei 0. Die Elemente eines Array können jeden beliebigen Datentyp besitzen.

Charakteristika eines Array

Ein Array kann neben einfachen Datenelementen auch Referenzen auf andere Arrays und auf Funktionen sowie beliebige Objektreferenzen enthalten. Die einzelnen Array-Elemente können unterschiedlichen Typs sein.

Array-Indizes müssen aus (positiven ganzen) Zahlen bestehen. Ein ungültiger Index – wie etwa eine negative Zahl, eine Gleitkommazahl, eine zu große Zahl oder ein nichtnumerischer Wert – wird vom Interpreter in einen String umgewandelt und schließlich als Name einer Objekteigenschaft und nicht als Array-Index angesehen. Anstelle eines Array-Elements wird dann eine neue Eigenschaft erzeugt.

Ein Array kann auf unterschiedliche Art und Weise erzeugt und mit Werten gefüllt bzw. initialisiert werden. Wenn Sie keine Länge angeben, lassen sich später beliebig viele Elemente zuweisen.

Erzeugung

Durch die folgende Anweisung wird ein Array-Objekt erzeugt, ohne Speicherplatz für die Elemente zu reservieren:
```
var arr = new Array(); //Leeres Array, Größe unbestimmt
```
Nun können Sie den einzelnen Elementen Werte zuweisen:
```
arr[0] = "a"; //String
arr[1] = 3.14; //Zahl
```

Beispiel 1a

Auch die unmittelbare Initialisierung durch die Konstruktor-Funktion Array() ist möglich.

```
var arr = new Array("a", 3.14);
```
Hier wird dasselbe Array auf verschiedene Art und Weise deklariert und initialisiert. Dieses Array besitzt 2 Elemente. Das erste Element ist ein String, das zweite Element eine Zahl.

Beispiel 1b

Ist das Argument der Konstruktorfunktion eine einzige positive Zahl, so gibt diese die Länge des Array an.

```
var arr = new Array(2); //Array mit Länge 2
```

Beispiel

Für die Deklaration eines Array gibt es auch eine Literalsyntax.

Array-Literal

Durch die folgende Anweisung wird ein leeres Array erzeugt:
```
var arr = []; //Leeres Array, Größe unbestimmt
```
Diese Schreibweise ist gleichwertig zu
```
var arr = new Array();
```

Beispiel

5 Core-Objekte *

Die folgende Anweisung erzeugt per Literal ein Array mit zwei Elementen, welche beide initialisiert sind:
```
var arr = ["a", 3.14]; //arr[0]="a"; arr[1]= 3.14;
```

Beispiel

Sie müssen aber nicht alle Werte gleichzeitig initialisieren:
```
var arr1 = ["a", , "c", , , , "g"];
```
Hier sind von den 7 Elementen 4 nicht vorbelegt, sie besitzen (noch) keinen Wert.

Beispiel

Statt Konstanten können Sie in einem Array-Literal beliebige Ausdrücke verwenden:
```
var x = 3; var arr2 = [x+1, x-5, -1, x+2];
```

Initialisierung

Per Literalsyntax erzeugen Sie neue Objekte ohne expliziten Aufruf eines Konstruktors; die neuen Objekte können gleichzeitig initialisiert werden.

Wenn Sie in Ihren JavaScript-Programmen Arrays einsetzen, sind (noch) nicht initialisierte Array-Elemente keine Seltenheit. Große Arrays zu initialisieren kann allerdings aufwändig sein. Da Arrays häufig Elemente identischen Typs enthalten, lässt sich für die Initialisierung in solchen Fällen eine Schleifenkonstruktion verwenden.

Beispiel

```
var arr1 = new Array(100); //numerisches Array
var arr2 = new Array(400); //Text-Array

//alle Elemente mit 0 initialisieren
for (var zaehler = 0; zaehler < arr1.length;
  arr1[zaehler++] = 0);

//alle Elemente mit Leerstring initialisieren
for (zaehler = 0; zaehler < arr2.length;
    arr2[zaehler++] = "");
```

Mehrdimensionale Arrays

Im Gegensatz zu anderen Programmiersprachen unterstützt JavaScript explizit *keine* mehrdimensionalen Arrays. Es ist jedoch möglich, Arrays als Datenelemente in einem Array abzulegen und sie somit zu schachteln.

Beispiel

Die folgende Anweisung zeigt Ihnen, wie Sie per Literalsyntax ein zweidimensionales Array, quasi ein Array im Array, anlegen können:
```
var strecke = new Array([0, -2, 1], [4, 1, -5]);
```

Beispiel

Möchten Sie die Inhalte einer Tabelle speichern, so legen Sie zunächst einen Spaltenvektor an. Danach deklarieren Sie jede Komponente dieses Vektors als einen Zeilenvektor.

5.5 Das Objekt Array *

```
var zeilen = 10; //Zeilenzahl vorgeben
var spalten = 25; //Spaltenzahl vorgeben
var matrix = new Array(zeilen); //Spaltenvektor definieren
//Schleife über alle Zeilen
for (var zaehler = 0; zaehler < zeilen; zaehler++)
  matrix[zaehler] = new Array(spalten); //Zeilen deklarieren
matrix[0][0] = "Start";    //Erstes Element initialisieren
matrix[9][24] = "Ende"; //Letztes Element initialisieren
```

Die wichtigste Eigenschaft ist length. Für jeden Array, gleichgültig ob dieses per Konstruktor oder per Literal erzeugt wurde, enthält sie die um 1 größere Zahl als die höchste Elementnummer. Die Eigenschaft length wird automatisch aktualisiert, wenn Sie dem Array neue Elemente hinzufügen:

Array-Eigenschaft length

```
var arr = new Array(); //Länge 0
arr = new Array(7); //Länge 7
arr = new Array(30, 20, 10); //Länge 3
arr = ["a", "b"]; //Länge 2
arr[4] = "d"; //Länge 5
arr[32] = "A"; //Länge 33
```

Beispiele

Die length-Eigenschaft eines Array lässt sich per JavaScript auch ändern. Ist die neu gesetzte Länge größer als die bisherige, so wird das Array um neue undefinierte Elemente erweitert. Im Fall, dass die neue Länge kleiner ist als die aktuelle, wird das Array entsprechend verkürzt. Dabei gehen einige Elemente verloren.

length ändern

Die Methoden, welche auf ein Array angewendet werden können, sind im Regelfall nicht auf Arrays beschränkt. Folgende Eigenschaften finden oft in einem Array-Kontext Einsatz (werden hier nicht näher behandelt):

Weitere Eigenschaften

- constructor: Verweist auf die Funktion, welche den Prototypen des Objekts erzeugt hat.
- index: Ermittelt die Position mit einem regulären Ausdruck übereinstimmender Array-Elemente (siehe »Formularvalidierung und reguläre Ausdrücke«, S. 168).
- input: Gibt eine Zeichenkette zurück, welche einem regulären Ausdruck entspricht.
- prototype: Fügt einem Array neue Eigenschaften und Methoden hinzu.

Tab. 5.5-1 zeigt eine Übersicht über die wichtigsten von den gängigen Browsern unterstützten Methoden[1] eines Array-Objekts.

Array-Methoden

Durch die Objekt-Methode concat() werden einem Array weitere Elemente angehängt. Wenn ein hinzuzufügendes Element ein Array ist, werden seine Elemente am Ende des Array eingefügt.

concat()

---
[1] Einige dieser Methoden sind allgemeine Objekt-Methoden.

5 Core-Objekte *

concat()	Array an einen anderen anhängen
join()	In Zeichenkette konvertieren
pop()	Entfernt das letzte Element
push()	Element am Ende anfügen
reverse()	Reihenfolge umkehren
shift()	Entfernt das erste Element
slice()	Extrahiert Array-Elemente
sort()	Sortieren
splice()	Ersetzt einzelne Elemente
toSource()	Erzeugt ein Array-Literal
toString()	Allgemeine Methode zur Linearisierung
unshift()	Am Anfang neue Elemente einfügen
valueOf()	Funktioniert wie toString()

Tab. 5.5-1: Methoden, z. T. nicht auf den Array-Kontext beschränkt.

Dabei bleiben die Werte von sämtlichen beteiligten Variablen und auch Arrays unverändert.

Beispiel
> Das folgende Programm zeigt Ihnen, wie Sie concat() anwenden können:
> ```
> var arr1 = new Array(1,2,3);
> var wert = 30;
> var arr2 = new Array(100, 200, 300);
> var arr3 = arr1.concat(wert, arr2)
> alert("Werte von arr3: " + arr3);
> ```
> Das Ergebnis lautet 1,2,3,30,100,200,300.

Beispiel
> Auch verschachtelte Arrays lassen sich auf diese Weise zusammenführen:
> ```
> var arr1 = new Array(1, 2, 3);
> var arr2 = new Array([10, 20, 30], [100, 200, 300],
>                      [1000, 2000, 3000]);
> var arr3 = arr1.concat(arr2);
> alert("Werte von arr3: " + arr3);
> ```
> Es ergibt sich 1,2,3,10,20,30,100,200,300,1000,2000,3000.

join() Durch join() werden die Elemente eines Array in einen einzigen String umgewandelt, jeweils getrennt durch den als Parameter angegebenen Separator (Standardwert: Komma). Der Inhalt des Arrays wird allerdings durch join() nicht verändert.

5.5 Das Objekt Array *

Hier sehen Sie, wie Sie join() anwenden können: *Beispiel*

```
var windows = new Array("XP", "2000", "NT", "7", "Vista");
var wstr = windows.join("\n");
alert(wstr);
```

Ausgegeben werden so die einzelnen Strings untereinander. Durch \n wird ein CRLF erzeugt.

Durch die Methode pop() wird ein Array verändert; das letzte Array-Element wird entfernt und zurückgegeben.   pop()

Die Methode pop() können Sie wie folgt verwenden: *Beispiel*

```
var windows = new Array("XP", "2000", "NT", "7", "Vista");
var deleted = windows.pop();
alert ("entfernt " + deleted + "      Rest " + windows);
//deleted = "Vista", windows = ["XP", "2000", "NT", "7"]
```

Die push()-Methode fügt ein oder mehrere Elemente am Ende eines Array an und gibt die neue Länge des Arrays zurück. Das Array wird durch push() verändert.   push()

push() kann wie folgt eingesetzt werden: *Beispiel*

```
var mem = new Array("HD", "SD", "CF", "DVD", "CD");
var len = mem.push("ROM", "RAM");
alert("neues Array: " + mem + "     Länge " + len);
//mem = ["HD", "SD", "CF", "DVD", "CD", "ROM", "RAM"]
```

Das neue Array besitzt die Länge 7.

Durch reverse() werden die Elemente eines Array in die umgekehrte Reihenfolge gebracht.   reverse()

Die folgenden Zeilen zeigen, wie reverse() eingesetzt werden kann: *Beispiel*

```
var months = new Array("Jan", "Feb",
         "Mär", "Apr", "Mai", "Jun");
months.reverse();
alert(months);
//months = ["Jun", "Mai", "Apr", "Mär", "Feb", "Jan"];
```

Bei verschachtelten Arrays findet die Sortierung lediglich auf der ersten Ebene statt; die inneren Arrays werden nicht sortiert. Um eine vollständige Sortierung zu erreichen, können Sie folgendes Programm verwenden:

```
var months = new Array(["Jan",
     "Feb", "Mär", "Apr", "Mai", "Jun"],[2,5,6]);
months[0].reverse();
months[1].reverse();
months.reverse();
alert(months);
```

```
//months = [[6, 5, 2],
        ["Jun", "Mai", "Apr", "Mär", "Feb", "Jan"]];
```

shift() Die Array-Methode `shift()` entfernt das erste Element eines Array; das entfernte Element wird zurückgegeben. Dabei wird das ursprüngliche Array verändert.

Beispiel **`shift()` lässt sich wie folgt verwenden:**
```
var progs = new Array("C", "Perl",
        "JavaScript", "PHP", "Java");
var old = progs.shift();
alert("Sprachen: " + progs +
      "   entferntes Element ist: " + old);
//old = "C", progs = ["Perl", "JavaScript", "PHP", "Java"]
```

slice() Durch die Methode `slice()` wird eine Reihe von Elementen extrahiert, wobei das ursprüngliche Array nicht verändert wird. `slice()` kann nicht ausschließlich auf Arrays angewendet werden.

Die `slice()`-Methode gibt die entsprechenden Elemente des Array zurück. Die allgemeine Syntax lautet `arr.slice(startIndex,endIndex)`. Dabei ist das zweite Argument optional. Fehlt dieses, so werden alle Elemente ab dem Startindex bis zum Ende des Array zurückgegeben. Ist einer der Indizes negativ, so wird vom Ende des Array aus gezählt.

Beispiel **Hier sehen Sie, wie Sie `slice()` anwenden können:**
```
var arr = new Array("HTTP", "FTP", "UDP",
    "SMTP", "ARP", "IP", "POP3", "IMAP", "DHCP", "TCP")
var neu_arr=arr.slice(3,7);
alert(neu_arr);
//neu_arr = ["SMTP", "ARP", "IP", "POP3"]
```

sort() Die Methode `sort()` sortiert die Elemente eines Array. Wenn `sort()` ohne Parameter aufgerufen wird, so erfolgt eine Sortierung der Array-Elemente auf Basis des zugrundeliegenden Zeichensatzes – abhängig von Groß- und Kleinschreibung. Die Methode ändert den Inhalt des Array.

Vergleichsfunktion Falls Sie eine andere Sortierfolge wünschen, so müssen Sie eine Vergleichsfunktion schreiben sowie deren Namen (Funktionsreferenz) als Parameter übergeben.

Eine Vergleichfunktion erhält 2 Parameter und liefert 3 mögliche Werte zurück: Soll der erste Parameter vorgezogen werden, so muss die Vergleichsfunktion einen Wert > 0 liefern. Sind beide Parameter gleichwertig, so muss die Vergleichsfunktion 0 ergeben. Ist der zweite Parameter vorzuziehen, so muss sie einen Wert < 0 zurückliefern.

5.5 Das Objekt Array *

Die folgende JavaScript-Funktion ermöglicht das numerische Sortieren eines Array:

Beispiel

```
function numorder(a,b)
{
  return a-b; //numerische Sortierung festlegen
}
```

Diese Funktion liefert einen positiven Wert, falls a > b gilt, im Fall a = b liefert sie 0, ansonsten ergibt sie einen negativen Wert.

Die Anwendung von sort() geschieht nun wie folgt:

```
var comp = new Array(200, 80, 300, 1100, 50, 400);
//Sortieren unter Angabe einer Vergleichsfunktion
comp.sort(numorder);
alert(comp);      //Ergebnis anzeigen
//comp  = [50, 80, 200 ,300 , 400, 1100]
```

Falls Sie die Vergleichsfunktion nur ein einziges Mal benötigen, müssen Sie ihr nicht unbedingt einen Namen geben, wie die folgende Anweisung zeigt:

```
comp.sort(function(a,b){return a-b;});
```

Auch das Sortieren der einzelnen Elemente eines Array nach ihrer Länge stellt kein Problem dar.

Eine entsprechende Vergleichsfunktion sieht wie folgt aus:

Beispiel

```
function len(a, b)
{
  var sort =
    (a.length > b.length) ? 1 : (a.length = b.length) ? 0 : -1;
  return sort;
}
```

Die Funktion len(a, b) vergleicht die Länge zweier Strings und gibt 1 zurück, wenn a länger als b ist, -1, wenn b länger als a ist und 0, wenn beide Strings identische Länge besitzen.

Die Methode splice() ersetzt einzelne Elemente eines Array, wobei das ursprüngliche Array verändert wird und die betroffenen Elemente in Form eines Arrays zurück gibt.

splice()

Hier sehen Sie, wie splice() anzuwenden ist:

Beispiel

```
var arr = new Array("click", "mouseover",
                    "keyup", "blur", "focus");
arr.splice(1,2,"doubleclick","mouseout");
alert(arr);
//arr = ["click", "doubleclick",
//       "mouseout",  "blur", "focus"]
```

Der erste Parameter von splice() gibt den Startindex an, der zweite Parameter die Anzahl der betroffenen Elemente des Array. Die dahinter folgenden Parameter sind optional.

Beispiel

Falls Sie beim Aufruf der Methode nur zwei Parameter übergeben, so werden die betroffenen Elemente aus dem Array entfernt:

```
var arr = new Array("click", "mouseover",
                    "keyup", "blur", "focus");
arr.splice(1,2);
alert(arr + "\nneue Länge: " + arr.length);
//arr = ["click", "blur", "focus"]
```

toSource()

Die Methode toSource() ist eine allgemeine Objekt-Methode. Angewandt auf ein Array gibt sie ein Array-Literal zurück, welches verwendet werden kann, um ein neues Array zu erzeugen.

toString()

Auch toString() ist eine allgemeine Objekt-Methode. Sie erzeugt aus den Array-Elementen einen kommaseparierten String. toString() funktioniert allerdings nicht in jedem Browser.

unshift()

Die Array-Methode unshift() stellt eines oder mehrere Elemente vor den Anfang eines Array. Als Rückgabewert liefert die Funktion die Länge des Array nach dem Zusammenfügen mit den neuen Elementen zurück.

Beispiel

Die folgenden Zeilen demonstrieren die Anwendung von unshift():

```
var interfaces = new Array("EIDE",
            "ISA", "LPT1", "PCI", "VLB");
var len = interfaces.unshift("USB","IDE","AGP");
alert("Schnittstellen: " + interfaces +
     "\nneue Elementanzahl: " + len);
```
//["USB","IDE","AGP","EIDE", "ISA", "LPT1", "PCI", "VLB"] //len = 8

Sie können die JavaScript-Methoden verwenden, um ein einzelnes Element aus einem Array zu entfernen. Dabei helfen Ihnen zum Beispiel slice() und concat() weiter.

Beispiel

Durch die folgenden Zeilen wird ein einzelnes Element gelöscht und die Länge des neuen Array ausgegeben:

```
var arr = new Array(10,20,30,40,50,60,70);
arr = arr.slice(0,3).concat(arr.slice(4));
                     //4. Element wird entfernt
alert("Neues Array: " +arr +
      "\nLänge neu: " +arr.length);
```
//arr = [10,20,30,50,60,70], length = 6

5.5 Das Objekt Array

Alternativ kann das Element 40 auch unter Zuhilfenahme der Methode splice entfernt werden:

arr.splice(3,1) // Entferne ein Element
// ab Index 3

Zum Entfernen von einzelnen Array-Elementen können Sie den delete-Operator verwenden, dessen Einsatz nicht ausschließlich auf Arrays beschränkt ist.

delete

Hier sehen Sie, wie der delete-Operator funktioniert:

var arr1 = new Array("PAN","WAN","CAN","GAN","MAN","LAN")
delete arr1[3];
alert(arr1 + "\nneue Länge: " + arr1.length);

Beispiel

Sie sehen, dass sich die Länge des Array nicht verändert hat. Das liegt daran, dass per delete lediglich der Wert des Elementes auf undefined gesetzt wird, das Element selber allerdings bestehen bleibt. Für physikalisches Entfernen eines Elementes sollten Sie daher die Methoden pop(), shift() oder splice() verwenden.

Seit der JavaScript Version 1.6 gibt es eine Reihe zusätzlicher Array-Methoden und Iteratoren. Zu diesen gehören beispielsweise indexOf() und lastIndexOf(), mit welchen Sie ein Array nach einem bestimmten Wert durchsuchen können. Sie funktionieren analog zu den entsprechenden String-Methoden.

Neue Array-Methoden

Es folgt zunächst eine kurze Beschreibung der neuen Array-Methoden:

- every() prüft, ob jedes Element die angegebene Prüffunktion besteht.
- filter() liefert ein Array mit denjenigen Elementen zurück, für welche die angegebene Bedingung erfüllt ist.
- forEach() ruft eine angegebene Funktion mit jedem Element des Arrays auf.
- indexOf() ermittelt die Position des ersten Vorkommens eines Elements. Sie gibt -1 zurück, falls keins gefunden wurde.
- lastIndexOf() ermittelt die Position des letzten Vorkommens eines Array-Elements. Der Rückgabewert lautet -1, falls kein Element gefunden wurde.
- map() liefert ein Array mit den Ergebnissen zurück, die erhalten werden, wenn alle Elemente im Array an die angegebene Funktion übergeben werden.
- some() überprüft, ob mindestens ein Element des Array die angegebene Prüffunktion besteht.

Aktuell sind diese zusätzlichen Array-Methoden in wenige Browser integriert. Die für die einzelnen Methoden im Folgenden aufgeführten Quelltexte stammen bis auf geringfügige Abwandlungen von Mozilla. Sie sind allerdings leicht nachträglich in jedem Browser zu implementieren. Siehe dazu Website Mozilla (http://developer.mozilla.org).

every() — Durch every() können Sie überprüfen, ob sämtliche Elemente eines Array eine bestimmte Bedingung erfüllen. Die Bedingung wird dabei durch eine Prüffunktion festgelegt.

Ob every() durch Ihren Browser unterstützt wird, können Sie durch die folgende Abfrage ermitteln:

```
if (!Array.prototype.every)
{
}
```

Beispiel — Für die Arrays arr1 = [new Date("March 01, 2010"), new Date("August 01, 2010"), new Date("November 28, 2010")] und arr2 = [new Date("January 19, 2011"), new Date("December 14, 2010"), new Date("March 11, 2010")] ist zu prüfen, ob alle Datumswerte vor dem 1. Januar 2011 liegen. Hier hilft die folgende Prüffunktion:

```
function datetest(arr1)
{
  for(var i=0;i<arr1.length;i++)
  {
    var grenze = 2011;
    var result = (arr1[i].getFullYear() < grenze)?true:false;
    return result;
  }
}
```

Der Aufruf erfolgt schließlich durch

```
window.alert(arr1.every(datetest));
```

filter() — Auch durch die filter()-Methode wird ein Array dahingehend überprüft, ob seine Elemente einer Prüffunktion standhalten. Sie liefert allerdings ein Array zurück. Dieses Array enthält sämtliche Elemente, welche der Prüffunktion genügen. Dabei wird das ursprüngliche Array nicht verändert.

some() — Durch some() können Sie feststellen, ob mindestens ein Element eines Array von einer Prüffunktion akzeptiert wird. Das Ergebnis ist dann true, ansonsten liefert die Methode den Wert false.

lastIndexOf() — Die Array-Methode lastIndexOf() durchsucht ein Array vom ersten bis zum letzten Array-Element nach einem Wert und gibt den Index der letzten Übereinstimmung zurück. Wird der Wert nicht gefunden, so lautet der Rückgabewert -1.

Beispiel
```
var arr = [1, 2, 3, 4, 5, 6, 7];
document.writeln(arr.lastIndexOf(5)); //ergibt 4
document.writeln(arr.lastIndexOf(0)); //ergibt -1
```

5.5 Das Objekt Array *

Durch indexOf() wird ein Array nach einem Wert durchsucht. Rückgabewert ist der Index des ersten übereinstimmenden Elements oder -1, falls kein solches existiert. Optional kann zusätzlich zum Suchwert die Angabe desjenigen Array-Elements erfolgen (Index), ab welchem die Suche beginnen soll.

indexOf()

Die neue Array-Methode map() wird mit einem einzigen Parameter aufgerufen: map(f). Dabei stellt f() eine benutzerdefinierte Funktion dar, welche auf jedes Array-Element angewendet werden soll.

map()

map() gibt ein Array mit sämtlichen durch f() transformierten Array-Elementen zurück.

Hier sehen Sie, wie map() verwendet werden kann:

Beispiel

```
function f(x)
{
  if (typeof x !="object")
  {
    return "kein Objekt";
  }
  var result = Math.ceil((x -
    new Date(x.getYear()+1900,0,1)+1)/3600/24/1000);
  return "Tag " + result;
}

var arr = [new Date(2000,10,30),
            new Date(2001,10,30), "abc",
            new Date(2011,0,31)];
alert(arr.map(f));
//ergibt ["Tag 335", "Tag 334", "kein Objekt", "Tag 31"]
```

Welche Berechnung führt f() durch?

Frage

f() gibt hier jeweils zurück, der wievielte Tag des jeweiligen Kalenderjahres vorliegt/vorlag.

Antwort

Die Array-Methode forEach() reicht jedes Array-Element nacheinander an eine beliebige Funktion weiter. Sie erzeugt keine Ausgabe – auch werden die Array-Elemente nicht verändert.

forEach()

forEach() lässt sich wie folgt einsetzen:

Beispiel

```
function f(x)
{
  alert (parseInt(x.split(":")[0])*60 +
         parseInt(x.split(":")[1]));
}
var arr = ["12:13", "27:51", "0:13", "41:12"]
arr.forEach(f);
```

Welche Berechnung führt f() durch?

Frage

f() berechnet für eine Zeitangabe wie 5:05 (5 Stunden und 5 Minuten) die Anzahl Minuten.

Antwort

Typisierte Arrays

Der ECMA-Standard wird stetig weiter entwickelt. Einige Java-Script-Implementationen unterstützen bereits einige neue Möglichkeiten der Array-Definition. Mithilfe zusätzlicher Array-Konstruktoren lassen sich hier Array-ähnliche Objekte erzeugen, welche auf einen festen Zahlentyp eingeschränkt sind:

- *Signed Arrays* können positive und negative ganze Zahlen enthalten (Int).
- In *Unsigned Arrays* lassen sich nur positive ganzzahlige Werte speichern (UInt).
- Einige dieser Konstruktoren erzeugen anstelle von Ganzzahl-Arrays (Int oder UInt) Fließkomma-Arrays (Float).

Typisierte Arrays besitzen eine feste Länge, sämtliche Array-Elemente werden mit dem Wert 0 vorbesetzt. Die Zahl innerhalb des Konstruktornamens gibt den Speicherplatzverbrauch eines einzelnen Elementes an. Folgende Konstruktoren stehen zur Verfügung:

- Int8Array()
- Int16Array()
- Int32Array()
- UInt8Array()
- UInt16Array()
- UInt32Array()
- Float32Array()
- Float64Array()

5.6 Das Objekt String *

Zeichenketten werden in JavaScript als elementare Strings oder als String-Objekte gespeichert. Ein String-Objekt ist prinzipiell ein Array, dessen Elemente einzelne Zeichen sind. Jedes Zeichen innerhalb einer Zeichenkette hat eine bestimmte Position in diesem Array, beginnend bei 0. Das String-Objekt stellt eine Reihe von Methoden zur Verfügung, mit denen Zeichenketten ausgewertet werden können. Beispielsweise ist es möglich, einzelne Teile aus einer Zeichenkette zu extrahieren oder etwa Großbuchstaben in Kleinbuchstaben umzuwandeln. Darüber hinaus ist auch die Anwendung von regulären Ausdrücken auf Strings möglich.

Elementarer String

Häufig sind Werte und Variableninhalte Strings bzw. Zeichenketten. Ein Sting wird intern durch ein Array (siehe »Das Objekt Array«, S. 119) repräsentiert, dessen Elemente die einzelnen Zeichen darstellen. JavaScript-Zeichenketten werden im Regelfall als elementare bzw. primitive Strings gespeichert.

5.6 Das Objekt String *

Zum JavaScript-Sprachumfang gehören zahlreiche Methoden, welche auf Strings angewendet werden können. Dabei handelt es sich größtenteils um Methoden des String-Objektes. Einige allgemeine Objekt-Methoden sowie einige Array-Methoden gehören auch dazu.

Diese finden beispielsweise Anwendung, wenn Sie überprüfen möchten, ob die Felder eines Formulars vom Benutzer korrekt ausgefüllt worden sind. Dann müssen Sie die Inhalte der Formularfelder kontrollieren. Diese enthalten Zeichen, welche Sie dann untersuchen, filtern oder auch verändern müssen. Beispielsweise können Sie prüfen, ob ein Feld für eine E-Mail-Adresse auch syntaktisch eine E-Mail-Adresse enthält oder ob der Inhalt eines Postleitzahlenfeldes tatsächlich aus genau 5 Ziffern besteht.

Die Validierung eines Postleitzahlen-Strings s könnte wie folgt aussehen: — Beispiel

1 Gibt es kein sechstes Zeichen?
   (s[5] == "undefined")
2 Ist jedes Zeichen eine Ziffer?
   !IsNaN(s[i]), i = 0, ..., 4

Die erste Bedingung stellt hier sicher, dass es kein sechstes Zeichen gibt. Die zweite Bedingung gewährleistet, dass es sich bei jedem der ersten 5 Zeichen des String um eine Ziffer handelt. IsNaN() (»is not a number«) ist eine allgemeine Objekt-Methode, welche ermittelt, ob der übergebene Wert in eine Zahl umgewandelt werden kann. Diese Methode liefert true, wenn die Umwandlung in eine Zahl nicht möglich ist. Falls beide Bedingungen simultan gelten, liegt eine fünfstellige Zahl vor.

Zur JavaScript-Sprache gehört das String-Objekt, welches Methoden und Eigenschaften besitzt. So können Sie in einer Zeichenkette z. B. alle darin enthaltenen Kleinbuchstaben in Großbuchstaben umwandeln oder HTML-Formatierungen auf die Zeichenkette anwenden.

Tab. 5.6-1 stellt einige Methoden vor, welche Sie in einem String-Kontext einsetzen können[2].

Um explizit ein neues String-Objekt zu erzeugen, können Sie den String-Konstruktor verwenden.

var txt = new String("heute"); — Beispiel
Gleichwertig ist die Deklaration einer String-Variablen mit gleichzeitiger Wertzuweisung:
var txt ="heute";

---
[2] Zum Teil handelt es sich hier um allgemeine Objekt-Methoden.

Methode	Funktion
charAt()	Zeichen an angegebener Position zurückgeben
charCodeAt()	Unicodewert an einer Position zurückgeben
concat()	Zeichenkette anhängen
fromCharCode()	Unicode Zeichenkette aus Code-Werten erzeugen
indexOf()	Position eines Teilstrings ermitteln
lastIndexOf()	letzte Position eines Teilstrings ermitteln
match()	nach regulärem Ausdruck suchen
replace()	Teilstring ersetzen
search()	Position eines Teilstrings ermitteln
slice()	Teilstring extrahieren
split()	Zeichenkette in Teilstrings zerlegen
substr()	Teilzeichenkette ab Position ermitteln
substring()	Teilstring zurückgeben
length	Länge eines String (Eigenschaft)

Tab. 5.6-1: Auswahl: Methoden des String-Kontextes.

Der einer String-Variablen zugewiesene elementare String-Wert wird ggf. vom JavaScript-Interpreter automatisch in ein String-Objekt konvertiert. Daher ist das explizite Erzeugen eines String-Objektes nicht notwendig.

Die Eigenschaften und Methoden des Objektes String können Sie auf alle Zeichenketten anwenden.

Beispiel
```
txt.length //die Länge des String
txt.indexOf("e") //Position des ersten "e" innerhalb von txt
txt.indexOf("e",2) //Position des ersten "e"
     //innerhalb von txt beginnend bei dem 3. Zeichen.
```

Ein String ist ein Array, welcher aus einzelnen Zeichen besteht, auf welche sich separat zugreifen lässt.

Beispiel
```
txt[0] //das erste Zeichen
txt[1] //das 2. Zeichen
txt[txt.length-1] //das letzte Zeichen
```

charAt() Auch die Methode charAt() gibt ein einzelnes Zeichen zurück. txt[1] ist gleichbedeutend zu txt.charAt(1).

slice() Die Methode slice() extrahiert im String-Kontext aus einer Zeichenkette eine Teilzeichenkette und gibt die extrahierte Zeichenkette zurück. Als Parameter können der Index des ersten zurückzugebenden Zeichens und der Index des ersten Zeichens, welches nicht zurückzugeben ist, angegeben werden.

Dieses Beispiel zeigt Ihnen, wie Sie slice() verwenden können: *Beispiel*

```
text_str1=txt.slice(2) //alle Zeichen ab dem Dritten
text_str2=txt.slice(1,4) //Zeichen 2 bis 4
```

Die Methode substr() liefert einen Teil der Zeichenkette zurück. Durch substr(7) erhalten Sie alle Zeichen ab dem achten Zeichen. Durch die optionale Angabe eines zweiten Parameters können Sie die Länge des Teilstrings begrenzen, Sie legen so seine Länge explizit fest. Beispielsweise gibt substr(2,4) ab dem dritten Zeichen 4 Zeichen zurück, also die Zeichen 3 bis 6. Fehlt der zweite Parameter, so erfolgt eine Abarbeitung des Strings bis zum letzten Zeichen. — *substr()*

Hier sehen Sie, wie Sie substr() einsetzen können: *Beispiel*

```
var inhalt = "Characters";
var teilstring = inhalt.substr(4, 3); // liefert "act"
window.alert(inhalt.substr(4)); // liefert "acters"
```

substr() stammt aus alten JavaScript-Zeiten. Diese Methode gehört nicht zum ECMA-Standard und gilt daher als veraltet. — *Hinweis*

Mit substring() ermitteln Sie aus einer Zeichenkette eine Teilzeichenkette ab einer bestimmten Zeichenposition mit der angegebenen Anzahl Zeichen. — *substring()*

substring() wird wie folgt verwendet: *Beispiel*

```
text_str = txt.substring(3,9) //4 bis 12
```

Die Funktion toLowerCase() wandelt alle Großbuchstaben einer Zeichenkette in Kleinbuchstaben um. — *toLowerCase()*

toLowerCase() können Sie folgendermaßen einsetzen: *Beispiel*

```
text_str=toLowerCase(txt)
```

Das Gegenstück ist toUpperCase(). Diese Funktion dient der Umwandlung von Kleinbuchstaben in Großbuchstaben. — *toUpperCase()*

toUpperCase() wird wie folgt verwendet: *Beispiel*

```
text_str=toUpperCase(txt)
```

Mit der Methode split() können Sie Zeichenketten anhand eines Trennzeichens oder einer Trennzeichenfolge in mehrere Teilzeichenketten zerlegen. Die erzeugten Teilzeichenketten werden in einem Array gespeichert. Optional kann durch einen zweiten Pa- — *split()*

rameter angegeben werden, wie viele Teilzeichenketten maximal erzeugt werden sollen. Ist das angegebene Trennzeichen nicht in dem String vorhanden, so wird der gesamte String zurückgegeben. `split()` kann auch auf andere Objekte angewendet werden.

Beispiel

`split()` funktioniert wie folgt:

```
var text = "Zeichen,Text,Werte";
var teilen=text.split(",");
alert("1. Element: " + teilen[0] + "\n"+ "2. Element: "
      + teilen[1] + "\n"+"3. Element: " + teilen[2] )
```

concat()

`concat()` hängt eine Zeichenkette an eine andere Zeichenkette an. Als Parameter ist diejenige Zeichenkette anzugeben, welche an die erste angehängt werden soll. `concat()` ist nicht allein auf den String-Kontext beschränkt.

Beispiel

Dieses Beispiel zeigt Ihnen, wie Sie `concat()` verwenden können:

```
var demo = "Zeichen";
var x = demo.concat("kette"); //x enthält "Zeichenkette"
//ist gleichwertig zu var x = "Zeichen"+"kette";
```

`concat()` wirkt wie der Verkettungsoperator +.

lastIndexOf()

Die Methode `lastIndexOf()` ermittelt das letzte Vorkommen eines Zeichens oder einer Zeichenkette innerhalb einer anderen Zeichenkette und gibt die Position zurück, wobei die Zählung bei 0 beginnt. Wenn die Suche erfolglos ist, wird -1 zurückgegeben. Optional ist es möglich, der Funktion durch einen zweiten Parameter anzugeben, bei der wievielten Stelle in der Zeichenkette die Suche beginnen soll. `lastIndexOf()` kann auch in einem Array-Kontext verwendet werden.

Beispiel

`lastIndexOf()` wird wie folgt verwendet:

```
var demo="Dies ist ein neuer Text";
var x = demo.lastIndexOf("Text") //liefert 19
var y = demo.lastIndexOf("Text",0) //liefert -1
```

match()

Die String-Methode `match()` durchsucht eine Zeichenkette mit Hilfe eines **regulären Ausdrucks**. Sie liefert alle Zeichenfolgen zurück, welche einem regulären Ausdruck entsprechen (siehe »Formularvalidierung und reguläre Ausdrücke«, S. 168).

replace()

Unter Einsatz der Methode `replace()` lässt sich eine Zeichenkette daraufhin untersuchen, ob sie ein Textmuster (regulärer Ausdruck) enthält. Sie ersetzt alle Zeichenfolgen, welche diesem Muster entsprechen. Der ursprüngliche String wird durch `replace()` nicht verändert.

Durch den folgenden Code wird jedes Vorkommen von javascript, unabhängig von Groß-/Kleinschreibung, durch JavaScript ersetzt.

Beispiel

```
var demo = "Wir lernen javascript.
            Javascript ist eine Websprache."
var neutxt=demo.replace(/javascript/i,"JavaScript");
```

Durch search() wird eine Zeichenkette mit Hilfe eines regulären Ausdrucks durchsucht. Liefert -1 zurück, wenn der reguläre Ausdruck keinen Treffer findet, ansonsten wird die Position des ersten Vorkommens zurück geliefert.

search()

search() kann wie folgt eingesetzt werden:

Beispiel

```
var demo = "Wir lernen javascript.
            Javascript ist eine Websprache.";
demo.search(/javascript/i,"JavaScript"); //ergibt 11
```

Bei fromCharCode() handelt es sich um eine Methode, die auf das Objekt String direkt angewandt wird. Der Aufruf erfolgt durch Angabe von String.fromCharCode(). Unter Angabe einer Aufzählung numerischer Unicode-Codierungen lässt sich durch diese Methode ein String erzeugen.

fromCharCode()

fromCharCode() funktioniert wie folgt:

Beispiel

```
alert(String.fromCharCode(97,98,99)); //gibt "abc" aus
```

Wenn Sie bereits eine objektorientierte Programmiersprache kennen, dann ist die Methode fromCharCode() vergleichbar mit einer Klassenmethode (statische Methode).

Hinweis

Eine zu fromCharCode() passende Methode ist charCodeAt(), durch welche Sie Codierungen der einzelnen Zeichen (Unicode-Tabelle) ermitteln können. Diese Methode gibt für ein Zeichen eines Strings dessen Position in der Unicode-Zeichensatztabelle zurück – eine 16 Bit-Ganzzahl im Bereich von 0 bis einschließlich 65535.

charCodeAt()

Liegt die angegebene Position des Zeichens außerhalb der Grenzen der Zeichenkette (<0 oder >=Länge), so gibt die Methode den Wert NaN zurück.

Folgender JavaScript-Code demonstriert den Einsatz von charCodeAt():

Beispiel

```
var txt = "Demotext";
window.alert(txt.charCodeAt(7));
       //ergibt 116 (für den Buchstaben t)
```

5 Core-Objekte *

Beispiel

Durch den folgenden Code wird ein Zeichen bzw. eine Teilzeichenkette ab einer bestimmten Position ermittelt:

```
<script type="text/javascript">
var inhalt = "Characters";
var zeichen = inhalt.charAt(7); // liefert "e"
var teilstring = inhalt.substr(7); // liefert "ers"
document.write(teilstring + " beginnt mit " + zeichen);
</script>
```

In diesem Beispiel liefert der Aufruf `charAt(7)` das achte Zeichen des Strings `inhalt` zurück (Zählung beginnt bei 0).

indexOf()

Um das erste Vorkommen eines String innerhalb einer Zeichenkette zu ermitteln, können Sie die Methode `indexOf()` verwenden.

Beispiel

Wie Sie `indexOf()` verwenden können, sehen Sie hier:

```
var inhalt = "rot,gelb,grün";
var pos1 = inhalt.indexOf(",");   //ergibt 3 (das 4. Zeichen)
var pos2 = inhalt.indexOf(",",5); //ergibt 8, da die
                  //Auswertung bei dem 6. Zeichen beginnt
var pos3 = inhalt.indexOf(";",2); //ergibt -1, da das
                  //gesuchte Zeichen nicht vorkommt
```

Zurückgegeben wird durch `indexOf(",",5)` der Index bzw. die Position (Zählung beginnt bei 0) der gesuchten Zeichenkette, wobei die Suche bei Index 5 beginnt. Wird der angegebene String nicht gefunden, so lautet das Ergebnis -1.

Beispiel

Eine typische Anwendung von String-Methoden ist die Auswertung und die Weiterverarbeitung von Benutzereingaben in einem Formular.

Die folgenden Codezeilen zeigen Ihnen, wie Sie die Eingabe des Benutzernamens in der Form `Baumann,Volker` per JavaScript in eine Darstellung der Form `Volker Baumann` umwandeln können.

```
var nstr = document.forms["eform"].elements["nfeld"].value;
        //Formularfeldinhalt auslesen
var pos = nstr.indexOf(",");  // Trennzeichen suchen
var fullname = " " + name.substring(0, pos);
        //Nachname ermitteln
fullname = name.substring(pos + 1)  fullname;
        //Vorname ermitteln
```

Alternativ können Sie auch die `split()`-Methode verwenden.

```
var nstr = document.forms["eform"].elements["nfeld"].value;
              //Formularfeld auslesen
var names = nstr.split(","); //In Bestandteile zerlegen
var fullname = names[1] + " " + names[0];
              //Namen wieder zusammenfügen
```

Zum String-Objekt gehören auch einige Formatierungs-Methoden, welche allerdings nicht standardisiert sind. Diese Methoden ermöglichen die formatierte Ausgabe von Text in einem Browserfenster, ohne dass HTML oder CSS eingesetzt werden müssen.

Zu Zeiten von HTML 4 oder früher war es üblich, HTML-*Tags* auch für das Layout einzusetzen. Heute gilt dieses Vorgehen als veraltet und nicht standardkonform. Layout ist Aufgabe von CSS. Daher werden diese Methoden hier nicht behandelt.

5.7 *Wrapper*-Objekte **

Wahrheitswerte, Zahlen und auch Strings können in JavaScript-Programmen sowohl durch elementare Typen als auch durch Objekte repräsentiert werden. Zu jedem dieser elementaren Datentypen gibt es ein *Wrapper*-Objekt (Hülle), welches dessen Verwendung in einem Objektkontext ermöglicht. Die Umwandlung wird im Regelfall durch den Interpreter implizit vorgenommen. Umgekehrt kann ein derartiges Objekt auch für einfache Operationen verwendet werden; in diesem Fall wandelt es der Interpreter zuvor in den entsprechenden elementaren Datentyp um.

Die elementaren Datentypen Zeichenkette, Zahl und boolscher Wert besitzen eine Besonderheit: Sie können auch in einem Objekt-Kontext verwendet werden.

Elementare Datentypen

Die folgenden Anweisungen sind daher durchaus erlaubt:

```
var s = "Hello";  //elementarer String
var x = 0;
x = s.length;     //Objekt-Kontext
alert(x);         //5
```

Beispiel

Hier wird die String-Variable s an einer Stelle eingesetzt, an welcher der Interpreter ein Objekt erwartet. Er erzeugt also ein temporäres String-Objekt *(Wrapper)*, welches denselben Inhalt wie die ursprüngliche String-Variable besitzt, führt die Operation durch, entfernt die Objektreferenz wieder und gibt den belegten Speicherbereich frei *(Garbage Collection)*.

Wrapper

Auch der umgekehrte Fall stellt kein Problem dar:

```
var s = new String("Hello"); //Objekt
s = s + " world!";           //String-Kontext
```

Beispiel

Der Interpreter erwartet einen elementaren String. Also erzeugt er einen solchen, führt die Verkettung der Strings durch und gibt den durch den soeben erzeugten temporären String belegten Speicherbereich frei.

typeof — Der typeof-Operator liefert den Datentyp des Operanden, der hinter dem Operator angegeben ist, in Form einer Zeichenkette zurück.

Beispiel
```
<script type="text/javascript">
  var s = new String("Hello"); //Objekt
  document.write(typeof s); // Ergibt object
</script>
  <br>
<script>
  var selementar = "world!";
  document.write(typeof selementar); // Ergibt string
</script>
```

Sämtliche Aussagen gelten analog für die anderen elementaren Datentypen boolscher Wert und Zahl – sowie für ihre Wrapper-Objekte Boolean und Number.

Bei jeder Operation, welche nicht unmittelbar ausgeführt werden kann, versucht der JavaScript-Interpreter eine Umwandlung in einen für eine fehlerfreie Verarbeitung notwendigen Datentyp vorzunehmen. Dieser ist allerdings nicht immer eindeutig, so dass in einigen Fällen ein unerwünschtes Ergebnis auftritt. Letztendlich ist es Aufgabe des Programmierers, ein Objekt in einen sinnvollen elementaren Datentyp umzuwandeln bzw. jederzeit die benötigten Datentypen zur Verfügung zu stellen.

5.8 Das Objekt Object *

JavaScript stellt das Objekt Object mit den Methoden hasOwnProperty(), isPrototypeOf(), toLocaleString(), toString() und valueOf() zur Verfügung. Diese Methoden stehen auch in allen anderen JavaScript-Objekten zur Verfügung (Vererbung). Ein neues Objekt kann durch ein Literal – eingeschlossen in {} – oder durch einen Konstruktor erzeugt werden. Neue Eigenschaften werden wie folgt definiert: Objektbezeichner.Eigenschaftsbezeichner, alternativ Objektbezeichner["EigenschaftsbezeichnerAlsString"]. Analog erfolgt der Zugriff auf die Werte von Eigenschaften. Mit dem Operator instanceof lässt sich zur Laufzeit der Typ eines Objekts feststellen.

In JavaScript gibt es das Objekt Object, dass eine Reihe von Methoden zur Verfügung stellt, die auch alle anderen Objekte von JavaScript nutzen können. Bei den anderen Objekten, wie z.B. Date, Number, Boolean, String und Array, handelt es sich um Unterobjekte, die diese Methoden von Object »erben«.

5.8 Das Objekt Object *

Wenn Sie bereits die Programmiersprache Java kennengelernt haben, dann ist das JavaScript-Objekt Object vergleichbar mit der Java-Wurzelklasse Object.

Hinweis

Das JavaScript-Objekt Object stellt folgende Methoden zur Verfügung:

- hasOwnProperty(): Prüft, ob ein Objekt eine lokal definierte (nicht geerbte) Eigenschaft mit dem angegebenen Bezeichner besitzt.
- isPrototypeOf(): Prüft, ob dieses Objekt das Prototyp-Objekt eines definierten Objekts ist (siehe »Prototyping«, S. 222).
- toLocaleString(): Liefert eine lokalisierte String-Darstellung des Objekts zurück (siehe auch »Das Objekt Date«, S. 112).
- toString(): Liefert eine String-Darstellung des Objekts zurück (siehe auch »Das Objekt Date«, S. 112).
- valueOf(): Falls vorhanden, wird der elementare Wert des Objekts zurückgeliefert.

Methoden

Zuerst ein Beispiel

Technisch betrachtet ist in JavaScript ein Objekt eine ungeordnete Sammlung von **Schlüssel-Wertpaaren**.

Es soll ein Buch-Objekt mit den Eigenschaften Größe, Umschlag und Seitenanzahl sowie der Methode »Breite berechnen« erzeugt werden. In JavaScript gibt es zwei Möglichkeiten ein solches Objekt zu erzeugen: entweder mit dem Konstruktor Object() oder durch Angabe eines Objektliterals:

Beispiel

```
<!DOCTYPE HTML>
<html>
 <head>
        <title>Programm zur Demonstration von Object</title>
        <meta charset="UTF-8"/>
 </head>
 <body>
  <p>
    <script type="text/javascript">
      //Objekterzeugung mit dem Konstruktor
      var einBuch = new Object();
      einBuch.groesse = "22,8 x 15,4";
      einBuch.umschlag = "Softcover";
      einBuch.seitenanzahl = 460;
      einBuch.breite_berechnen = function(anzahlseiten)
      {
            return anzahlseiten * 0.005;
      };

      alert ("Größe: " + einBuch.groesse +
            " Umschlag: " + einBuch.umschlag +
```

```
            " Anzahl Seiten: " + einBuch.seitenanzahl +
            " Breite: " +
            einBuch.breite_berechnen(einBuch.seitenanzahl));

     //Objekterzeugung durch Literal
     var nocheinBuch =
     {
        groesse: "22,8 x 15,4",
        umschlag: "Softcover",
        seitenanzahl: 320,
        breite_berechnen:
          function(anzahlseiten)
          {
            return anzahlseiten * 0.005;
          }
     };

     alert ("Größe2: " + nocheinBuch.groesse +
         " Umschlag2: " + nocheinBuch.umschlag +
         " Anzahl Seiten2: " + nocheinBuch.seitenanzahl +
         " Breite2: " +
         nocheinBuch.breite_berechnen
           (nocheinBuch.seitenanzahl));
    </script>
   </p>
  </body>
</html>
```

Eine Veranschaulichung dieses Beispiels im Speicher eines Computers zeigt die Abb. 5.8-1. Jede Speicherzelle ist mit einem Namen gekennzeichnet – Schlüssel *(key)* genannt. Der Inhalt der zugeordneten Speicherzelle enthält konkrete Werte oder den Methodenrumpf, wenn es sich um Methoden handelt. Neben der selbst definierten Methode `breite_berechnen()` sind dem Objekt auch die Standardmethoden von `Object` zugeordnet. Sie können sich die Zuordnung von Schlüsseln zu Werten auch als Tabelle vorstellen. In der Informatik wird eine solche Tabelle als *Hash-Table* (Tabelle mit Streuspeicherung) bezeichnet.

Erzeugen eines Objekts Object

Literal Am einfachsten lässt sich ein Objekt `Object` durch die Zuweisung eines Literals erzeugen. Ein Literal ist ein Wert oder eine Aufzählung von Werten. Ein neues Objekt ohne Inhalt bzw. Eigenschaften erzeugen Sie durch

```
var meinNeuesObjekt = {};
```

Objekt-Literal Wenn Sie ein Objekt erzeugen und auch seine Eigenschaften angeben möchten, so können Sie dies auf verschiedene Art und

5.8 Das Objekt Object *

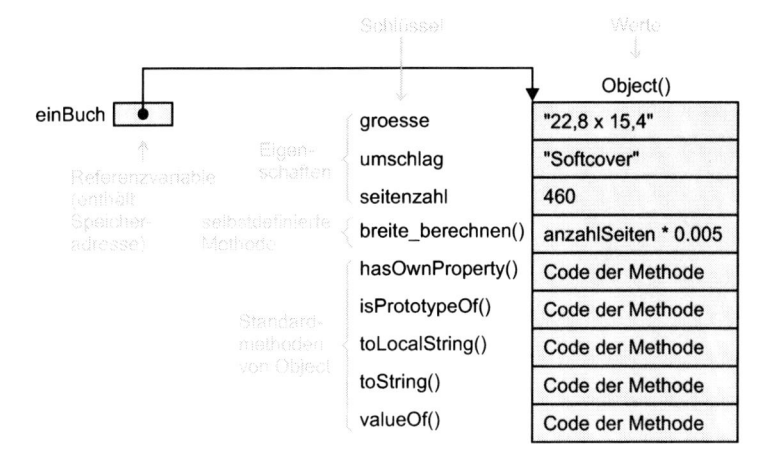

		Object()
	groesse	"22,8 x 15,4"
einBuch	umschlag	"Softcover"
	seitenzahl	460
	breite_berechnen()	anzahlSeiten * 0.005
	hasOwnProperty()	Code der Methode
	isPrototypeOf()	Code der Methode
	toLocalString()	Code der Methode
	toString()	Code der Methode
	valueOf()	Code der Methode

Abb. 5.8-1: Beispiel für ein Buch-Objekt in JavaScript.

Weise erreichen. Bei einfachen Objekten führen Sie die Liste der Eigenschaft/Wert-Paare (Literalsyntax) auf.

```
var punkt = {xwert:3, ywert:-4.1};
```
Beispiel

In diesem Beispiel legen Sie im zweidimensionalen Raum einen Punkt mit der x-Koordinate 3 und der y-Koordinate -4.1 fest. Die Eigenschaften des neuen Objektes heißen hier xwert und ywert.

In vielen Fällen ist auch eine Schachtelung sinnvoll.

```
var strecke = {anfangspunkt:{xwert:-1, ywert:2},
               endpunkt:{xwert:5, ywert:0.1}};
```
Beispiel

Das hier definierte Objekt (die Variable strecke) setzt sich aus 2 Objekten vom Typ punkt zusammen. Die verwendeten Eigenschaftswerte können dabei beliebige JavaScript-Ausdrücke sein. Zudem können die Eigenschaftsnamen Strings sein:

```
var strecke =
  {anfangspunkt: {xwert:punkt.xwert, ywert:punkt.ywert},
   endpunkt:{xwert:(punkt.xwert+c), ywert:(punkt.ywert-d)}};
```

Objekte können auch mit dem Konstruktor Object() erzeugt werden:

Konstruktor Object()

```
var meinNeuesObjekt = new Object();   //meinNeuesObjekt = {}
```

Ein Konstruktor wird immer mithilfe des Operators new aufgerufen. Danach definieren Sie dessen Eigenschaften.

Eigenschaften definieren

Eigenschaften werden definiert, in dem der Objektbezeichner um einen Eigenschaftsbezeichner ergänzt wird, wobei zwischen Objektbezeichner und Eigenschaftsbezeichner ein Punkt steht (Punkt-Notation). Einer solchen Eigenschaft wird durch eine Zuweisung ein Wert zugewiesen.

Beispiele

```
var bucheinband = new Object();
bucheinband.farbe = "rot";
bucheinband.umschlag = "Softcover";
var ellipse = new Object();
ellipse.radius1 = 3;
ellipse.radius2 = 2;
```

Objekteigenschaften werden bei JavaScript wie Variable gehandhabt. Sie können deren Werte lesen und in der Regel auch verändern. Um auf den Wert ein Objekteigenschaft zuzugreifen, wird ebenfalls der Punkt-Operator verwendet:

objektbezeichner.eigenschaftsbezeichner

Unterobjekte

Von einem Objekt können auch Unterobjekte erzeugt werden.

Beispiel 1a

```
var cd = {}; //Objekt cd erzeugen (leeres Objekt)
cd.track1 = new Object(); //Unterobjekt erzeugen
cd.track1.artist = "Commodores"; //artist-Eigenschaft
cd.track1.titel = "Easy"; //titel-Eigenschaft
cd.track1.zeit = "3:53";  //zeit-Eigenschaft
cd.track2 = {artist:"Sylvester",
             titel:"Disco heat", zeit:"5:27"};
cd.track3 = {artist:"Diana Ross",
             titel:"My old piano", zeit:"4:04"};

// Eigenschaftswerte ausgeben

alert("Titel 1: " + cd.track1.titel + ", " +
   cd.track1.artist + ", " + cd.track1.zeit + "\n" +
   "Titel 2: " + cd.track2.titel + ", " +
                 cd.track2.artist + ", " +
                 cd.track2.zeit + "\n" +
   "Titel 3: " + cd.track3.titel + ", " +
                 cd.track3.artist + ", " +
                 cd.track3.zeit);
```

Ebenso wie eine Variable nimmt auch eine Objekteigenschaft einen Wert an. In beiden Fällen kann eine implizite Deklaration durch die Initialisierung per Zuweisung eines Wertes erfolgen.

Während allerdings bei Variablen als Alternative eine explizite Deklaration möglich ist – hierzu verwenden Sie das Schlüsselwort var – können Objekteigenschaften ausschließlich implizit deklariert werden. Nachdem Sie eine Objekteigenschaft erstmalig durch eine Wertzuweisung erzeugt haben, können Sie den

Wert dieser Eigenschaft jederzeit durch eine erneute Wertzuweisung ändern.

```
cd.track1.titel = "Nightshift";    //Eigenschaft zuweisen
```
Beispiel 1b

Wenn Sie die Namen der Eigenschaften beim JavaScript-Zugriff auf Ihre Objekte im Voraus nicht kennen oder diese nicht sämtlich explizit aufführen möchten, können Sie diese mit einer Schleife abarbeiten.

Eine for-in-Konstruktion bietet eine Möglichkeit, die Eigenschaften eines Objekts aufzuzählen (siehe »Wiederholungsanweisungen«, S. 103).

Eigenschaften aufzählen

Die folgende Funktion ermittelt sämtliche Objekteigenschaften:

Beispiel

```
function eigenschaften(objekt)
{
  var txt = "";
  for (var eigenschaft in objekt)
   //alle Eigenschaften durchlaufen
   txt = txt + eigenschaft + " = " + objekt[eigenschaft] + "\n";
   //Ausgabestring zusammensetzen
  return txt;
}
```

Eigenschaften abfragen

Um Laufzeitfehler zu vermeiden, sind beim Umgang mit Objekten und deren Eigenschaften oft Zustandsabfragen sinnvoll:
- Ist das Objekt noch nicht deklariert?
- Besitzt das Objekt/die Eigenschaft keinen gültigen Wert, ist jedoch bereits initialisiert?
- Enthält das Objekt/die Eigenschaft einen gültigen Wert?

Um festzustellen, ob Ihr Objekt eine bestimmte Eigenschaft besitzt, stellen Sie einfach deren Wert fest.

```
txt = cd.track1.zeit + "\n"; //Eigenschaft abfragen
txt = txt + cd.track3 + "\n"; //Objekt
txt = txt + cd.track4; //ungültig, nicht deklariert
alert(txt);
```
Beispiel 1c

In einigen Fällen ist der Wert einer Eigenschaft undefined. Dies kann zwei Ursachen haben:
- Die abgefragte Eigenschaft existiert nicht oder
- sie besitzt keinen gültigen Wert.

Mit Hilfe des in-Operators lassen sich auch diese beiden Fälle unterscheiden. Der in-Operator lässt sich sowohl auf Objekte als auch auf Eigenschaften anwenden.

in-Operator

Beispiel 1d

```
alert("track1" in cd);
```

Hier lautet die Ausgabe lediglich dann false, wenn das Objekt/die Eigenschaft nicht existiert.

Auch die folgende Funktion fragt eine Objekt-Eigenschaft ab.

Beispiel 1e

```
function test(obj, eig)
{
   var result ="no";
   if ((!eig) && (!!obj))
     result = "yes"
   else if ((!!eig) && (!!obj[eig]))
     result = "yes";
   return result;
}
```

Diese Funktion ermöglicht es, ein existierendes Objekt auf Existenz einer Eigenschaft hin zu überprüfen:

```
var txt = test(cd,"track1"); //yes
txt = txt +"\n" + test(cd,"track4"); //no
alert(txt);
```

delete

Der delete-Operator lässt sich einsetzen, um eine Eigenschaft eines Objekts, ein Unterobjekt oder eine ganzes Objekt zu löschen.

Beispiel 1f

```
delete cd.track2;
```

Hier wird das Objekt track2 einschließlich seiner Eigenschaften aus dem Objekt cd gelöscht, es kann von for-in und auch vom in-Operator nicht mehr aufgezählt werden.

Alternativer Zugriff auf Eigenschaften

Auf Eigenschaften kann über die Punkt-Notation zugegriffen werden. Alternativ kann die Array-Schreibweise [] verwendet werden. Im ersten Fall ist der Eigenschaftsname ein Bezeichner, im zweiten Fall ist er ein String:

```
objekt.eigenschaft = "Wert";
objekt["eigenschaft"] = "Wert";
```

Wenn Sie allerdings per Punkt-Operator auf eine Objekteigenschaft zugreifen, so ist der Eigenschaftsname technisch gesehen ein Bezeichner und er stellt keinen JavaScript-Datentyp dar. Bezeichner müssen explizit in einem JavaScript-Programm angegeben werden.

Bei Zugriff auf eine Objekteigenschaft per Array-Schreibweise [] ist deren Name ein String. Strings sind ein JavaScript-Datentyp, daher können sie innerhalb eines JavaScript-Programms erzeugt und ebenfalls verändert werden.

5.8 Das Objekt Object *

Das folgende Prgramm zeigt Ihnen, wie Sie vorgehen können, um zur Laufzeit Eigenschaftsnamen zu erzeugen:

Beispiel 1g

```
var tracks= "";
for (var zaehler = 1; zaehler < 4; zaehler++)
{
   tracks += cd["track" + zaehler]["titel"] + "\n";
}
alert(tracks);
```

Hier wird die titel-Eigenschaft von cd.track1, cd.track2 und cd.track3 ausgewertet.

Die Array-Schreibweise ist in Bezug auf String-Ausdrücke sehr flexibel. In Fällen, wo die Eigenschaften erst zur Laufzeit des Programms erzeugt werden, ist dieses Vorgehen unumgänglich. So kann als Ersatz für einen feststehenden Bezeichner ein dynamischer zur Laufzeit erzeugter String zum Zugriff auf die Eigenschaften eines Objekts verwendet werden.

Ein Objekt, welches Sie auf diese Weise einsetzen, heißt **assoziatives Array**. Bei dieser Datenstruktur sind die Werte mit frei definierbaren Strings verknüpft. Strings bzw. Eigenschaftsnamen werden dabei auf Werte der JavaScript-Objekte abgebildet.

Assoziatives Array

So lassen sich bei der Eingabe in ein Formular für das oben erstellte cd-Objekt neue Eigenschaften und Werte speichern, ohne dass diese zum Zeitpunkt der Programmerstellung oder des Programmstarts bzw. beim Laden des Webdokumentes bekannt sind.

Oft ist es gewünscht, die Eigenschaftswerte statistisch auszuwerten.

Um nach der Erfassung die gesamte Laufzeit über alle Titel-Objekte zu berechnen, können Sie folgende Anweisungen verwenden:

Beispiel 1h

```
<script type="text/javascript">
var cd = {}; //Objekt erzeugen
cd.track1 = new Object();   //Unterobjekt erzeugen
cd.track1.artist = "Commodores";   //artist-Eigenschaft
cd.track1.titel = "Easy";   //titel-Eigenschaft
cd.track1.zeit = "3:53";    //zeit-Eigenschaft
cd.track2 = {artist: "Sylvester",
       titel: "Disco heat", zeit: "5:27"};
cd.track3 = {artist:"Diana Ross",
       titel: "My old piano", zeit: "4:04"};

function zeitsumme(obj,eig)
{
  var result=0;
  var dummy = new Array();
  var sekunden = 0;
```

```
var str ="";
var str1 = new Array();
for (x in obj)
{
   if (!obj[x][eig]) continue; //neuer Durchlauf,
            //falls Eigenschaft nicht vorhanden
   str=obj[x][eig];   //Zeitstring holen
  str1=str.split(":");
            //Zeitstring aufteilen
  sekunden=sekunden+str1[0]*60+1*str1[1];
}
dummy[1]=sekunden%60; //Sekunden ermitteln
dummy[0]=(sekunden-dummy[1])/60;   //Minuten ermitteln
result = dummy[0]+ ":" + dummy[1];
            //String zusammensetzen
  return result;
}
alert(zeitsumme(cd, "zeit")+ " ist die gesamte Dauer");
       //Die Ausgabe ist 13:24.
</script>
```

Echte assoziative Arrays werden von JavaScript nicht unterstützt. Sie lassen sich lediglich per Hilfskonstruktion nachbilden. Derartige Objekte können Sie zwar in gewisser Hinsicht wie Arrays verwenden, jedoch fehlen ihnen einige arraytypische Eigenschaften und Methoden.

Die Methode instanceof

Um beim Umgang mit Objekten und Variablen Fehler zu vermeiden ist es oft hilfreich, eine Variable daraufhin zu überprüfen, ob sie überhaupt ein Objekt referenziert oder ob sie auf einen bestimmten Objekttypen verweist. Hierzu gibt es den instanceof-Operator, der einen Wahrheitswert zurückgibt:

oname instanceof otype

Der instanceof-Operator gibt true zurück, wenn das angegebene Objekt vom angegebenen Typ ist. Dabei ist oname der Name des Objekts, welches mit dem Objekttyp otype (etwa Date oder Array) verglichen wird.

Beispiel

Hier sehen Sie, wie Sie instanceof verwenden können:

```
var datum = new Date(2010, 10, 31);
if (datum instanceof Date)
{
   datum = datum + 1000*60*60*24*30;30 Tage hinzuaddieren   }
```

Ein weiteres Beispiel für die Verwendung von instanceof liefert folgendes Programm:

Beispiel

```
var heute = new Date();
alert(heute instanceof Number);
```

Die Meldung heißt false, da die Variable heute keine Zahl (Objekttyp Number) enthält. Die Variable heute ist hier ein Datumsobjekt, daher würde heute instanceof Date den Wert true ergeben.

5.9 Fehler-Objekte *

Wenn innerhalb eines JavaScript-Programms Fehler auftreten, können diese über ein Error-Objekt oder einen Fehlerwert abgefragt werden. Eine try/catch/finally-Konstruktion ermöglicht eine systematische Fehlerbehandlung. Die throw-Anweisung ermöglicht das Simulieren von Fehlern und Fehlersituationen.

Tritt während der Programmausführung ein Fehler auf, dann wird eine Ausnahme *(Exception)* ausgelöst. Die Abarbeitung des Programmes wird abgebrochen und in der Fehlerkonsole wird ein entsprechender Hinweis ausgegeben. Hier können Sie den Typ des Fehlers, einen Programmausschnitt sowie die Position des aufgetretenen Fehlers im Quellcode ersehen.

Exception

Folgende Fehlertypen können auftreten:

Fehlertypen

- *ConversionError*: Die Konvertierung eines Objekts ist fehlgeschlagen. Beispielsweise ist es nicht möglich, ein *Array* in ein *Error*-Objekt umzuwandeln.
- *RangeError*: Überschreitung des Bereiches (z. B. new Array(-12);).
- *ReferenceError*: Verweis auf eine nicht vorhandene Datei.
- *RegExpError*: Ein fehlerhafter Regulärer Ausdruck (z. B. //ii) (siehe »Formularvalidierung und reguläre Ausdrücke«, S. 168).
- *SyntaxError*: Ein fehlerhaftes Sprachkonstrukt (z. B. eval('x:=y');).
- *TypeError*: Falscher Variablentyp bei einer Operation (z. B. 'A' * 345).
- *URIError*: URI() erhält fehlerhafte Parameter (z. B. http:/www.google.de).

Abhängig davon, an welcher Stelle im Programmablauf die *Exception* aufgetreten ist, hat der Interpreter nur einen Teil der Anweisungen ausgeführt. In vielen Fällen scheint gar nichts passiert zu sein.

Ursachen für Fehler

Häufige Fehlerursachen sind:

- Schreibfehler bei Funktions- und Variablennamen, Objekten, Methoden und Eigenschaften (insbesondere Groß-/Kleinschreibung).
- Ein HTML-Name ist mehrfach vorhanden (z. B. `name="eingabe"`).
- Fehlende Variablen-Deklaration durch `var`.
- Fehlerhafte Klammersetzung.
- Anführungszeichen " oder ' sind fehlerhaft gesetzt.
- Fehlendes Semikolon.
- Ungültiger Zeilenumbruch (z. B. innerhalb von Anführungszeichen).
- Programmausschnitte sind nach dem Kopieren und Einfügen nicht angepasst worden.

Hilfreich ist es in vielen Fällen, sich Werte von Variablen und Ergebnisse von Ausdrücken in einem Dialog oder einem Formularfeld ausgeben zu lassen oder Ausdrücke per `eval()` auszuwerten.

Exception

Eine *Exception* (Ausnahme) ist ein Signal, welches auf eine unvorhergesehene Situation oder einen Fehler hinweist. *Exceptions* sind Laufzeitfehler, sie entstehen etwa durch Lesezugriff auf eine undefinierte Variable, Zugriff auf ein nicht existierendes Array-Element oder durch fehlerhafte Parameterübergabe bei einem Funktionsaufruf.

Error-Objekt

Grundsätzlich stellt jeder Fehler eine *Exception* dar. Mit einer *Exception* wird im Regelfall ein `Error`-Objekt oder ein Objekt erzeugt, welches einer Unterklasse des `Error`-Objekts angehört. Das Objekt übergibt in vielen Fällen eine Textmeldung oder einen numerischen Fehlercode.

JavaScript-Programmierer sollten möglichst viele Ausnahmen abfangen und auswerten. Eine *Exception* abzufangen bedeutet, dass man sie behandelt, also Aktionen durchführt, um nach der *Exception* geordnet fortfahren zu können, ohne dass der Programmablauf abgebrochen/beendet werden muss.

Beispiel

Hier sehen Sie ein Programm, welches wegen eines Fehlers abgebrochen wird:

```
var vname = prompt(Geben Sie Ihren Namen ein;
alert(vname);
```

Firefox beendet hier die Programmausführung. In der Fehlerkonsole meldet der Browser `Fehler: missing ) after argument list`.

Durch Fehlerbehandlung lässt sich die Benutzungsfreundlichkeit eines Programms erheblich verbessern. Auch beim Testen auf Fehler im Programm-Quelltext ist Fehlerbehandlung sinnvoll.

5.9 Fehler-Objekte *

Auf diese Weise vermeiden Sie, dass Laufzeitfehler einen unerwarteten Abbruch der Scriptausführung verursachen.

Für die Fehlerbehandlung gibt es die JavaScript die Anweisungen

- try,
- catch,
- finally und
- throw.

Damit lassen sich Ausnahmefehler bzw. *Exceptions* abfangen und kontextbezogen behandeln.

Wenn Sie auf Ihrer Website JavaScript-Programme einsetzen, können Sie die Fehlermeldungen der Web-Clients abfangen und diese beispielsweise per XMLHttpRequest automatisch zum Webserver übertragen (siehe »Ajax-Grundlagen«, S. 433). Dort könnten alle Fehlermeldungen gespeichert und ausgewertet werden, um Scripte zu verbessern, damit diese in Zukunft keine *Exceptions* mehr verursachen.

Programmteile, in denen Probleme auftreten können, sollten Sie in eine try-Anweisung einschließen. Der Interpreter erzeugt dann bei Bedarf ein Fehlerobjekt und gibt es an das Programm weiter; er wertet es allerdings nicht selber aus. | try

| Bei Sprachen der Basic-Familie – wie etwa VBA – entspricht diese Form der Fehlerbehandlung der Anweisung on error ... In der Programmiersprache Java gibt es das analoge try/catch/finally-Konzept. | Hinweise

Tritt innerhalb eines try-Blockes ein Fehler auf, so wird die Ausführung des gesamten Blockes beendet und zum zugehörigen catch-Block verzweigt, welcher Anweisungen zur Fehlerbehandlung enthält (Abb. 5.9-1).

Der Interpreter sucht zunächst eine catch-Anweisung, welche zum Fehler verursachenden try-Block gehört. Findet er keine solche Klausel, so sucht er schrittweise in den aufrufenden Instanzen, bis er eine Anweisung zur Fehlerbehandlung findet. Gibt es kein catch-Konstrukt, so wird der Programmablauf beendet und der Interpreter schreibt Informationen zum aufgetretenen Fehler in die Fehlerkonsole des Browsers. | catch

Tritt in einem try-Block kein Fehler auf, wird der catch-Block ignoriert.

Im Fehlerfall wird automatisch eine Fehlervariable erzeugt, welche an eine vorhandene catch-Anweisung übergeben wird. Diese enthält Informationen über den aufgetretenen Fehler. Sie kann einen beliebigen Bezeichner erhalten. Da es sich lediglich um eine lokale Variable des catch-Blockes handelt, ist sie nur innerhalb

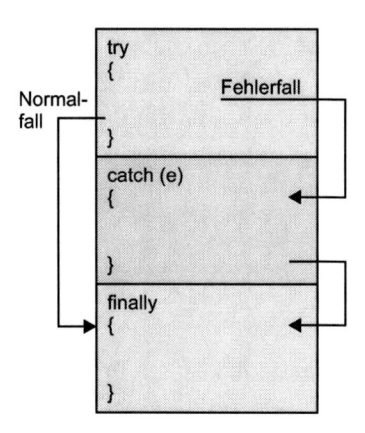

Abb. 5.9-1: Der Kontrollfluss im Normal- und im Fehlerfall bei einer `try-catch-finally`-Anweisung.

dieses Blockes bekannt. Tritt ein Fehler auf, so wird im `catch`-Block das Fehlerobjekt verarbeitet – wenn es an `catch()` übergeben worden ist. Diese Übergabe kann auf zwei Weisen geschehen:

- Es wird ein beliebiger Variablenname notiert. Bei Eintritt eines Fehlers wird diese Variable als `Error`-Objekt initialisiert und kann durch den `catch`-Block verarbeitet werden.
- Es wird ein beliebiger Variablenname sowie eine `if`-Bedingung angegeben. Bei Auftreten einer Fehlersituation wird dieser `catch`-Block lediglich dann verarbeitet, wenn die Bedingung erfüllt ist.

Beispiel

Hier sehen Sie, wie die Fehlerbehandlung per `try/catch` erfolgen kann:

```
try
{
   var wert = prompt("Eine positive ganze Zahl", "");
   var f = fakultaet(wert);
   alert(wert+"! = "+f);
}
catch(fehler) //Im Falle eines Fehlers
{
   alert(fehler);
}
```

throw

Durch die `throw`-Anweisung erreichen Sie genau das, was mit der `try`-Anweisung verhindert werden soll. `throw` löst einen Fehler aus. Dadurch können Sie selbst individuelle Fehlersituationen definieren und diese auch verarbeiten. Ein durch `throw` erzeugter Fehler kann lediglich durch `try` behandelt werden. Dem Schlüsselwort `throw` muss eine Fehlerbezeichnung folgen (Variable, Text, Zahl ...), damit der Fehler weiter verarbeitet werden kann.

Hier sehen Sie, wie per throw-Anweisung eine *Exception* ausgelöst werden kann. — Beispiel

```
function fakultaet(x)
{
  if (x < 0) throw new Error("ungültig");
    //ggf. Fehler erzeugen
  for (var f = 1; x > 1; f *= x, x--); //Der Normalfall
  return f;
}
```

In der Regel tritt kein Fehler auf und der try-Block wird vollständig abgearbeitet. Danach erfolgt die Verarbeitung des finally-Blocks, welcher das try ... finally-Konstrukt abschließt. — finally

Falls jedoch der try-Block bedingt durch eine return-, continue- oder break-Anweisung verlassen wird, so verzweigt der JavaScript-Interpreter unmittelbar zum finally-Block.

Tritt eine *Exception* in einem try-Block ein und folgt dem try-Block ein catch-Block, so wird zunächst dieser und schließlich der darauf folgende finally-Block verarbeitet. Folgt dem try-Block jedch kein catch-Block so wird zunächst der finally-Block abgearbeitet. Danach erfolgt die Verarbeitung der nächstgelegenen umgebenden catch-Klausel, welche die *Exception* behandeln kann.

Der folgende Code veranschaulicht die Syntax und den Zweck der try/catch/finally-Anweisung. Achten Sie insbesondere darauf, dass catch mit einem Bezeichner in runden Klammern aufgerufen wird. Dieser Bezeichner gleicht einem Funktionsargument. Er verweist auf eine lokale Variable, auf welche ausschließlich innerhalb von catch (...) {...} zugegriffen werden kann. Dieser Variablen weist der JavaScript-Interpreter das *Exception*-Objekt oder den *Exception*-Wert zu.

```
try //Code überwachen
{

}
catch(e) //Error-Objekt/Wert auswerten
{

}
finally //Immer ausführen
{

}
```

5 Core-Objekte *

Beispiel

Das folgende Programm stellt mit einer try/finally-Anweisung sicher, dass der Wert der Kontroll-Variablen der Schleife nach jedem Durchlauf um 1 vergrößert wird, selbst wenn eine Iteration aufgrund einer continue-Anweisung unvorhergesehen endet:

```
function sum_arr(arr)
{
  var zaehler = 0;
  var result = 0;
  while (zaehler < arr.length)
  {
    try
    {
      if ((typeof arr[zaehler] !=
          "number") || isNaN(a[zaehler])) //NaN?
        continue; //nächste Iteration
      result += arr[zaehler]; //andernfalls summieren
    }
    finally
    {
      zaehler++; //hochzählen
    }
  }
  return result;
}
```

Um ein Error-Objekt zu erstellen gibt es mehrere Möglichkeiten. Die erste ist, dass innerhalb einer try/catch/finally-Anweisung ein Fehler auftritt, welcher abgefangen wird.

Beispiel

```
try
{
  a = b;
} //Fehler wird an err übergeben
catch(err)
{
}
```

Auch das Auslösen eines Fehlers durch eine throw-Anweisung ist möglich:

```
try
{
  throw('Fehler aufgetreten');
} //Programm erzeugt Fehler
catch(err)
{
}
```

Eine weitere Möglichkeit besteht darin, durch new Error() ein neues Fehler-Objekt zu erzeugen und dieses später mittels throw zu »werfen«.

```
err = new Error(); //erzeugt Fehler und übergibt an err
```

5.9 Fehler-Objekte *

Bei Verwendung des Error()-Konstruktors können Sie eine Fehlernummer und einen Fehlertext angeben.

```
err = new Error(16445, 'Klassenfehler');
throw err; // Exception werfen
```
Beispiel

Die description-Eigenschaft enthält die Fehlerbeschreibung.

Eine Fehlerbeschreibung legen Sie wie folgt fest: Beispiel

```
err = new Error();
err.description = 'Ein Syntaxfehler';
```

Die name-Eigenschaft enthält den Fehlertyp des Error-Objekts.

Hier sehen Sie, wie Sie einen Fehlertypen definieren können: Beispiel

```
e = new Error();
e.name = 'SyntaxError';
```

Die message-Eigenschaft enthält die Nachricht, welche dem Benutzer angezeigt wird.

Eine Fehlermeldung können Sie wie folgt angeben: Beispiel

```
err = new Error();
err.message = 'Es ist ein Syntaxfehler aufgetreten!';
```

Zu jedem Fehlerobjekt gehört eine Eigenschaft message, welche eine Fehlermeldung enthalten kann.

Das folgende Skript zeigt, wie Sie hier eine einfache Fehlerbehandlung durchführen können. Beispiel

```
<script type="text/javascript">
try //Fehlerbehandlung durch den Interpreter ausschalten
{
   alter_abfragen(); //kritischen Code ausführen
}
catch(err) //ggf. Fehlerobjekt übernehmen
{
   alert("Folgender Fehler ist aufgetreten:
       \n" + err.name + ":" + err.message);
}
</script>
```

Bei der Skriptausführung meldet der Browser allerdings einen Referenzfehler.

Übernehmen Sie das Skript und überprüfen Sie die Fehlerbehandlung. Zunächst codieren Sie also einen try-Block, in welchem Sie den Fehler erwarten. Dieser besteht in obigem Beispiel aus der Funktion alter_abfragen(). Tritt bei deren Ausführung ein Fehler auf, so erzeugt der Interpreter ein Fehlerobjekt und führt unmittelbar den ersten catch-Block aus, welchen er findet.

5 Core-Objekte *

Das Fehlerobjekt wird dann durch catch weiter verarbeitet; es wird durch eine Variable (beliebiger JavaScript-Name) übergeben. Zu den Eigenschaften des Fehlerobjektes gehören name (die Bezeichnung) und message (eine kurze Beschreibung). Beide können innerhalb des catch-Anweisungsblockes abgefragt und weiter verarbeitet werden.

Nach der Verarbeitung des catch-Blockes löscht der Interpreter das Fehlerobjekt. Er reagiert auf den Fehler nicht weiter, arbeitet das restliche Programm ab und zeigt in seiner Fehlerkonsole keine Meldung an.

Ohne try/catch-Konstrukt würde im Falle eines Fehlers der Programmablauf abgebrochen und eine Fehlermeldung in der Fehlerkonsole des Browsers angezeigt. So gesehen fängt der Browser selbst, als letzte Instanz, alle Fehler auf und reagiert mit einer Ausgabe dieser auf der Konsole. Die throw-Anweisung ermöglicht es Ihnen, eigene Fehlersituationen zu definieren und entsprechende Optionen und Ausgaben festzulegen. Wenn Sie throw in einem try-Block verwenden, so definieren Sie dort ein Fehlerobjekt und legen die Bedingungen fest, unter denen der entsprechende Fehler ausgelöst werden soll.

Im nachfolgenden catch-Block können Sie dann etwaige Fehler auswerten und für jede Fehlersituation eine Fehlermeldung angeben.

Beispiel

Dieses Programm demonstriert Ihnen die Anwendung von try, catch und throw:

```
function altersgruppe()
{
  var alter = window.prompt("Wie alt sind Sie?");
  try //Fehler erzeugen
  {
    if (alter == "") //keine Eingabe
    {
      throw "Fehler_1";
    }
    else if (isNaN(alter)) /TypeError
    {
      throw "Fehler_2";
    }
    else (alter>120 || alter < 1) //RangeError
    {
      throw "Fehler_3";
    }
  }
  catch(err)
  {
    switch(err) //Meldungen angeben
    {
      case "Fehler_1":
```

```
         window.alert("Sie haben nichts eingegeben.");
         break;
      case "Fehler_2":
         window.alert("Sie haben keine Zahl eingegeben.");
         break;
      case "Fehler_3":
         window.alert("Geben Sie eine Zahl
                       zwischen 1 und 120 an!");
         break;
      }
      return;
   }
   if (alter < 13)
   {
      window.alert("Gruppe A");
   }
   else if (alter < 55 )
   {
      window.alert("Gruppe B");
   }
   else
   {
      window.alert("Gruppe C");
   }
}
```

In diesem Skript soll die JavaScript-Funktion altersgruppe() Personen in Altersklassen einteilen. Durch eine try/catch/throw-Anweisung wird hier die Fehlerbehandlung realisiert. Auf diese Weise können ungültige Eingaben abgefangen werden. Zunächst erscheint ein Dialog zur Eingabe einer Zahl. Als Fehlersituationen sind hier definiert:

- Fehler_1: Es wurde nichts eingegeben.
- Fehler_2: Der Benutzer hat keine Zahl eingegeben.
- Fehler_3: Das angegebene Alter ist zu hoch oder zu gering.

Wurde eine gültige Eingabe getätigt, so erfolgt die Klassifizierung.

Führen Sie die Funktion altersgruppe() in verschiedenen Browsern aus.

Im try-Block werden nach der Eingabe die vorgegebenen Bedingungen abgeprüft. Falls notwendig wird ein Fehlerobjekt erzeugt und in diesem der zugehörige Text gespeichert.

Im catch-Block findet die Fehlerbehandlung statt. Die Fehlervariable wird übergeben. Falls deren Wert nicht null ist, wird der catch-Block verarbeitet. Ein eventuell aufgetretener Fehler führt zu einer entsprechenden Textausgabe. Am Ende des catch-Blockes wird die Funktion beendet, da im Fehlerfall keine weitere Verarbeitung erfolgen soll.

5.10 Skripte in Formularen einsetzen *

Ein Formular kann interaktive Elemente enthalten. Benutzer geben Informationen in ein Formular ein. Diese müssen per Script ausgelesen und an eine weiterverarbeitende Anwendung – das ist in der Regel ein Serverprogramm – übergeben werden. Der Zugriff auf die Formularelemente per JavaScript erfolgt oft ereignisgesteuert über das DOM.

Formulare dienen dazu, Benutzerdaten aufzunehmen. Formulare auf Webseiten bestehen aus Schaltflächen, Optionsfeldern, Checkboxen, Textfeldern und Auswahllisten. Diese fordern zur Eingabe von Informationen auf.

Seit HTML5 gibt es weitere Eingabemöglichkeiten. Zu diesen gehören

- Kalenderelemente,
- Farbauswahldialoge,
- *Spinbuttons*,
- Schieberegler.

Anwendungsserver

Die eingegebenen Daten werden nach dem Absenden (submit) durch Serveranwendungen weiterverarbeitet. Die Programmierung erfolgt in Sprachen wie JSP, PHP und Perl.

Die Benutzerdaten werden in einer Serverdatenbank gespeichert und eine dynamisch erzeugte Webseite wird an den Browser zurückgeliefert, von welchem das Formular abgesendet wurde.

Die Definition bzw. das Anlegen eines Formulars erfolgt per HTML, das Layout wird durch CSS festgelegt. Zusätzlich zur Auszeichnung von Formularen und deren Gestaltung können Sie per JavaScript Formularen dynamische Effekte hinzufügen.

Als JavaScript-Programmierer werden Sie es häufig mit Formularen zu tun haben. Die Validierung und Auswertung von Benutzereingaben in Formularfeldern stellte zu Zeiten von HTML 4 und XHTML eine der wichtigsten JavaScript-Anwendungen dar.[3]

Eine häufige JavaScript-Anwendung war bisher die Überprüfung von Formularinhalten auf

- Vollständigkeit und
- Plausibilität/Richtigkeit.

Mit der zunehmenden Verbreitung HTML5-konformer Browser verlagert sich die Formularvalidierung mehr und mehr von JavaScript hin zu HTML.

---

[3] Da JavaScript in Browsern deaktiviert sein kann, darf es nicht zur endgültigen Validierung verwendet werden. Durch lokale Validierungsmechanismen soll das zwischen Browser und Webserver übertragene Datenvolumen reduziert werden.

5.10 Skripte in Formularen einsetzen *

Die neuen Eingabeelemente, welche zum HTML5-Sprachumfang gehören, sowie auch die zuhörigen HTML-Attribute machen viele bisherige JavaScript-Module überflüssig.

Insbesondere Vollständigkeits- und Plausibilitätsprüfungen werden automatisch vom Browser vorgenommen.

Zu einem HTML-Formular gehören unter anderem

- Eingabefelder und -elemente (z. B. `<input type="text">`, `<select>`),
- Beschriftungen/Information,
- Radio-Buttons (`<input type="radio">`),
- Checkboxen (`<input type="check">`),
- Schaltflächen für Interaktion (`<input type="button">`, `<button>`).

Formular-Elemente

Für jedes `<form>`-Element erzeugt der Browser beim Laden einer HTML-Seite ein JavaScript-Formular-Objekt. Das Array-Objekt `document.forms[]` enthält sämtliche Formulare auf einer Webseite. `forms` ist dabei ein Unterobjekt von `document`. Für den Zugriff auf Formulare und deren Elemente sollte jedes Objekt das HTML-Attribut `id` besitzen, dessen Wert ein gültiger eindeutiger JavaScript-Name ist.

Objekt forms

Auch für objektspezifisches CSS-Layout sollte jedes betroffene Objekt/Element als Wert des HTML-Attributes `id` einen unbedingt eindeutigen Namen erhalten.

Aus Effizienzgründen sollte der Zugriff auf Formulare und deren Objekte grundsätzlich über HTML-Namen (assoziativer Zugriff) oder über den Index erfolgen.

Beispiele für derartige Objektreferenzen sind:

Beispiel

```
var obj1 = document.forms["frm"];
//Zugriff auf das Element mit der id="frm"
var obj2 = document.forms[1].elements[4];
//Zugriff auf das 4. Element im 1. Formular
var obj3 = this.form.elements["btn"];
//Zugriff auf das Element mir der id="btn"
```

Die wichtigsten JavaScript-Methoden für das `forms[]`-Objekt sind `submit()`, also das Abschicken der Inhalte an den Server, sowie die erneute Initialisierung `reset()`.

Methoden

Standardmäßig sollte jedes Formular eine Schaltfläche zum Absenden der Daten besitzen.

Dieses Beispiel zeigt den HTML-Code einer Absenden-Schaltfläche:

Beispiel

```
<button id="submit" onclick="javascript:this.form.submit;">
    Abschicken
</button>
```

Beispiel

Eine Absenden-Schaltfläche kann auch durch `<input>` ausgezeichnet werden:

```
<input id = "submit" type="submit" value="Absenden">
</input>
```

Auch ein *Reset*-Button sollte nicht fehlen.

Beispiel

Dieses Beispiel zeigt zwei Möglichkeiten, eine *Reset*-Schaltfläche zu definieren:

```
<input type="reset" id="inreset" >
    Reset 1
</input>
<button id="btnreset"
        onclick="javascript:this.form.reset;">
    Reset 2
</button>
```

Häufig kommt es vor, dass Benutzereingaben eine bestimmte Form besitzen müssen oder dass bestimmte Inhalte/Zeichen nicht erlaubt sind. Dies ist beispielsweise so bei

- Postleitzahlen,
- einem URL,
- einer E-Mail-Adresse.

Formularprüfungen waren bisher aufwendig zu realisieren, da die Regeln für die einzugebenden Daten oft komplex sind. Für Standardinhalte wie URLs und E-Mail Adressen gibt es zahlreiche Beispielscripte im Web. Mit HTML5 gibt es einige neue Attributwerte des `type`-Attributs von `<input>`, sodass einige der aufwendige Prüfungen bald Vergangenheit sein werden.

Oft ist es allerdings erwünscht, dass bestimmte Eingaben nicht an den Server gesendet bzw. weiterverarbeitet werden. So sollte grundsätzlich die Eingabe von HTML-Tags unmöglich sein, da Benutzer auf diesem Weg Scriptbefehle unterbringen könnten, welche zu unerwünschten Effekten führen. Daher ist es sinnvoll,

- bestimmte Inhalte zu filtern oder
- kritische Eingaben zu ersetzen.

Beispiel

Dieses Beispiel durchsucht den Inhalt eines Feldes nach einem String und schreibt in das Feld einen Leerstring, falls der gesuchte Inhalt gefunden wurde:

```
<script type="text/javascript">
var txt="function"; //Verbotenen Text vorgeben
var fld = document.form[0].elements[2];
```

```
                            //Feldreferenz erstellen
function feldsuche(txt, fld)
{
  if (fld.value.search(txt)>-1) //Der String wurde gefunden
  fld.value=""; //Feld mit Leerstring belegen
}
</script>
```

Zum Testen von JavaScript-Funktionen können Sie einen *Event-Handler* über die entsprechende Methode des betroffenen HTML-Elementes aufrufen. Dieses Vorgehen simuliert allerdings nicht das Ereignis, sondern es führt lediglich die zugeordnete Funktion aus.

Um ein Formular tatsächlich abzuschicken, können Sie die Methode `submit()` der `forms`-Eigenschaft aufrufen.

Dieses Beispiel zeigt das Abschicken eines Formulars: — Beispiel

```
<script type="text/javascript">
function pruefen()
{
}
</script>
<body>
<form id="test_frm" onsubmit="javascript:pruefen();">

</form>
<script>
  document.forms["test_frm"].submit();
</script>
</body>
```

Formulare ermöglichen Benutzereingaben. Ein Formular als Teil einer Webseite enthält interaktive Elemente, deren Zustand/Inhalt vom Benutzer geändert werden kann.

Der *Event-Handler* `onsubmit` des `<form>`-Elementes ermöglicht es, das Absenden des Formulars zu verhindern, falls die notwendigen Bedingungen nicht erfüllt sind. Dazu programmieren Sie zunächst eine Prüffunktion, welche die Inhalte der Formularfelder auf Plausibilität und Vollständigkeit überprüft und im Fehlerfall `false` und ansonsten `true` zurückgibt. Das einleitende *Tag* des HTML-Formulars könnte dann wie folgt aussehen:

```
<form onsubmit="javascript:return pruefen();"
      id="test_formular">
```

In einigen Fällen soll der Browser bei Eintreten eines Ereignisses (etwa Anklicken eines Buttons) die vordefinierte Aktion nur bedingt ausführen, beispielsweise, wenn der Benutzer ein bestimmtes Feld ausgefüllt hat.

5 Core-Objekte *

Beispiel

> Dieses Beispiel zeigt, wie Sie das bedingte Absenden eines Formulars realisieren können:
>
> ```
> <form onsubmit="javascript:return rech();" id="test_frm">
> <input type="submit" onclick="javascript:
>         if (this.form.elements['eingabe'].value.length=0)
>             return false; "
> />
> <input type="text" id="eingabe" />
> </form>
> ```
>
> In diesem Fall findet das Abschicken des Formulars lediglich dann statt, wenn die Funktion rech() entweder den Wert true liefert oder einen Wert zurückgibt, welcher in true umgewandelt werden kann. Wenn das Textfeld
>
> `<input type="text" id="eingabe" />`
>
> leer ist, dann liefert der *Event-Handler* false zurück, sodass das Formular durch Klicken auf die *Submit*-Schaltfläche nicht abgeschickt wird.

name
Bei der Verarbeitung von Formulardaten verdient das name-Attribut des HTML-Elements <form> besondere Beachtung. Es wird benötigt, um Formularelemente zu gruppieren und assoziativ/namentlich auf diese per JavaScript zuzugreifen. Lediglich der Inhalt von Feldern mit gesetztem name-Attribut kann beim Absenden des Formulars (submit) an den Server übertragen und dort ausgewertet werden.

Per HTML-Attribut können Sie festlegen, was mit den Benutzereingaben geschehen soll. Der Browser kann diejenigen Feldinhalte (Wert des value-Attributes) auslesen, deren Name (name-Attribut) im HTML-Quellcode gesetzt ist. Bei mehrzeiligen Textfeldern (<textarea>) wird der gesamte Inhalt ausgelesen.

action
Zu den JavaScript-Eigenschaften eines Formular-Objekts gehören action, encoding, method und target, welche jeweils auf die gleichnamigen HTML-Attribute verweisen.

Weitere Formulareigenschaften sind length, die Anzahl der Elemente des Formulars, sowie das Array elements[], welcher sämtliche Formularelemente in der Reihenfolge ihres Vorkommens im HTML-Quelltext enthält.

Wird ein Formular ausschließlich per JavaScript verarbeitet, so kann im <form>-Tag auf die Angabe der Attribute method und action verzichtet werden.

Der Empfänger der Formulardaten (Script, Anwendung) ist durch den Wert des <form>-Attributes action meistens in Form eines URL spezifiziert. Die Übergabe an die verarbeitende Anwendung erfolgt über HTTP. Je nach Inhalt des method-Attributes im <form>-

5.10 Skripte in Formularen einsetzen *

Element werden die Daten durch den Browser unterschiedlich aufbereitet.

Das `elements[]`-Array repräsentiert sämtliche Formularelemente. Diese besitzen zahlreiche Eigenschaften, auf welche Sie über das Array zugreifen können:

- `checked` gibt an, ob eine Checkbox oder ein Radio-Button aktiviert ist oder nicht (true/false).
- `defaultChecked` zeigt an, ob eine Checkbox oder ein Radio-Button per Voreinstellung aktiviert ist oder nicht (true/false).
- `defaultValue` bezeichnet den voreingestellten Wert eines Eingabefeldes.
- `selectedIndex` gibt die in einer Auswahlliste aktivierten Positionen an.
- `form` ist die Referenz auf das umgebende bzw. übergeordnete Formular.
- `type` enthält Informationen über den Elementtyp.
- `value` stellt bei einem Textfeld, einem Radio-Button, einer Checkbox und einer Auswahlliste den vom Benutzer implizit oder explizit zugewiesenen Wert dar.
- Durch `elements.length` wird die Anzahl der Formularelemente spezifiziert.

Ab HTML5 dürfen Formularelemente überall auf einer Webseite vorkommen – auch außerhalb eines Formulars. Ihre Position im DOM-Baum bzw. im Seitenquelltext ist nun nicht mehr auf den Bereich `<form>....</form>` beschränkt.

Neu ab HTML5

Bisher zeigte die JavaScript-Eigenschaft `form` auf das umgebende Formular. Dies gilt jedoch ab HTML5 nur dann, wenn diese Eigenschaft nicht explizit gesetzt ist.

Für Formularelemente außerhalb eines Formulars enthält die `form`-Eigenschaft keinen gültigen Wert. Aus diesem Grund gibt es ebenfalls seit HTML5 das entsprechende HTML-Attribut `form` für jedes Formularelement `<input>`, `<textarea>`, ... Diesem Attribut kann bei der Definition eines Formularelementes die ID des übergeordneten Formulars (als ID) unmittelbar im HTML-Quelltext zugewiesen werden.

Die hier dargestellten Textfelder erhalten schon bei ihrer Definition jeweils ein übergeordnetes Formular zugewiesen:

Beispiel

```
<form id="test_frm">
    <input type="text" id="e1" form="form2"/>
</form>
<form id="form2">
</form>
<p>
    <textarea id="kommentar" form="test_frm"/>
</p>
```

elements[] Für die Reaktion auf typische Ereignisse besitzt elements[] auch Methoden, zu welchen blur(), focus() sowie einige andere gehören. Diese entsprechen den bekannten HTML-*Event-Handlern*.

options[] Falls es sich bei einem Formularelement um eine Auswahlliste handelt, erzeugt der Browser bei diesen Elementen die zusätzliche Eigenschaft options[], welche sämtliche Listeneinträge repräsentiert. Die einzelnen Listeneinträge besitzen dann weitere Eigenschaften:

- selected zeigt an, ob ein Eintrag aktiviert ist (true/false).
- value ist der interne Wert eines Eintrags, welcher z. B. auch an einen Server übermittelt werden würde.
- text enthält den in der Liste angezeigten String.

<textarea> Für den Umgang mit Textfeldern gibt es bei JavaScript einige Besonderheiten. Beispielsweise identifizieren Sie ein mehrzeiliges <textarea>-Element durch die folgende Abfrage:

ok = (obj.type == "textarea") ? "ja" : "nein";

Den durch den Benutzer in das Feld eingegebenen Text ermitteln Sie durch:

inhalt = obj.value;

Die Anzahl der eingegebenen Zeichen erhalten Sie durch:

len = obj.value.length;

Ob ein solches Feld leer ist, prüfen Sie durch

(obj.value.length==0) ? "ja" : "nein";

Die Eigenschaft selectionStart gibt Ihnen die momentane Position des Cursors im Feld als Ganzzahl an:

pos = obj.selectionStart;

Das Ende eines markierten Bereiches in einem Textfeld wird durch die Eigenschaft selectionEnd zurückgegeben:

endpos = obj.selectionEnd;

Ob der Benutzer in einem solchen Feld Text markiert hat, können Sie wie folgt ermitteln:

(obj.selectionStart == obj.selectionEnd) ? "nein" : "ja";

Durch den folgenden Ausdruck ermitteln Sie, wie viele Zeichen markiert sind:

obj.selectionEnd - obj.selectionStart

Den markierten Text selbst erhalten Sie durch

obj.value.substring(obj.selectionStart, obj.selectionEnd);

Mit HTML5 gibt es zahlreiche neue Möglichkeiten der Formulargestaltung. Zunehmend werden diese durch die neuesten Browser unterstützt.

5.10 Skripte in Formularen einsetzen *

Hier sehen Sie, wie Sie eine dynamische Fortschrittsanzeige realisieren können. Der Opera-Browser ab der Version 11 sowie die Mehrheit der aktuellen Browser unterstützen bereits dieses Szenario:

Beispiel

```
<head>
<style type="text/css">
    progress:after{content:attr(max);}
    progress{color:red;}
</style>
</head>
<body>
    <h1>Anzeige des Fortschritts einer Aktion</h1>
    <form>
    <progress max="200" value="33"
      onclick="javascript:this.value=this.value+10;">
    </progress>
    </form>
</body>
```

Der Opera-Browser zeigt einen grünen Balken, welcher den Anteil des Startwertes `value="33"` am Maximalwert `max="200"` darstellt. Beim jedem Klick auf den Balken wird der Wert per JavaScript um 10 erhöht, sodass sich auch der Balken um den entsprechenden Anteil vergrößert (siehe Abb. 5.10-1).

Anzeige des Fortschritts einer Aktion

200

Abb. 5.10-1: Fortschrittsanzeige.

Laden Sie die aktuelle Version von Opera herunter. Erstellen Sie das soeben dargestellte Formular einschließlich CSS-Layout. Überprüfen Sie dessen Funktionalität auch in anderen Browsern.

Ein seit HTML5 neuer Feldtyp heißt `number`. Durch `type="number"` erhält ein Formulareingabefeld zwei zusätzliche Steuerelemente. Klickt der Benutzer auf eines dieser Elemente, so wird der Inhalt des Feldes um 1 (`step="1"`) vergrößert/verkleinert (*Spinbutton*-Funktion). Auch diese neue HTML5-Funktionalität

Beispiel

wird bereits u.a. durch den Opera-Browser in der Version 11 unterstützt:

```html
<head>
<style type="text/css">
    #cv
    {background-color:green;
    }
</style>
</head>
<body>
    <form id="frm">
       <input id="num" type="number"/>
    </form>
    <canvas id="cv">
       Fehler
    </canvas>
    <script type="text/javascript">
       //damit dies im Internet Explorer funktioniert muss
       man Ihn auf Dokumentenansicht (Internet Explorer 9)
       var obj=document.getElementById("cv");
       var num=document.getElementById("num");
       num.onclick=function()
       {
         obj.width=3/2*parseInt(num.value);
         obj.height=parseInt(num.value);
       }
    </script>
</body>
```

Das Eingabefeld wird hier verwendet, um die Größe des <canvas>-Elementes zu verändern (siehe Abb. 5.10-2).

Abb. 5.10-2: Spinbutton.

Führen Sie das Programm aus dem letzten Beispiel in verschiedenen Browsern aus.

Wie schon bei <progress> können Sie auch für einen *Spinbutton* Einstellungen per HTML vornehmen. Der Wertebereich wird durch die Attribute min, max und step festgelegt. Die Vorbelegung erfolgt durch value.

Hier sehen Sie die wichtigsten Parameter eines number-Eingabefeldes: *Beispiel*

```
<input type="number" min="0" max="10" step="2" value="6"/ >
```

Auf die Eigenschaften eines number-Eingabefeldes können Sie auch per JavaScript zugreifen. Hierzu gibt es einige Methoden und Eigenschaften:

- input.stepUp(x) erhöht den Wert des Feldes um x.
- input.stepDown(x) verringert den Wert des Feldes um x.
- input.AsNumber gibt einen String zurück, welcher den Wert des Feldes als Gleitkommazahl enthält.

5.11 Formularvalidierung und reguläre Ausdrücke **

Formulare werden verwendet, um mit dem Benutzer zu interagieren.

Damit der Server keine ungültigen Werte erhält, sollten Sie die Eingaben per JavaScript überprüfen. So lässt sich eine fehlerhafte E-Mail-Adresse oder eine ungültige Postleitzahl zurückweisen.

Dieses Beispiel zeigt ein Formular, in welchem die durch den Benutzer einzugebende Postleitzahl mithilfe eines regulären Ausdrucks vor dem Abschicken geprüft wird: *Beispiel*

```
<head>
<meta http-equiv="Content-Type" content="text/html;
charset=iso-8859-1">
<script type="text/javascript">
function chkfrm()
{
var eingabe = document.getElementById('plz');
        //Referenz auf plz-Feld
alert(eingabe.value);
if (/^\d\d\d\d\d$/.test(eingabe.value))
        //Ist die plz eine 5stellige Zahl?
{
return true;         // Formular absenden
}
else
{
document.write('Postleitzahl ungültig');
return false;        // Formular nicht absenden
}
}
</script>
<title>Regulaere Ausdruecke</title>
</head>
```

```
<body>
<form id="d_frm">
<fieldset style="width:240px;">
<p><label for = "plz"> Postleitzahl </label>
<input type="text" name="plz" id="plz" />
<em id="msg" style="color:blue;">5-stellige Zahl</em>
</p>
<p>
<input type="button" value="Absenden" onclick="chkfrm()"/>
</p>
</fieldset>
</form>
</body>
```

Sie sehen hier, wie Sie das unmittelbare Abschicken eines Formulars durch den Benutzer an den Server mithilfe des *Event-Handlers* onsubmit verhindern können.

Die Plausibilitätsprüfung von Benutzereingaben lässt sich mit regulären Ausdrücken durchführen. Ein regulärer Ausdruck ermöglicht es, Strings nach bestimmten Mustern zu durchsuchen.

Der hier verwendete reguläre Ausdruck /^\d\d\d\d\d$/ definiert ein Muster, welches aus exakt 5 Ziffern besteht. Die test()-Methode überprüft den in das plz-Feld eingegebenen Wert auf Übereinstimmung mit dem regulären Ausdruck.

Reguläre Ausdrücke sind Teil von ECMA-Script. Sie gehören seit der Version 1.2 zu JavaScript und ihr Einsatz ist in allen gängigen Browsern möglich.

In diesem Kapitel werden folgende Themen behandelt:
- »Validierung durch String-Methoden«, S. 168
- »Reguläre Ausdrücke anwenden«, S. 170
- »Begrenzer, Modifikatoren, Replikatoren«, S. 173
- »Methoden zum Suchen und Ersetzen«, S. 180
- »Eigenschaften regulärer Ausdrücke«, S. 185

5.11.1 Validierung durch String-Methoden **

Bevor Formulareingaben weiterverarbeitet werden, sollten diese auf ihre Plausibilität hin überprüft werden. Beim Abschicken des Formulars durch den Benutzer kommen zu diesem Zweck in vielen Fällen String-Methoden zum Einsatz.

Das Prüfen von Benutzereingaben ist eine der wichtigsten JavaScript-Anwendungen. Hier kommen häufig die Methoden des String-Objektes zum Einsatz (siehe »Das Objekt String«, S. 132).

5.11 Formularvalidierung und reguläre Ausdrücke **

Wenn es nur darum geht zu überprüfen, ob ein bestimmtes Zeichen oder eine bestimmte Zeichenfolge in einem String vorkommt, kann die Methode indexOf() verwendet werden.

indexOf()

In diesem Beispiel erfolgt eine Eingabeprüfung:

Beispiel

```
if (eingabe.indexOf("@") != -1)
  alert("OK!")
else
  alert("Eingabefehler!");
```

Wird kein @-Zeichen gefunden, so liefert indexOf() den Wert -1 zurück. Falls der String eingabe das @-Zeichen nicht enthält, erscheint eine entsprechende Meldung. Auf diesem Weg lässt sich eine einfache Überprüfungsfunktion für E-Mail-Adressen realisieren.

Häufig muss sichergestellt werden, dass ein String ausschließlich aus bestimmten Zeichen besteht. Mit solch einem Script kann man beispielsweise überprüfen, ob die Eingabe eines Benutzers in einem Formular die Gestalt einer Telefonnummer oder einer Postleitzahl besitzt, oder ob sie ungültige Zeichen enthält. Typischerweise besteht eine Telefonnummer aus den Ziffern 0 bis 9. Neben dem Leerzeichen sind außerdem die Sonderzeichen - + /., ( ) üblich.

Die folgenden JavaScript-Funktionen zeigen, wie die Gültigkeitsprüfung einer Telefonnummer erfolgen kann:

Beispiel

```
function pruefen(nr, ok)
{
  var result = true;
  for (var zaehler = 0; zaehler < nr.length; zaehler++)
  {
    var digit = nr.charAt(zaehler);
    if (ok.indexOf(digit) == -1)
    {
      result = false;
    }
  }
  return result;
}

function test(nr)
{
  if (!pruefen(nr, "0123456789 -+/.,()"))
  {
    alert("Eingabefehler");
  }
  else
  {
    alert("Alles OK");
  }
}
```

Erstellen Sie ein HTML5-Formular zur Eingabe einer Telefonnummer. Führen Sie die Prüffunktionen in verschiedenen Browsern aus.

5.11.2 Reguläre Ausdrücke anwenden **

Für die Validierung und Plausibilitätsprüfung von Benutzereingaben in Formularen können reguläre Ausdrücke eingesetzt werden. Sie dienen der Mustererkennung und ermöglichen auch das Ersetzen von Teilstrings. Reguläre Ausdrücke lassen sich – je nach Bedarf – per Literal oder per Konstruktor erzeugen.

Das Validieren und die Verarbeitung von Text gehören zu den häufigsten Aufgaben eines Webentwicklers. Hierunter fällt beispielsweise die Überprüfung von Formulareingaben, das Durchsuchen einer Webseite oder das Zerlegen eines Strings. Oft reichen die durch die verwendete Programmiersprache zur Verfügung gestellten String-Eigenschaften und -Methoden aus. In einigen Fällen wird es allerdings komplizierter.

Beispiele

Dies ist beispielsweise bei der Validierung einer E-Mail Adresse der Fall. Eine solche kann zwar sehr unterschiedlich aufgebaut sein, darf allerdings nur bestimmte Zeichen enthalten. E-Mail Adressen folgen einem Muster: Sie enthalten genau ein @-Zeichen, gefolgt von einem Domainnamen mit durch einen Punkt getrennter Endung, der Top-Level-Domain.

Ähnlich verhält es sich bei Telefonnummern, da ihnen ebenfalls ein komplexes Muster zu Grunde liegt.

Auch wenn Sie eine Webseite nach gültigen Datumsangaben mit einer vierstelligen Jahreszahl durchsuchen möchten, hilft Ihnen die Definition eines Suchmusters weiter.

Probleme

Ein grundsätzliches Problem stellt zusätzlich wechselnde Groß- und Kleinschreibung dar. Unterschiedliche Schreibweisen oder *White Spaces* erschweren das Auffinden der gesuchten Textstellen ebenfalls.

Suchmuster

Einfache Text- bzw. Suchmuster kennen Sie schon von der täglichen Arbeit an Ihrem Computer. Beim Suchen nach Dateien im Explorer werden oft Joker bzw. **Wildcards** verwendet.

Beispiele

Suche nach lokal gespeicherten Dateien, deren Namen mit dem Muster übereinstimmt:

```
*.js
java??.rtf
```

Reguläre Ausdrücke

Reguläre Ausdrücke erfüllen eine ähnliche Funktion. Sie stellen eine effektive und komfortable Möglichkeit dar, einen Text-

5.11 Formularvalidierung und reguläre Ausdrücke **

bereich gezielt nach bestimmten Inhalten zu durchsuchen. Sie bieten zahlreiche Optionen bei der Definition komplexer Suchausdrücke bzw. -muster.

Durch den Einsatz regulärer Ausdrücke lässt sich der Quellcode-Umfang oft erheblich reduzieren. Allerdings sind diese in vielen Fällen nur schwer lesbar. Daher gibt es Validatoren und Softwarewerkzeuge, welche das Überprüfen von regulären Ausdrücken vereinfachen:

- Flex 3 erhalten Sie auf der Website Adobe (http://www.adobe.com).
- Das Werkzeug Expresso finden Sie auf der Website Ultrapico (http://www.ultrapico.com/Expresso.htm).
- Einen Online-Validator finden Sie auf der Website Gskinner (http://gskinner.com/RegExr).

Viele Programmiersprachen unterstützen den Einsatz regulärer Ausdrücke. Ebenso beherrschen zahlreiche Datenbanksprachen diese Technik und auch manche Editoren und Entwicklungsumgebungen realisieren so das Suchen und Ersetzen.

Reguläre Ausdrücke gehören auch zum Sprachumfang von JavaScript. Syntax, Methoden und Eigenschaften regulärer Ausdrücke bei JavaScript orientieren sich an den Möglichkeiten der Sprache Perl.

Zur Definition eines regulären Ausdrucks benötigen Sie ein Muster. Ein solches Muster sieht z. B. wie folgt aus: /java/. Dies ist die einfachste Form eines regulären Ausdrucks. Er repräsentiert lediglich den String java.

Das Objekt RegExp

In JavaScript repräsentiert das Objekt RegExp *(Regular Expression)* einen regulären Ausdruck. Ein regulärer Ausdruck kann durch den Konstruktor RegExp() oder durch ein Literal erzeugt werden. Ein Literal wird von 2 Schrägstrichen begrenzt. Dem letzten Schrägstrich folgen oft noch weitere Zeichen bzw. Replikatoren, welche die Bedeutung des Musters verändern.

Beispiele für reguläre Ausdrücke sind: Beispiele

/^XML/
/[2-5][1-3]*/

Sie können sowohl die Literalsyntax

regx = /javascript/

als auch den Konstruktor verwenden, um einen regulären Ausdruck zu erhalten:

regx = new RegExp("javascript");

Hier sehen Sie ein Literal mit **Modifikator** :

`/\bjavascript\b/i`

Per Konstruktor können Sie diesen Ausdruck wie folgt erzeugen:

`regx = RegExp("\bjavascript\b","i");`

Durch \b wird festgelegt, dass der Anfang und auch das Ende des Suchmusters eine Wortgrenze darstellen müssen. Durch Angabe von i wird bei der Suche Groß-/Kleinschreibung ignoriert.

Mit diesem Muster finden Sie javascript als einzelnes Wort ohne Berücksichtigung von Groß- und Kleinschreibung.

Beide Arten der Zuweisung sind gleichwertig. In beiden Fällen können Sie auf die Variable regx die Eigenschaften und Methoden des RegExp-Objektes anwenden.

Zwischen einem regulären Ausdruck, welcher per Literalsyntax erzeugt wurde und einem RegExp-Objekt gibt es allerdings einen entscheidenden (technischen) Unterschied: Den Zeitpunkt der Compilierung.

Jeder reguläre Ausdruck muss vor seiner Verarbeitung compiliert werden. Dies erfolgt automatisch durch den Interpreter. Ein literaler regulärer Ausdruck wird sofort beim Laden des Scriptes compiliert, während der Interpreter ein RegExp-Objekt erst zur Laufzeit compiliert – genau dann, wenn der Zugriff auf genau dieses Objekt erfolgt.

Dies hat zur Folge, dass die Verwendung der Literalsyntax lediglich sinnvoll ist, wenn Sie den regulären Ausdruck vor Ausführung des Programms kennen und sich dieser im Verlauf des Programms nicht verändert.

Wenn der reguläre Ausdruck vor der Script-Ausführung nicht bekannt ist oder er sich während des Programmablaufes dynamisch ändern soll, müssen Sie mit einem RegExp-Objekt arbeiten. Der Übergabeparameter ist ein String.

HTML5 und das Attribut pattern

Zwar stellen reguläre Ausdrücke einen Teil des Sprachkonzepts von JavaScript dar, sie sind jedoch nicht auf JavaScript und auch nicht auf die Programmierung beschränkt. Einerseits unterstützen zahlreiche Programmiersprachen, wie z. B. PHP, die Verwendung regulärer Ausdrücke, zum anderen können Sie seit HTML5 Gültigkeitsregeln durch reguläre Ausdrücke schon im Markup Ihrer HTML-Seite formulieren.

Die neue Auszeichnung `<input pattern="....">` erzeugt ebenso wie `<input type="text">` ein einzeiliges Feld für Texteingaben. Der Unterschied zwischen diesen beiden Darstellungen besteht darin, dass bei Angabe von `pattern` die vom Benutzer in das Feld eingegebenen Zeichen durch den Browser gegen den regulären Ausdruck geprüft werden, welchen Sie bei der Definition des Seitenelementes `<input>` der `pattern`-Eigenschaft als Wert zugewiesen haben.

Beispiel HTML5

So würde beispielsweise durch `pattern="[a-z]{8}"` der Browser beim Verlassen des Feldes sämtliche nichtleeren Eingaben zurückweisen, welche nicht aus genau acht Kleinbuchstaben des Alphabets bestehen.

Das der Eigenschaft `pattern` zugewiesene Muster wird durch den Browser mit dem gesamten durch den Benutzer eingegebenen String verglichen. Da bei der Zuweisung eines regulären Ausdrucks an die `pattern`-Eigenschaft die Angabe der sonst üblichen Begrenzer /..../ entfällt, können hier keine Modifikatoren verwendet werden.

Im Zusammenhang mit dieser Feldvalidierung durch den Browser hat das W3C in seiner HTML5-Spezifikation festgelegt, dass bei Verwendung des `pattern`-Attributs eines `<input>`-Elements gleichzeitig das globale Attribut `title` angegeben werden muss. Diesem sollte als Wert eine kurze Beschreibung der zulässigen Feldinhalte zugewiesen werden. Der Wert des `title`-Attributs wird auf der Webseite als Tool-Tip angezeigt, wenn der Benutzer mit der Maus auf das Feld zeigt.

5.11.3 Begrenzer, Modifikatoren, Replikatoren **

Reguläre Ausdrücke dienen dazu, Textmuster zu formulieren, um in Zeichenketten danach zu suchen und ggf. den gefundenen Text zu ersetzen. Für den Mustervergleich mit Hilfe regulärer Ausdrücke gibt es einige Sonderzeichen. Dazu gehören beispielsweise gruppierende Klammern und das Zeichen |. Die Häufigkeit des Vorkommens eines Teilstrings lässt sich durch den Operator {} angeben. Verschiedene Zeichenklassen, Anker und Begrenzer verkürzen die Länge eines regulären Ausdrucks. Durch Modifikatoren lässt sich das Standardverhalten bei der Mustererkennung ändern.

In regulären Ausdrücken gibt es einige Zeichen, welche eine besondere Bedeutung besitzen. Derartige Metazeichen sind:

Metazeichen

\ / | ( ) [ ] { } ^ $ * + ? .

5 Core-Objekte *

Wenn Sie eines dieser Zeichen als Teil Ihres Suchmusters verwenden möchten, so muss diesem ein *Backslash* (\) vorausgehen. Der *Backslash* gibt innerhalb eines regulären Ausdrucks einigen Zeichen eine spezielle Bedeutung (Tab. 5.11-1).

Zeichen	Bedeutung	Alternative Darstellung
\n	Zeilenvorschub	
\r	Wagenrücklauf	
\t	Tabulator horizontal	
\v	Vertikaler Tabulator	
\f	Seitenvorschub	
\d	Ziffer	[0-9]
\D	Keine Ziffer	[^0-9]
\w	Alphanumerisches Zeichen	[a-zA-Z_0-9]
\W	nicht alphanumerisches Zeichen	[^a-zA-Z_0-9]
\s	White Space	[\t\v\n\r\f]
\S	Kein White Space	[^ \t\v\n\r\f]
.	Ein einziges beliebiges Zeichen außer \n	
\uxxxx	Unicode-Zeichen (\u000D entspricht \r)	
\b	Treffer am Wortende	
\B	Treffer nicht am Wortende	
\c	\ /. * +? ( ) [ ] { }	
\xXX	Hexadezimaler Zeichenkode, wobei XX eine oder mehrere hexadezimale Ziffer(n) darstellt.	

Tab. 5.11-1: Spezielle Zeichen.

So wird die Suche nach unsichtbaren Zeichen möglich und auch das Auffinden von Zeichengruppen.

Eine besondere Bedeutung kommt hier \b zu. Es handelt sich bei \b um einen Steuerungsmechanismus, durch welchen nicht, wie den anderen Fällen, nach einem bestimmten Zeichen gesucht wird. Mit \b legen Sie für das Suchmuster fest, dass etwaige Treffer sich an einer Wortgrenze befinden müssen.

Beispiel

In der Zeichenkette Datenverarbeitung führt die Suche nach dem Muster /verarbeitung\b/ zu einem Treffer, während sich in Datenverarbeitungsgeschwindigkeit kein Treffer ergibt.

5.11 Formularvalidierung und reguläre Ausdrücke **

Innerhalb von regulären Ausdrücken gibt es Replikatoren bzw. Quantifikatoren, durch welche Sie angeben können, wie häufig ein Zeichen oder eine Zeichenfolge hintereinander vorkommen soll. Tab. 5.11-2 zeigt, welche Replikatoren zu JavaScript gehören.

Darstellung	Auftreten von a	Alternative Darstellung
a{m,n}	Mindestens m, höchstens n	
a{n,}	Mindestens n	
a{n}	n	
a*	0 oder mehr	a{0,}
a+	Mindestens 1	a{,1}
a?	Höchstens 1	a{0,1}

Tab. 5.11-2: Replikatoren.

Standardmäßig wird durch die Mustererkennung ein möglichst großer String zurückgeliefert (»gierige Suche«).

Dies können Sie anhand des folgenden Beispiels nachvollziehen:

```
var str = "JavaScript";
var regx = /Ja[a-zA-Z]*/;
treffer=regx.exec(str);
```

Beispiel

Verifizieren Sie hier, dass der Treffer JavaScript lautet.

Seit JavaScript 1.5 können Sie bei einem Replikator festlegen, dass dieser einen möglichst kleinen Treffer liefern soll. Dazu muss dem Replikator ein Fragezeichen folgen.

```
regx  = /as+?/;
regy  = /\d{4, 10}?/;
regz  = /\w??/;
```

Beispiele

Ändern Sie das Suchmuster in der vorigen Übung entsprechend und überprüfen Sie das Suchergebnis in mehreren Browsern.

Für die Suche mit Hilfe derartiger Ausdrücke lässt sich etwa die Methode exec() einsetzen.

Dieses Beispiel zeigt eine JavaScript-Funktion, welche sämtliche Elemente eines Array auf Übereinstimmung mit einem regulären Ausdruck überprüft:

Beispiel

```
function suchen()
{
   var txt = "";
```

```
var arr = ["JavaScript", "java", "Java", "Javascript",
  "javascript"];
var suchstr = /java/;
for (var nr in arr)
{
   var treffer = suchstr.exec(arr[nr]);
   txt = txt +"<br/>" + arr[nr] + " --> " ;
   if (treffer)
      txt = txt + "\t"+"Treffer: " + treffer
   else
      txt = txt + "kein Treffer";
}
return txt;
}
```

Der Abgleich des Suchausdrucks mit den einzelnen Array-Elementen erfolgt durch die Methode exec(). Sie gibt hier denjenigen Teil eines jeden Array-Elementes zurück, welcher dem regulären Ausdruck entspricht. Für jedes Element, welches keinen Treffer darstellt, wird die Variable treffer nicht initialisiert, sodass sie den Wert null erhält. Dieser wird bei der Auswertung in false umgewandelt.

Die Funktion suchen() gibt jedes Element des Array zurück.

Für reguläre Ausdrücke gibt es eine Kurzschreibweise. Sie müssen nicht unbedingt den Ausdruck in einer Variablen übergeben.

Beispiel

Anstatt die beiden Anweisungen

```
var suchstr = /java/;
var treffer = suchstr.exec(arr[nr]);
```

zu verwenden, können Sie den Aufruf der exec()-Methode auch einfacher programmieren:

```
var treffer = /java/.exec(arr[nr]);
```

Innerhalb von regulären Ausdrücken können Sie einige Metazeichen verwenden (Tab. 5.11-3).

Zeichen	Bedeutung
^	Anfang einesStrings
$	Ende eines Strings
|	Oder-Operator
()	Begrenzer
[]	Zeichenklassen
{}	Replikatoren

Tab. 5.11-3: Metazeichen.

5.11 Formularvalidierung und reguläre Ausdrücke **

Anstatt alle Zeichen innerhalb eines Musters einzeln aufzuzählen, wie es beispielsweise in dem Muster /(d|e|f|g|h|i)/ geschieht, lassen sich Zeichenklassen definieren. Ein zu /(d|e|f|g|h|i)/ gleichwertiges Muster ist /[d-i]/. Eine Zeichenklasse ist in eckigen Klammern anzugeben.

Zeichenklassen

- Durch [0-9] suchen Sie irgendeine Ziffer.
- Die Zeichenklasse [5-9] repräsentiert eine Ziffer, welche größer als 4 ist.
- Das Muster [aeiou] ermöglicht die Suche nach einem Vokal.
- Der Ausdruck [^0-9] kennzeichnet ein Zeichen, welches keine Ziffer ist.
- Die Klasse [a-zA-Z] steht für einen Klein- oder Großbuchstaben, jedoch nicht für einen Umlaut.
- [ä-üÄ-Ü] erfasst die Umlaute.

Beispiele

Die Zeichen ^ und $ stellen so genannte Anker dar. Diese werden benötigt, da standardmäßig die Suche nach Übereinstimmungen mit einem regulären Ausdruck überall innerhalb eines Strings stattfindet. Durch Anker lässt sich das Suchverhalten beeinflussen und damit auch die Position eines etwaigen Treffers innerhalb des durchsuchten Strings bestimmen. Zu diesem Zweck gibt es bei JavaScript folgende Steuerzeichen:

Anker

- ^ definiert, dass der Treffer am Anfang des Strings stehen muss.
- $ legt fest, dass der Treffer sich am Ende des Strings befindet.

Durch die Kombination von ^ und $ erreichen Sie, dass eine etwaige Übereinstimmung mit dem Muster dem kompletten String entspricht (Tab. 5.11-4).

Muster	Bedeutung
/^[0-9]$/	nur Ziffern
/^[\x00-x7F]+$/	ausschließl. ASCII-Zeichen
/^[1-9][0-9]{0,4}$/	1...99999
/^[0-9]{5}$/	PLZ
/^[a-zA-ZßäöüÄÖÜ]+ [a-zA-ZßäöüÄÖÜ]$/	Vor- und Nachname
/^[a-zA-ZäöüÄÖÜ \.]+ [0-9]+[a-zA-Z]?$/	Straße & Hausnummer
/^[A-Z0-9+_.-]+@[A-Z0-9.-]+$/i	E-Mail-Adresse

Tab. 5.11-4: Beispiele für die Anwendung von ^ und $.

Das letzte Beispiel in der Tab. 5.11-4 zeigt, wie Sie vorgehen können, um eine E-Mail-Adresse zu validieren. Der hier dargestellte Ansatz bedarf allerdings noch einiger Verbesserungen (z. B. Zulassen weiterer Sonderzeichen, mindestens zweistellige Top-Level-Domain, Vermeidung zweier aufeinander folgender Punkte usw.).

Durch die Begrenzer () können Sie die Wirkung der Replikatoren steuern. So bezieht sich beispielsweise in dem Ausdruck /java+/ der Replikator + lediglich auf das vorausgehende a, während es in dem Ausdruck /(java)+/ Bezug auf den gesamten String java nimmt.

Ein Suchmuster lässt sich um Modifikatoren bzw. *Flags* ergänzen, welche Einfluss auf die Rückgabe bei einem Mustererkennungsprozess besitzen (Tab. 5.11-5).

Modifikator	Wirkung
i	Groß-/Kleinschreibung wird ignoriert.
m	Nicht nur die erste Zeile des mehrzeiligen Strings wird durchsucht.
g	Alle Treffer finden.
x	Ignoriert Leerzeichen.

Tab. 5.11-5: Modifikatoren.

Die einzelnen Modifikatoren lassen sich auch in Kombination verwenden.

Der Modifikator g bedarf hier besonderer Erwähnung. Dieser ist speziell in Zusammenhang mit den Methoden exec() und match() von Bedeutung, welche bei Verwendung von g sämtliche Übereinstimmungen mit dem durch den regulären Ausdruck vorgegebenen Muster ermitteln. Zurückgegeben wird dann ein Array.

Das Oder-Zeichen | kann bei der Mustererkennung verwendet werden, falls alternative Zeichen oder Teilstrings gesucht werden. Beispielsweise wird durch /Me(i|y)er/ sowohl Meyer als auch Meier gefunden.

Durchsuchen Sie per JavaScript die Strings Geographie, Grafikterminal, Gozinthograph, Graphikverarbeitung, Typografie, demographisch, Grafologie, Pixelgraphik mit der exec()-Methode nach den Mustern /Gra(f|ph)/i sowie /Gra(f|ph)ik/.

Nicht nur für das Zusammenfassen mehrerer Zeichen ist das Setzen von Klammern innerhalb eines regulären Ausdrucks von Bedeutung. Klammern in regulären Ausdrücken ermöglichen auch die Zwischenspeicherung gefundener Teilstrings.

Der Interpreter legt etwaige Übereinstimmungen von Klammerausdrücken in temporären Variablen ab. So kann auf diese schon innerhalb eines Suchmusters wieder zugegriffen werden. Auf den Teilstring, welcher durch die erste Klammer gefunden wurde, können Sie mit \1 zugreifen, auf den nächsten mit \2, usw. Dies ist beispielsweise nützlich, wenn Sie innerhalb eines Strings zusammengehörige HTML-*Tags* suchen.

> **Mit Hilfe eines regulären Ausdrucks können Sie ein einfaches HTML-Element finden** (z. B. textarea).
> ```
> function html_element(str)
> {
>   var muster = /<(.*?)>.*<\/\1>/;
>   alert(muster.exec(str));
>   return muster.exec(str);
> }
> ```
> Die hier dargestellte Funktion sucht im übergebenen String das erste einleitende HTML-*Tag* und das zugehörige abschließende *Tag*. Sie gibt den Elementinhalt und die begrenzenden HTML-*Tags* zurück.

Beispiel

Wenden Sie die Funktion auf verschiedene HTML-Texte an.

Im Zusammenhang mit Klammern kommt dem Fragezeichen eine weitere Bedeutung zu.

> (?:ja): **Diese Angabe bewirkt, dass nach dem String** ja **zwar gesucht wird, allerdings dieser nicht als Parameter im Ergebnisarray zurückgegeben wird.**

Beispiel

Aus Performancegründen sollten Sie diese Variante wählen, wenn das Merken evtl. übereinstimmender Klammerausdrücke nicht notwendig ist.

Wenn Sie eine Ausschlusssuche durchführen möchten, so könnten Sie folgendes Muster verwenden: (?!script)

Ein etwaiger Treffer wird dann nicht den Teilstring script enthalten.

Eine weitere Variante ist die folgende: (?|script)

Es wird dann zwar nach dem Teilstring gesucht, jedoch ist dieser nicht Teil des Treffers, welchen der Interpreter zurückliefert. Wenn Sie beispielsweise nach /Netz(?|werk)/ suchen, erhalten Sie einen Treffer, wenn Netzwerk gefunden wird. Der Interpreter liefert allerdings den Treffer Netz zurück.

In den letzten Fällen kennzeichnet das Fragezeichen jeweils das Sprachkonstrukt, während der Doppelpunkt, das Ausrufezeichen und der |-Operator bzw. das *Pipe*-Symbol die genaue Funktion des Ausdrucks festlegen.

Die Auswertung regulärer Ausdrücke hat oft maßgeblichen Einfluss auf die Ausführungszeit einer Scriptfunktion. In den meisten Fällen sind hier String-Methoden effizienter.

Suchmuster optimieren Beispiele

Auch der reguläre Ausdruck selbst lässt sich oft optimieren.

- `regx=/cat|bat/` wird langsamer verarbeitet als `regx=/[cb]at/`.
- Der Ausdruck `regx=/rea?d/` sollte gegenüber `regx=/red|read/` vorgezogen werden.
- `regx=/r(?:ed|aw)/` wird schneller verarbeitet als `regx=/red|raw/`.
- `regx=/[\s\S]/` ist effizienter als `regx=/(.|\r|\n)/`.

5.11.4 Methoden zum Suchen und Ersetzen ***

Für die Suche gibt es die String-Methode `match()` und die RegExp-Methode `exec()`. Diese unterscheiden sich durch ihr Rückgabe-Array bei globaler Suche. Während `exec()` den letzten gefundenen Treffer sowie die letzten 9 gefundenen Klammerausdrücke zurückgibt, liefert `match()` sämtliche Treffer. Durch `compile()` erzwingt man das Kompilieren eines im weiteren Verlauf gleich bleibenden regulären Ausdrucks. Der Konstruktor wird dann nicht bei jedem Aufruf den Ausdruck erneut kompilieren, wodurch sich die Script-Ausführung erheblich verkürzt.

Für die Anwendung von benutzerdefinierten regulären Ausdrücken gibt es sowohl Methoden des `String`-Objekts als auch Methoden des `RegExp`-Objektes.

String-Methoden

Die folgenden `String`-Methoden können im Zusammenhang mit regulären Ausdrücken verwendet werden:

- `match()`,
- `replace()`,
- `search()`,
- `split()`.

RexExp-Methoden

Für reguläre Ausdrücke gibt es die Methoden

- `exec()`,
- `compile()` und
- `test()`.

Beispiel

Die Anwendung von `exec()` und `match()` zeigt dieses Beispiel:

```
var str = "Scripte werden in Textdateien gespeichert
            und interpretiert. "
var regx = /[A-ZÄ-Üß]{8,}/i  //mindestens 8 Buchstaben
alert(str.match(regx) + "\n" + regx.exec(str));
```

5.11 Formularvalidierung und reguläre Ausdrücke **

Der Ausdruck `str.match(regx)` führt hier zum gleichen Ergebnis wie `regx.exec(str)`. Beide Methoden ermöglichen es Ihnen, einen String zu durchsuchen.

Erstellen Sie ein HTML5-Formular. Durchsuchen Sie mit `exec()` und `match()` den in ein mehrzeiliges Textfeld eingegebenen Text nach einem Muster. Vergleichen Sie die Ausgabe der beiden Funktionen. Im Fall, dass der reguläre Ausdruck nicht den Modifikator g enthält, geben `match()` und `exec()` jeweils den ersten Treffer zurück.

Im Falle eines Treffers wird durch `exec()` immer ein Array zurückgegeben, dessen erstes Element den ersten oder einzigen übereinstimmenden Text enthält. Die weiteren Array-Elemente enthalten Text, welcher mit eventuell vorhandenen, in Klammern stehenden Teilausdrücken in dem regulären Ausdruck übereinstimmt.

exec()

Enthält der reguläre Ausdruck den Modifikator g, so wird durch `match()` im String nach allen dem Muster entsprechenden Teilstrings gesucht. Zurückgegeben wird ein Array mit den gefundenen Teilstrings. `match()` liefert bei Nichterfolg den Wert `null`.

match()

Die folgenden Programmzeilen zeigen, wie `match()` angewendet werden kann:

Beispiel

```
var txt = "Websprache JavaScript";
alert(txt.match("eb")); //"eb"
alert(txt.match(/script/)); //null
alert(txt.match(/java/i)); //"Java"
alert(txt.match(/[a-z]{3}a[a-z]*/gi);
       //["sprache", "JavaScript"]
```

Wenden Sie die Beispiele auf die Benutzereingaben in einem Formular-Textfeld an.

Wenn Sie allerdings hier Informationen über die in Klammern befindlichen Teilausdrücke oder über die Position etwaiger Übereinstimmungen benötigen, so müssen Sie `exec()` anstelle von `match()` verwenden oder auf RegExp-Eigenschaften zugreifen.

Die Methode `exec()` sucht in einem String ein Muster, welches durch einen regulären Ausdruck angegeben ist. Wenn die Suche fehlschlägt, liefert `exec()` den Wert `null` zurück.

Die von `exec()` und `match()` zurückgegebenen Arrays besitzen jeweils die Eigenschaft `index` und `input`. `index` gibt die Zeichenposition innerhalb der durchsuchten Zeichenkette an, an welcher der übereinstimmende Text beginnt.

index-Eigenschaft

Beispiel	Hier sehen Sie, welche Rückgabewerte `index` liefert:
	`/b/.exec("0123b56").index; // 4`
	`"0123b56".match(/b/).index; // 4`
	`/b/g.exec("0123b56b").index; // 4`
	`"0123b56b".match(/b/g).index; // undefined`
	`"JavaScript".match(/a/g).index //1`
	`/a/g.exec("JavaScript").index //1`
	`"JavaScript".match(/v/).index //2`
	`/v/.exec("JavaScript").index //2`

	Verifizieren Sie die Werte der `index`-Eigenschaft anhand eines Scriptes.
Eigenschaft input	`input` stellt eine Referenz auf den durchsuchten String dar.

	Die folgende Funktion demonstriert, wie der Zugriff auf die Eigenschaften `index` und `input` erfolgen kann:
	`var str = "JavaScript ist eine Websprache";`
	`var muster = /eine/;`
	`var treffer = muster.exec(str);`
	`document.write("<p>Originaltext: " +`
	`    treffer.input + "<\/p>");`
	`document.write("<p>Erster Treffer: " +`
	`    treffer[0] + "Position: " + treffer.index + "<\/p>");`

test()	Die Methode `test()` prüft, ob ein Muster in einem String enthalten ist. Die `test()`-Methode ist `exec()` ähnlich, liefert allerdings nur einen Wahrheitswert. Dafür arbeitet `test()` deutlich schneller als `exec()`. `test()` kann zum Validieren von Eingaben verwendet werden, wenn es nicht auf den Inhalt des Strings ankommt.

Beispiele	`/java/i.test("JavaScript"); // true`
	`/script$/i.test("JavaScript"); // true`
	`/^java$/i.test("JavaScript"); // false`

compile()	Um die Auswertung eines regulären Ausdruckes zu beschleunigen, können Sie die Methode `compile()` einsetzen. Bleibt ein zur Laufzeit erzeugter regulärer Ausdruck während der Verarbeitung einer Schleife konstant, so sollten Sie diesen aus Effizienzgründen vor der Übergabe an die Schleife kompilieren.
replace()	Durch die `replace()`-Methode des String-Objektes ist es möglich, eine oder mehrere Übereinstimmungen innerhalb eines Strings durch einen anderen String zu ersetzen. Zurückgegeben wird der neue String.

Beispiel	Hier sehen Sie, wie Sie `replace()` verwenden können:
	`var str = "Javascript-Strings und auch das RegExp()-Objekt`
	`    von javascript besitzen einige gleichartige Methoden.";`
	`var txt = str.replace(/javascript/ig, "JavaScript");`

5.11 Formularvalidierung und reguläre Ausdrücke **

Hier wird jedes Vorkommen von `javascript` unabhängig von Groß-/Kleinschreibung innerhalb von `str` durch `JavaScript` ersetzt.

Ein weiteres Beispiel zu `replace()` sehen Sie hier: *Beispiel*

```
var regx = /H(SK)+/;
var str="HSK-A-205"
alert(str.match(regx));  // ["HSK", "SK"]
alert(str.replace(regx,"SI"));  // "SI-A-205"
```

Das zweite Argument von `replace()` muss nicht unbedingt ein elementarer String sein. Sie können hier auf Teilstrings zugreifen, welche durch Klammerausdrücke innerhalb des regulären Ausdrucks gefunden wurden. Die entsprechenden Platzhalter beginnen mit einem $-Zeichen und werden beginnend mit 1 fortlaufend nummeriert. Bis zu 99 Klammerausdrücke können hier ausgewertet werden.

Dieses Beispiel zeigt, wie Sie auf diesem Weg die Reihenfolge durch Leerzeichen getrennter alphabetischer Teilstrings umkehren können: *Beispiel*

```
var str = "Java Perl PHP CGI";
var txt = str.replace(/(\w+) (\w+) (\w+) (\w+)/,
         "$4 $3 $2 $1");
```

Erstellen Sie ein HTML5-Formular. Bei Klick auf eine Schaltfläche soll die Reihenfolge der in ein Textfeld eingegebenen Wörter umgekehrt werden.

Hier sehen Sie ein weiteres Beispiel: *Beispiel*

```
function convert(str);
{
   return str.replace(/(\w+)\s*,\s*(\w+)/,"$2$1");
}
```

In einem HTML5-Formular gibt der Benutzer seinen Namen in der Form `Jobs, Steve` ein. Der Name soll durch die Funktion `convert()` verarbeitet und das Ergebnis in das Textfeld zurück geschrieben werden.

Wie verhält sich `convert()` bei zusammengesetzten Nachnamen wie beispielsweise `Berners-Lee`? Entwickeln Sie eine weitere Funktion `convert_2()`, welche dieses Manko behebt.

Das zweite Argument von `replace()` darf auch eine Funktion enthalten.

Die folgende Funktion zeigt ein Anwendungsbeispiel: *Beispiel*

```
function fdemo(str)
{
  str=str.replace(/\b\w+\b/g,
    function(txt)
    {
       return txt[0].toLowerCase()+txt.slice(1,txt.length);
    }
  );
    return str;
}
```

Welchem Zweck dient diese Funktion? Wenden Sie sie auf die Eingabe in einem Textfeld an.

split() Auch die String-Methode split() kann reguläre Ausdrücke verarbeiten. Somit können Sie eine Regel anstelle eines statischen Trennzeichens definieren, nach welcher ein String zerlegt wird:

```
var arr = txt.split(/\s+/);
```

Diese legt als Trennzeichen *White Spaces* fest. Die Trennzeichen sind dann nicht im Ergebnis-Array enthalten. Hier sehen Sie, welche Ergebnisse split() liefert:

```
"a,b,c.d".split(/\.|,/) // ["a", "b", "c", "d"]
"a,.b- c .d_e".split(/[.,-_]/)
                // ["a", "", "b", " c ", "d", "e"]
"a,.b- c .d_e".split(/[.,-_\s]*/)
                // ["a", "b", "c", "d", "e"]
"1,   2, 3,    4,     5".split(/\s+,\s+/);
                //["1","2","3","4","5"]
```

search() Die String-Methode search() ist der Methode match() sehr ähnlich, gibt aber anstelle eines Array mit den Treffern die Position des ersten gefundenen Teilstrings zurück. Sie liefert -1, wenn es keinen Treffer gibt.

Beispiel Hier sehen Sie ein Beispiel für die Suche mit search():

```
function finde(str)
{
  var regx = /1\d{3}/;
  var idx = str.search(regx);
  if (idx == -1)
  {
    alert("kein Treffer")
  }
  else
  {
    alert("Treffer an Position " + idx);
  }
}
```

Die Funktion ermittelt im übergebenen String die erste vierstellige Zahl, welche mit einer 1 beginnt.

Weitere Beispiele für die Anwendung von `search()` sehen Sie hier:

```
"0123b56b".search(/b/g); // 4
"0123b56b".search(/x/g); // -1
```

Beispiel

5.11.5 Eigenschaften regulärer Ausdrücke **

Neben Methoden besitzen reguläre Ausdrücke auch Eigenschaften. Zu diesen gehören `global`, `ignoreCase`, `source` und `lastIndex`.

Reguläre Ausdrücke können zum Durchsuchen von elementaren Strings und auch von String-Objekten verwendet werden. Ein regulärer Ausdruck wird entweder durch Angabe eines Literals oder durch den Konstruktor `RegExp()` zur Laufzeit erzeugt.

Benutzerdefinierte reguläre Ausdrücke und auch RegExp-Objekte besitzen neben Methoden auch einige Eigenschaften. Diese leiten sich zum Teil aus dessen Modifikatoren her:

- `global` gibt an, ob der Modifikator g gesetzt ist.
- `ignoreCase` zeigt den Status des Modifikators i.
- Die `source`-Eigenschaft enthält das Suchmuster ohne eingrenzende Schrägstriche und ohne Modifikatoren.
- `lastIndex` gibt die Position bzw. den Index des letzten gefundenen Treffers innerhalb des durchsuchten Strings an.

Alle diese Eigenschaften können durch die Kompilierung des RegExp-Objektes geändert werden.

Hier sehen Sie, wie Sie diese Eigenschaften abfragen/ändern können:

```
var regy = /javascript/g;
var regx = new RegExp();
regx.compile("java");
alert("x: " + regx.global + "      y: " + regy.global);
regx.compile("script", "gi");
alert(regx.source + "         " + regx.global);
```

Beispiel

Lediglich auf die Eigenschaft `lastIndex` haben Sie sowohl Schreib- als auch Lesezugriff. Der Wert von `lastIndex` ist eine ganze Zahl. Bei globaler Suche (/g) ist durch `lastIndex` festgelegt, bei welchem Zeichen die nächste Suche starten wird.

Hier sehen Sie ein Beispiel:

```
var regx = /Java[a-z]*/gi;
var str = "Java ist anders als JavaScript";
var treffer = regx.exec(str);
regx.lastIndex = 2;
treffer = regx.exec(str);
```

Beispiel

Da `exec()` nur den ersten Treffer und etwaige übereinstimmende Klammerausdrücke zurückgibt, ist der Inhalt der Variablen `treffer` hier jeweils ein einelementiges Array.

Verifizieren Sie in diesem Beispiel, dass der erste Treffer `Java` und der zweite Treffer `JavaScript` lautet.

Unter anderem bei der Ausführung von `exec()` werden diese Eigenschaften bei Bedarf verändert.

Beispiel

Das folgenden Anweisungen ermitteln ABC als Treffer und liefern `true`, da der Modifikator i benutzt wurde:

```
var str = "ABC";
var regx = /ab/i;
var treffer = regx.exec(str);
alert(treffer + "     " + regx.ignoreCase);
```

`lastIndex` wird durch die String-Methoden `search()`, `replace()` und `match()` immer auf 0 zurückgesetzt. Die Methoden `exec()` und `test()` dagegen tun dies bei globaler Suche (/g) lediglich dann, wenn Sie alle Übereinstimmungen suchen oder die Suche fehlschlägt. Damit die nächste Suche am Anfang des Strings beginnt, müssen Sie `lastIndex` ggf. selber auf 0 setzen.

Mit jedem benutzerdefinierten regulären Ausdruck stellt Ihnen JavaScript ein `RegExp`-Objekt zur Verfügung. Dieses besitzt einige Eigenschaften – jedoch keinerlei Methoden – für die Mustererkennung und die Arbeit mit regulären Ausdrücken.

Die Eigenschaften des `RegExp`-Objektes verwaltet der Browser. Sie sind großenteils schreibgeschützt und werden automatisch bei der Anwendung eines benutzerdefinierten regulären Ausdrucks aktualisiert. Jedem regulären Ausdruck ordnet der Interpreter dabei ein eigenes `RegExp`-Objekt zu.

Der Zugriff auf die Eigenschaften des `RegExp`-Objektes erfolgt über die String-Methoden `match()` und `replace()` sowie über die `RegExp`-Methoden `compile()`,`test()` und `exec()`.

Folgende Eigenschaften stehen zur Verfügung:

- `lastMatch` enthält den Teilstring, welcher zuletzt gefunden wurde.
- `lastParen` enthält den letzten gefundenen Klammerausdruck.
- `leftContext` enthält den Teilstring vor dem zuletzt gefundenen Treffer.
- `rightContext` enthält den Teilstring hinter dem zuletzt gefundenen Treffer.
- `multiline` entspricht dem Modifikator m. Bei Aufruf eines *Event-Handlers* für ein `<textarea>`-Element wird diese Eigenschaft automatisch auf `true` gesetzt. Für eine *Singleline*-Suche

muss der Inhalt des <textarea>-Elementes einer String-Variablen zugewiesen werden.
- input enthält den zu durchsuchenden String. Bei der Ereignisbehandlung wird diese Eigenschaft in einigen Fällen automatisch gesetzt. Bei einem Textfeld erhält sie den Wert von dessen value-Eigenschaft, bei einer Auswahlliste den ausgewählten Listenpunkt, bei einem mehrzeiligen Textfeld den Inhalt und bei einem <a>-Element den Linktext. Nach der Ausführung des *Event-Handlers* erhält input wieder den Wert undefined.

Vereinfachungshalber besitzt jede Eigenschaft auch eine Kurzform (Tab. 5.11-6).

Eigenschaft	Kurzform
lastMatch	$&
lastParen	$+
leftContext	$`
rightContext	$'
input	$_
multiline	$*

Tab. 5.11-6: Übersicht über die RegExp-Eigenschaften.

Der Zugriff auf die RegExp-Eigenschaften ist – abgesehen von multiline und input – nur lesend möglich. Bei einer Suche mit match() oder exec() liefert das RegExp-Objekt die letzten 9 gefundenen Klammerausdrücke zurück: $1, $2, ..., $9.

```
alert(RegExp.lastParen);
//letzten gefundenen Klammerausdruck ausgeben
alert(RegExp.$');
//Teilstring hinter dem letzten Treffer ausgeben
RegExp.$*=true;
//Multiline-Suche einschalten
RegExp.$_ = feldinhalt;
//zu durchsuchenden String aus einer Variablen übernehmen
```
Beispiele

Dieses Beispiel zeigt, wie sich ein Name in der Form Vorname Name unter Verwendung eines regulären Ausdrucks in die Gestalt Name, Vorname verwandeln lässt:

Beispiel

```
<head>
  <script>
    function output(wert)
    {
      var regx = /(\w+)\s(\w+)/;
```

```
                        //Objekt per Literal definieren
        regx.exec(wert);   //Mustervergleich durchführen
        alert(RegExp.$2 + ", " + RegExp.$1); //Treffer
        verarbeiten
      }
    </script>
  </head>
  <body>
    <form>
      <input name="uname"/>    <!--Eingabefeld -->
      <input type="button" value="erg" onclick="javascript:
          output(this.form.elements['uname'].value);"/>
    </form>
  </body>
```

Der Variablen `regx` wird hier ein regulärer Ausdruck zugewiesen. Dabei repräsentiert `w+` eine beliebig lange Folge von alphabetischen Zeichen, `/s` stellt ein unsichtbares Leer- oder Steuerzeichen dar. Die Klammern bewirken, dass die gefundenen Werte in bis zu 9 temporären Variablen abgelegt werden. Diese können als Eigenschaften des RegExp-Objektes weiter verarbeitet werden; ihre Namen sind hier `RegExp.$1` und `RegExp.$2`.

Übernehmen Sie das Formular in eine HTML5-Seite und führen Sie das Script in mehreren Browsern aus.

Beispiel Das folgende Programm zeigt ein komplexes Beispiel. Hier wird der Inhalt eines Textfeldes ausgelesen und nach einem benutzerdefinierten String durchsucht. Unter dem Formular wird der durchsuchte Text angezeigt, wobei sämtliche Treffer markiert sind:

```
<!DOCTYPE html>
<html>
<head>
<meta http-equiv="content-type" content="text/html;
          charset=utf-16" />
<title>Suchen</title>
<style type="text/css">
#start
{
    background-color: green;
    font-size: 30px;
    color: white;
    width: 200px;
    text-align: center;
    border: 5px inset red;
}
.treffer
{
    color: white;
    font-weight: 800;
    font-size: 200%;
```

```
      background-color: red;
    }
    </style>
    <script type="text/javascript">
      function suchen()
      {
        var str = document.forms[0].elements[1].value;
        var regx = new RegExp(str,"g");
        var suche = document.forms[0].elements[0].value;
        var treffer;
        var result = "<pre>";
        var first=0; var last=0;
        while ((treffer = regx.exec(suche)) != null)
        {
          last = treffer.index;
          result += suche.substring(first, last);
          result += "<span class='treffer'>" + treffer[0]
                  + "</span>";
          first = regx.lastIndex;
        }
        result += suche.substring(first,suche.length);
        result += "<"+"/pre>";
        document.getElementById("ergebnis").innerHTML = result;
        //Ergebnisstring parsen und im <div> ausgeben
      }
    </script>
  </head>
  <body>
    <form id="such_frm">
      <textarea id="eingabe" cols="150" rows="10">
      </textarea>
      <p>
      Suchbegriff: <input id="suchtxt" type="text" /></p>
    </form>
    <p id="start" onclick="javascript:suchen()">
    Jetzt suchen
    </p>
    <div id="ergebnis"></div>
  </body>
</html>
```

Übernehmen Sie den Quelltext des Beispiels in eine HTML-Datei. Validieren Sie die Seite und führen Sie das Script in mehreren Browsern aus.

5.12 Funktionen *

Funktionen spielen in jeder Programmiersprache eine wichtige Rolle, um Teilprobleme zu einer Einheit zusammenzufassen und mit einem Namen zu versehen. So deklarierte Funktionen können dann von anderen Programmteilen aus einmal oder mehrmals aufgerufen werden. Funktionen dienen der Strukturierung und der Modularisierung von Programmen.

Deklarierte Funktionen werden *nicht* sofort ausgeführt, z. B. beim Laden eines HTML-Dokuments mit eingebettetem JavaScript. Eine Ausführung erfolgt nur dann, wenn die Funktion explizit aufgerufen wird, z. B. beim Anklicken eines Druckknopfs durch den Benutzer.

Eine Funktion kann z. B.

- Berechnungen durchführen,
- übergebene Parameter verarbeiten,
- andere Funktionen aufrufen,
- Eigenschaften von Objekten auslesen,
- Objekte manipulieren.

Es gibt

- objektunabhängige Standardfunktionen wie `parseInt()`,
- objektbezogene Standardfunktionen wie `Math.sin()`,
- benutzerdefinierte Funktionen (UDFs) sowie
- (Funktions-)Prototypen, welche als Methoden auf vordefinierte Objekte angewendet werden können.

JavaScript stellt eine Reihe von Standardfunktionen zur Verfügung, die unabhängig von Objekten sind:

- »Objektunabhängige Standardfunktionen«, S. 191

Jeder Programmierer kann eigene Funktionen erstellen und benutzen:

- »Benutzerdefinierte Funktionen«, S. 195

Funktionen müssen nicht unbedingt einen Namen besitzen:

- »Literale und anonyme Funktionen«, S. 200

JavaScript-Funktionen können sich selbst aufrufen:

- »Rekursion«, S. 208

Eine Funktion besitzt in JavaScript auch die Charakteristika eines Objekts:

- »Funktionen als Objekt«, S. 213

Das JavaScript-Schlüsselwort `this` besitzt verschiedene Bedeutungen:

- »this«, S. 219

Mit einer Konstruktorfunktion können Objektschablonen angelegt werden, deren Eigenschaften und Methoden auch vererbt werden können:

- »Prototyping«, S. 221

5.12.1 Objektunabhängige Standardfunktionen *

JavaScript stellt eine Reihe von Standardfunktionen zur Verfügung, die großenteils der Umwandlung zwischen Datentypen und der Codierung/Dekodierung von Strings dienen. Diese Funktionen sind nicht einem bestimmten Objekt zugeordnet.

Zum Sprachumfang von JavaScript zählen einige objektunabhängige Funktionen:

- eval()
- parseInt()
- parseFloat()
- isNaN()
- Number()
- escape()
- unescape()

Die Funktion eval() wertet einen String aus. Sie interpretiert diesen als JavaScript-Code und gibt das Ergebnis zurück. Tab. 5.12-1 zeigt Beispiele zu eval(). — eval()

Ausdruck	Wert
eval("Math.PI*2")	6.28318...
eval("8/4-8")	-6

Tab. 5.12-1: Ausgabe von eval().

Der Ausdruck eval("alert('test');") führt zur Anzeige einer Meldung "test".

Durch parseInt() wird aus einem String eine führende Ziffernfolge extrahiert. Diese wird standardmäßig in eine Zahl zur Basis 10 umgewandelt. Die Funktion findet unter anderem Anwendung, um unerwünschte Zeichen aus Benutzereingaben in Formularfeldern zu entfernen. Als Parameter können Sie der Funktion einen String sowie eine Zahlenbasis (2 ... 36) angeben, wie Sie Tab. 5.12-2 entnehmen können. — parseInt()
Falls Sie eine andere Zahlenbasis (eine Gleitkommazahl, einen zu großen oder einen zu kleinen Wert) angeben, so erhalten Sie als Ergebnis NaN.

Der Einsatz von parseInt() ist allerdings mit Tücken verbunden. Insbesondere das Präfix für Oktal-Literale führt in einigen Fällen zu überraschenden Ergebnissen:

alert(parseInt(08));   //Laufzeitfehler

Hier schlägt der Versuch fehl, die Zahl 8 als eine Oktalzahl auszuwerten.

5 Core-Objekte *

Ausdruck	Wert
parseInt("78.88")	78
parseInt("273x165")	273
parseInt("40.76€")	40
parseInt("€400,00")	NaN
parseInt("8/0")	8
parseInt("0xF")	15
parseInt("0111")	73
parseInt("1110",2)	14
parseInt("B3",16)	179
parseInt("55",8)	45

Tab. 5.12-2: Ausgabe von parseInt().

Ähnlich verhält es sich bei dem folgenden Aufruf:

alert(parseInt("08"));

Das Ergebnis ist 0. Da 8 keine gültige Oktalzahl ist, wird der String abgeschnitten.

Um derartige Probleme zu vermeiden, sollte die Zahlenbasis (radix) grundsätzlich als zweites Argument angegeben werden:

alert(parseInt("08", 10));   //8

parseFloat() Die Funktion parseFloat() dient dem gleichen Zweck wie parseInt(), sie gibt allerdings eine Fließ- bzw. Gleitkommazahl zurück (Tab. 5.12-3).

Ausdruck	Wert
parseFloat("7.28€")	7.28
parseFloat("80 Stück")	80
parseFloat("12,638 kg")	12
parseFloat("€0.82")	NaN

Tab. 5.12-3: Ausgabe von parseFloat().

isNaN() Die JavaScript-Funktion isNaN() prüft, ob der Übergabewert ein numerisches Äquivalent besitzt. Das Ergebnis ist ein Wahrheitswert (Tab. 5.12-4).

Ausdruck	Wert
isNaN("text")	true
isNaN("8.04")	false
isNaN("7,11")	false
isNaN("8/0")	true
isNaN(8/0)	false

Tab. 5.12-4: Ausgabe von isNaN().

Durch die Funktion Number() wird ein übergebener Wert nach Möglichkeit in eine Zahl konvertiert, welcher schließlich zurückgegeben wird (Tab. 5.12-5).

Number()

Ausdruck	Wert
Number(3)	3
Number("4.6")	4.6
Number("8,5")	NaN
Number("8/0")	NaN
Number(8/0)	Infinity
Number(-8/0)	-Infinity

Tab. 5.12-5: Ausgabe von Number().

Speziell bei der Kommunikation zwischen verschiedenen HTML-Seiten finden die Funktionen escape() und unescape() Anwendung. Manchmal müssen Daten von einer Webseite zu einer anderen geschickt werden. Zu diesem Zweck kann man die Informationen an den URL anhängen, dieser darf allerdings keine Leerzeichen enthalten und auch nur wenige festgelegte Sonderzeichen. Hier verwendet man escape(), um unerlaubte Zeichen auf der versendenden Seite zu verschlüsseln und unescape() zum Wiederherstellen dieser Zeichen auf der empfangenden Seite.

escape(), unescape()

Die Methoden escape() und unescape() dienen der Zeichencodierung, wie Ihnen Tab. 5.12-6 zeigt.

Ausdruck	Wert
escape("ß")	%DF
unescape("%5C")	"\"

Tab. 5.12-6: escape()/unescape().

> Beide Funktionen sind ebenfalls objektunabhängig. Da sie allerdings nicht mehr zum ECMA-Standard gehören, dürfte deren Unterstützung durch die aktuellen Browser bald zurückgehen.

Es gibt weitere Funktionen zur Zeichenumwandlung. So gibt beispielsweise die Funktion encodeURI() für jedes Zeichen eines String bis zu drei Escape-Sequenzen zurück, ohne dabei die ursprüngliche Zeichenkette zu manipulieren. Dadurch kann die ursprüngliche Zeichenfolge auf jedem System, welches ASCII unterstützt, dargestellt und verarbeitet werden.

Die Funktion wird unter anderem benötigt, um Benutzereingaben in Formularen an ein anderes Browserfenster oder ein Serverscript zu übergeben. Bei Übergabe an ein solches Script muss anstelle von encodeURI() die Funktion encodeURIComponent() verwendet werden. Codiert werden alle Zeichen außer a-z, A-Z, 0-9 und ! ' $ & / ( )?,. - # +; : _ *.

Beispiel

```
var txt = "213° 8' "+'19"'
alert("Der String " + txt +  " heißt codiert
\n"+encodeURI(txt));
```

Beachten Sie hier die Anwendung und auch die Codierung der einfachen sowie der doppelten Anführungszeichen.

decodeURI() Wenn bei der Auswertung eines Formulars mehrere Feldinhalte an eine andere Anwendung übergeben werden müssen, dann sollte jede Benutzereingabe separat codiert werden. Die Decodierung erfolgt durch das jeweilige Gegenstück decodeURI() bzw. decodeURIComponent().

Beispiel

```
alert("Erstes Zeichen:  " + decodeURI("\u2222") +"\n" +
"Zweites Zeichen:  " + decodeURI("%4F"));
```

Führen Sie das Script verschiedenen Browsern aus.

Wenn Ihr Browser Unicode unterstützt, können Sie beliebige Unicode-Zeichen per JavaScript auf Ihrer Webseite darstellen[4]. Dazu gibt es eine spezielle Escape-Sequenz: \uxxxx. Anstelle von xxxx ist hier die vierstellige Nummer des Unicode-Zeichens anzugeben. Beispielsweise ist \u00A9 die Unicode-Sequenz für das Copyright-Symbol.

Erstellen Sie mit Hilfe von JavaScript eine 4x4-Tabelle mit verschiedenen Unicode-Zeichen. Eine Liste der Zeichen finden Sie auf der Website Unicode (http://unicode.org/charts/PDF/U2600.pdf).

---

[4]Sämtliche moderne Browser sind unicodefähig, zahlreiche Benutzer setzen jedoch noch alte Browsermodelle ein.

5.12.2 Benutzerdefinierte Funktionen *

Jeder Programmierer kann JavaScript-Funktionen selbst definieren bzw. deklarieren (UDFs). Es gibt mehrere Deklarationsmöglichkeiten. Eine Funktion kann keine, eine oder mehrere formale Parameter besitzen. Beim Aufruf können aktuelle Parameter übergeben werden *(call by value)*. Überzählige aktuelle Parameter werden ignoriert, fehlende erhalten jeweils den Wert undefined. Jedem Parameter kann jeder Datentyp übergeben werden. JavaScript ermöglicht auch anonyme Funktionen (ohne Funktionsnamen). Das Objekt arguments[] erlaubt es innerhalb der aufgerufenen Funktion auf die übergebenen Parameter zuzugreifen. Nach jedem Funktionsaufruf wird ein Ergebnis zurückgeliefert.

Deklaration einer Funktion

In JavaScript gibt es mehrere Möglichkeiten, eigene Funktionen zu deklarieren bzw. zu definieren – man spricht von UDFs *(user defined functions)*. Das syntaktische Gerüst einer benutzerdefinierten JavaScript-Funktion sieht wie folgt aus:

```
function fname(Parameterliste)
{
  Anweisung 1;
  ...
  Anweisung n;
}
```

Der Funktionsname fname ist dabei optional. JavaScript unterstützt auch anonyme Funktionen. Deren Einsatz ist beispielsweise sinnvoll, wenn eine Funktion lediglich einmalig ausgeführt werden soll oder wenn sie einer Objekteigenschaft oder Variablen zugewiesen wird.

Die Parameterliste dient dazu, Werte an die Funktion zu übergeben, um sie flexibler einsetzen zu können. Eine Parameterliste ist eine Aufzählung von Variablennamen (formale Parameter), welche jeweils durch ein Komma voneinander getrennt sind. Beim späteren Aufruf der Funktion werden die Parameterwerte unmittelbar übergeben (aktuelle Parameter).

Am Häufigsten findet man Funktionsdefinitionen wie die Folgende:

Beispiele

```
function flaeche(r)
{
  return Math.PI*r*r;
}
```

Über den Parameter r wird ein Wert für den Radius an die Funktion übergeben.

Für die Definition einer Funktion können Sie auch den Konstruktor `Function()` verwenden:
```
var flaeche = new Function("r", "return Math.PI*r*r; ");
```
Auch die Definition über ein Funktionsliteral ist möglich:
```
var flaeche = function(r)
{
    //anonyme Funktion mit Aufrufparameter
    return Math.PI*r*r;
}
```
Der Aufruf erfolgt jeweils identisch:
```
//Kreisfläche (Radius 3) ausgeben
alert(flaeche(3));
```
Der Wert 3 ist der so genannte aktuelle Parameter, der an die Funktion übergeben wird. Die Parameterübergabe entspricht folgender Wertzuweisung: `r = 3;`

Funktionen können in jedem JavaScript-Bereich eines HTML-Dokuments definiert werden. Aus Gründen der Übersichtlichkeit sollten Sie HTML und JavaScript stets streng voneinander trennen. Dies erreichen Sie, indem Sie eigene Funktionen grundsätzlich innerhalb eines `<script>`-Bereichs im Dokumentkopf `<head>` ... `</head>` oder in einer separaten js-Datei definieren.

Aufruf einer Funktion

Der Aufruf einer Funktion erfolgt mit einer optionalen Liste von Argumenten/Parametern, welche jeweils von beliebigem Typ sein können.

Sie können eine Funktion auf verschiedene Art und Weise aufrufen. Die Tab. 5.12-7 zeigt einige Möglichkeiten.

Eine Funktion kann auch Argument einer anderen Funktion sein:
```
y = comp(f(x), f(2), false);
```

Übergabeparameter — Funktionen können mit einer variablen Anzahl von Übergabeparametern aufgerufen werden. Alternativ dazu könnte dazu auch ein dynamisches Array übergeben werden, über dessen Elemente man innerhalb der Funktion iteriert.

Beispiel — Dieses Script-Beispiel zeigt Ihnen eine solche Iteration.
```
function sum_liste(liste)
{
    var summe = 0;
    for (var zaehler = 0; zaehler<liste.length; zaehler++)
    {
        if isNaN(liste[zaehler]) continue;
        //neue Iteration, falls der Wert keine Zahl darstellt
        summe = summe + liste[zaehler];
```

Aufruf	Erläuterung
`datenlesen();`	Aufruf ohne Parameter
`ausw([1,2,5],false, "b");`	Aufruf mit Parameterliste
`window.alert(quadrat(x));`	JavaScript-Methode
`vname=einlesen();`	JavaScript-Zuweisung
`<em onclick="javascript: zeigen();">Klick</em>`	HTML-Event-Handler
`if (input()==20)`	JavaScript-Vergleich
`y=[f(1),f(2),f(3)];`	Arrayliteral
`obj={x:g(3),y:g(2)};`	Objektliteral
`y=(a(x)==b(x))? "ja":"nein";`	Bedingung

Tab. 5.12-7: Beispiele für Funktionsaufrufe.

```
    }
    return summe;
}
```

Der Aufruf dieser Funktion könnte wie folgt lauten:
```
var wert = sum_liste([1, 8, 5, 14]); //wert=28
```

Übernehmen Sie die Funktion in eine HTML5-Seite. Beim Aufruf der Funktion soll die Liste aus einem Textfeld gelesen werden, die Ausgabe soll in ein mehrzeiliges Textfeld erfolgen. Validieren Sie die Seite und führen Sie die Funktion in verschiedenen Browsern aus.

Beim Aufruf kann eine Liste von Parametern übergeben werden, Sie müssen allerdings nicht unbedingt einen Parameter angeben.

Bei JavaScript-Funktionen erfolgt die Übergabe von einfachen Datentypen durch *call by value*. Dabei wird der Wert der Variablen zum Zeitpunkt des Aufrufs übergeben.

call by value

Der Zugriff auf Parameter, welche beim Funktionsaufruf übergeben wurden, kann über deren Namen erfolgen. Die Namen müssen in der Funktionsdeklaration aufgeführt sein. Jeder Parametername definiert innerhalb der Funktion eine lokale Variable, die Übergabe an die Funktion erfolgt als Wert. Die Zuordnung zu den internen Variablen erfolgt in der Aufrufreihenfolge. Durch namentlichen Zugriff auf die Parameter lässt sich höchstenfalls die in der Funktionsdefinition angegebene Anzahl an Übergabewerten verarbeiten.

Beispiel
```
function demo(a,b)
{
   return (a-a%b)/b;
}
alert(demo(21,9,4));  //a = 21, b = 9
```

JavaScript-Funktionen sind dynamisch. Wie andere Datentypen (z. B. Strings) kann ihr Inhalt per JavaScript beliebig verändert werden. Die Konsequenz daraus ist, dass Sie JavaScript-Funktionen in Variablen und beliebigen Objekten (z. B. Arrays) speichern und als Parameter an andere Funktionen übergeben können. Ebenso kann man eine Funktion einem Objekt-Attribut als Wert zuweisen.

Das Objekt arguments[]

Beim Einlesen einer Funktion wird durch den Interpreter das arguments[]-Objekt erzeugt. Bei jedem Funktionsaufruf wird es von Neuem mit den der Funktion übergebenen Parametern initialisiert.

Nach dem Aufruf einer Funktion enthält das arguments[]-Array alle übergebenen Parameter. Zu arguments[] gehört die Eigenschaft length, über welche sich die Anzahl der übergebenen Parameter abfragen lässt. Das arguments[]-Objekt lässt die Verarbeitung einer variablen Anzahl Parameter zu.

Beispiel
```
function all2str()
{
  //Parameter: Separator, Wert 1, Wert 2, ...
  //Anzahl übergebener Werte
  var zahl = arguments.length;
  if (zahl == 0) return "";

  // Separator
  var sep = arguments[0].toString();
  if (zahl == 1) return sep;
  var result = arguments[1].toString();

  //Parameterliste verarbeiten
  for (var i=2; i < zahl; i++)
     result += sep + arguments[i].toString();

  //Rückgabe des Strings
  return result;
}
alert(all2str(";",2,5,4, "x",1,0,false, "x"));
```

Werden beim Aufruf mindestens 3 Parameter übergeben, so verwendet die Funktion den ersten Parameter als Separator, verwandelt die restlichen Werte jeweils in einen String und verkettet sie miteinander.

Übernehmen Sie den Code in eine valide HTML5-Seite und führen Sie die Funktion in verschiedenen Browsern aus.

Beispiel

```
function mittelwert()
//Den numerischen Durchschnitt aller
// Zahlen aus der Parameterliste ermitteln
{
  var result = 0;
  var zahl = 0;
  for (var zaehler = 0; zaehler < arguments.length;
       zaehler ++) //Iteration über alle Übergabewerte
    if (typeof arguments[zaehler] == "number")
                 //Liegt eine Zahl vor?
    {
      result = Number(result) + arguments[zaehler];
              //Sukzessive Addition
      zahl++;  //Zähler für die numerischen Werte
    }
    if (zahl !== 0)
      result = result/zahl;
    return result;
}
alert("Der Durchschnittswert lautet: "+
              mittelwert(85,5,6,6,55)); //31.4
```

Erstellen Sie eine valide HTML5-Seite und führen Sie die Funktion in verschiedenen Browsern aus.

Rückgabewert

Jede JavaScript-Funktion liefert einen Rückgabewert als Ergebnis. Entweder wird explizit ein Ergebnis durch die `return`-Anweisung zurückgegeben oder der Rückgabewert ist `undefined`.

Ein typisches Beispiel ist die folgende Funktion, welche die positiven Teiler einer ganzen Zahl in einem Array speichert.

Beispiel

```
function teiler(zahl)
{
  if (zahl < 1)
    return 0;              //Abbruch
  var grenze = Math.floor(zahl/2);
  var tarr = new Array(); //Ergebnisse als Array
  var zt = 0; //Index für die gefundenen Teiler
  for (var zaehler = 1; zaehler <= grenze; zaehler ++)
    if (zahl % zaehler == 0) //Ist das Ergebnis ganzzahlig?
    {
      tarr[zt] = zaehler; //Ergebnis speichern
      zt++; //1 Teiler mehr
    }
  tarr[zt]=zahl; //Die Ausgangszahl selbst
  return tarr; //Alle gefundenen Teiler zurückgeben
}
```

Welche Fehler können bei der Übergabe von zahl auftreten? Welche Rückgabewerte liefert teiler() in dem jeweiligen Fall? Erweitern Sie die Funktion teiler() um Mechanismen der Fehlerbehandlung.

Beispiel Die folgende JavaScript-Funktion führt die Primzahlzerlegung einer ganzen Zahl durch:

```
function zerlegg(zahl)
{
  if (zahl < 1)
    return 0;             //Abbruch
  var grenze = Math.floor(zahl/2);
  var tarr = new Array();
  var treffer = 0;
  tarr[0]=zahl;
  for (var zaehler = 2; zaehler <= grenze; zaehler++)
    if (zahl % zaehler == 0)
    {
      zahl = zahl/zaehler;
      tarr[treffer] = zaehler;
      treffer++;
      zaehler--;
    }
  return tarr;
}
```

Welche Fehler können hier auftreten? Ergänzen Sie die Funktion zerlegg() so, dass vorhersehbare Fehler abgefangen werden.

5.12.3 Literale und anonyme Funktionen *

Anonyme Funktionen sind Funktionen ohne Namen. Sie werden durch den Konstruktor Function() oder ein Funktionsliteral beginnend mit dem Schlüsselwort function definiert. Wird eine anonyme Funktion innerhalb eines Ausdrucks definiert, dann wird sie sofort ausgeführt. Der Geltungsbereich von Funktionen kann eingeschränkt, Funktionen können geschachtelt werden.

In JavaScript sind Funktionen Objekte, d.h. sie haben Eigenschaften und Methoden, analog wie z.B. die Objekte Date und String. JavaScript-Funktionen bestehen im Regelfall aus wenigen Codezeilen. Sie besitzen Zugriff auf jede Variable, welche zum Zeitpunkt der Funktionsdefinition sichtbar war, einschließlich ihrer lokalen Variablen.

Function() Seit Javascript 1.1 können Funktionen durch den Konstruktor Function() erzeugt werden.

Beispiel
```
var summe = new Function("x", "y", "return x + y");
```

5.12 Funktionen *

Seit Javascript 1.2 können Funktionen auch als Funktionsliteral definiert werden. Funktionsliterale werden nur einmal geparst und bleiben dann statisch.

Funktionsliteral

> Hier wird der Variablen summe ein Funktionsliteral zugewiesen.
> ```
> var summe = function(x, y)
> {
>   return x + y;
> }
> ```
> Eine derartige Funktion heißt anonym, da sie keinen Namen besitzt.

Beispiel

Ein Funktionsliteral besteht aus dem Schlüsselwort function, gefolgt von einem optionalen Namen und einem Klammerpaar (), welches durch Kommata getrennte Aufrufparameter enthalten kann. Den letzten Teil bildet der Funktionsrumpf, welcher in geschweifte Klammern einzuschließen ist.

Besitzt ein Funktionsliteral einen Namen, so gilt dieser *ausschließlich innerhalb* der Funktion. Auf diese Weise können rekursive Funktionsaufrufe realisiert werden (siehe »Rekursion«, S. 208).

Rekursion

> ```
> var dsum = function summe(x)
> {
>   if (x < 2)
>   {
>     return 1;
>   }
>   else
>   {
>     return x + summe(x - 1);
>   }
> }
> ```

Beispiel 1a

Außerhalb der Funktion erfolgt der Aufruf nicht über den Funktionsnamen, sondern über die Variable.

> ```
> z = dsum(60);    //Dieser Aufruf ist korrekt
> z = summe(60);   //Aufruf ist fehlerhaft
> ```

Beispiel 1b

Ein Funktionsliteral kann überall im JavaScript-Code anstelle eines Ausdrucks verwendet werden.

Eine Funktionsdefinition lässt sich unmittelbar einer Variablen zuweisen. Diese Variable stellt in diesem Fall eine **Funktionsreferenz** dar. Dabei zeigt der JavaScript-Operator () an, dass eine Funktion aufgerufen wird.

> Die folgende Funktion dient der Ereignisbehandlung:

Beispiel

```
window.onload = function()
{
  alert("JavaScript-Dialog");
}
```

Die Funktion wird ausgeführt, wenn die Webseite vollständig geladen ist. Dann gibt sie eine Meldung aus.

Bei Zuweisung zu einer Variablen wird in vielen Fällen gleichzeitig die Funktion selbst deklariert. Jedoch erhält sie im Regelfall keinen Namen.

Beispiel

Hier sehen Sie, wie Sie eine solche Funktion aufrufen können:

```
<script>
  var jetzt = function() //anonyme Funktion
  {
     var datum = new Date(); //aktuelles Datum ermitteln
     return datum.toLocaleString(); //landestypische
     Schreibweise
  }

  var text = jetzt;
  //jetzt ist eine Variable, deren Wert eine Funktion ist
  alert(text);
  var text1 = jetzt(); // Funktion aufrufen
  alert(text1);
</script>
```

Die Variable text enthält die Funktion selbst. Durch die Zuweisung text1 = jetzt() erhält text1 den Rückgabewert der Funktion.

Beispiel 2a

Sie sehen nun einen typischen Rollovereffekt. Beim Überfahren mit der Maus *(Hover)* wird die Hintergrundfarbe einer Tabellenzeile geändert. Es werden dabei zwei Funktionen aufgerufen:

Bei Eintreten des Ereignisses mouseover wird die Funktion over(), bei Eintreten von mouseout wird die Funktion out() ausgeführt:

```
var rows = document.getElementsByTagName('tr');
for (var zaehler=0; zaehler<rows.length; zaehler++)
{
  rows[zaehler].onmouseover = over;
  rows[zaehler].onmouseout  = out;
}

function over()
{
  this.style.backgroundColor = "silver";
}
```

```
function out()
{
  this.style.backgroundColor = "white";
}
```

this verweist dabei auf dasjenige Seitenelement, an welchem das Ereignis aufgetreten ist. Durch this.style wird auf das CSS-Layout dieses Elements zugegriffen. Die Eigenschaft backgroundColor ist das JavaScript-Äquivalent zur CSS-Eigenschaft background-color. over() und out() sind hier globale Funktionen des window-Objektes.

Der Rollovereffekt lässt sich auch durch anonyme Funktionen erreichen:

Beispiel 2b

```
var rows = document.getElementsByTagName('tr');
for (var zaehler = 0; zaehler < rows.length; zaehler++)
{
  rows[zaehler].onmouseover = function()
  {
    this.style.backgroundColor = "silver";
  }
  rows[zaehler].onmouseout = function()
  {
    this.style.backgroundColor = "white";
  }
}
```

Lediglich die Eigenschaften onmouseout und onmouseover besitzen hier Zugriff auf die jeweilige Funktion.

Eine anonyme Funktion kann auch innerhalb eines Ausdrucks definiert werden. Sie wird dann sofort ausgeführt.

```
alert(function(x,y) {return x + y;} (15,7));
```

Beispiel

Wenn Sie auf Ihrer Webseite JavaScript-Code verwenden, sind gleichnamige Funktionen und auch globale Variable gleichen Namens ein nicht zu unterschätzendes Problem. Um derartige Konflikte zu vermeiden, ist es oft hilfreich, Funktionen in ihrem **Geltungsbereich** einzuschränken.

Namenskonflikt

Sie können anonyme Funktionen in einem Objektliteral notieren:

Beispiel

```
var obj = new Object(); //neues Objekt erzeugen
obj = { f1: function(x,y) {return x*y; },
    f2: function(x,y) {return x+y;} };
obj.f1(3,5); //Aufruf nur über Objekt
```

Auf diese Weise erreichen Sie, dass die Funktion ausschließlich über das Objekt aufgerufen werden kann.

5 Core-Objekte *

Closure

Innerhalb einer Funktion können Sie eine weitere Funktion definieren. Derartige **geschachtelte Funktionen** besitzen Zugriff auf die Variablen und Parameter der übergeordneten Funktion, da das durch ein Funktionsliteral erzeugte Funktionsobjekt einen Link auf den äußeren Kontext enthält. Dieser Sachverhalt wird als *Closure* bezeichnet.

Beispiel

Hier sehen Sie ein *Closure*:
```
function g1(a,b,c)
{
  function discriminante(a,b,c)  //innere Funktion definieren
  {
    alert(b*b-4*a*c);
    return b*b-4*a*c;
  };
  var result;
  result=Math.sqrt(discriminante(a,b,c)) ;
                        //innere Funktion aufrufen
  result=(result-b)/2/a;
  return result;
}
```
In diesem Beispiel ist die Funktion discriminante() ausschließlich im Kontext der Funktion g1() bekannt.

Garbage Collection

JavaScript-Variable, welche innerhalb einer Funktion deklariert sind, verlieren ihre Gültigkeit, wenn die Funktion beendet wird. Sobald kein Prozess mehr auf ein lokales Objekt oder eine lokale Variable zugreifen kann, gibt der Interpreter den belegten Speicher wieder frei *(Garbage Collection)*. Es kommt allerdings vor, dass Informationen über den Aufruf einer Funktion hinaus bestehen bleiben müssen. Zu diesem Zweck bietet sich etwa die Definition einer globalen Variablen an.

Beispiel 3a

Die Funktion demo() speichert in einer globalen Variablen, wie oft sie bisher aufgerufen wurde.
```
<script>
zaehler = 0; //globale Variable
function demo()
{
  zaehler++;
  alert(zaehler);
}
</script>
```
Diese wird allerdings im globalen Namensraum von JavaScript angelegt und belegt so wertvolle Ressourcen.

Eine weitere Möglichkeit ist das Speichern als *Cookie*. Dies bringt jedoch den Nachteil mit sich, dass Dateizugriffe sehr langsam sind und dass Zugriffe auf *Cookies* aufwendig zu codieren sind.

5.12 Funktionen *

Da Sie einer JavaScript-Funktion benutzerdefinierte Eigenschaften zuweisen können, bietet es sich an, die Information in einer Eigenschaft der Funktion zu speichern.

Die Funktion demo() merkt sich in einer Eigenschaft, wie oft sie bisher aufgerufen wurde:

Beispiel 3b

```
<script>
  demo.zaehler = 0;
  function demo()
  {
    demo.zaehler++;
    alert(demo.zaehler);
  }
</script>
```

JavaScript-Funktionen werden in dem Kontext ausgeführt, in welchem sie definiert wurden (lexikalische Geltung). Die aktuelle Geltungsbereichskette einer Funktion wird zum Zeitpunkt der Definition gespeichert.

Der ECMA-Standard sieht vor, Funktionen innerhalb von anderen Funktionen zu deklarieren. Möglich ist dies, weil JavaScript Funktionen zur Definition von Objekten verwendet. Auf die innere Funktion kann dabei nur innerhalb der umgebenden Funktion zugegriffen werden.

Seit Javascript 1.5 kann eine Funktion sogar innerhalb eines Anweisungsblocks erzeugt werden. Konsequenterweise ist sie dann nur innerhalb dieses Blocks aufrufbar.

Beim Aufruf der äußeren Funktion erzeugt der Javascript-Interpreter die innere Funktion. So erhält man ein *Closure* bzw. eine Verschachtelung der inneren Funktion. Dazu gehört die Referenz auf alle Variablen, welche von der inneren Funktion benötigt werden. Die innere Funktion erhält dadurch Zugriff auf alle Variablen und Parameter der äußeren Funktion. Es entsteht eine Kombination des Programmcodes mit dessen lexikalischer Umgebung bzw. dem Kontext, in welchem die innere Funktion erzeugt wurde.

Bei verschachtelten Funktionen *(Closures)* ist daher der Zugriff auf die Argumente und auf die lokalen Variablen der umgebenden Funktion möglich. Dabei ist der Geltungsbereich selber festgelegt, nicht jedoch dessen Eigenschaften, welche zur Laufzeit Änderungen erfahren.

Wird eine Funktion in demjenigen Geltungsbereich aufgerufen, in welchem sie definiert ist, so geschieht nichts Überraschendes.

In einer JavaScript-Funktion darf allerdings eine *Closure* z. B. einer Funktion übergeben oder einer Objekteigenschaft zugewiesen werden. Die Geltungsbereichskette ist in derartigen Fällen oft nur schwer nachzuvollziehen.

Für Variable gibt es zwei Gültigkeitsbereiche:
- global und
- lokal (innerhalb einer Funktion).

Beispiel

Hier greift die innere Funktion auf eine globale Variable zu:

```
<script type="text/javascript">
function f(x)
{
  a = x;
  return function()
  {
    return a * a;
  }
}
alert(f(3)());
</script>
```

Die Ausgabe lautet hier 9. Schließlich ist a eine globale Variable und gehört daher zum Kontext der inneren Funktion.

Verifizieren Sie die Rückgabewerte von f(x) in verschiedenen Browsern. Welche Ausgabe erhalten Sie, wenn der Aufruf f(3) lautet?

Beispiel

Hier greift die innere Funktion auf eine globale Variable zu:

```
<script type="text/javascript">
var x = "global";
function f()
{
  alert(x);
  var x = "lokal";
  alert(x);
  alert(window.x);
}
</script>
```

Wenn Sie f() aufrufen, lautet die Ausgabe lautet zunächst undefined, dann lokal und schließlich global. Da x eine lokale Variable von f() ist, ist sie bei der ersten Meldung noch nicht initialisiert. Der Zugriff auf die globale Variable muss hier über den window-Kontext erfolgen.

Führen Sie f() in verschiedenen Browsern aus.

Beim Aufruf einer Funktion geht der Interpreter in folgenden Schritten vor:

1 Ermittlung der lokalen Variablen.
2 Speicherbereiche für die lokalen Variablen reservieren.
3 Anweisungen ausführen.

Hier sehen Sie eine verschachtelte Funktion mit Aufrufparametern:

Beispiel

```
<script type="text/javascript">
function f(y)
{
  x = 5;
  g(y);
  function g(x)
  {
    alert(x);
  }
}
f();
f(window.x);
f(4);
</script>
```

Der Aufruf f() erzeugt die Ausgabe undefined, f(window.x) ergibt 5 und f(4) führt zum Ausgabewert 4. Beim ersten Aufruf ist die lokale Variable von g() nicht initialisiert. Beim zweiten Aufruf wird der Funktion g() die globale Variable x übergeben.

Hier sehen Sie, welche Bedeutung der lexikalische Kontext bei *Closures* besitzt:

Beispiel

```
<script type="text/javascript">
function f()
{
  var x = 5;
  return ( function() {alert(x);} )
}
var action = f();
action();
delete f;
action();
</script>
```

Der Aufruf action() liefert in beiden Fällen die Ausgabe 5. Der Grund dafür ist, dass x zum lexikalischen Kontext der anonymen Funktion gehört, selbst dann, wenn die Ausführung von f() beendet ist. Der Kontext besteht weiterhin, wenn f() gelöscht wurde. Der Ausführungskontext ist hier irrelevant. action() besitzt eine Referenz auf x. Eine nachträgliche Änderung von x besitzt daher Auswirkungen auf action().

Genau das zeichnet *Closures* aus: Auf Eigenschaften und Funktionen einer übergeordneten bzw. aufrufenden Funktion kann weiterhin zugegriffen werden. Auch wenn deren Ausführung beendet ist.

5.12.4 Rekursion *

Ein JavaScript-Funktion kann sich selbst aufrufen. Im Falle einer anonymen Funktion kommt hier die Eigenschaft `callee` des `arguments[]`-Objekts zur Anwendung.

Oft lassen sich Probleme auf einfachere Teilprobleme zurückführen, wobei die Teilprobleme fast identisch mit dem Ursprungsproblem sind. Solche Probleme lassen sich durch **rekursive Funktionen** lösen. Programmiertechnisch beschreibt man rekursive Funktionen dadurch, dass Funktionen sich direkt oder indirekt selbst aufrufen.

Analogie

```
...
Ein Hund kam in die Küche
und stahl dem Koch ein Ei.
Da nahm der Koch die Kelle
und schlug den Hund zu Brei.
Da kamen viele Hunde
und gruben ihm ein Grab
und setzten ihm einen Grabstein
worauf geschrieben stand:
                    Ein Hund kam in die Küche
                    und stahl dem Koch ein Ei.
                    Da nahm der Koch die Kelle
                    und schlug den Hund zu Brei.
                    Da kamen viele Hunde
                    und gruben ihm ein Grab
                    und setzten ihm einen Grabstein
                    worauf geschrieben stand:....
```

Direkte rekursive Funktionen rufen sich selber innerhalb des Funktionskörpers auf. Sie werden häufig zum Auffinden und Analysieren von Knoten im DOM-Baum eingesetzt. Jeder DOM-Baum besteht aus einzelnen Knoten, die durch Kanten bzw. Zweige miteinander verbunden sind. Die Methode `hasChildNodes()` erlaubt es, festzustellen, ob ein Knoten Nachfahren besitzt (siehe »Knotentypen«, S. 318).

Beispiel

Dieses Beispiel zeigt, wie Sie alle Unterelemente eines DOM-Knotens auslesen können:

```
window.onload = start;
var arr = new Array();

function start()
{
   var obj = document.getElementById('absatz'); // (1)
   count(obj); // (2)
}

function count(obj)
{
   var elmnts = obj.childNodes; // (3)
```

5.12 Funktionen *

```
    for (var zaehler=0; zaehler<elmnts.length; zaehler++) // (4)
    {
      if (elmnts[zaehler].nodeType == 1)
      {
        arr.push(elmnts[zaehler].nodeName); // (5)
        count(elmnts[zaehler]); // (6)
      }
    }
}
```

Die Funktionsweise dieses Scriptes ist wie folgt: Nach dem Laden der Seite wird der Absatz referenziert (1) und als Objekt an die Funktion count() übergeben (2). Diese ermittelt per elmnts = obj.childNodes alle Unterknoten (3), durchläuft sie (4) und speichert (...nodeType == 1) alle HTML-Elemente (5). Für jedes gefundene Element ruft die Funktion sich selbst wieder auf (6).

Übernehmen Sie das Beispiel in eine HTML5-Seite. Führen Sie die Funktion in verschiedenen Browsern aus.

Es werden untereinander Nummern ausgegeben: *Beispiel*

```
function schreiben(nr, ende)
{
  var str = '<strong style="font-size:';
  str = str + String(20+nr)+'px">';
  str = str + "Level " +nr +"</strong><br />"
  document.write(str);
  if (nr < ende)
  {
    schreiben(nr + 1,ende); //Rekursion
    document.write("<em>Level "+ nr + "</em><br />");
  }
}
```

Der erste Parameter nr stellt den Anfangswert dar. Es wird bis zum Wert von ende hoch gezählt und jede Zeile in einer größeren Schrift ausgegeben. Danach wird wieder bis nr heruntergezählt. Gültige Aufrufe sind beispielsweise schreiben(1,3) oder schreiben(4,10).

Führen Sie die Funktion nach dem Laden einer Webseite (onload) aus.

Zu jeder Funktion gehört ein arguments[]-Objekt (siehe »Benutzerdefinierte Funktionen«, S. 195). Dieses besitzt die Eigenschaft length, welche die Anzahl der Werte zurückgibt, die beim Aufruf der Funktion übergeben wurden.   *arguments. length*

Das arguments[]-Objekt besitzt eine weitere Eigenschaft callee. Diese Eigenschaft gibt den Funktionskörper der aktuell ausgeführten Funktion zurück. Insbesondere anonyme Funktionen   *arguments. callee* verwenden die `callee`-Eigenschaft des `arguments[]`-Objekts, um sich selber rekursiv aufzurufen.

Beispiel

Anwendung der `callee`-Eigenschaft:

```
<head>
</head>
<body>
<form id="test_frm">
<p><input type="text" id="feld" /></p>
<p><input type="button" value="Mittel berechnen" /></p>
</form>
<script type="text/javascript">
var elmnt = document.getElementById('feld');
elmnt.onfocus = function()
{
   this.onfocus = null;
   var nfeld = this.cloneNode(false);
               //Knoten ohne Unterelemente kopieren
   this.parentNode.appendChild(document.createElement("br"));
   this.parentNode.appendChild(nfeld); //Knoten anhängen
   nfeld.onfocus = arguments.callee; //Rekursion
}
</script>
</body>
```

Es soll z. B. der Durchschnitt einer beliebig langen Werteliste berechnet werden. Erfolgt eine Eingabe in das unterste Formular-Textfeld, so fügt die anonyme Funktion ein zusätzliches Formularfeld ein, für welches sie sich selbst als *EventHandler* registriert. Die Zeile `var elmnt = document.getElementById('feld');` bewirkt, dass der Inhalt des ersten Eingabefeldes `feld` eingelesen wird. Sobald dieses Feld den Fokus erhält, verhindert man durch die Anweisung `this.onfocus = null;` , dass das Ereignis registriert wird, damit nicht bei jedem Klick ein weiteres Eingabefeld erzeugt wird. Die nächste Anweisung erzeugt einen Zeilenumbruch. Danach wird das Eingabefeld dupliziert und das neue Element in das Formular eingefügt. In der letzten Zeile der anonymen Funktion erfolgt die Rekursion: `nfeld.onfocus = arguments.callee;`. Die anonyme Funktion registriert sich selbst als *Event-Handler*, wenn das neue Eingabefeld den Fokus erhält, denn `arguments.callee` enthält genau die anonyme Funktion.

Durch `arguments.callee` kann sich jede Funktion selbst rekursiv aufrufen. Der Vorteil dabei ist, dass der Funktionsname nicht angegeben werden muss. Ändert sich der Name der Funktion, so ist der rekursive Aufruf nach wie vor gültig.

Persistente Variable

Die Eigenschaft `callee` macht das Definieren von Variablen möglich, deren Gültigkeit zwar auf eine Funktion beschränkt ist, welche jedoch wiederholte Aufrufe der Funktion überleben (Persistenz). Um eine derartige Eigenschaft bzw. Variable für eine Funktion zu erzeugen, müssen Sie ihr lediglich außerhalb der Funktion einen Wert zuweisen.

Hier sehen Sie, wie Sie eine persistente Variable erzeugen können: *Beispiel*

```
berech.zaehler = 0;      //Initialisierung
function berech(x)
{
   arguments.callee.zaehler = arguments.callee.zaehler + x;
   return arguments.callee.zaehler;
}
alert(berech(6));
alert(berech(9));
alert(berech(3));
```

Beim jedem Aufruf von `berech` wird `berech.zaehler` um x vergrößert.

Funktionen sind JavaScript-Objekte. Sie lassen sich als Parameter an andere Funktionen übergeben. Da Funktionen Objekte sind, erfolgt die Übergabe einer Funktion nicht als Wert *(call by value)* wie bei Variablen, sondern als Referenz *(call by reference)*.

Nicht nur Funktionen werden als Referenz übergeben.

Die Elemente eines Array werden hier über eine anonyme Funktion erzeugt. *Beispiel*

```
function fill(x)
{
   var arr = new Array();
   for (var zaehler=0; zaehler<x; zaehler++)
   {
      arr[zaehler] = function()
      {
         return zaehler;
      }
   }
   return arr;
}
var z = fill(3);
alert(z[0]() + " " + z[1]() + " " + z[2]());
```

Die Ausgabe lautet 3 3 3. Auf den ersten Blick hätte man erwartet, dass die Rückgabe 0 1 2 lauten würde. Da jedoch `zaehler` als Referenz übergeben wird, wirkt sich jede Veränderung dieser Variablen nachträglich auf das Array aus.

Die folgende Funktion behebt dieses Problem:

```
function fill1(x)
{
   var arr = new Array();
   for (var zaehler=0; zaehler<x; zaehler++)
```

```
    {
      arr[zaehler] = function(x)
      {
        return function()
          {
            return x;
          }
      } (zaehler);
    }
    return arr;
}
var z = fill1(3);
alert(z[0]() + " " + z[1]() + " " + z[2]());
```

Die Ausgabe lautet nun wie ursprünglich erwartet 0 1 2. Um einen Wert anstelle der Referenz zu erhalten, wird hier ein »Vermittler «eingeschaltet. Dies ist eine Funktion, welche sofort ausgeführt wird und die Referenz auflöst.

Beispiel

Dieses Beispiel zeigt, wie die Übergabe einer Funktion als Parameter erfolgen kann:

```
function brutto(netto, ust)
{
  return netto*(1+ust/100);
}

function test_num(obj)
{
  if (isNaN(parseInt(obj.value)))
  {
    return 0;
  }
  else
  {
    return parseInt(obj.value);
  }
}

function berech()
{
  var netto = document.forms[0].netto;
  var ust = document.forms[0].ust;
  var brutto_sum = brutto(test_num(netto), test_num(ust));
  document.forms[0].ergebnis.value = brutto_sum;
}
```

Ein HTML5-Formular enthält 3 Textfelder, welche durch id="netto", id="ust" und id="ergebnis" ausgezeichnet sind. Geben Sie in das Feld netto den Wert "800,00 €" ein und in das ust-Feld den Inhalt "21 %". Bei Klick in das Feld ergebnis soll die Berechnung des Bruttobetrages ausgeführt werden.

5.12.5 Funktionen als Objekt **

JavaScript-Funktionen stellen einen Datentypen dar. Sie können beispielsweise eine Objekt-Eigenschaft darstellen, einer Variablen zugewiesen oder als Argument an andere Funktionen übergeben werden. Da Funktionen Objekte sind, besitzen sie Eigenschaften und Methoden.

In JavaScript ist eine Funktion nicht nur eine in sich abgeschlossene Anweisungsfolge, die aufgerufen werden kann, sondern besitzt auch die Charakteristika eines Objekts. Mithilfe des Konstruktors Function() wird ein Objekt Function erzeugt. Mit einer Referenz wird auf ein solches Objekt verwiesen.

Mithilfe des Konstruktors Function() wird in diesem Beispiel ein anonymes Objekt Function erzeugt und die Referenz auf das Objekt der Variablen summe zugewiesen:	Beispiel 1a

```
var summe = new Function('x', 'y', 'return x+y;');
```

Der Funktionsaufruf über die Referenzvariable kann wie folgt aussehen:

```
var berechnung = summe(30, 15);
```

In den meisten Fällen erfolgt die Zuweisung der Objektreferenz an eine Variable, hier summe. Die Objektreferenz kann aber auch der Eigenschaft eines existierenden Objekts oder einem Objekt gefolgt von einem *Event-Handler* zugewiesen werden.

Hier sehen Sie, wie die Objektreferenz eines Funktionsobjekts einem *Event-Handler* zugewiesen wird:

```
body.onload = new Function("alert('Seite ist geladen');");
```

Das JavaScript-Objekt Function erhält als Parameter einen String, der als Funktion interpretiert wird. Dem Konstruktor Function() können beliebig viele String-Argumente übergeben werden. Hier stellt das letzte Argument die Anweisungen der Funktion dar.	Function()

Der Function()-Konstruktor erzeugt grundsätzlich eine anonyme Funktion. Er erstellt und kompiliert eine Funktion während der Verarbeitung und erzeugt bei jedem Aufruf ein neues Funktionsobjekt.

Funktionsliterale oder eingebettete Funktionen werden dagegen *einmalig* erzeugt und kompiliert (siehe »Literale und anonyme Funktionen«, S. 200). Daher ist es oft ineffektiv, einen Konstruktor beispielsweise innerhalb einer Schleife aufzurufen.

Eine durch den Function()-Konstruktor erzeugte Funktion ist keiner lexikalischen Geltung unterworfen. Sie wird als Funktion der obersten Ebene bzw. des window-Objektes kompiliert.	Geltungsbereich

Beispiel

Hier können Sie nachvollziehen, in welchem Kontext eine durch `Function()` erzeugte Funktion ausgeführt wird:

```
var x = "aussen";
function demo()
{
  var x = "innen";
  return new Function("return x");
}
alert(demo()());
```

Die Ausgabe hier ist aussen. Der Grund dafür ist, dass die vom `Function()`alt="Function()"-Konstruktor erzeugte Funktion den globalen Geltungsbereich verwendet. Ein Funktionsliteral dagegen würde zur Ausgabe innen führen, da es den lokalen Geltungsbereich verwendet.

Übernehmen Sie das Beispiel in eine HTML-Datei. Vergleichen Sie die Ausgabe des Skripts in verschiedenen Browsern.

Verifizieren Sie, dass ein Funktionsliteral anstelle des `Function()`-Konstruktors den Rückgabewert innen liefert.

Dynamische Funktionsobjekte

Funktionsobjekte werden bei jedem Aufruf erneut geparst und dementsprechend ist ihre Effizienz gegenüber der Deklaration einer Funktion, die einmalig beim Laden der Webseite geparst wird, geringer. Da Funktionsobjekte bei jedem Aufruf geparst werden, kann der String der Argumente und der Funktionsrumpf aus dynamisch zugewiesenen Werten bestehen. Die Funktion wird dynamisch bei jedem Aufruf neu erzeugt.

Beispiel

Hier sehen Sie ein dynamisches Funktionsobjekt:

```
var c = ['return x + y;', 'return x / y;'];
for (zaehler=0; zaehler<2; zaehler++)
{
  var wert = new Function('x', 'y', c[zaehler]);
  var result = wert(45, 5);
}
```

Die Funktion wird zwei Mal mit denselben Parametern aufgerufen. Beim ersten Durchlauf ergibt sich 50, beim zweiten Durchlauf besitzt result den Wert 9.

Übernehmen Sie das Beispiel in eine HTML5-Datei. Vergleichen Sie die Ausgabe des Skripts in verschiedenen Browsern.

Eigenschaften von Funktionen

Da Funktionen in JavaScript Objekte sind, besitzen Funktionen auch Eigenschaften.

length

Die Eigenschaft length gibt die Anzahl der Argumente zurück, welche bei der Definition der Funktion angegeben wurden. Jede Funktion besitzt diese Eigenschaft, auf die global zugegriffen werden kann. Sie gibt eine ganze Zahl zurück. length ist schreibgeschützt.

Der Zugriff auf die length-Eigenschaft sieht wie folgt aus: Beispiel

```
function ausgabe(wert)
{
  alert(wert);
}

function fehler()
{
  alert("Falsche Eingabe");
}

function lohn(std, satz)
{
  return std * satz;
}
//lohn.length=2, ausgabe.length=1,  fehler.length=0
ausgabe(23);
fehler();
alert(lohn(8,10));
```

Rufen Sie die Funktion in verschiedenen Browsern auf.

Die length-Eigenschaft von Funktionen darf nicht mit der length-Eigenschaft des arguments-Objektes verwechselt werden (siehe »Benutzerdefinierte Funktionen«, S. 195). arguments ist lediglich lokal gültig. Es enthält diejenigen Werte, welche der Funktion beim Aufruf tatsächlich übergeben wurden.

In den meisten Fällen spielt es keine Rolle, ob beim Aufruf einer Funktion exakt die Anzahl der deklarierten Parameter übergeben wurde. Sollte dies trotzdem nötig sein, so lässt sich eine Prüfung auf die korrekt angegebene Anzahl der Argumente beim Aufruf einer Funktion mit Hilfe von length wie folgt realisieren:

```
function demo(a,b)
{
  var soll = arguments.callee.length;
  var ist = arguments.length;
  return ist == soll;
}
```

Erstellen Sie die Funktion und testen Sie deren Funktionalität in verschiedenen Browsern.

Eine weitere Eigenschaft von Funktionen heißt prototype (siehe »Prototyping«, S. 221).   prototype

Methoden von Funktionen

Neben Eigenschaften können Objekten auch Methoden zugeordnet sein. Dies gilt auch für Funktionen. Mit den Methoden apply() und call() kann eine Funktion so aufgerufen werden, als sei sie eine Methode eines anderen Objekts. Der erste Parameter dieser Methoden ist das Objekt, auf das die Funktion angewandt werden soll.

Beispiel

In diesem Beispiel wird zunächst ein Objekt BuchInformatik erzeugt. Dem Objekt werden die Eigenschaft gebiet mit dem Wert "Informatik" und die Funktion – hier handelt es sich genauer gesagt um eine Methode – titelausgeben zugeordnet. Das Schlüsselwort this bedeutet, dass der Wert der Eigenschaft gebiet vom *eigenen* Objekt – hier BuchInformatik – verwendet werden soll.

Anschließend wird die Methode titelausgeben() des Objekts BuchInformatik aufgerufen.

Dann wird ein neues Objekt BuchBWL erzeugt mit der Eigenschaft gebiet und dem Wert BWL. Um nicht eine analoge Methode titelausgeben schreiben zu müssen, wird mithilfe der Funktion apply() die vorhandene Methode titelausgeben des Objekts BuchInformatik aufgerufen. Als Parameter wird BuchBWL gegeben, d. h. die Methode titelausgeben wird auf das Objekt BuchBWL angewandt. Durch das Schlüsselwort this wird dafür gesorgt, dass der Wert gebiet vom Objekt BuchBWL verwendet wird und *nicht* vom Objekt BuchInformatik.

```html
<!DOCTYPE HTML>
<html>
 <head>
        <title>Programm zur Demonstration von apply()</title>
        <meta charset="UTF-8"/>
 </head>
 <body>
  <p>
   <script type="text/javascript">
     var BuchInformatik = new Object();
     BuchInformatik.gebiet = "Informatik";
     BuchInformatik.titelausgeben = function()
       {
          alert("Grundlagen der " + this.gebiet);
       }

     BuchInformatik.titelausgeben(); //Aufruf der Methode

     var BuchBWL = new Object();
     BuchBWL.gebiet = "BWL";

     BuchInformatik.titelausgeben.apply(BuchBWL);
   </script>
```

```
    </p>
  </body>
</html>
```

Der zweite Parameter von apply() enthält in einem Array die Parameter, die der Funktion übergeben werden.

apply()

Mit apply() lässt sich der Rückgabewert einer Funktion weiter verwenden.

Beispiel

```
function summe(x1,x2)
{
   return x1 + x2;
}

function summe1(x1,x2,x3)
{
   return summe.apply(this,[x1,x2]) + x3;
}

function summe2(x1,x2,x3)
{
   return summe.apply(this,arguments) + x3;
}
alert(summe(5,6));         // 1. Aufruf: 11
alert(summe1(3,9,4));      // 2. Aufruf: 16
alert(summe2(3,9,4));      // 3. Aufruf: 16
```

Beim 1. Aufruf wird ganz normal die Funktion summe aufgerufen und ausgeführt.
Beim 2. Aufruf werden die ersten beiden Parameterwerte x1 = 3 und x2 = 9 als Array [x1,x2] an die Funktion summe weitergegeben, addiert und das Ergebnis 12 zurückgegeben. Dieses Ergebnis wird anschließend mit dem Wert von x3 = 4 addiert, was zu dem Endergebnis 16 führt. Beim 3. Aufruf werden die Parameter x1, x2 und x3 über das arguments[]-Objekt (siehe »Benutzerdefinierte Funktionen«, S. 195) an die Funktion summe weitergegeben. Da in der Funktion summe nur zwei Parameter benötigt werden, wird x3 nicht verwendet.

Führen Sie die Funktionen in verschiedenen Browsern aus.

Die Methode call() erfüllt denselben Zweck wie apply(). call() und apply() unterscheiden sich lediglich durch ihre Parameterübergabe: Während bei call() die Aufrufparameter der Funktion als Einzelwerte übergeben werden müssen, erwartet apply() ein Array.

call()

Hier wird der Unterschied zwischen call() und apply() deutlich:

Beispiel

```
function extrudiere(tiefe) {
    return this.breite*this.hoehe *tiefe;
}

// Flächenobjekt erstellen
var flaeche = {breite:5, hoehe:4};

// Ergibt: 5*4*3 = 60 (Volumen)
alert(extrudiere.apply(flaeche, [3]));
alert(extrudiere.call(flaeche, 3));
```

Ohne Einsatz von `call()` und `apply()` lässt sich `extrudiere()` als Methode von `flaeche` wie folgt ausführen:

```
flaeche.vol = extrudiere;
alert(flaeche.vol(3));
```

Ob Sie `call()` oder `apply()` verwenden, sollte allein davon abhängen, wie Sie auf einfachste Weise die Parameter übergeben können. Wenn Sie keine Parameter übergeben müssen, erfolgt der Aufruf beider Methoden identisch. `call()` und `apply()` zeichnen sich speziell durch ihre Fähigkeit aus, den Kontext anzugeben, in welchem eine Funktion ausgeführt werden soll. Es ist nicht notwendig, die auszuführende Funktion zuvor als (Objekt-)Methode zu definieren.

Beispiel

Die Anwendung von `call()` zeigt Ihnen hier, welche unterschiedlichen Ausgaben möglich sind:

```
function farbe()
{
    return this.color;
}

function farbe_bg()
{
    return this.backgroundColor;
}
window.color = "blue";
window.backgroundColor = "yellow";
var obj = {color:"brown", backgroundColor:"cyan"};
var arr =
    [farbe.call(obj), farbe_bg.call(this), farbe.call(window)];
alert(arr);
```

Nach dem Ausführen des Scripts enthält `arr` die Werte `brown`, `yellow` und `blue`. `farbe()` und `farbe_bg()` sind beide globale Funktionen, sie werden im Kontext von `window` ausgeführt. Folglich stellen `this` und `window` denselben Kontext dar. Dagegen wird durch `farbe.call(obj)` die Methode `farbe()` im Kontext von `obj` ausgeführt.

5.12.6 this *

this wird automatisch beim Aufruf einer JavaScript-Funktion initialisiert. Im Falle eines *Event-Handlers* verweist es auf das Element, durch welches das Ereignis ausgelöst wurde. Bei einem Konstruktor verweist this auf das aktuelle Objekt.

Beim Aufruf einer Funktion wird die Ausführung der aufrufenden Funktion unterbrochen. Der neuen Funktion werden die Parameter sowie die Kontrolle über den Programmablauf übergeben. Neben den deklarierten Parametern übernimmt die aufgerufene Funktion implizit zwei weitere Objekte bzw. Parameter:

- arguments und
- this.

Wenn alle Anweisungen verarbeitet wurden, gibt die Funktion die Kontrolle an die aufrufende Funktion zurück. Um eine Funktion vorzeitig zu beenden, können Sie die return-Anweisung verwenden. Zusätzlich zum Schlüsselwort return kann ein Ausdruck angegeben werden, welcher den Rückgabewert der Funktion darstellt. — return

> Durch return erhält eine Funktion einen Rückgabewert: — Beispiel
> ```
> function meldung(x,y)
> {
>   return x + y;
> }
> alert(meldung(8,6));
> ```
> Die Ausgabe lautet hier 14.

Fehlt ein Rückgabewert oder ist keine return-Anweisung angegeben, so lautet der Rückgabewert undefined.

> Diese Funktion besitzt keinen Rückgabewert: — Beispiel
> ```
> function meldung(x,y)
> {
>   var z = x + y;
> }
> alert(meldung(8,6));
> ```
> Die Ausgabe heißt hier undefined.

Bei einem Konstruktoraufruf (new ...) lautet der Rückgabewert allerdings immer this (das neue durch den Konstruktor erzeugte Objekt), falls der return-Wert kein Objekt darstellt. — this

Das Objekt this wird implizit zur Laufzeit einer jeden JavaScript-Funktion erzeugt. Beim Aufruf eines *Event-Handlers* beispielsweise verweist es auf dasjenige Seitenelement (Zielelement bzw. *target*), an welchem das Ereignis aufgetreten ist.

Beim *Protoyping* (siehe »Prototyping«, S. 221) bzw. innerhalb eines Konstruktors steht es dagegen für das aktuelle Objekt.

In einer benutzerdefinierten Funktion verweist this im Regelfall auf dasjenige Objekt, in dessen Kontext die Funktion ausgeführt wird. Es zeigt folglich auf window.

Allerdings ist dies insbesondere bei anonymen Funktionen nicht immer gewünscht. Liefert beispielsweise eine Funktion per return-Anweisung eine weitere Funktion zurück, so kann bei jedem Aufruf dieser Funktion der Gültigkeitsbereich verändert sein. Schließlich sind die Argumente der äußeren Funktion nicht immer dieselben.

Zwar sind alle JavaScript-Funktionen *Closures*, interessant sind jedoch lediglich diejenigen Fälle, in denen eine eingebettete Funktion aus ihrem (lexikalischen) Gültigkeitsbereich exportiert wird.

Beispiel

Hier wird eine globale Variable definiert und ein Objekt mit einer Eigenschaft und einer Methode erzeugt.

```
var test = "window";
var obj = {test: "objekt",
           f: function()
           {
               return function()
                      {
                          return this.test;
                      }
           }
}
alert(obj.f()()); //ergibt "window"
```

Da this hier als Objekt verwendet wird, befindet es sich im Kontext »window«. Wird es allerdings als Methode verwendet, so befindet es sich im Kontext des Objektes.

Beispiel

Im folgenden Code wird this im Objekt-Kontext verwendet:

```
var test = "window";
var obj = {test: "objekt",
           f: function()
           {
               var that = this;
               return function()
                      {
                          return that.test;
                      }
           }
}
alert(obj.f()()); //ergibt "objekt"
```

Verifizieren Sie in verschiedenen Browsern, dass die Ausgabe je nach Kontext window oder objekt lautet.

5.12.7 Prototyping *

In JavaScript können Prototypobjekte mithilfe von Konstruktorfunktionen definiert werden. Diese Prototypobjekte können als Objektschablonen verwendet werden, um mithilfe des Operators new Objekte zu erzeugen, die die Eigenschaften und Methoden des jeweiligen Prototypobjekts besitzen. Neue Prototypobjekte können mithilfe der Eigenschaft prototype zu »Unter«-Prototypobjekten werden, die alle Eigenschaften und Methoden erben. Dadurch entstehen Prototypketten, die eine Vererbungshierarchie ergeben.

Prototypobjekte und ihre Instanzen

In der Praxis kommt es oft vor, dass man eine Reihe von Objekten mit gleichen Eigenschaften, aber unterschiedlichen Werten benötigt. — *Problem*

Eine mögliche Lösung besteht darin, eine **Objektschablone** zu definieren, die dann benutzt wird, um gleichartige Objekte mit unterschiedlichen Werten zu erzeugen. Eine solche Objektschablone bezeichnet man in JavaScript auch als **Prototypobjekt**. Der Begriff Prototyp stammt aus dem griechischen und bedeutet Muster. Ein Prototypobjekt wird in JavaScript durch eine **Konstruktorfunktion** beschrieben. Mithilfe des new-Operators können beliebig viele identische Objekte von dem Prototypobjekt erzeugt werden, d. h. sie besitzen alle Eigenschaften und Methoden des Prototyps. Solche Objekte werden oft auch als **Instanzen** oder Exemplare des Prototypobjekts bezeichnet. — *Lösung*

> Es sollen verschiedene Personen verwaltet werden. Dazu wird ein Prototypobjekt Person mit den Eigenschaften nachname und vorname sowie der Methode gibNamen() mithilfe der Konstruktorfunktion function definiert. nachname und vorname werden als Parameter übergeben. Das Schlüsselwort this bedeutet in diesem Kontext, dass die Werte in das jeweilige aktuelle Objekt gespeichert ((this.nachname = nachname || "Nachname"; //Voreinstellung) oder gelesen werden (return this.vorname + " " + this.nachname;).
>
> Anschließend werden die drei Objekte erstePerson, zweitePerson und drittePerson mit dem Operator new, gefolgt von dem Namen des Prototypobjekts Person erzeugt. — *Beispiel 1a*
>
> ```
> <!DOCTYPE HTML>
> <html>
>  <head>
>       <title>Beispiel für Prototyping</title>
>       <meta charset="UTF-8"/>
>  </head>
> ```

```
<body>
 <p>
  <script type="text/javascript">
    //Definition eines Prototypobjekts
    //mit einer Konstruktorfunktion
    function Person (nachname, vorname)
    {
      this.nachname = nachname || "Nachname";  //Voreinstellung
      this.vorname = vorname || "Vorname";     //Voreinstellung
      this.gibNamen =
          function()
          {
            return this.vorname + " " + this.nachname;
          }
      this.constructor = Person;
    }
    //Erzeugung von drei Objekten
    var erstePerson = new Person("Mustermann", "Max");
    var zweitePerson = new Person("Musterfrau", "Erika");
    var drittePerson = new Person();
    //Aufruf der Funktion gibNamen()
    document.write
       ("Erste Person: " + erstePerson.gibNamen() + "</br>");
    document.write
       ("Zweite Person: " + zweitePerson.gibNamen() + "</br>");
    document.write
       ("Dritte Person: " + drittePerson.gibNamen() + "</br>");
    //Prüfen, ob Person das Prototypobjekt von erstePerson ist
    document.write ("Person IsPrototypeOf erstePerson: "
       +Person.prototype.isPrototypeOf(erstePerson)+ "</br>");
    //Zugehörige Konstruktorfunktion ermitteln
    document.write("Erste Person: Konstruktor:</br> "
       + erstePerson.constructor + "</br>");

  </script>
 </p>
</body>
</html>
```

Die Abb. 5.12-1 zeigt in vereinfachter Form die Speicherbelegung für das Prototypobjekt und die daraus erzeugten Objekte. Wird die Eigenschaft constructor in der Konstruktorfunktion angegeben (this.constructor = Person;), dann kann von den erzeugten Objekten darauf zugegriffen werden (z. B. erstePerson.constructor). Jedes Objekt besitzt einen Eigenschaft prototype, die eine Speicherreferenz auf das entsprechende Prototypobjekt enthält. Die Methode IsPrototypeOf ermöglicht es, festzustellen, ob ein Objekt aus einem Prototypobjekt erzeugt wurde.

Führen Sie das Programm in einem Browser aus und sehen Sie sich die Ergebnisse an.

5.12 Funktionen *

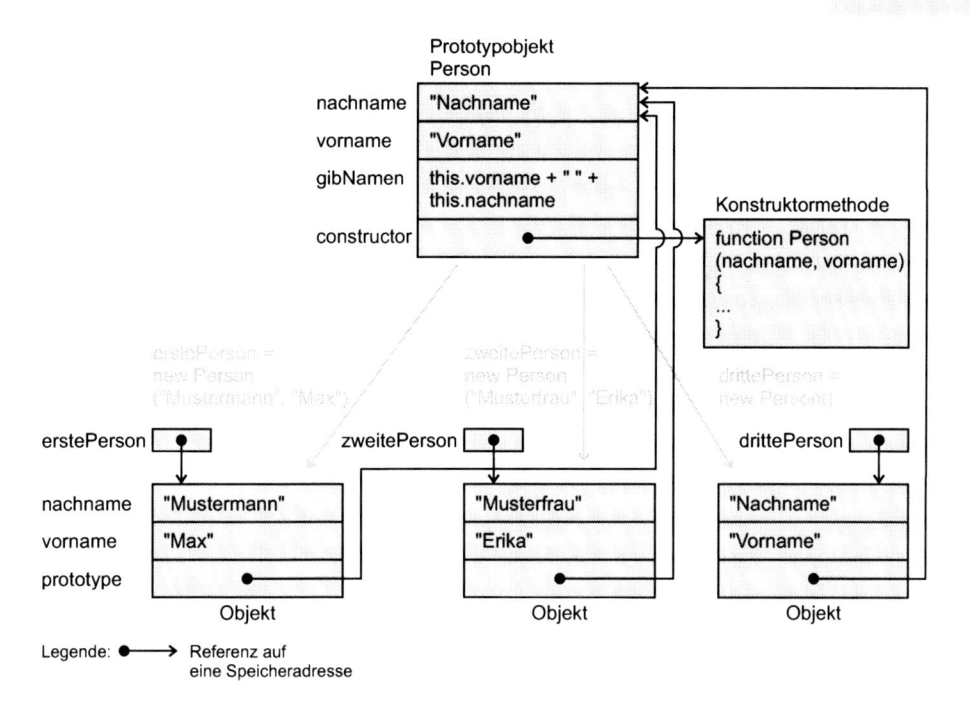

Abb. 5.12-1: Speicherbelegung für das Beispiel Person.

Hinweis	Für eine Konstruktorfunktion kann auch eine anonyme Funktion verwendet werden, die einer Variablen zugewiesen wird: `var Person = function (nachname, vorname);` Die Objekterstellung erfolgt in beiden Fällen identisch durch Aufruf des Konstruktors mit dem Operator new.

Wenn Sie feststellen, dass ein Prototypobjekt um Eigenschaften oder Methoden ergänzt werden muss, dann kann dies nachträglich geschehen.

Beispiel 1b	Das Prototypobjekt Person aus Beispiel 1a wird um die Eigenschaft anrede mit der Voreinstellung "Herr" und die Methode gibNameninvers() ergänzt bzw. erweitert. Nach dieser Erweiterung verfügen alle bereits aus dem Prototypobjekt erzeugten sowie alle neuen Objekte von Person über diese Eigenschaft und diese Methode.

```
//Eine Eigenschaft & eine Methode zum Prototypobjekt hinzufügen
Person.prototype.anrede = "Herr";
Person.prototype.gibNameninvers =
function() {return this.nachname + ", " + this.vorname};
//Nutzung der neuen Eigenschaft und der neuen Methode
document.write("Erste Person: " + erstePerson.anrede + " "
  + erstePerson.gibNameninvers() + "</br>");
```

5 Core-Objekte *

```
zweitePerson.anrede = "Frau";
document.write("Zweite Person: " + zweitePerson.anrede + " "
  + zweitePerson.gibNameninvers() + "</br>");
document.write("Dritte Person: " + drittePerson.anrede + " "
  + drittePerson.gibNameninvers() + "</br>");
```

Konventionen Der Bezeichner für Prototypobjekte sollte immer mit einem Großbuchstaben beginnen, z. B. Person. Objekte, die von einem Prototypobjekt erzeugt werden, sollten immer mit einem Kleinbuchstaben beginnen, z. B. einePerson. Funktionen sollten immer ein Verb enthalten, evtl. gefolgt von einem Substantiv, z. B. gibNamen().

Prototypbasierte Vererbung

Problem In der Praxis kommt es oft vor, dass man ein ähnliches Prototypobjekt wie ein bereits vorhandenes benötigt, jedoch mit zusätzlichen Eigenschaften und Methoden. Wie kann man vermeiden, die bereits vorhandenen Eigenschaften und Methoden neu zu definieren?

Lösung In JavaScript kann man ein neues Prototypobjekt definieren und angeben, dass es alle Eigenschaften und Methoden eines bereits vorhandenen Prototypobjekts übernehmen soll (NeuesPrototyp Objekt.prototype = new VorhandenesPrototypObjekt). Die zusätzlichen Eigenschaften und Methoden werden nur in dem neuen Prototypobjekt definiert.

Beispiel 1c Es sollen Mitarbeiter verwaltet werden, die alle Eigenschaften und Methoden des Prototypobjekts Person besitzen, aber zusätzlich über die Eigenschaft personalnr und eine weitere Methode gibNamenNr() verfügen sollen.

```
//Neues Prototypobjekt Mitarbeiter
function Mitarbeiter (personalnr, anrede, vorname, name)
{
  Person.call(this, name, vorname);
  Person.anrede = anrede || "Frau";
  this.personalnr = personalnr || 0; //Neue Eigenschaft
  //Neue Methode
  this.gibNamenNr =
    function()
    {
      return this.personalnr + " " + Person.anrede + " "
        + this.vorname + " " + this.nachname;
    }
  this.constructor = Mitarbeiter;
};

//Prototypobjekt Mitarbeiter erbt von Person
Mitarbeiter.prototype = new Person();
```

5.12 Funktionen *

```
var einMitarbeiter =
  new Mitarbeiter(4711, "Frau", "Marion", "Müller");
// var einMitarbeiter = new Mitarbeiter(4711);
document.write
  ("Ein Mitarbeiter: " + einMitarbeiter.gibNamenNr() + "</br>");

document.write
  ("Ein Mitarbeiter: " + einMitarbeiter.gibNamen() + "</br>");
document.write
  ("Ein Mitarbeiter: " + einMitarbeiter.gibNamenInvers()
  + "</br>");

document.write ("Person IsPrototypeOf einMitarbeiter: "
  + Person.prototype.isPrototypeOf(einMitarbeiter)+ "</br>");
document.write ("Mitarbeiter IsPrototypeOf einMitarbeiter: "
  + Mitarbeiter.prototype.isPrototypeOf(einMitarbeiter)
  + "</br>");
document.write ("Mitarbeiter IsPrototypeOf erstePerson: "
  + Mitarbeiter.prototype.isPrototypeOf(erstePerson)
  + "</br>");
```

Die Abb. 5.12-2 veranschaulicht in vereinfachter Weise die Speicherplatzbelegung mit den gegenseitigen Referenzen. Durch den Aufruf Person.call(this, name, vorname); werden die bereits vorhandenen Eigenschaften name und vorname von Person genutzt und nicht neu angelegt. Die Eigenschaft anrede wird ebenfalls von Person genutzt, aber mit einer anderen Vorbelegung – hier "Frau" – versehen. Da anrede nicht in der Parameterliste von Person vorhanden ist, muss innerhalb von Mitarbeiter durch Person.anrede = anrede || "Frau"; auf die Eigenschaft anrede zugegriffen werden.

Das neue Objekt einMitarbeiter kann alle Eigenschaften und Methoden von Mitarbeiter und Person nutzen. Wird die Methode gibNamen() durch einMitarbeiter.gibNamen() auf dem Objekt einMitarbeiter aufgerufen, dann wird über die Eigenschaft prototype festgestellt, dass dieses Objekt zum Prototypobjekt Mitarbeiter gehört (siehe Abb. 5.12-2, Nummer (1)). Dort ist die entsprechende Methode nicht zu finden. Über die Eigenschaft prototype von Mitarbeiter erfolgt ein Verweis auf Person (siehe Abb. 5.12-2, Nummer (2)). Dort wird die Methode gefunden und auf dem Objekt einMitarbeiter ausgeführt. Wäre die Methode in Person nicht vorhanden, dann würde ein weiterer Verweis auf das immer vorhandene Prototypobjekt Object erfolgen (siehe Abb. 5.12-2, Nummer (3)). Dort stehen immer die Standardmethoden hasOwnProperty(), isPrototypeOf(), toString(), toLocalString() und valueOf() zur Verfügung, die immer von jedem Objekt verwendet werden können.

5 Core-Objekte *

Diagramm:

Mitarbeiter.prototype = new Person()

Prototypobjekt Person:
- nachname: "Nachname"
- vorname: "Vorname"
- gibNamen: this.vorname + " " + this.nachname
- prototype: →
- anrede: "Herr"
- gibNameninvers: this.nachname + ", " + this.vorname

call(this, name, vorname)

Prototypobjekt Mitarbeiter:
- "Frau"
- 0 → personalnr
- this.personalnr + " " + Person.anrede + " " + this.vorname + " " + this.nachname → gibNamenNr
- prototype

Prototypobjekt Object:
- hasOwnProperty
- isPrototypeOf
- toString
- toLocalString
- valueOf

einMitarbeiter = new Mitarbeiter (4711, "Frau", "Marion", "Müller")

einMitarbeiter →
- personalnr: 4711
- anrede: "Frau"
- vorname: "Marion"
- name: "Müller"
- prototype

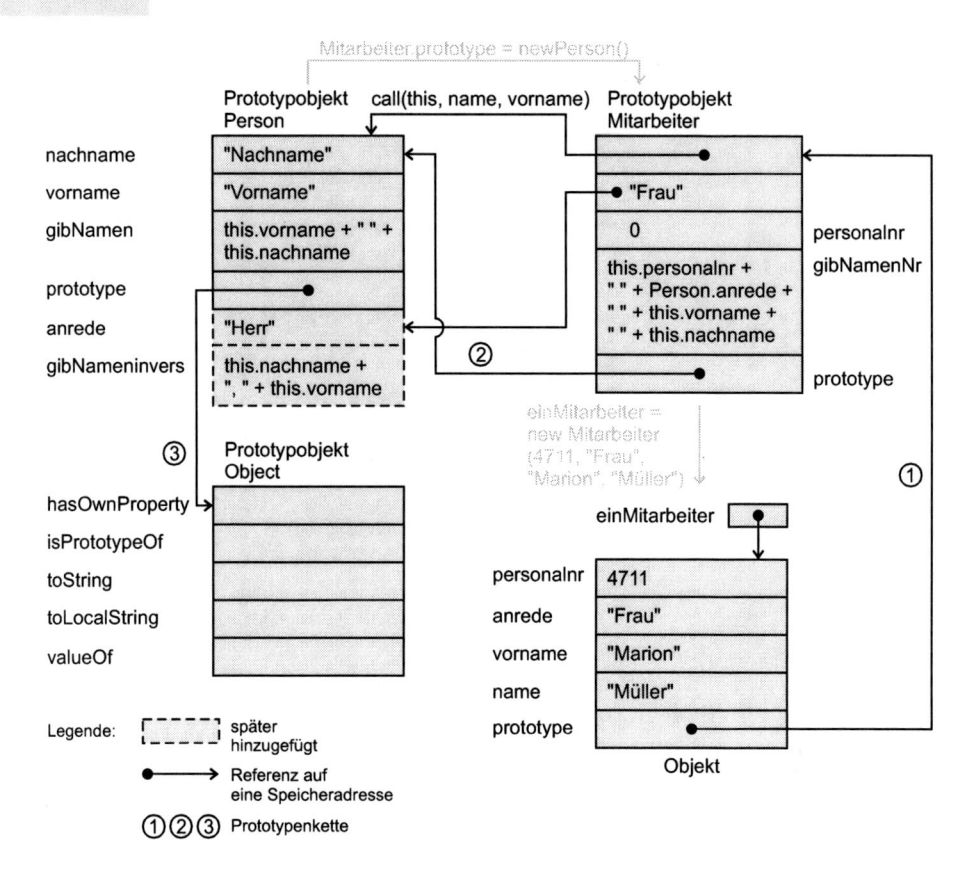

Objekt

Legende:
- ⌐ ¬ später hinzugefügt
- ●→ Referenz auf eine Speicheradresse
- ①②③ Prototypenkette

Abb. 5.12-2: Beispiel für die prototypbasierte Vererbung.

Lassen Sie das Programm in einem Browser ausführen und sehen sich die Ergebnisse an.

Frage Welches Ergebnis erhalten Sie der folgenden Aufruf:
```
var einMitarbeiter = new Mitarbeiter(4711);
```

Antwort Das Ergebnis lautet:
```
Ein Mitarbeiter: 4711 Frau Vorname Nachname
Ein Mitarbeiter: Vorname Nachname
Ein Mitarbeiter: Nachname, Vorname
```

Da nur die Personalnummer als Parameter angegeben wurde, wird die Voreinstellung für anrede von dem Prototypobjekt Mitarbeiter verwendet, die anderen Voreinstellungen von dem Prototypobjekt Person.

Frage Ändern Sie den Namen der Methode gibNamenNr() in gibNamen(). Was wird mit folgenden Anweisungen ausgegeben und warum:
```
document.write
  ("Ein Mitarbeiter: " + einMitarbeiter.gibNamen() + "</br>");
document.write
```

```
("Ein Mitarbeiter: " + einMitarbeiter.gibNameninvers()
    + "</br>");
```

Das Ergebnis lautet: *Antwort*

```
Ein Mitarbeiter: 4711 Frau Marion Müller
Ein Mitarbeiter: Müller, Marion
```

Die umbenannte Methode `gibNamen()` »verdeckt« sozusagen die gleichnamige Methode in dem Prototypobjekt `Person`. Es wird also die Methode in dem Prototypobjekt `Mitarbeiter` ausgeführt nicht die gleichnamige Methode in `Person`.

Fügen Sie dem Objekt `einMitarbeiter` folgende Funktion hinzu: *Frage*

```
einMitarbeiter.gibNamen =
    function()
    {
        return this.vorname + " / " + this.nachname;
    };
```

Welche Ausgabe erhalten Sie von folgender Anweisung:

```
document.write("Ein Mitarbeiter: " + einMitarbeiter.gibNamen() + "</br>");
```

Das Ergebnis lautet: *Antwort*

`Ein Mitarbeiter: Marion / Müller`

Hier wurde einem einzelnen Objekt eine Funktion zugeordnet. Diese Funktion überdeckt die gleichnamige Funktion aus dem Prototypobjekt `Mitarbeiter`.

Das Beispiel zeigt, dass es durch das Konzept der Prototypobjekte in JavaScript möglich ist, Eigenschaften und Methoden von einem Prototypobjekt an einen anderes Prototypobjekt zu »vererben«.

Durch die Rückwärtsreferenzierung entsteht eine **Prototypenkette**, die die Vererbungshierarchie angibt. Dieses Vererbungskonzept bezeichnet man in JavaScript als **prototypenbasierte Vererbung**.

Die prototypenbasierte Vererbung besitzt folgende Charakteristika: *Charakteristika*

- Eigenschaften und Methoden eines Prototypobjekts können andere Prototypobjekte vererbt werden.
- Neue Eigenschaften und neue Methoden können während der Laufzeit einem Prototypobjekt hinzugefügt werden. Auf diese neuen Eigenschaften und neuen Methoden können dann alle Prototypobjekte und Objekte in der Prototypenkette zugreifen.
- Eigenschaften und Methoden können auch nur einem Objekt zugeordnet werden. Gibt es gleichnamige Eigenschaften und gleichnamige Methoden auch in der Vererbungskette, dann überdecken die lokalen Eigenschaften und Methoden die ver-

erbten Eigenschaften und Methoden, d. h. es werden die lokalen Eigenschaften und Methoden angewandt.

> **Hinweis**
>
> Wenn Sie bereits eine klassische objektorientierte Programmiersprache wie Java oder C++ kennen, dann stellen Sie folgende wesentlichen Unterschiede zu JavaScript fest:
>
> - Das Prototypobjekt in JavaScript ist vergleichbar mit einer Klasse in Java oder C++, jedoch kann eine Klasse während der Laufzeit nicht mehr geändert werden.
> - In JavaScript entstehen Vererbungshierarchien durch die Verkettung von Prototypobjekten, in Java oder C++ durch die Bildung von Unterklassen.

Weitere Anwendungsmöglichkeiten der prototype-Eigenschaft

Die prototype-Eigenschaft lässt sich vielseitig einsetzen. Beispielsweise können die Array-Methoden nicht auf das Parameterobjekt arguments angewendet werden. Schließlich ist arguments[] kein wirkliches Array. Mit Hilfe von prototype können Sie allerdings eine Funktion entwickeln, welche Array-Methoden verwendet, um das arguments-Objekt zu verändern.

Beispiel

Die hier entwickelte Funktion kann eingesetzt werden, um aus arguments[] das erste Element zu entfernen:

```
function removeFirst()
{
  var entf = Array.prototype.slice;
  return entf.apply(arguments, [1]);
}
```

removeFirst("a", "b", "c") liefert ["b", "c"].

Insbesondere JavaScript-Frameworks wie »Prototype« und »MooTools« verwenden diese Technik, um die JavaScript-Datentypen durch neue Methoden zu erweitern.

Beispiel

Die folgenden Zeilen zeigen eine Methode, welche die Reihenfolge der in einem String enthaltenen Zeichen umkehrt:

```
String.prototype.reverse = function()
{
  return this.split("").reverse().join("");
}
```

5.13 Web Workers ***

Das API *Web Workers* ermöglicht es, dass unabhängig von der grafischen Oberfläche der Webseite JavaScript-Programme im Hintergrund ausgeführt werden. Somit werden interaktive Elemente nicht mehr bei aufwendigen Rechenaktionen blockiert. Außerdem werden keine Fehlermeldungen mehr wegen länger andauernden Berechnungen erscheinen und deren Ergebnisse können fortlaufend ausgegeben werden. Ein *Worker*-Prozess kann weitere *Worker*-Prozesse öffnen und auch auf externe Script-Dateien zugreifen. Das *Web Workers*-Konzept ermöglicht das Ausführen rechenintensiver Operationen auf dem Clientsystem. Externe JavaScript-Dateien können im Hintergrund ablaufen, ohne dass der Anwender Verzögerungen bemerkt. Ein *Web Worker* ist ein Objekt, welches einen neuen *Thread* startet und in eine separate Datei ausgelagerten JavaScript-Code parallel zur eigentlichen Anwendung ausführt. Auf dedizierte *Worker* ist lediglich exklusiver Zugriff möglich. Auf *Shared Worker* kann von mehreren Anwendungen aus zugegriffen werden. Das Anlegen eines *Workers* erfolgt über einen Konstruktor.

Die Möglichkeiten von JavaScript sind in den vergangenen Jahren dank ECMAScript sowie des W3C und der WHATWG deutlich erweitert worden.

Erst dadurch, dass JavaScript-Code nicht mehr unmittelbar im Browser ausgeführt wird, konnte die Ausführungszeit von JavaScript-Programmen deutlich reduziert werden. Als Folge dieser Entwicklung sind die Anforderungen an JavaScript-Programme erheblich gestiegen. Serverseitige Webanwendungen werden zunehmend durch clientseitiges JavaScript ersetzt. Beispielsweise werden auf dem Clientcomputer

- Formulareingaben validiert,
- API-Funktionen aufgerufen,
- ganze Webseiten für den Offline-Modus gespeichert,
- Änderungen am DOM-Baum vorgenommen.

Für derartige rechenintensive bzw. prozessorlastige Aktionen stellt JavaScript einige Techniken bereit:

- Die `window`-Methoden `setTimeout()` und `setInterval()` ermöglichen eine zeitverzögerte Ausführung von JavaScript-Funktionen im Hintergrund.
- *Event-Handler* werden unbemerkt aufgerufen, wenn ein überwachtes Ereignis eintritt.
- Durch das `XMLHttpRequest`-Objekt können Anfragen an einen Webserver gestellt werden.

Die Verarbeitung erfolgt hier jeweils asynchron – der Benutzer muss nicht auf das Ergebnis der Verarbeitung warten, bevor er eine weitere Eingabe tätigen kann. Er erhält so den Eindruck, dass eine »Echtzeitverarbeitung« stattfindet.

Die aktuellen Browser unterstützen ein neues Konzept namens *Web Workers*.

Hinweis
Für Browser ohne *Web Workers*-Unterstützung – wie beispielsweise den Internet Explorer (Version $\leq$ 9) – gibt es das *PlugIn* **Google Gears**.

Probleme
Immer mehr Aufgaben, welche eine Webanwendung ausführen muss, erfordern hohen Rechenaufwand. Lange Jahre mussten derartige Aufgaben serverseitig ausgeführt werden, um lange Wartezeiten für die Benutzer zu vermeiden.

Sollten beispielsweise mehrere Vorgänge periodisch ausgeführt werden, so mussten diese ohne *Web Workers* sequenziell verarbeitet werden, sodass benutzerseitig erhebliche Wartezeiten entstanden und der Benutzer über einen längeren Zeitraum keine Eingabe tätigen konnte. Rechenintensive und auch sich häufig wiederholende Operationen verursachten oft *Performance*-Probleme oder führten zu Browserinstabilitäten.

Timer verbrauchen viel Systemleistung, insbesondere wenn deren Frequenz deutlich unter einer Sekunde liegt. Leichte Verbesserungen der *Performance* lassen sich dadurch erreichen, dass Sie anstatt für jede einzelne Aufgabe einen separaten *Timer* anzulegen, wenige unterschiedliche Intervalle bzw. *Timer* festlegen und ihnen jeweils mehrere Aufgaben zuweisen.

Lösung
Da einem *Web Worker* ein separater Prozess zugeordnet wird, besteht hier keine Auswirkung auf die E/A-Schnittstelle (Eingabe/Ausgabe) des Browsers, wodurch die Wartezeiten der Benutzer sich deutlich verringern. Auch gibt es keine Abhängigkeiten zwischen unterschiedlichen Prozessen bzw. *Web Workers*. Physikalische Unabhängigkeit und damit echtes **Multitasking** liegt jedoch lediglich dann vor, wenn die verschiedenen Prozesse auf unterschiedliche Prozessoren bzw. Prozessorkerne verteilt werden.

Durch *Web Workers* wird es nun möglich, prozessorlastige JavaScript-Programme auf dem Client auszuführen, ohne dass merkliche Wartezeiten seitens des Benutzers entstehen.

Zu den typischen Aufgaben eines *Worker*-Objekts gehört beispielsweise

- das Sortieren eines langen Arrays oder
- die Verarbeitung von Bildern und Videodateien.

Das neue Konzept der *Web Workers* ermöglicht es, dass sich mehrere Webanwendungen einen **Thread** teilen *(Shared Worker)*. So können mehrere Browser-Tabs und auch mehrere Webseiten auf denselben *Worker*-Prozess zugreifen. Alternativ kann ein Hintergrundprozess einzig von einer bestimmten Webanwendung verwendet werden *(Dedicated Worker)*.

Für Benutzer ist es idealerweise nicht ersichtlich, ob sie mit einer Webanwendung oder einer Desktopanwendung arbeiten:

- Der Übergang zwischen online- und offline-Modus verläuft nahezu ohne Zeitverzögerung.
- *Caching*-Mechanismen, optimiertes *Rendering* und effiziente Leistungsverteilung sorgen dafür, dass die Anwortzeiten von online- und offline-Anwendung nahezu identisch sind.

Durch *Web Workers* und eine angepasste JavaScript-*Engine* werden moderne Browser multithreadingfähig. Wenn es die lokale Hardware zulässt, können mehrere JavaScript-Anwendungen parallel auf dem Client des Benutzers ausgeführt werden.

Beim Öffnen des Browsers wird ein Prozess gestartet. Rechenintensive Programmabläufe werden in separaten JavaScript-Dateien gespeichert, sodass diesen mithilfe des *Web Workers*-Konzepts jeweils ein eigener Prozess zugeordnet werden kann.

Worker()-Threads laufen im Hintergrund ab. Allerdings können sie – wie jeder andere Hintergrundprozess – keine DOM-Manipulationen vornehmen.

Um per *Worker* Änderungen am DOM-Baum zu initiieren, muss eine Nachricht an das kontrollierende Programm gesendet werden, da lediglich dieses Schreibzugriff auf die Elemente des DOM besitzt.

Meistens können innerhalb eines *Workers* Host-Objekte *nicht* verwendet werden. Hier darf lediglich lesend auf die Eigenschaften von `location` und `navigator` zugegriffen werden.

Das Schlüsselwort `self` liefert innerhalb eines *Workers* eine Referenz auf den *Worker* selbst und jeder *Worker* kann HTTP-Anfragen stellen (`XMLHttpRequest`).

Dedizierte Worker

Im Mittelpunkt dieser neuen Technik steht der `Worker()`-Konstruktor bzw. das `Worker()`-Objekt. Dieser Konstruktor erzeugt einen dedizierten *Worker*.

`Worker()`

Bestandteile von ECMAScript können durch einen *Worker*-Prozess uneingeschränkt verwendet werden.

Beispiel — Durch die folgende Codezeile wird ein Script in einem eigenständigen *Thread* ausgeführt.

```
var ww = new Worker("scr.js");
```

Der *Thread* wird so erzeugt und auch gestartet.

Die Steuerung des `Worker()`-Objekts kann durch die window-Methoden `setInterval()`, `setTimeout()`, `clearInterval()` und `clearTimeout()` erfolgen.

`postMessage()` — Ein `Worker()`-Objekt und seine kontrollierende Anwendung kommunizieren über die `postMessage()`-Methode miteinander. Innerhalb eines *Workers* stellt `postMessage()` eine globale Funktion dar. Wird diese innerhalb eines `Worker()`-Objekts aufgerufen, so tritt in der kontrollierenden Anwendung das *message*-Ereignis ein, welches sich durch den *Event-Handler* `onmessage` überwachen lässt.

Umgekehrt kann auch die kontrollierende Anwendung Informationen an einen *Worker* senden. Hier ist `postMessage()` eine Methode des `Worker()`-Objekts. Innerhalb des *Workers* tritt nach dem Senden das *message*-Ereignis ein.

Beispiel — Auf das Senden einer Information von der kontrollierenden Anwendung an den *Worker* kann innerhalb des *Worker* wie folgt reagiert werden.

```
//Zuerst erfolgt des Senden der Nachricht
//durch die kontrollierende Anwendung
var ww = new Worker("worker.js");
ww.postMessage("Hallo Worker");
```

```
//Es folgt der Code innerhalb des Workers
//Auszug aus "worker.js"
self.onmessage=function(e)
{
  if (isNaN(e.data))
  {
  }
}
```

`onmessage` wird innerhalb eines *Web Workers* (hier referenziert durch `self`) ausgelöst, wenn von der kontrollierenden Anwendung Daten an den *Worker* mit `postMessage()` gesendet wurden. Die übertragene Textinformation wird beim *Worker* in der Eigenschaft `data` des *Event*-Objekts gespeichert.

Beispiel — Auch lässt sich vom *Worker* an die kontrollierende Anwendung eine Nachricht senden, auf welche dort reagiert wird.

```
//Zuerst erfolgt des Senden der Nachricht
//durch den Worker
//Auszug aus "worker.js"
```

```
self.postMessage("Arbeite......");
```

```
//Es folgt der Code innerhalb der
//kontrollierenden Anwendung
ww.onmessage=function(e)
{
   alert(e.data);
}
```

Das message-Ereignis eines Worker()-Objekts wird innerhalb der Anwendung ausgelöst, wenn durch den *Web Worker* Daten an die kontrollierende Anwendung mit postMessage() gesendet wurden. Die übertragene Textinformation wird innerhalb der kontrollierenden Anwendung in der Eigenschaft data des *Event*-Objekts gespeichert.

Manchmal ist es sinnvoll, der postMessage()-Methode ein Objekt zu übergeben:

```
ww.postMessage({state: "ok", error: "no"})
```

Der *Worker* kann darauf individuell reagieren:

```
self.onmessage = function(e)
{
  if (e.data.state == "ok")
  {
  }
}
```

Ein *Worker* kann weitere neue Worker()-Objekte erzeugen sowie auch zusätzliche Script-Dateien laden und ausführen:

```
var ww1 = new Worker("worker2.js")
self.importScripts("scr1.js ", "scr2.js")
```

Die Verarbeitung der angegebenen Script-Dateien erfolgt in der Reihenfolge, in welcher sie angegeben sind. importScripts() arbeitet synchron. Erst wenn die Ausführung der Script-Dateien beendet ist, gibt es die Kontrolle an den *Worker* wieder ab.

importS-cripts()

Falls Sie einen *Dedicated Worker* durch die kontrollierende Anwendung beenden müssen, so erreichen Sie dies durch einen Aufruf der terminate()-Methode des Worker()-Objekts.

```
ww.terminate();
```

Der *Thread* wird unmittelbar beendet.

Wird durch ein Worker()-Objekt ein Laufzeitfehler verursacht, so tritt das error-Ereignis ein. Dieses kann durch

```
ww.onerror=function(e)
{
}
```

überwacht werden.

In diesem Zusammenhang besitzt das *Event*-Objekt einige spezielle Eigenschaften:

```
e.message  //Fehlertext
e.filename //Name der Datei, in welcher
           //der Fehler aufgetreten ist
e.lineno   //Nummer der Zeile, in welcher
           //der Fehler aufgetreten ist
```

Gemeinsam genutzte *Worker*

Ein gemeinsam genutzter *Worker* wird durch den SharedWorker()-Konstruktor erzeugt:

```
var worker = new SharedWorker("ww.js");
```

Die Kommunikation der steuernden Anwendung mit dem *Worker-Thread* läuft hier allerdings über die port-Eigenschaft des SharedWorker()-Objekts. Für den Empfang von Nachrichten vom Worker verwendet man:

```
worker.port.onmessage=function(e)
{
}
```

Über die port-Eigenschaft wird auch gesendet:

```
worker.port.postMessage("Hallo Worker");
```

Alternativ kann die Überwachung auch durch addEventListener() erfolgen:

```
worker.port.addEventListener("message",
function(e)
{
  alert(e.data);
}
,false);
```

In diesem Fall muss der Port allerdings nach der Registrierung des *Event-Handlers* initialisiert werden:

```
worker.port.start();
```

Ein *Shared Worker* kommuniziert also über Ports mit anderen Anwendungen. Diese werden jeweils initialisiert, wenn ein Script erstmalig Kontakt mit dem *Worker*-Prozess aufnimmt. Für jeden Port muss nach der ersten Kontaktaufnahme das message-Ereignis durch einen *Event-Handler* überwacht werden. So ist es möglich, dass der *Worker* per postMessage() reagieren/antworten kann.

Die Initialisierung eines Port erfolgt über die Methode start(). Damit allerdings seitens des *Workers* auf die aufrufende Anwendung reagiert werden kann, muss innerhalb des *Workers* hier das connect-Ereignis überwacht werden:

```
self.onconnect=function(e)
{
  var port = e.ports[0];
```

```
   port.onmessage=function(e)
   {
      self.postMessage("Arbeite....");
   }
}
```

Um seitens der steuernden Anwendung die Kommunikation mit einem *Web Worker* zu beenden, gibt es die Methode `terminate()`:

```
worker.terminate();
```

Wenn die Kommunikation über einen bestimmten Port ausgehend vom *Web Worker* beendet werden soll, so ist dies durch `port.close()` möglich.

Um sämtliche Ports zu schließen, kann innerhalb des *Workers* die Objekt-Methode `self.close()` verwendet werden. Auf diese Weise schließt der Worker-Thread alle Verbindungen und beendet sich dann selbst.

Abschließend sehen Sie nun ein vollständiges Anwendungsbeispiel. Wenn der Benutzer in das Textfeld der Seite eine Zahl eingibt und die Schaltfläche anklickt, wird ein *Worker-Thread* gestartet. Der *Worker* liefert ja zurück, falls es sich bei dem ganzzahligen Teil der eingegebenen Zahl um eine Primzahl handelt. Liegt eine Primzahl vor, so wird der Hintergrund des Textfeldes grün dargestellt, ansonsten rot. Schließlich wird der *Worker* beendet:

Beispiel

```html
<!DOCTYPE html>
<html lang="de">
<head>
  <meta http-equiv="content-type" content="text/html;
                       charset=utf-16" />

<script type="text/javascript">
window.onload=function()
{
  var btn=document.querySelector("button");
  document.querySelector("input").style.
              backgroundColor="white";
  btn.onclick=function()
  {
    var ww=new Worker("primzahl.js");
    ww.postMessage(parseInt(document.querySelector("input").
       value));
    ww.onmessage=function(e)
    {
      var farbe = (e.data=="ja")?"green":"red";
      document.querySelector("input").style.
              backgroundColor=farbe;
      ww.terminate();
    }
  }
}
```

```
</script>
</head>
<body>
<input type="text" value="0"/><br/>
<button>prim?</button>
</body>
</html>
```

Es folgt der Quelltext des *Workers*:

```
//Datei: primzahl.js
self.onmessage=function(e)
{
  var antwort = "nein";
  var zahl = parseInt(e.data);
  var grenze = parseInt(Math.sqrt(zahl));
  if (zahl%2 != 0)
  {
    for (var j=3;j<=grenze,zahl%j!=0;j=j+2)
    {
    }
    if (j > grenze) antwort = "ja";
  }
  self.postMessage(antwort);
}
```

Führen Sie das Script in verschiedenen Browsern aus.

Ergänzen Sie das Beispiel so, dass die Dauer der Primzahlprüfung angezeigt wird.

5.14 WebSockets ***

Ein WebSocket ermöglicht eine bidirektionale verbindungsorientierte Kommunikation zwischen Webbrowser und Webserver. Zustandsänderungen werden ohne *Polling* und ohne clientseitigen *Request* in Echtzeit angezeigt. WebSockets gehören zur Anwendungsschicht, sie werden Bestandteil von HTML5 sein. Sie verwenden anstelle von HTTP/HTTPS das Protokoll ws bzw. wss.

Der Begriff *Socket* stammt aus der TCP-Welt. Hier versteht man darunter die Kombination aus IP-Adresse und Port. Diese Kombination wird benötigt, damit ein lokaler Dienst in einem öffentlichen Netzwerk eindeutig identifizierbar bzw. adressierbar ist. Adressierung und Datenübertragung in einem Rechnernetz gehören zu den Aufgaben der Vermittlungsschicht und der Transportschicht.

HTTP, HTTPS — Somit ist grundsätzlich eine bidirektionale Kommunikation zwischen zwei Computern in einem auf TCP/IP basierenden Netzwerk möglich. Allerdings wird die Kommunikation zwischen Webbrowser und Webserver durch HTTP oder HTTPS in der An-

5.14 WebSockets ***

wendungsschicht gesteuert. Beide Protokolle basieren auf einem *Request/Response*-Prinzip, wobei der Server grundsätzlich eine passive Komponente darstellt. Ohne Weiteres sind interaktiver Datenaustausch und dauerhafte Verbindungen *nicht* realisierbar.

Für direkte TCP-Verbindungen wurden bisher Browser-*PlugIns* (z. B. *Java Runtime Engines* oder *Flash*-Module) eingesetzt.

Eine andere Lösung, welche allerdings eine hohe Netzwerklast verursachte, bestand darin, in kurzen Zeitabständen clientseitig wiederholt Anfragen an den Server zu stellen und neue für den Client bestimmte Informationen anzufordern. Dieser Vorgang wird als *Polling* bezeichnet.

Polling

Seit der Einführung von Ajax können auf einem Webserver *Callback*-Funktionalitäten genutzt werden. Hier benachrichtigt der Server automatisch den Client, sobald für diesen eine neue Information vorliegt.

Callback

Seit per HTTP (ab Protokollversion 1.1) auch mehrteilige Antworten gesendet werden können, ohne dass eine neue Verbindung zwischen Sender und Empfänger aufgebaut werden muss, gibt es JavaScript-Frameworks, welche zwar von dieser Eigenschaft profitieren, jedoch bei Weitem keine direkte Kommunikation zulassen. Bald soll es eine einheitliche Schnittstelle für alle Browser geben. Hier handelt es sich um eine Technik, welche die verbindungsorientierte Kommunikation zwischen Webanwendungen ermöglicht. Insbesondere werden Chatsysteme und Videoübertragungen davon profitieren, da so gewährleistet ist, dass sämtliche gesendete Datenpakete in der richtigen Reihenfolge beim Empfänger ankommen.

Der neu spezifizierte Übertragungsmodus soll das WebSockets-Protokoll (ws für Standard-Übertragungen, wss für abgesicherte Übertragungen) verwenden. Das WebSocket-API ist als Bestandteil von HTML5 vorgesehen.

ws, wss

Ein WebSocket stellt eine bidirektionale Verbindung zwischen einem Webclient und einem Webserver dar. Damit eine solche Verbindung durch den Browser aufgebaut werden kann, muss mit dem URL anstelle von HTTP/HTTPS der gewünschte Übertragungsstandard angegeben werden.

```
ws://kurse.aktienprofi.info
```
Für eine sichere Verbindung wird wss verwendet:
```
wss://kurse.aktienprofi.info
```

Beispiel

Eine ws-Übertragung findet standardmäßig über den TCP/IP-Port 81 statt. Für wss (secure WebSocket) ist der TCP/IP-Port 815 reserviert.

Ports

5 Core-Objekte *

Zwar basieren WebSockets auf HTTP/HTTPS, jedoch wird hier von der Möglichkeit Gebrauch gemacht, nach Übermittlung einer Anfrage, welche einen speziellen *Header* besitzt, in einen anderen Übertragungsmodus zu wechseln.

Unter anderem bringen Firefox 4, Chrome 6 und auch Opera 11 bereits WebSocket-Fähigkeiten mit. Sie unterstützen das WebSocket()-Objekt, welches ein Unterobjekt von window ist.

Es gibt auch schon serverseitige Implementierungen, jedoch treten zum Teil noch Inkompatibilitäten auf, da Client- und Serverkomponenten unterschiedliche Versionen des WebSocket-Protokolls verwenden.

In der Praxis ergeben sich häufig Probleme bei unverschlüsselten Verbindungen. Daher sind WebSockets in einigen Browsern standardmäßig deaktiviert. Zu Testzwecken lässt sich das Protokoll jedoch freischalten.

WebSockets werden in naher Zukunft beispielsweise Sprach- und Bildkommunikation in Echtzeit sowie den Empfang aktueller Börsenkurse und Nachrichten ohne Client-Aktivität (kein *Request* wie bei HTTP/HTTPS) ermöglichen.

Zur Programmierung

Für eine bidirektionale Client/Server-Kommunikation benötigen Sie erst einmal ein Objekt. Zu diesem Zweck wurde der WebSocket()-Konstruktor eingeführt:

```
var socket = new WebSocket("wss://demo.wsocket.com");
```

Zum WebSocket()-Objekt gehören einige Ereignisse:

- open tritt ein, wenn die Verbindung hergestellt wird.
- message zeigt an, dass eine Nachricht angekommen ist.
- error signalisiert, dass ein Fehler eingetreten ist.
- close informiert, dass die Verbindung serverseitig beendet wurde.

Für die Überwachung dieser Ereignisse unterstützt JavaScript die folgenden *Event-Handler*:

- socket.onopen,
- socket.onmessage,
- socket.onerror und
- socket.onclose.

send()

Das Senden einer Nachricht an den Server erfolgt über die send()-Methode: socket.send("aktiv"); Während der Dauer der Verbindung werden keine Client-Anfragen gesendet – der Server übermittelt eigenständig neue Informationen an den Client, sobald diese verfügbar sind.

close()

Um clientseitig diese Verbindung zu beenden, kann die close()-Methode verwendet werden: socket.close();

5.14 WebSockets ***

Das `WebSocket()`-Objekt besitzt die Eigenschaft `bufferedAmount`. Diese gibt eine ganze Zahl zurück. Der Wert von `bufferedAmount` bezeichnet, wie viele Bytes im Format UTF-8 sich noch in der Warteschlange befinden und per `send()` gesendet werden müssen.

`bufferedAmount`

Wie `XMLHttpRequest()` besitzt auch `WebSocket()` eine `readyState`-Eigenschaft:

`readyState`

- Im Fall `socket.readyState==0` besteht keine Verbindung.
- Besitzt `socket.readyState` den Wert 1, so ist die Verbindung aktiv und Vollduplex-Übertragung ist möglich.
- Der Zustand `socket.readyState==2` signalisiert, dass die Verbindung nun beendet wird.
- Liefert `socket.readyState` den Wert 3, so wurde die Verbindung beendet und kann nicht weiter verwendet werden.

6 Host-Objekte *

Ein Großteil der JavaScript-Objekte beziehen sich auf Elemente im Browserfenster mit ihren Eigenschaften und Methoden – Host-Objekte genannt. Da JavaScript mit einer Seitenbeschreibungssprache gemeinsam eingesetzt werden soll, können JavaScript-Programme auf HTML- und XML-Objekte zugreifen. Über die durch den jeweiligen Sprachstandard vorgegebenen Objekte können Sie gezielt Eigenschaften von den Elementen einer HTML-Seite abfragen und auch ändern.

In diesem Kapitel werden die wichtigsten Host-Objekte behandelt.

Die Host-Objekte gehören zu einem Objektmodell:

- »Einführung«, S. 241

Zu den Host-Objekten gehören die Elemente des Browser-Objektmodells, mit denen der Benutzer unmittelbar in Kontakt kommt:

- »Das Objekt window«, S. 245
- »Das Objekt document«, S. 254
- »Das Objekt screen«, S. 257

Spezielle Objekte ermöglichen die Abfrage von Browser- und Systeminformationen:

- »Die Objekte navigator und geolocation«, S. 257

Ein Objekt lässt den Zugriff auf den URL der im aktuellen Fenster dargestellten Webseite zu:

- »Das Objekt location«, S. 264

Auch auf die Liste der bereits besuchten Webseiten kann man zugreifen:

- »Das Objekt history«, S. 265

Variableninhalte und Benutzereingaben können auf verschiedene Art und Weise lokal gespeichert werden:

- »Cookies«, S. 266
- »Local Storage und Session Storage«, S. 274

Seiteninhalte lassen sich offline verfügbar machen:

- »Application-Cache«, S. 278

6.1 Einführung *

Ausgehend vom Objekt window bilden die Host-Objekte eine hierarchische Struktur.

Die JavaScript-Objekte bilden eine hierarchische Struktur, sodass ein Objekt eine Teilmenge eines übergeordneten Objekts

Hierarchie

sein kann. Das höchste Objekt in der JavaScript-Hierarchie ist das Fenster-Objekt (window, die Wurzel des Baumes). Fenster haben Eigenschaften wie einen Titel, eine Größe usw. Der Inhalt eines Fensters ist das direkt untergeordnete Objekt *(child)*, nämlich die im Browserfenster angezeigte Webseite (document, Abb. 6.1-1).

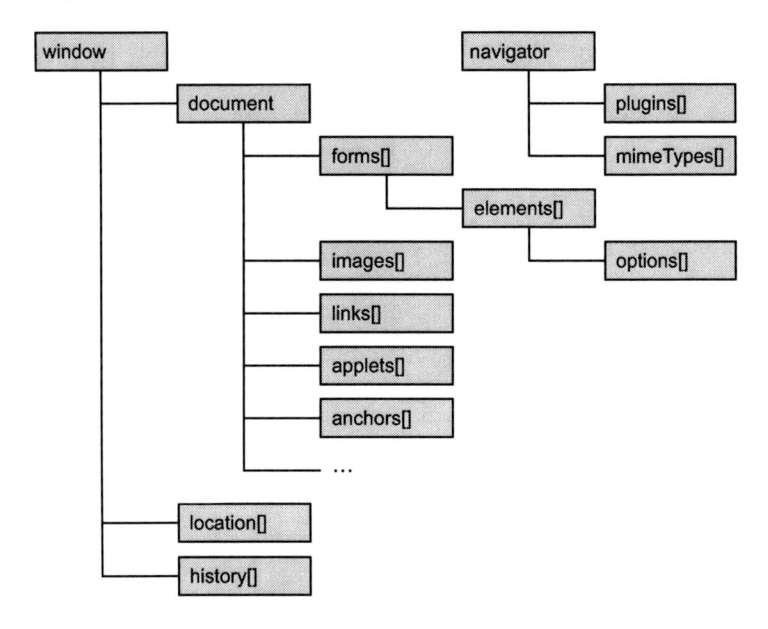

```
window
├── document
│   ├── forms[]
│   │   └── elements[]
│   │       └── options[]
│   ├── images[]
│   ├── links[]
│   ├── applets[]
│   ├── anchors[]
│   └── ...
├── location[]
└── history[]

navigator
├── plugins[]
└── mimeTypes[]
```

Abb. 6.1-1: Objekthierarchie bei JavaScript.

In der Regel ist der Fensterinhalt eine HTML-Datei. Eine solche Datei kann bestimmte, durch HTML-Tags definierte Elemente enthalten, wie zum Beispiel ein Formular <form>, einen Verweis <a> oder eine Grafikreferenz <img>. Das document-Objekt besitzt viele Eigenschaften. Eine davon ist forms[], ein Array, welcher alle Formulare der Webseite enthält. Ein Formular besteht seinerseits aus verschiedenen Elementen. In JavaScript gibt es dafür die Eigenschaft elements[], wiederum ein Array, über welches Sie auf einzelne Felder und Buttons innerhalb eines Formulars zugreifen können.

Eigenschaften Eigenschaften von Objekten können Sie innerhalb Ihres JavaScript-Codes jederzeit lesen, in vielen Fällen können Sie die Werte von Eigenschaften auch ändern. So können Sie beispielsweise dem im Browser-Fenster angezeigten Dokument einen neuen URL zuweisen. Dadurch erreichen Sie, dass der Webbrowser einen Sprung zum zugewiesenen URL ausführt, genau so, als wenn der Benutzer auf einen entsprechenden Verweis klicken würde.

6.1 Einführung *

Die folgende Funktion gibt Informationen über den Browser aus:

Beispiel

```
function browser()
{
  var BrowserName = navigator.appName; //Browsername auslesen
  var BrowserVersion = navigator.appVersion;
      //Browserversion ermitteln
  alert("Sie verwenden " + BrowserName +
        ", Version " + BrowserVersion);
}
```

Beim Laden eines Formulars soll der Name des Browsers und seine Version in jeweils einem Textfeld ausgegeben werden.

Das `navigator`-Objekt stellt Ihnen verschiedene Informationen über den auf dem Client verwendeten Webbrowser zur Verfügung. Im obigen Beispiel sind das die Eigenschaften `appName` und `appVersion`.

Viele vordefinierte JavaScript-Objekte besitzen Methoden. So ist zum Beispiel `back()` eine Methode des `history`-Objektes, in welchem die bereits besuchten URLs eines Browserfensters gespeichert sind. Durch den Aufruf `history.back()` können Sie einen Rücksprung zum zuletzt geöffneten URL erzwingen:

Methoden

```
function zurueck()
{
  history.back();
}
```

Die allgemeine Syntax für den Aufruf einer Methode lautet

```
objekt.methode(parameter)
```

Dabei ist die Angabe der Parameter optional, nicht jedoch das Notieren der Klammern.

Damit Sie als JavaScript-Programmierer wissen, welcher Browser in welcher Version welches Objekt verarbeiten kann, können Sie den Aufruf von Eigenschaften und Methoden eines Objekts von einer Abfrage abhängig machen:

Beispiel

```
function obj_exists()
{
  if (! document.images) //Ist das Objekt images unbekannt?
    alert("images-Objekt wird nicht unterstützt");
    else
      alert("Der Browser kennt images");
  if (document.all) //Ist das Objekt all bekannt?
    alert("all wird unterstützt?);
    else
      alert("all wird nicht unterstützt");
}
```

6 Host-Objekte *

with
: Wenn mehrere Anweisungen in Folge dasselbe Objekt betreffen, können Sie vereinfachungshalber das with-Konstrukt verwenden, statt document.write können Sie dann schreiben write:

Beispiel
```
<script type="text/javascript?>
with (document)
{
  open();//document.open()
  write("Diese Seite hat die Hintergrundfarbe " + bgColor);
              //document.write(), document.bgColor
  close(); //document.close()
}          //Ende with
</script>
```

this
: Mit dem Schlüsselwort this können Sie auf das aktuelle Objekt Bezug nehmen; beim *Event-Handling* bezeichnet this dasjenige Objekt, welches das *Event* ausgelöst hat:

Beispiel
```
<form id="Eingabeformular">
<input type="text" id="Eingabefeld" name="Eingabefeld" />
<input type="button" name="btn" value="OK"
       onclick="javascript:window.alert(this.
              form.elements['Eingabefeld'].value);"/>
</form>
```

Es wird ein Formular mit einem Eingabefeld und einem Button definiert. Wenn der Benutzer auf den Button klickt, tritt der *Event-Handler* onclick in Aktion, der als Attribut in dem HTML-Tag für den Button notiert ist. In einem Meldungsfenster wird der Wert ausgegeben, den der Benutzer in das Eingabefeld eingegeben hat.

Alternativ könnten Sie auch die folgende Notation verwenden:
```
window.alert(document.Eingabeformular.Eingabefeld.value);
```

Wenn Ihre Webseite viele Objekte enthält, ist diese Referenz äußerst ineffizient, daher ist von dieser Möglichkeit des Zugriffes auf ein Formular und auch auf ein Formularelement grundsätzlich abzuraten. Der Browser müsste innerhalb sämtlicher Elemente der gesamten Webseite suchen, bis er das Element mit der angegebenen ID gefunden hat. Die Notation
```
document.forms["Eingabeformular"].elements["Eingabefeld".value;
```
reduziert die Suche nach den IDs auf Formulare und deren Elemente – das hat insbesondere bei umfangreichen Webseiten eine erhebliche Performance-Steigerung zur Folge.

Da das onclick-Ereignis durch ein Formular-Element ausgelöst wird, ist es sinnvoll, this zu verwenden und über das übergeordnete Formular form auf das Textfeld zuzugreifen:
```
window.alert(this.form.elements["Eingabefeld"].value);
```

Jedes Formular-Element besitzt die Eigenschaft form, welche auf das enthaltende bzw. übergeordnete Formular verweist.

form

In einem Formular gibt der Benutzer den Namen eines Objekts in ein Textfeld ein. Bei Klick auf einen Button soll eine Meldung erscheinen, welche den Benutzer informiert, ob sein Browser das Objekt unterstützt.

Erweitern Sie Ihre Lösung aus der vorigen Aufgabe so, dass der Benutzer per Checkbox entscheiden kann, ob die Meldung in einem Dialog oder in einem Textfeld dargestellt wird. Das Textfeld soll lediglich bei Bedarf zur Anzeige kommen.

6.2 Das Objekt window *

Das Objekt window ist das oberste Objekt in der Host-Objekthierarchie von JavaScript. Es stellt den Container für alle Inhalte und Eigenschaften des Browserfensters dar. Über das Objekt window lässt sich das Dokumentfenster abfragen und kontrollieren. Für die Kommunikation mit dem Benutzer besitzt das window-Objekt Methoden zur Anzeige von Dialogen. Ferner lassen sich neue Fenster öffnen und dabei deren Eigenschaften frei festlegen.

Das window-Objekt befindet sich in der ersten Ebene der Hierarchie von JavaScript. Es beschreibt das Browserfenster. Dem window-Objekt unmittelbar untergeordnet ist unter anderem document, der Fensterinhalt. Die Methoden und Eigenschaften von window dienen hauptsächlich der Benutzer-Interaktion.

Das Objekt window stellt das gerade geöffnete Browserfenster dar und ist somit die Grundlage für alle anderen Objekte eines clientseitigen JavaScript-Programmes. Schließlich kann ohne ein Browserfenster weder eine HTML-Seite angezeigt noch ein JavaScript-Programm ausgeführt werden.

Im Regelfall muss man mit dem Namen des Objektes beginnen, um eine Eigenschaft oder eine Methode eines Objektes aufzurufen. Das Objekt window stellt hier jedoch eine Ausnahme dar.

Aufgrund seiner Eindeutigkeit können Sie bei Zugriff auf Methoden und Eigenschaften von window das Schlüsselwort window auslassen oder statt window das Schlüsselwort self verwenden. self sollten Sie einsetzen, wenn Sie mit mehreren Browserfenstern arbeiten und explizit auf das Fenster zugreifen möchten, das den gerade ausgeführten Code enthält. Grundsätzlich dient self jedoch nur der besseren Lesbarkeit des Quelltextes und hat keinen Bedeutungsunterschied zu window.

self

Die folgende Aufzählung zeigt Ihnen die wichtigsten Eigenschaften des window-Objektes:

Eigenschaften

- closed: Zustand eines Fensters, true falls geschlossen, ansonsten false.
- name: Name des Browserfensters
- status: Text in der Statusleiste des Browserfensters
- parent: Verweis auf das übergeordnete Fenster

Methoden Die wichtigsten Methoden von window sind:

- alert(): Zeigt eine modale Dialogbox an.
- close(): Schließt das Browserfenster.
- confirm(): Zeigt eine Ja/Nein-Abfrage an.
- focus(): Setzt den Fokus auf das Browserfenster.
- moveTo(): Bewegt das Browserfenster zur angegebenen Bildschirmposition.
- open(): Öffnet ein neues Browserfenster.
- print(): Druckt den Inhalt des Browserfensters aus.
- prompt(): Zeigt eine Eingabe-Dialogbox an.
- resizeTo(): Verändert die Größe des Browserfensters.

Beispiel Der folgende Anweisung öffnet ein neues Browserfenster:

```
var neu_win = window.open("impressum.htm", "_blank",
    "width=300,height=200,scrollbars");
```

Die HTML-Seite impressum.htm wird hier in ein neues Fenster (_blank) geladen. Gleichzeitig werden Breite, Höhe und die Scrollbalken-Anzeige festgelegt.

window.open() Mit der Methode window.open() ist es möglich, ein weiteres Fenster zu öffnen. Sie liefert einen Verweis auf die durch new window() erzeugte window-Instanz zurück, über welchen auf die Eigenschaften und Methoden des geöffneten Fensters zugegriffen werden kann.

window.focus() Das Aktivieren des Fensters erfolgt über die Methode focus():

```
neu_win.focus();
```

window.close() Über den Aufruf neu_win.close(); lässt sich das Fenster wieder schließen.

Die folgende Anweisung öffnet eine Webseite in einem neuen Browserfenster:

```
var neu_win = window.open('http://www.W3L.de');
```

Durch die folgende Anweisung öffnet sich ein leeres neues Fenster im Browser:

```
var new_win1 = window.open('about:blank');
```

Um eine lokale Datei in einem neuen Fenster zu öffnen, können Sie den Dateinamen und den Pfad angeben:

```
var neu_win2 = window.open('file://localhost/C:/eigene
dateien/index.htm');
```

6.2 Das Objekt window *

Als Parameter der open()-Methode können Sie unter anderem einen URL sowie einen Fensternamen angeben. Der Fenstername wird benötigt, wenn das Fenster Ziel eines Verweises <a> ist; der Name wird dann als Wert des target-Attributes von <a> übergeben.

Der Name des Fensters wird in der window-Eigenschaft name gespeichert. Diese lässt Sie sowohl lesend als auch schreibend auf den Fensternamen zugreifen. Der Name bleibt beim erneuten Laden *(refresh)* der aktuellen Seite bestehen. Lediglich beim Schließen des Browserfensters oder bei Zuweisung eines neuen Namens über die name-Eigenschaft verliert ein existierender Fenstername seine Gültigkeit.

Optional können bei Verwendung von open() auch Eigenschaften des Fensters (Höhe, Breite, Position, ...) festgelegt werden. Ebenso ist das Ein- und Ausblenden von Browserelementen (Adresszeile, Menüleiste, Status- und *Toolbar*) ist möglich.

Durch Aufruf von window.open() lassen sich *PopUps* öffnen, daher unterbinden *PopUp-Blocker* häufig das programmgesteuerte Öffnen von Fenstern. Lediglich durch vom Benutzer ausgelöste Ereignisse wie click könnten dann Fenster geöffnet werden.

Beispiel

Dieses Programm zeigt, wie ein Fenster mit Hilfe von JavaScript geöffnet werden kann:

```
<head>
<meta http-equiv="Content-Type" content="text/html;
charset=iso-8859-1">
<Title>Window</Title>
<script type="text/javascript">
var fenster;
function showimg(url)  // Fenster mit Bild öffnen
{
fenster = window.open(url, 'Bild', 'top=100,left=200,
height=300,width=400');  // globales Fenster-Objekt
}

function clwin()
{
fenster.window.close();
}
</script>
</head>
<body>
<a href="javascript:showimg('bild1.jpg');">Erstes Bild</a>
<a href="javascript:clwin();">Fenster schließen</a>
</body>
```

Durch Betätigung eines Links wird, soweit dies nicht schon zuvor geschehen ist, ein neues Browserfenster geöffnet und ein Bild in diesem Fenster dargestellt. Ein weiterer Link initiiert das Schließen eines zuvor durch das Programm geöffneten Fensters.

Im oben stehenden Programm wird zunächst die globale Variable fenster definiert, welche den Zugriff auf die später zu erzeugende window-Instanz ermöglichen soll. Dann erfolgt die Definition der Funktion showimg(), die bei Bedarf ein neues Fenster öffnet und ein Bild in dieses Fenster lädt. Die Funktion prüft zunächst, ob bereits ein Fenster geöffnet und bislang nicht geschlossen wurde.

Der erste Teil der Abfrage prüft, ob die Variable fenster bereits eine window-Instanz darstellt.

Mit der window-Eigenschaft closed wird dann überprüft, ob das Fenster zwischenzeitlich geschlossen wurde. Trifft keine dieser Bedingungen zu, so wird mit der Methode window.open() ein neues Fenster mit dem übergebenen URL geöffnet und ein Verweis auf die damit erzeugte window-Instanz in der Variablen fenster gespeichert.

Anderenfalls wird der übergebene URL im bereits geöffneten Fenster geöffnet. Dies geschieht durch Zuweisung des entsprechenden URL an das window-Unterobjekt location. Durch diese Zuweisung wird automatisch die Ressource geladen, auf welche der Link verweist.

Die Aufgabe der Funktion clwin() ist es, ein bereits durch den JavaScript-Code geöffnetes Browserfenster wieder zu schließen. Dazu wird geprüft, ob fenster eine Instanz des window-Objekts enthält und das Fenster noch geöffnet ist. Ist dies der Fall, so wird das Fenster mit Hilfe der window-Methode close() geschlossen.

window besitzt nicht ausschließlich objektspezifische Eigenschaften und Methoden. Alle globalen Variablen, welche Sie in Ihrem JavaScript-Code verwenden, sind Eigenschaften des Objekts window. Ihre benutzerdefinierten Funktionen sind Methoden von window. Dies hat zur Konsequenz, dass Sie Ihre globalen Variablen und Funktionen als Eigenschaften und Methoden des window-Objektes ansprechen können:

```
<script type="text/javascript">
  var p = "globale Variable";
  window.alert(window.p); //alert(p) ist gleichwertig
</script>
```

window.alert()   Die alert()-Methode erzeugt eine Meldung, welche der Benutzer bestätigen muss. Sie gehört zum window-Objekt, der Meldungstext wird ihr als Parameter übergeben:

```
window.alert('Das Fenster wird geschlossen');
```

6.2 Das Objekt window *

Die genaue Darstellung des Dialoges ist dem Browser überlassen. Es gibt Browser, welche (noch) einen klassischen Windows-Dialog darstellen; bei einigen Browsern ist bereits eine moderne Darstellung implementiert.

Für Ja/Nein-Abfragen können Sie die Methode `confirm()` einsetzen:

window. confirm()

```
var antwort=window.confirm('Fenster schließen?');
```

Das Ergebnis einer `confirm()`-Abfrage ist ein Wahrheitswert (`true`/`false`). `confirm()` wird oft mit einem *Event-Handler* verwendet:

```
<input type="submit" name="btn"
       onclick="javascript:berechnen();"/>
```

Eine weitere Dialogbox stellt die Methode `prompt()` zur Verfügung. Der erste Parameter ist obligatorisch, der zweite ist optional. Der Aufruf

window. prompt()

```
window.prompt('Wie oft soll die
       Anweisung wiederholt werden?');
```

erzeugt einen Dialog ohne Vorgabewert.

Nach Aufruf von

```
window.prompt('Welche Seite möchten Sie öffnen?',
              'http://www.W3L.de');
```

erscheint ein Dialog mit Vorgabewert. Der Rückgabewert von `prompt()` ist `null`, falls auf Abbrechen geklickt wird. In allen anderen Fällen wird der Inhalt des Eingabefeldes zurückgegeben.

Bei Aufruf der Methoden `prompt()`, `confirm()` und `alert()` des `window`-Objektes wird jeweils ein **modaler Dialog** angezeigt. Die Programmausführung wird solange angehalten, bis der Benutzer den Dialog durch Klick auf einen Button schließt oder der Dialog automatisch geschlossen wird. Das Gegenstück sind *modeless* bzw. nichtmodale Dialoge, welche den Programmablauf nicht unterbrechen.

Modale Dialoge

Es gibt JavaScript-Methoden, welche es dem Programmierer ermöglichen, das Erscheinungsbild eines modalen Dialoges zu verändern. Auch Methoden zur Einbindung nichtmodaler Dialoge stehen zur Verfügung. Beides wird allerdings nicht von allen aktuellen Browsern unterstützt.

Die `showModalDialog()`-Methode öffnet einen modalen Dialog – ein Fenster mit den Eigenschaften einer Dialogbox: Während der Anzeige des Fensters sind sämtliche Benutzer- und auch die Programm-Aktionen auf dieses Fenster beschränkt. Neben einem URL kann beim Aufruf ähnlich wie bei `window.open` eine Liste von durch Semikola getrennten Fenstereigenschaften angegeben werden.

6 Host-Objekte *

Die wichtigsten Eigenschaften zeigt Ihnen die Tab. 6.2-1.

Eigenschaft	Bedeutung
center	Dialog zentrieren (yes/1/on oder no/0/off)
dialogHeight	Höhe des Dialogs (px, em oder cm)
dialogHide	Dialog wird beim Drucken ausgeblendet (yes/1/on oder no/0/off).
dialogLeft	Linker Abstand des Dialogs vom Fensterrand (px, em oder cm)
dialogTop	Oberer Abstand des Dialogs (px, em oder cm)
dialogWidth	Breite des Dialogs (px, em oder cm)
edge	Rahmen versunken (sunken) oder erhoben (raised)
help	Hilfesymbol anzeigen (yes/1/on oder no/0/off)
resizable	Größe des Dialogs ist veränderbar (yes/1/on) oder nicht (no/0/off)
scroll	Der Dialog erhält Rollbalken (yes/1/on) oder nicht (no/0/off)
status	Dialog erhält Statusleiste (yes/1/on) oder nicht (no/0/off)
unadorned	Rahmen werden angezeigt (yes/1/on) oder nicht (no/0/off)

Tab. 6.2-1: Eigenschaften von Dialogen.

Die allgemeine Syntax von showModalDialog lautet:

window.showModalDialog(param1, param2, param3)

Die Parameter haben folgende Bedeutung:

- param1: URL des Dokuments, das angezeigt werden soll (Pflichtparameter)
- param2: Ein Objekt mit zusätzlichen Eigenschaften (optional).
- param3: Eine Liste, durch Semikola getrennt, die ein oder mehrere Stilattribute auflistet (optional).

Beispiel

Der folgende Aufruf öffnet ein neues Fenster von 100 Pixel Breite und 100 Pixel Höhe, in welchem eine HTML-Datei angezeigt wird:

```
window.showModalDialog('meineDatei.html','',
        'dialogWidth:100px;dialogHeight:100px;');
```

Der zweite Parameter ist in diesem Beispiel leer.

Verwenden Sie eine for/in-Konstruktion der Form

```
for (var attrib in window)
  // Ausgabe von Eigenschaftsname und Wert
  document.writeln(attrib + ': ' + window[attrib]);
```

um alle Eigenschaften des window-Objektes sowie deren Werte in einem neuen Fenster auszugeben.

6.2 Das Objekt window *

Die `showModelessDialog()`-Methode erzeugt – ebenso wie die `showModalDialog()`-Methode – ein Dialogfenster; dabei ist jedoch das aufrufende Fenster weiterhin zugänglich. Die zu übergebenden Parameter sind die gleichen wie bei der `showModalDialog()`-Methode.

Nichtmodale Dialoge

Der folgende Aufruf öffnet ein Dialogfenster von 200 Pixel Breite und 100 Pixel Höhe:

Beispiel

```
antwort = window.showModelessDialog('dialog.htm','',
          'dialogWidth:200px;dialogHeight:100px;');
```

Nichtmodale Dialoge werden *nicht* von allen Browsern gleichermaßen unterstützt. Sie sollten insbesondere hier Ihre Programme in verschiedenen Browsern testen.

Die `setTimeout()`-Methode bewirkt die zeitverzögerte Ausführung einer Anweisung. Als erster Parameter ist der beim Eintritt des *Timeouts* auszuführende Code anzugeben. Es kann hier auch eine auszuführende Funktion (als Variable) stehen. Als Zweites müssen Sie die Verzögerungszeit in Millisekunden angeben. Es ist zu beachten, dass durch `setTimeout()` lediglich eine Mindestwartezeit festgelegt wird. Es kann durchaus vorkommen, dass der verzögerte Code erst später ausgeführt wird, wenn der aktuelle Codezweig abgearbeitet worden ist.

setTimeout()

Auch hier können Sie beliebig viele weitere Parameter angeben. Sie gelten als Übergabewerte für die Funktion (Parameter 1).

Syntax: `Objekt.setTimeout(Funktion,Millisekunden[,Wert1,...]);`

Die Angaben in [..] sind optional.

Die folgende Anweisung führt `f(3,5,"a")` nach 10 Sekunden aus:

Beispiel

```
setTimeout(f,10000,3,5,"a");
```

Die `setInterval()`-Methode ermöglicht die wiederholte Ausführung von JavaScript-Code. Als erster Parameter muss der beim Eintritt des Intervalls auszuführende Code oder die auszuführende Funktion (als Variable) angegeben werden, als Zweites die Anzahl der Millisekunden zwischen den einzelnen Ausführungen.

setInterval()

JavaScript erlaubt es, beliebig viele weitere Parameter anzugeben. Sie gelten als Übergabewerte für die aufgerufene Funktion. Deren Syntax lautet:

`Objekt.setInterval(Funktion,Millisekunden[,Wert1,...])`

Die Angaben in [..] sind optional.

Beispiel

```
<script type="text/javascript">
var b = 1;
var a = window.setInterval(hochzaehlen,500,20);
function demo(x,y)
{
b = x + y;
document.getElementById("Absatz1").innerHTML = b;
return b;
}

function hochzaehlen(z)
{
b=b+z;
demo(b,50)
}
</script>
```

Frame Der Zugriff auf ein *Frame*, welcher sich innerhalb eines *Frameset* befindet, ist möglich über die window-Eigenschaften top, parent und self. Innerhalb einem *PopUps* dagegen, welches etwa per window.open() erzeugt wurde, steht eine spezielle Eigenschaft zur Verfügung, welche auf das öffnende window-Objekt verweist.

opener Dieser Verweis heißt *opener*. Er bietet Zugriff auf alle Eigenschaften und Methoden des window-Objekts des aufrufenden Fensters. Wenn das Browserfenster nicht durch open oder target geöffnet wurde, dann besitzt opener den Wert null – es existiert kein Verweis auf ein aufrufendes Fenster.

Beispiel Klickt der Benutzer auf einen der folgenden Links, so öffnet sich jeweils ein Fenster; in beiden Fällen wird ein opener-Objekt erzeugt, ein Verweis auf das aufrufende Fenster:

```
<a href="javascript:void(window.open('dummy.htm',
                                    'fenster', ''));">
         window.open</a><br>
<a href="dummy.htm" target="_blank">
         target-Attribut</a>
```

void() Beide zuvor erwähnten Methoden sind Teil des vordefinierten window-Objekts. Der hier verwendete void()-Operator unterdrückt den von window.open gelieferten Rückgabewert. Das Weglassen dieses Operators führt dazu, dass der Inhalt des aktuellen Browserfensters durch das gelieferte window-Objekt – bzw. eine Zeichenkette, die angibt, dass es sich bei dem gelieferten Wert um ein window-Objekt handelt – überschrieben wird.

Beispiel Dieses Beispiel zeigt Ihnen, wie der Zugriff auf das opener-Objekt erfolgen kann:

```
<script type="text/javascript">
if (opener)
    // URL des aufrufenden Fensters über dessen location-
```

```
          // Objekt ermitteln und auf der Seite ausgeben.
          document.write
              ('<strong>URL des aufrufenden Fensters</strong>: '
              + opener.location.href + '<br/>');
      else
          // Fenster wurde nicht über ein anderes geöffnet, was
          // in einer entsprechenden Meldung angezeigt wird.
          document.write('<strong>Das Fenster wurde nicht durch
                  window.open oder target geöffnet!</strong><br/>');
          // URL des aktuellen Fensters ausgeben
          document.write('<strong>URL des Fensters</strong>: '
              + window.location.href);
      </script>
```

Über `document.write()` wird der URL der HTML-Seite des Fensters, welches das neue Fenster geöffnet hat, ausgegeben. Dieser URL wird in der `href`-Eigenschaft des `location`-Objektes gespeichert.

Diese Funktion führt zwei Fensteraktionen durch: *Beispiel*

```
function CloseWin()
{
  window.opener = top;
          //Browserfenster in den Vordergrund bringen
  window.close();
          //Browserfenster ohne Nachfrage schließen
}
```

`window.opener` bewirkt, dass durch `window.close()` der globale Kontext *nicht* beendet wird und dass beim Schließen des Fensters keine Sicherheitsabfrage erscheint.

Erstellen Sie eine valide HTML5-Seite, auf welcher `CloseWin()` durch einen Anker (Ereignis `click`) ausgeführt wird. Testen Sie Ihre Seite in verschiedenen Browsern.

Bei Opera 10.62 und auch bei Chrome 7 wird das aktive Fenster kommentarlos geschlossen, ebenso beim IE in der Version 8, falls Sie ActiveX nicht blockiert haben. Bei Firefox lässt sich das aktive Fenster nicht per Script schließen.

Verwenden Sie in der vorigen Übung statt `CloseWin()` die folgende   *Frage*
Funktion:

```
function wincl1()
{
  self.focus( );
  self.close( );
}
```

Öffnen Sie die Seite in verschiedenen Browsern. Was stellen Sie fest?

6 Host-Objekte *

Antwort: Das Verhalten der Browser ist beinahe identisch. Einzig der IE verhält sich jetzt anders. Er zeigt vor dem Schließen des Fensters eine Sicherheitsabfrage an.

Was zeigen Ihnen diese Beispiele? Rechte und Sicherheitseinstellungen sind von Browser zu Browser unterschiedlich.

6.3 Das Objekt document *

Das Objekt document stellt den Inhalt einer Webseite dar. Das Browserfenster window besitzt ein Unterobjekt document. Angelegt werden document-Objekte deshalb immer zusammen mit einem window-Objekt. Zum document-Objekt gehören einige Methoden: close() schließt die Ausgabe im Browserfenster ab, open() öffnet eine Webseite zum Schreiben, write() gibt einen Text im Browserfenster aus, writeln() gibt einen Text im Browserfenster mit abschließendem CRLF aus.

Das Objekt document repräsentiert die aktuelle HTML-Seite, die gerade angezeigt wird. Genau genommen handelt es sich bei document um eine Eigenschaft des Objekts window, es befindet sich in der Hierarchie der JavaScript-Objekte unmittelbar darunter.

Eigenschaften: Zu den Eigenschaften des document-Objektes gehören bspw.:

- lastModified, das letzte Änderungsdatum
- URL (die Adresse)
- title, der Titel

Weitere Eigenschaften des document-Objektes zeigt die Tab. 6.3-1.

Objekt	Beschreibung
anchors	Alle Verweisziele (Anker), <a id="..."> </a>.
applets	Eingebundene Java-Applets
event	Ereignis, hervorgerufen durch eine Benutzeraktion
forms	Repräsentiert alle Formulare
frames	Seitenbereiche mit einem eigenständigen eingebetteten HTML-Dokument
images	Alle Bildobjekte <img>
links	Sämtliche Verweise <link> im aktiven HTML-Dokument
style	CSS-Eigenschaften

Tab. 6.3-1: Unterobjekte von document.

Außerdem gibt es Methoden von document, welche Zugriffe auf den DOM-Baum zulassen. Diese werden im Kapitel »Zugriff auf Elementknoten«, S. 338, behandelt.

6.3 Das Objekt document *

Das Objekt document bietet Zugriff auf alle Elemente der Seite. Das bedeutet: Jedes Formular, jedes Bild, jedes mit Namen versehene Element einer Seite können Sie über das Objekt document ansprechen bzw. referenzieren. Sie können dessen Eigenschaften auslesen und diese auch verändern.

Allerdings werden Änderungen erst wirksam, wenn sämtliche Eigenschaften des Dokuments festgelegt sind. Dies ist entweder nach Aufruf von document.close() der Fall, oder wenn der Interpreter das Tag </body> eingelesen hat.

Innerhalb einer Webseite gibt es zahlreiche Unterobjekte des document-Objektes. Einige von ihnen werden durch Arrays repräsentiert: forms[], frames[], images[], anchors[], links[] und applets[]. All diese sind Eigenschaften des document-Objektes, deren Wert jeweils eine Array-Struktur besitzt. Wie jedes Array-Objekt auch besitzt jede dieser Auflistungen einen fortlaufenden Index, beginnend bei 0.

Eigenschaften-Arrays

Der Zugriff auf ein einzelnes Array-Element kann entweder über den Index oder über den Namen des Objektes erfolgen.

Ein Formular lässt sich also wie folgt referenzieren:

Beispiel

```
var frm1 = document.forms[1]      //2. Formular auf der Seite
var frm2 = document.forms['fname']
var frm3 = document.fname         //ineffizient!!!
```

Die Anzahl aller gleichartigen Elemente wird durch die Eigenschaft length wiedergegeben. Der höchste Index eines Formulares der aktuellen Seite lautet

```
var maxindex=document.forms.length-1;
```

Falls Sie unsicher sind, ob ein Browser etwa Formularreferenzen unterstützt, können Sie dies durch den folgenden JavaScript-Code überprüfen:

```
window.alert((document.forms!="undefined") ? "nein" : "ja");
```

Für den Zugriff auf Formularinhalte sowie deren Methoden und Eigenschaften besitzt jedes Formular eine elements-Auflistung, auf welche die obigen Aussagen über forms[] auf analoge Weise anzuwenden sind.

Zur Ausgabe in einem Browserfenster gibt es die Methode document.write(). Standardmäßig löscht sie den Inhalt des aktuellen Fensters und gibt hier den als Argument übergebenen Text aus:

write()-Methode

```
document.write("Dieser Text wurde
        <em>automatisch</em> erzeugt.");
```

Der Browser interpretiert den Text, welcher durch document.write() erzeugt wurde, als HTML-Quellcode. Wenn Sie nach einem document.write()-Befehl wieder die ursprünglich geladene

6 Host-Objekte *

Seite anzeigen möchten, so können Sie auf den Zurück-Button Ihres Browsers klicken.

`writeln()` Die `document`-Methode `writeln()` gibt ebenso wie `document.write()` Text im Browserfenster aus, schließt jedoch die Ausgabe mit einer Absatzmarke (CRLF) ab.

`close()` Damit etwaige Bilder und Formulare auch tatsächlich in einem solchen Fenster dargestellt werden, sollten Sie den Schreibvorgang letztendlich mit `document.close()` abschließen.

Beispiel: Um in einem neuen Fenster HTML-Text auszugeben, können Sie folgenden Code verwenden:

```
var neu_win = window.open();
neu_win.document.write("Text im neuen Fenster ");
neu_win.document.close();
```

`charset` Eine neue Eigenschaft des `document`-Objekts heißt `charset`. Sie ermöglicht Schreib- und Lesezugriff auf die `charset`-Eigenschaft, welche den für die geladene Seite gültigen Zeichensatz angibt.

Beispiel: `charset` kann wie folgt verwendet werden:

```
document.charset = "UTF-8";
window.alert(document.charset);
```

`charset` kann im Dokumentkopf einer HTML-Datei als Attribut eines `<meta>`-Elements gesetzt werden. Ist für eine HTML-Seite kein Zeichensatz festgelegt, so gilt der Standardwert, welcher sich aus lokalen Systemeinstellungen und aus Browser-Einstellungen herleitet.

Über die `document`-Eigenschaft `defaultCharset` lässt sich auf den Standard-Zeichensatz zugreifen:

```
window.alert(document.defaultCharset);
```

Um abzufragen, ob die Standard-Einstellung geändert wurde, verwenden Sie die Abfrage

```
if (document.charset == document.defaultCharset)
    window.alert("Standard-Zeichensatz aktiv");
```

`charset` und `defaultCharset` werden als voraussichtlicher Bestandteil von HTML5 bereits von einigen Browsern unterstützt. Für browserübergreifendes Scripting ist ein Funktionstest ratsam:

```
if (document.charset) { }
```

- Durch eine JavaScript-Funktion soll beim Laden einer Webseite in einem modalen Dialog der aktuelle Zeichensatz und der Standard-Zeichensatz ausgegeben werden.

- Erstellen Sie ein HTML5-Formular, in welchem per JavaScript der Formularname sowie die Anzahl seiner Formular-Elemente angezeigt werden.

6.4 Das Objekt screen *

Das Objekt screen liefert folgende Informationen über den Bildschirm des Benutzers: Höhe, Breite, Farbtiefe.

Mit dem Objekt screen können Sie Angaben zum Bildschirm des Benutzers ermitteln. Diese Angaben werden oft dazu verwendet, das Layout einer Webseite oder die Fenstergröße an die zur Verfügung stehende Bildschirmgröße anzupassen. Bei screen handelt es sich um ein einzelnes vordefiniertes Objekt. Es ist nicht sinnvoll, weitere Objekte dieses Typs anzulegen.

Die Eigenschaften zeigt die Tab. 6.4-1. *Eigenschaften*

Eigenschaft	Beschreibung
availHeight	Verfügbare Höhe in Pixeln (z. B. ohne Taskleiste beim Windows-Betriebssystem)
availWidth	Verfügbare Breite in Pixeln
colorDepth	Farbtiefe (Bit)
height	Gesamthöhe in Pixeln
width	Gesamtbreite in Pixeln

Tab. 6.4-1: Eigenschaften von screen.

6.5 Die Objekte navigator und geolocation **

Das navigator-Objekt beschreibt unter anderem die lokale Software-Umgebung des Benutzers. Seine Eigenschaften enthalten diejenigen Informationen, welche der Browser beim Anfordern einer Webseite an den Webserver bzw. den HTTP-Server sendet. Je nach Betriebssystem, Browserfabrikat und -version sind die Angaben bzw. Eigenschaften sehr unterschiedlich. Daher sind oft umfangreiche String-Operationen notwendig, um die Werte vergleichbar zu machen. Das geolocation-Objekt ist dem navigator-Objekt untergeordnet. Es ermöglicht durch Abfrage von Webdiensten eine geografische Standortbestimmung des Clientsystems.

Der Browser des Benutzers

Das Objekt navigator stellt den Browser des Benutzers dar. Es unterstützt eine Methode sowie eine Reihe von Eigenschaften, mit denen Sie Informationen über den Browser und das lokale System ermitteln können (Tab. 6.5-1).

Eigenschaft/Methode	Beschreibung
appVersion	Versionsnummer des verwendeten Browsers und Angaben zu Kompatibilitäten.
geolocation	Positionsdaten des Anwendersystems verarbeiten.
language	Spracheinstellung des Browsers.
onLine	Beschreibt durch einen Wahrheitswert, ob der Browser mit einem Netzwerk verbunden ist oder nicht.
platform	Betriebssystem des Benutzers.
userAgent	Zusammenfassung der wichtigsten Systemdaten.
javaEnabled()	Überprüft, ob die Ausführung von Java aktiviert ist.

Tab. 6.5-1: Eigenschaften und Methoden von navigator.

Beispiel

In einem HTML5-kompatiblen Browser können Sie abfragen, ob das lokale System online bzw. mit einem Netzwerk verbunden ist oder nicht:

```
if (navigator.onLine==true)
   window.alert("online");
else
   window.alert("offline");
```

Führen Sie das Script in verschiedenen aktuellen Browsern aus.

Browsererkennung

Das Objekt navigator verwendete man lange Zeit, um den Browser des Benutzers eindeutig zu identifizieren und entsprechenden Code ausführen zu lassen. Durch String-verarbeitende Methoden wurde mühsam eine Browsererkennung für browser-kompatible DHTML-Effekte (dynamische Webseiten) durchgeführt. Mehr und mehr wird dieses Vorgehen allerdings durch DHTML-Methoden und spezielle Funktionstests abgelöst.

Die Standortermittlung

Die meisten aktuellen Browser ermöglichen eine Standortermittlung ohne GPS *(Global Positioning System)*. Bei Browsern ohne Geolocation-Unterstützung kann diese durch das *PlugIn* Google Gears nachgerüstet werden.

6.5 Die Objekte navigator und geolocation **

Durch Geolocation lassen sich im Browserfenster Informationen über Ereignisse anzeigen, die in unmittelbarer Nähe des Benutzers von Bedeutung sind. Dazu gehören zum Beispiel regionale Wetterberichte, Geschäftsöffnungszeiten, Kinovorstellungen, Theateraufführungen oder Restaurants.

Bei einem Browser, welcher auf einem mobilen Endgerät eingesetzt wird, ist es zudem möglich und auch sinnvoll, Standortänderungen zu erkennen und darauf zu reagieren. Über die Geolocation-API werden die Daten aufbereitet und per *Callback* ähnlich wie bei Ajax asynchron an die Anwendung übergeben.

Standortbezogene Kommunikation und Informationsdarstellung stellt ein aktuelles neues Konzept im Web dar. Sie ist nicht mehr auf mobile Endgeräte beschränkt. Sie macht es Webanwendungen möglich, dem Benutzer positionsbezogene Informationen anzubieten.

Viele Webserver setzen Geolocation bereits intensiv ein. Zahlreiche Anwendungen sind hier bekannt:

- Seiteninhalt unmittelbar in der Landessprache darstellen,
- regionale Websuche,
- Darstellung und Zensur von an lokale Vorschriften angepassten Webseiten,
- Beschränkung spezieller Angebote auf eine bestimmte Region,
- Vorbeugung gegen Missbrauch,
- gezielte Werbeeinblendungen,
- Erstellung von Besucherstatistiken.

Die Aufbereitung der Standortinformationen und deren Darstellung auf einer Webseite geschieht per JavaScript.

Die Ermittlung der lokalen Koordinaten erfolgt durch spezialisierte Webdienste. Viele Webanwendungen nutzen hier die *Google Location Services* (GLS). Ein solcher Dienst für Endanwender wird beispielsweise kostenlos auf der Website getpos (http://www.getpos.de) angeboten.

Die aktuellen Browser unterstützen für die Kommunikation mit derartigen Diensten die geolocation-Eigenschaft des navigator-Objekts – wenn sie im HTML5-Standardmodus arbeiten. Diesen müssen Sie je nach Browser ggf. durch Angabe des Dokumenttypen aktivieren: <!DOCTYPE html> .

Insbesondere beim Internet Explorer 9 ist dies zwingend notwendig. Ansonsten schaltet der Browser in den Quirks-Modus.

Unter Verwendung von WLAN-Standortdaten und IP-Adressinformationen lässt sich mit hoher Genauigkeit die geografische Position des Geräts feststellen, mit welchem der Benutzer die Internetverbindung hergestellt hat.

Die Geolocation-API macht Positionsdaten (Breitengrad und Längengrad) auf einer Webseite mithilfe der geolocation-Eigenschaft des navigator-Objekts verfügbar. Der Wert von geolocation ist wiederum ein Objekt. Genau genommen ist daher geolocation ein Unter-Objekt von navigator.

Methoden von geolocation

Durch geolocation ergeben sich einige neue Möglichkeiten:

- Der aktuelle geografische Standort kann mithilfe der getCurrentPosition()-Methode abgerufen werden.
- Durch die Methode watchPosition() von geolocation lässt sich die momentane Position überwachen sowie auf Veränderungen reagieren. Bei einem Geolocation-Dienst im Web können über watchPosition() Standortupdates abonniert werden. Die Überwachung wird gestartet bei Aufruf von watchPosition(), beendet wird sie durch Aufruf der Methode clearWatch(). watchPosition() gibt bei einem Aufruf die ID des Überwachungsprozesses zurück. Diese ID ist der Methode clearWatch() als Parameter zu übergeben, damit der Vorgang wieder beendet werden kann.

Wer seine Position nicht zu erkennen geben und grundsätzlich Geolocation-Funktionalitäten deaktivieren möchte, kann dies beispielsweise im Opera-Browser unter Einstellungen-Erweitert-Netzwerk tun.

Auch wenn Sie die Übermittlung Ihrer Positionsangaben nicht im Browser deaktiviert haben, werden Ihre Daten nicht automatisch an einen anfragenden Computer gesendet.

Die verschiedenen Browser reagieren auf die Anfrage nach Positionsdaten sehr ähnlich. Sie blenden einen Dialog ein, welcher – je nach Browser modal oder nicht-modal – über die Anfrage informiert und auch den URL der anfragenden Webseite angibt. Hier besitzen Sie mehrere Möglichkeiten:

- Sie informieren sich nach Klick auf eine Schaltfläche über Geolocation – ein entsprechender Link befindet sich innerhalb der Dialogbox.
- Sie lehnen die Anfrage ab oder Sie geben Ihre Daten frei.
- Sie weisen den Browser an, sich Ihre Auswahl für die aufrufende Seite zu merken.

Dieser Dialog besitzt im Firefox-Browser non-modalen Charakter – er blockiert nicht die weitere Verarbeitung der aktuellen Webseite. Allerdings ist die Meldung an das aktuelle Browser-Tab gebunden.

6.5 Die Objekte navigator und geolocation **

Jede Positionsabfrage durch die Methode getCurrentPosition() des navigator-Objekts führt zu einer entsprechenden Meldung. Der Standard sieht hier vor, dass die Weitergabe der Standortdaten nicht automatisch ohne Nachfrage erfolgen darf.

Zunächst sollte allerdings überprüft werden, ob im verwendeten Browser geolocation-Funktionalitäten implementiert sind:

if (navigator.geolocation) { }

Die wichtigsten Eigenschaften des geolocation-Objekts sind:

- latitude, der Breitengrad
- longitude, der Längengrad
- timestamp, der Zeitpunkt der Standortbestimmung
- altitude, die Höhe des Standortes

Eigenschaften

Falls der Benutzer der Weitergabe der Positionsdaten zustimmt, übermittelt der Browser das Positions-Objekt. Zu diesem gehört ein coords-Objekt, welches mindestens die Eigenschaften longitude, latitude und accuracy besitzt. Je nach Endgerät und Kommunikationsverbindung besitzen auch dessen Eigenschaften altitudeAccuracy, heading, und speed jeweils einen gültigen Wert.

Nach der Übermittlung der Koordinaten durch getCurrentPosition() werden diese durch eine *Callback*-Funktion weiter verarbeitet. Die Methode besitzt zwei zwingend anzugebende Funktionsreferenzen als Aufrufparameter. Die erste Funktionsreferenz verweist auf diejenige Funktion, welche bei positiver Standortermittlung die erhaltenen Koordinaten weiterverarbeiten soll. Die zweite Funktion wird im Falle eines Fehlers ausgeführt.

Zum Fehlerobjekt gehört eine message-Eigenschaft, welche einen Fehlertext enthalten kann. Sie wird allerdings nicht von allen Browsern unterstützt.

```
function geo()
{
   navigator.geolocation.getCurrentPosition(f, g);
}

function f(pos)
//Koordinaten verarbeiten
{
   var a = pos.coords.accuracy;
   var y = pos.coords.latitude;
   var x = pos.coords.longitude;
   window.alert("Ihr Standort lautet " + y + "° Breite/"
        + x +"° Länge bei " + a + "m Genauigkeit");
}

function g(err)
```

Beispiel

```
//Fehlerbehandlung
{
  var meldung="Fehler";
  if (typeof err.message == "string")
    meldung = err.message;
  window.alert(meldung);
}
```

Die Handlerfunktion, welche für die Fehlerauswertung zuständig ist, erhält im Fehlerfall das Fehlerobjekt (Typ PositionError-Objekt), welches wiederum eine code-Eigenschaft besitzt. Tab. 6.5-2 zeigt, welche Werte code annehmen kann.

Wert	Bedeutung
1	Die Anfrage wurde durch den Benutzer abgelehnt.
2	Eine Positionsberechnung ist nicht möglich. Es liegt ein technischer Fehler vor.
3	Der *Timeout* ist überschritten, die Positionsermittlung dauert zu lange.
0	Es hat sich ein sonstiger Fehler ergeben.

Tab. 6.5-2: Werte von code.

Beispiel Hier sehen Sie, wie Sie das Fehlerobjekt und dessen code-Eigenschaft auswerten können:

```
function fehler(err)
{
  if (err.code==1)
    alert("Benutzer hat abgelehnt.")
  else if (err.code==0)
    alert("Unbekannter Fehler");
}
```

Beim Aufruf von getCurrentPosition() kann optional ein weiterer Parameter angegeben werden. Dieser stellt ein Objekt dar, welches mehrere Eigenschaften besitzen kann:

- Durch enableHighAccuracy ist die Genauigkeit bei der Positionsberechnung steuerbar.
- Mit timeout wird die maximale Wartezeit auf eine Antwort angegeben.
- Die Eigenschaft maximumAge lässt Sie bestimmen, ob die zuletzt abgefragten Positionsdaten noch aktuell genug sind oder ob diese neu ermittelt werden sollen. Lautet der Wert 0, so wird bei jeder Anfrage eine Neuberechnung der Positionsdaten erfolgen. Wenn maximumAge=Infinity gesetzt wurde muss, der Browser jedes Mal die Positionsdaten aus dem *Cache* lesen.

6.5 Die Objekte navigator und geolocation **

So können Sie die Positionsabfrage konfigurieren: *Beispiel*
```
navigator.geolocation.getCurrentPosition(f,g,
{maximumAge:3600000,
         enableHighAccuracy:true,timeout:60000});
```
Hier werden die Positionsdaten erst neu berechnet, wenn vorliegende Informationen älter als eine Stunde sind. Die Ermittlung der Daten erfolgt mit höchster Genauigkeit und die maximale Wartezeit – begonnen bei der Bestätigung durch den Benutzer – beträgt eine Minute.

Das häufige Abfragen der Position durch `getCurrentPosition()` kann mithilfe von `setInterval()` erfolgen. Einfacher ist es jedoch, zu diesem Zweck `watchPosition()` einzusetzen. Die `watchPosition()`-Methode des `navigator`-Objekts dient der kontinuierlichen Positionsüberwachung. Sie ist syntaktisch identisch mit `getCurrentPosition()`. Durch `watchPosition()` erfolgt eine stetige Überprüfung hinsichtlich einer Standort-Änderung des Benutzers. Wird eine Änderung festgestellt, so berechnet das System automatisch die neuen Positionsdaten. `watchPosition()` funktioniert ähnlich wie ein *Event-Handler*. Die Deaktivierung erfolgt durch die Methode `clearWatch()`, welche ebenfalls zum `navigator`-Objekt gehört.

Hier sehen Sie, wie Sie die Positionsüberwachung durchführen können. *Beispiel*
```
var id=navigator.geolocation.watchPosition(f,g,{timeout:60000});
//Überwachung starten und id speichern
navigator.geolocation.clearWatch(id);
//Überwachung beenden
```

Die Geolocation-Funktionalitäten werfen nicht unerhebliche Datenschutzprobleme auf, da hier auf persönliche Daten zugegriffen wird. Entwickler von Webanwendungen, die Standortdaten sammeln und weiterverwenden, sollten daher einige Datenschutz-Richtlinien befolgen:

- Standortinformationen sind lediglich dann anzufordern, wenn sie tatsächlich benötigt werden.
- Die Speicherung von Standortinformationen darf nur erfolgen, falls der Benutzer dies explizit erlaubt hat. Nicht mehr benötigte Daten sollten unverzüglich gelöscht werden.
- Auf einem Webserver gespeicherte Standortinformationen müssen vor nicht autorisiertem Zugriff geschützt werden. Der Benutzer muss eine Möglichkeit erhalten, die Informationen zu aktualisieren und zu löschen.
- Die Benutzer sind über den Umfang der Datenspeicherung zu informieren.

6.6 Das Objekt location *

Die Eigenschaften des location-Objektes informieren über das aktuelle HTML-Dokument und seinen Standort. location dient dem Browser zum Speichern des URL mit seinen einzelnen Bestandteilen.

Über das Objekt location, das sich in der JavaScript-Objekthierarchie unterhalb des window-Objekts befindet, haben Sie Zugriff auf den vollständigen URL der aktuell angezeigten Webseite. Sie können den URL oder Teile davon zur Weiterverarbeitung abfragen und ändern. Beim Ändern führt der Browser einen Sprung zu einem neuen URL aus, genauso wie bei einem Verweis. Die wichtigsten Eigenschaften des location-Objektes zeigt Tab. 6.6-1.

Eigenschaft	Beschreibung
protocol	Das verwendete Protokoll (etwa http oder file).
hostname	Name des Servers, von dem die Datei angefordert wurde.
host	Hostname und *Port* in einer Zeichenkette.
pathname	Pfad des Dokuments im Verzeichnisbaum des Servers sowie der Dokumentname selbst.
port	Server-Port, über den die Datei angefordert wurde.
search	Alle hinter dem eigentlichen Dateinamen folgenden Werte.
hash	Ggf. übertragener Ankerverweis mit einleitendem #-Zeichen.
href	Kompletter URL.

Tab. 6.6-1: Eigenschaften von location.

Methoden Zu den Methoden von location gehört reload() (das erneute Laden der aktuellen Seite) und die replace()-Methode, welche die aktuelle Seite durch eine andere ersetzt.

Beispiel Betrachten Sie die folgende Adresse:
```
http://www.w3l.de:80/
        kurse/java_1.html?kapitel=1#ueberschrift
```
Sie besitzt folgende Eigenschaften:
```
protocol    //http:
hostname    //www.w3l.de
host        //www.w3l.de:80
pathname    // /kurse/java_1.html
port        //80
search      //?kapitel=1
hash        //#ueberschrift
href        //http://www.w3l.de:80/kurse/
            //java_1.html?kapitel=1#ueberschrift
```

Ein gewöhnlicher URL besitzt also folgenden Aufbau (ohne Leerzeichen):

```
protocol://hostname:port/pathname search hash
```

Dabei können einzelne Angaben entfallen.

Dieses Beispiel definiert einen Verweis, bei dessen Anklicken die aktuelle Seite noch einmal geladen bzw. aktualisiert wird.

Beispiel

```
<a href="javascript:location.reload();">Aktualisieren</a>
```

6.7 Das Objekt history *

Das Objekt history speichert die URLs bisher besuchter Seiten.

Über das Objekt history, welches sich in der JavaScript-Objekthierarchie unterhalb des window-Objekts befindet, haben Sie indirekt Zugriff auf die besuchten Webseiten des Benutzers – den Browser-Verlauf. Maßgeblich ist dabei die Liste, wie sie in der History-Liste des Browsers gespeichert ist, bei Firefox heißt diese Chronik. Hierbei haben Sie keinen direkten Zugriff auf die Adressen der zuletzt besuchten Webseiten.

Browser-Verlauf

Mit dem history-Objekt können Sie beispielsweise im aktuellen Fenster die zuletzt besuchte Seite wieder abrufen. Dazu dient die Methode back().

back()

```
history.back();
window.history.back();
Zweitfenster.history.back();
parent.frames[2].history.back();
```

Beispiele

Die Eigenschaft length liefert die Anzahl der Einträge im Verlauf des Browsers:

```
<a href="verweis01.html">Seite besuchen</a>     <br/>
<a href="javascript:window.alert(history.length);">
         Anzahl besuchter Seiten anzeigen</a>
```

Das Beispiel definiert einen Verweis, bei dessen Anklicken in einem Dialog die Anzahl der besuchten Seiten ausgegeben wird.

Mit der Methode go() springen Sie so viele Seiten im Browser-Verlauf vor oder zurück, wie durch den Parameter angegeben ist. Bei Angabe einer negativen Zahl erfolgt die Navigation rückwärts (so viele *Back*-Vorgänge wie angegeben), ansonsten vorwärts (so viele *Forward*-Vorgänge wie angegeben).

go()

Bei Klicken auf den folgenden Link springen Sie 3 Seiten rückwärts in der Historie:

Beispiel

```
<a href="javascript:history.go(-3);">3 Seiten zurück</a>
```

Der Browser greift auf das `history`-Objekt zurück, damit der Benutzer bereits aufgerufene Webseiten mit einem Klick erneut öffnen kann.

Bei Ajax-Anfragen versagen die hier behandelten klassischen `history`-Methoden häufig. Daher unterstützen die Browser zunehmend weitere Methoden des `history`-Objekts, welche mit HTML5 eingeführt werden sollen:

- `pushState()` und
- `replaceState()`.

So lassen sich durch `pushState()` dem Browser-Verlauf Einträge anhängen, als wenn der Benutzer die betroffene Seite tatsächlich aufgerufen hätte.

Durch `replaceState()` kann der letzte Eintrag aus dem Verlauf geändert werden.

Die Aufruf-Syntax der beiden Methoden ist jeweils identisch:

- `pushState(data, title, url)` bzw.
- `replaceState(data, title, url)`.

Dabei ist das letzte Argument `url` optional.

Zu HTML5 soll auch das neue Ereignis `popState` gehören.

Erstellen Sie ein Dokument, in dem Folgendes möglich ist:

6.8 Cookies *

Cookies sind Texte bzw. Strings, welche vom Browser in lokalen Dateien gespeichert werden können. Darin kann eine Webseite Informationen ablegen und später wieder auslesen. *Cookies* können per HTTP oder per JavaScript gesetzt werden. In beiden Fällen versieht der Browser die Informationen mit einer ID und dem Ablaufdatum und speichert sie in einer externen Datei. Ist ein *Cookie* gespeichert, so kann über dieselbe Webseite wiederum auf die gespeicherten Informationen zugegriffen werden (sofern das Verfallsdatum noch nicht erreicht wurde), um diese weiter zu verarbeiten. Jedes *Cookie* enthält mindestens ein Wertepaar bestehend aus einem Schlüssel und dessen Wert. *Cookies* können im Browser deaktiviert werden. Über das `navigator`-Objekt können Sie deren Zustand abfragen (Eigenschaft `navigator.cookieEnabled`). Javascript bietet zum Speichern von *Cookies* die `document.cookie`-Eigenschaft. Beim Speichern eines *Cookies* wird nicht der gesamte *Cookie-String* überschrieben, er wird lediglich um die neuen Informationen erweitert. Vorhandene Name/Wert-Paare mit einem gleichnamigen Schlüssel werden dabei ersetzt bzw. überschrieben.

6.8 Cookies *

Cookies werden zur Speicherung von Informationen auf dem Clientcomputer eingesetzt. Sie werden durch den Browser in unverschlüsselten Text-Dateien abgelegt und auch durch den Browser verwaltet.

Cookie-Daten können bei wiederholtem Aufruf derjenigen Webseite, über welche das *Cookie* ursprünglich gespeichert wurde, erneut gelesen werden. Der Einsatz von JavaScript ermöglicht sowohl Schreib- als auch Lesezugriffe auf *Cookie*-Inhalte.

Wenn Sie eine Webseite abrufen, wird Ihr lokaler Browser in vielen Fällen scriptgesteuert angewiesen, sitzungsbezogene Daten zu speichern. Falls das Speichern von *Cookies* nicht lokal deaktiviert ist, legt der Browser die erforderlichen Informationen in Textdateien auf der lokalen Festplatte ab.

Rufen Sie dieselbe Webseite zu einem späteren Zeitpunkt wieder auf, so hängt der Browser an den HTTP-*Request*, welchen er an den Webserver sendet, den zugehörigen *Cookie-String* an. Dadurch ist der Webserver in der Lage, eine personalisierte Webseite an den Client zurück zu liefern.

Die Datenstruktur, in welcher *Cookies* durch den Browser gespeichert werden, ist nicht einfach zu durchschauen. Allerdings ist es sinnvoll, die gespeicherten *Cookies* benutzerseitig zu überwachen und regelmäßig zu entfernen. Hierzu bietet mancher Browser einige Funktionalitäten an.

Falls Sie beispielsweise Firefox 4 einsetzen, müssen Sie hierzu im Menü Extras den Dialog Einstellungen öffnen und hier den Eintrag Datenschutz wählen.

Klicken Sie hier auf Einzelne Cookies, um die Liste mit den gespeicherten Cookies einzusehen und gezielt Einträge zu entfernen (Abb. 6.8-1).

Der Speicherplatz, welchen der Browser für *Cookies* verwendet, ist möglicherweise begrenzt. Bevor das Volumen überschritten wird, löscht der Browser die ältesten *Cookies* und speichert dann neue.

Cookies eignen sich zum Speichern kleiner Datenmengen, nicht jedoch zur Kommunikation oder zur Datenübertragung. Ein **RFC** (ein Dokument zur Standardisierung) verlangt, dass Browser das Speichern von *Cookies* unbegrenzter Größe zulassen sollen. Allerdings fordert der Web-Standard lediglich, dass pro Webserver/Domain das Speichern von bis zu 20 *Cookies* von jeweils bis zu 4 Kilobyte Datenvolumen möglich sein soll.

Größe von Cookies

Es können unterschiedliche Informationen in *Cookie*-Dateien gespeichert werden:

Cookie-Inhalte

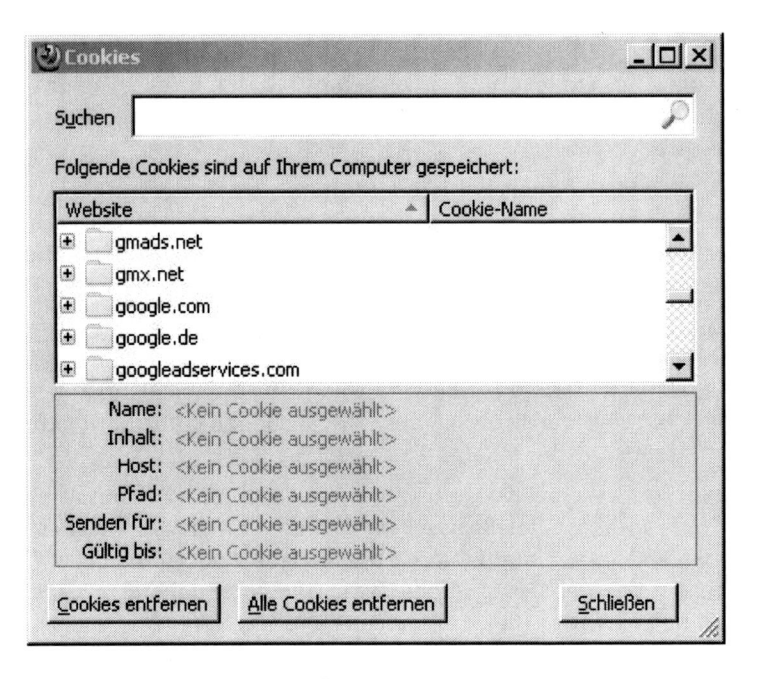

Abb. 6.8-1: Cookies einsehen (Firefox 4).

- Die Anzahl der Zugriffe auf eine Webseite
- Zeit/Datum eines Seitenzugriffs
- URLs kürzlich aufgerufener Webseiten
- Anmeldedaten
- Seitenspezifische Einstellungen
- Benutzereingaben in einem Formular
- Informationen über den lokalen Browser
- Der Inhalt eines Warenkorbes
- Lokale Bildschirmeinstellungen.

Domänenbezug — *Cookies* werden domainbezogen abgelegt. Sie können lediglich auf solche *Cookies* mit JavaScript zugreifen, welche von Ihrer eigenen *Domain* gesetzt wurden. Auf *Cookies* von anderen *Domains* kann dagegen nicht zugegriffen werden *(Same Origin Policy)*. Das Speichern von *Cookies* ist dabei durch den Benutzer explizit zuzulassen. Die Speicherung von *Cookie*-Daten kann der Benutzer durch die Konfiguration seines lokalen Browsers sowohl global als auch eingeschränkt auf bestimmte *Domains* zulassen und auch verhindern.

Cookies ausschalten — Zum JavaScript-Objekt `navigator` gehört eine Eigenschaft, deren Wert scriptgesteuert ausgelesen werden kann. Durch Abfragen der Eigenschaft mit dem Namen `cookieEnabled` können Sie feststellen, ob *Cookies* in der Browseranwendung aktiviert sind oder nicht. Allerdings ist auf diesem Wege lediglich Lesezugriff auf diese Statusinformation möglich. Per JavaScript lässt sich der Zustand dieser Eigenschaft nicht verändern.

Die Eigenschaft `navigator.cookieEnabled` ist weder durch das W3C, noch durch die ECMA standardisiert. Um Browserkompatibilität zu gewährleisten, sollten Webentwickler daher die Unterstützung von *Cookies* anderweitig überprüfen. Eine Möglichkeit, dies zu erreichen, besteht darin, ein *Cookie* scriptgesteuert zu schreiben und danach wieder zu lesen.

Ein JavaScript-*Cookie* ist ein String. Dieser enthält mindestens eine Komponente, welche wiederum mindestens aus einem Namen und einem Wert – getrennt durch ein Gleichheitszeichen besteht. Weitere Komponenten bzw. Name/Wert-Paare sind jeweils durch ein Semikolon abgetrennt. Dabei dient ein Name als Zugriffsschlüssel für das Lesen und Schreiben der *Cookie*-Daten. — Struktur eines *Cookies*

Die Schlüsselnamen und auch die Werte dürfen keine Kommata, kein Semikolon und keine Leerzeichen enthalten, da deren Übertragung per HTTP nicht möglich ist. Derartige Zeichen müssen vor dem Speichern des *Cookies* codiert werden. Dies könnte innerhalb von JavaScript-Programmen durch String-Methoden geschehen.

Cookies besitzen eine Lebensdauer (`expires`) – einen GMT-String. Besitzt ein *Cookie* keine explizite Angabe seiner Lebensdauer, so endet diese mit dem Verlassen der Seite, spätestens jedoch mit dem Schließen des Browsers. — Lebensdauer

Darüber hinaus kann ein *Cookie* weitere Eigenschaften besitzen. Die `path`-Eigenschaft gibt an, ab welchem Ordner im Verzeichnisbaum des Webservers das *Cookie* sichtbar ist. Steht hier /, so lässt sich auf das *Cookie* von allen Seiten aus zugreifen, welche zu derselben Domain gehören. Steht dort beispielsweise `/index/`, so lässt sich nur durch diejenigen Seiten, welche unterhalb des Verzeichnisses `/index/` abgelegt sind, auf das *Cookie* zugreifen.

Die Angabe eines weiteren *Cookie*-Parameters weist den Browser an, *Cookies* lediglich im Falle einer **HTTPS**-Anfrage zu setzen. Sollen ausschließlich HTTPS-Anfragen möglich sein, so müssen Sie den *Cookie-String* um die Anweisung `secure` ergänzen. `secure` gehört an das Ende des *Cookie-Strings* und ist durch ein Semikolon von den restlichen *Cookie*-Daten abzutrennen. — Sicherheit

Gespeichert wird das *Cookie* durch Anhängen an vorhandene *Cookies*. Dies erfolgt per Zuweisung an die `cookie`-Eigenschaft des `document`-Objekts von JavaScript. — Cookie speichern

Dieses Beispiel zeigt, wie ein Cookie gespeichert wird: — Beispiel

```
<script type="text/javascript">
    document.cookie = 'user=dummy;';
</script>
```

Ein solches *Cookie* ist nur zugänglich, während die Seite, welche es erzeugt hat, im Browser geladen ist. Das heißt, sobald eine neue Seite in demselben Browserfenster aufgerufen wird, kann diese das *Cookie* weder auslesen, noch ändern/überschreiben.

expires   Um *Cookie*-Daten dennoch über einen längeren Zeitraum speichern zu können, muss neben dem Namen und dem Wert außerdem noch das Verfallsdatum angegeben bzw. dessen Lebensdauer festgelegt werden. Dies kann durch den Eintrag `expires=` am Ende des eigentlichen *Cookies* geschehen. Als Wert wird ein Datum übergeben, welches das Ende der Lebensdauer festlegt. Das Cookie wird an diesem Datum ungültig.

Beispiel   Hier sehen Sie, wie Sie die Gültigkeit eines *Cookie* festlegen können:

```
var jetzt = new Date( );
var ende = new Date(jetzt.getTime() + 1000*60*60*24*30) ;
document.cookie = 'user=dummy; expires = ' +
            ende.toGMTString( ) +';';
```

Hier wird ein Datumsobjekt erstellt, welches 30 Tage Lebensdauer für das *Cookie* festlegt. Anschließend wird das *Cookie* mit dem Datum gespeichert, nach welchem es nicht mehr zugreifbar sein wird.

max-age   Als Alternative können Sie zu diesem Zweck die Lebensdauer in Sekunden mit dem Attribut `max-age` angeben.

Beispiel   Dieses Beispiel demonstriert die Verwendung von `max-age`:

```
var ldauer = 60*60*24*30 ;
document.cookie = 'user=dummy; max-age = ' + ldauer +' ;';
```

Hier werden ebenfalls 30 Tage Lebensdauer für das *Cookie* festgelegt.

Über ein `if`-Konstrukt können Sie prüfen, ob ein *Cookie* existiert.

Beispiel   Hier erfolgt eine Prüfung, ob für die aktuelle Seite bereits ein *Cookie-String* gespeichert worden ist:

```
<script type="text/javascript">
if (document.cookie)
{
   var ck = document.cookie;
}
</script>
```

6.8 Cookies *

Diese Abfrage sollte in der Regel immer vor dem Auslesen eines *Cookies* erfolgen. Bei Abruf eines nicht existierenden *Cookies* wird ein leerer String übergeben.

Ein *Cookie* in JavaScript ist ein elementarer String. Enthält er mehrere Name/Wert-Paare, so müssen diese getrennt verarbeitet und mit Hilfe von String-Methoden aus dem *Cookie* extrahiert werden.

Cookie auslesen

Dieses Beispiel zeigt, wie Sie beim Auslesen die Namen und Werte eines *Cookies* voneinander trennen können:

Beispiel

```
<script type="text/javascript">
if (document.cookie)
{
  var ck = document.cookie;
  var cn = ck.substr(0, ck.search("="));
  var cw = ck.substr(ck.search("=")+1, ck.search(";"));
  if (cw != "")
  {
    cw = ck.substr(ck.search("=") +1, ck.length);
  }
}
</script>
```

Wenn der Browser ein *Cookie* in einer Datei speichern soll, müssen Sie zuvor einem *Cookie-String* erzeugen.

Cookie speichern

Dieses Beispiel zeigt, wie Sie *Cookies* speichern können.

Beispiel

```
<head>
<script type="text/javascript">
function set_ck(cn, cw)
{
  var jetzt = new Date();
  var ttl = new Date(jetzt.getTime() + 30 * 60 * 1000);
        //30 Minuten Lebensdauer
  document.cookie = cn + '=' + cw + ';path=/;expires=' +
                          ttl.toGMTString();
}

function ck_data()
{
  //Cookie dialoggesteuert setzen
  var cn = window.prompt('Name eingeben');
  var cw = window.prompt('Wert eingeben');
  set_ck(cn, cw);
}
</script>
</head>

<body>
<a href="javascript:set_ck('Benutzer', 'user01')">
            Benutzer speichern</a><br>
<a href="javascript:ck_data()">
```

```
                      beliebigen Cookie setzen</a>
</body>
```
Die hier dargestellte Funktion set_ck() setzt ein global sichtbares *Cookie* mit 30 Minuten Lebensdauer. Die zweite Funktion ck_data() fragt dialoggesteuert die Daten für ein *Cookie* ab und übergibt diese an die Funktion set_ck(). Beide Funktionen werden auf der Webseite durch einen Link aufgerufen.

Die cookie-Eigenschaft in einem JavaScript-Ausdruck liefert als Wert einen String. Dieser enthält alle zugänglichen *Cookies* ohne etwaige Attribute. Er besteht aus einer Liste von Name/Wert-Paaren, welche jeweils durch ein Semikolon voneinander getrennt sind. Die Ausgabe des *Cookie-Strings* ist wie folgt möglich:

```
window.alert(document.cookie);
```

Cookie weiterverarbeiten
Nach dem Auslesen eines *Cookie*-Wertes stehen Ihnen für die Weiterverarbeitung String-Methoden, wie zum Beispiel indexOf(), substring(), split() und decodeURIComponent() zur Verfügung.

Probleme
Viele *Cookies* sind vor dem Speichern mit der Funktion encodeURIComponent() codiert worden.

Beispiel
In diesem Beispiel sehen Sie, wie Sie einen *Cookie-String* lesen, ein einzelnes *Cookie* extrahieren und dessen Inhalt weiterverwenden können:

```
<script type="text/javascript">
if (document.cookie)
{
  var ck=document.cookie;
  var pos = ck.indexOf("user=");
  if (pos!=-1)
  {
    var start = pos + 5;
    var ende = ck.indexOf(";", start);
    if (ende == -1)
      ende = ck.length;
    var wert = ck.substring(start, ende);
    wert = decodeURIComponent(wert);
    document.write('<h1>Hallo '+wert+'!'+'</h1>');
  }
}
</script>
```

Cookie-String durchsuchen
Mit Hilfe von String-Methoden und regulären Ausdrücken finden Sie bestimmte Inhalte eines *Cookies*.

Beispiel
Auch dieses Beispiel demonstriert das Auslesen von *Cookies* mit Hilfe von JavaScript:

```
<script type="text/javascript">
if (document.cookie)
```

6.8 Cookies *

```
{
  var ck = document.cookie;
  if (ck.match(/zaehler=([0-9]+)/g))
  {
     var counter = parseInt(RegExp.$1) + 1;
     set_ck('zaehler', counter);
  }
  document.write('Alter Wert:' + ck + '<br/>' +
      'Neuer Wert: ' + document.cookie);
}
else
  document.write('Kein Cookie vorhanden.');
</script>
```

In diesem Beispiel sucht die String-Methode `match()` nach dem Muster, welches einen regulären Ausdruck darstellt:

`/zaehler=([0-9]+)/g`

Wird bei der Scriptausführung ein solcher String gefunden, so wird dieser in der Variablen `RegExp.$1` gespeichert. Dieser Wert wird mit `parseInt()` in eine elementare Zahl umgewandelt und um eins vergrößert. Die benutzerdefinierte Funktion `set_ck()` aktualisiert das *Cookie* und gibt dessen alten und auch den neuen geänderten Wert per `document.write()` aus.

Beispiel

Ist der *Cookie*-String umfangreicher, so können Sie mehrere *Cookie*-Werte gleichzeitig auslesen.

Mehrere Cookie-Werte auslesen

Hier werden Name/Wert-Paare aus einem *Cookie*-String extrahiert.

Beispiel

```
<script type="text/javascript">
function lesen()
{
  if (document.cookie)
  {
    // Gibt ein Array aus zwei- oder einelementigen
    // Arrays zurück; erstes Unterelement ist der
    // Wert-Name, das zweite der Wert, wenn vorhanden.
    var ck = document.cookie;
    var pairs = ck.split("; ").map(function(el){ return el.split("=");});

    return pairs;
  }
}
</script>
```

Das Löschen eines *Cookies* ist dem Browser überlassen. Dadurch, dass Sie dessen Ablaufdatum in die Vergangenheit legen, entfernt es der Browser aus seiner *Cookie*-Datei.

Cookie löschen

Beispiel In diesem Beispiel wird das Löschen eines Name/Wert-Paares demonstriert.

```
<head>
<title>Cookies</title>
<script type="text/javascript">
function cookie_erstellen()
{
document.cookie = 'user=dummy;';
alert("Cookie erstellt!");
}
function del_ck()
{
if (document.cookie)
{
document.cookie = 'user=dummy; expires=Thu,
01-Jan-70 00:00:01 GMT;';
alert("Cookie gelöscht");
location.reload();
}
}
</script>
</head>
<body>
<input type="button" onclick="cookie_erstellen()"
value="Cookie erstellen" />
<input type="button" onclick="del_ck();"
value="Cookies löschen"/>
</body>
```

Praktische Anwendung finden *Cookies*, wenn beispielsweise der Zustand einer dynamischen Webseite gespeichert werden soll. Ein Benutzer hat etwa ein Formular teilweise ausgefüllt und verlässt die Seite. Beim nächsten Aufruf dieser Seite sollen sämtliche seiner beim letzten Besuch getätigten Eingaben wieder angezeigt werden.

6.9 *Local Storage* und *Session Storage* **

Local Storage und *Session Storage* lassen Datenspeicherung auf dem Clientcomputer zu. Sie bieten mehr Möglichkeiten und vor allem komfortableren Zugriff auf die gespeicherten Daten, als dies bei *Cookies* der Fall ist. Diese Techniken sind Teil von HTML5, werden daher nur von den aktuellen Browsern unterstützt.

Mit HTML5 gibt es neue Möglichkeiten der Datenspeicherung auf dem Clientcomputer, welche bisher durch *Cookies* realisiert wurden.

Die neuen Verfahren sind allerdings auch für größere Datenmengen im Megabyte-Bereich geeignet. Sie heißen

- *Local Storage* und
- *Session Storage*.

Local Storage und *Session Storage* werden schon von den aktuellen Browsern beherrscht.

Local Storage

Die neue Technik *Local Storage* (lokaler Speicher) macht die Datenspeicherung durch den Browser zeitlich unbegrenzt möglich. Zu diesem Zweck wird mit HTML5 eine neue Eigenschaft des window-Objekts eingeführt: localStorage. Das Speichern im *Local Storage* erfolgt wie bei *Cookies* in Form von Name/Wert-Paaren. Jedem Schlüsselnamen können Sie also genau einen Wert zuweisen. Die Daten bleiben über die Anzeigedauer der aktuellen Webseite hinaus erhalten und sind ggf. per Script zu löschen.

Verschiedene Webseiten, welche von derselben *Domain* stammen, teilen sich einen *Local Storage*. Auf diese Weise kann durch eine Webseite auf Daten zugriffen werden, welche durch diese Seite nicht gespeichert worden sind *(Cross directory attack)*. In der Spezifikation des *Local Storage* wird daher empfohlen, dass Webautoren, welche mehrere Webseiten auf derselben *Domain* ablegen, auf den Einsatz von *Local Storage* verzichten sollten.

Laut W3C-Empfehlung sollte der Browser jeder *Domain* etwa fünf bis zehn Megabyte für das Speichern von Benutzerdaten zur Verfügung stellen.

Der HTML5-Standard stellt für den Zugriff auf die gespeicherten Daten einige Methoden zur Verfügung:

Methoden

- window.localStorage.setItem("cn", "cw") speichert das Name/Wert-Paar ("cn", "cw").
- window.localStorage.getItem("cn") gibt den Wert des Schlüssels "cn" zurück.
- window.localStorage.removeItem("cn") entfernt unwiderruflich den Schlüssel "cn" und seinen Wert.
- window.localStorage.clear() entfernt sämtliche Name/Wert-Paare.

Das Speichern und Auslesen eines Name/Wert-Paares funktioniert wie folgt:

Beispiel

```
<script type="text/javascript">
  window.localStorage.setItem("uname", "webmaster");
  document.write(localStorage.getItem("uname"));
            //ergibt "webmaster"
</script>
```

Alternativ kann das Setzen eines Wertes durch unmittelbare Angabe einer Eigenschaft bzw. eines Schlüssels erfolgen:

```
window.localStorage.uname = "webmaster";
```
Möglich ist auch die Verwendung eines Index:
```
window.alert(window.localStorage.key(0));
        //ersten Schlüssel ausgeben;
```
Das `localStorage`-Objekt besitzt eine `length`-Eigenschaft, deren Wert die Anzahl der gespeicherten Name/Wert-Paare angibt. Mithilfe von `length` können Sie den gesamten Inhalt des `localStorage` ermitteln.

Beispiel

Folgendermaßen können Sie sämtliche Name/Wert-Paare auslesen:
```
<script type="text/javascript">
  var text = "";
  var key;
  for (zaehler=0;zaehler<localStorage.length;zaehler++)
  {
     key = window.localStorage.key(zaehler);
     text = text + key + "=" + window.localStorage.getItem(key)
            +"\n";
  }
  window.alert(text);
</script>
```

Session Storage

Im *Session Storage* werden Daten nicht sitzungsübergreifend, sondern nur für einen kurzen Zeitraum gespeichert. Die Daten bleiben lediglich so lange erhalten, bis eine neue Seite in das Browserfenster geladen oder der Browser geschlossen wird (abhängig vom Browser). Auch `sessionStorage` ist eine neue Eigenschaft des `window`-Objektes, welche mit HTML5 zur Verfügung steht.

Gemäß W3C-Empfehlung sollte der Browser bis zu fünf Megabyte Speicherplatz für den *Session Storage* zur Verfügung stellen.

Der Zugriff auf den *Session Storage* erfolgt analog zum Zugriff auf den *Local Storage*.

Beispiel

Hier sehen Sie, wie Sie auf den *Session Storage* zugreifen können:
```
<script type="text/javascript">
  window.sessionStorage.setItem("uname", "webmaster");
  document.write(window.sessionStorage.getItem("uname"));
       //ergibt "webmaster"
</script>
```

Zu *Session Storage* gehören die gleichen Methoden wie zu *Local Storage*.

6.9 Local Storage und Session Storage **

Wie schon bei *Cookies* ist der Zugriff auf die gespeicherten Daten gemäß der *Same Origin Policy* lediglich auf die aktuelle Domain sowie auf denjenigen Browser beschränkt, welcher die Daten abgelegt hat.

Allerdings unterstützen ausschließlich neuere Browser mit HTML5-Funktionalität die hier dargestellten Verfahren. Zu diesen gehört beispielsweise der Opera-Browser ab der Version 11 und auch Firefox ab der Version 3.6.

Name/Wert-Paare können durch die window-Eigenschaft sessionStorage gezielt gespeichert und ausgelesen werden:

Beispiel

```
<head>
<script type="text/javascript">
function speichern()
{
  var x  = document.forms[0].elements[0];
  var y  = document.forms[0].elements[1];
  window.sessionStorage.setItem(x.value,y.value);
  x.value="";
  y.value="";
}

function lesen()
{
  var x  = document.forms[0].elements[0];
  var y  = document.forms[0].elements[1];
  y.value=window.sessionStorage.getItem(x.value);
}
</script>
</head>

<body>
<form id="store">
Name bzw. Schlüssel: <input type="text" id="key"/><br/>
Wert: <input type="text" id="val"/><br/>
<input type="button" value="holen"
       onclick="javascript:lesen();"/><br/>
<input type="button" value="speichern"
       onclick="javascript:speichern();"/>
</form>
</body>
```

Erstellen Sie das Formular und überprüfen Sie dessen Funktionalitäten in verschiedenen Browsern.

Erstellen Sie ein weiteres Formular. Hier soll das Speichern/Auslesen der Name/Wert-Paare unter Verwendung eines *Cookie-String* erfolgen.

Ursprünglich war eine weitere Technik geplant: Web SQL Database. Allerdings wurde die Arbeit an diesem Projekt eingestellt, es wird voraussichtlich hier nicht zu einer Standardisierung kommen. Stattdessen konzentrieren sich die Standardisierungsgremien auf die Entwicklung einer Spezifikation, welche sie `IndexedDB` nennen. Hier wird eine lokale SQL-Datenbank verwendet, welche komplett per JavaScript zugreifbar ist.

Ziel der lokalen Datenspeicherung ist es, Webanwendungen auch im Offline-Modus zu ermöglichen. Allerdings treten nun neue Gefahren auf: Per SQL-*Injection* können Angreifer Metadaten auslesen, die Datenbankstruktur ermitteln und schließlich gezielt nutzbringende Daten abgreifen. XSS-Lücken *(Cross-Site Scripting)* machen es möglich, dass unbemerkt Binärdateien auf dem Clientcomputer gespeichert und lokale Benutzerdaten überschrieben werden. Schädlicher Programmcode kann so im Kontext des Benutzers ausgeführt werden, wobei die *Same-Origin-Policy* umgangen wird.

⚠ Auf den Clientcomputern gespeicherte Daten dürfen nicht als unbedingt sicher angesehen werden. Ein infizierter Client stellt auch eine Gefahr für den Webserver dar. Lokal gespeicherte Daten sollten daher in kurzen Zeitabständen aktualisiert werden. Sie sollten serverseitig gelöscht werden, sobald sie überflüssig sind. Vor der Weiterverarbeitung von Benutzerdaten durch den Server sollten diese in ausreichendem Maße validiert werden, um etwa einer serverseitigen SQL-*Injection* vorzubeugen.

6.10 *Application-Cache* ***

Durch den *Application-Cache* können speziell dafür vorgesehene Webseiten ohne Internetverbindung in einem HTML5-konformen Browser angezeigt werden.

Caching   Zunehmend mobiler Zugriff auf Webseiten hat zu dem Bedarf geführt, Webinhalte ohne eine bestehende Internetverbindung lokal zur Verfügung zu stellen. Zwar besitzt heute jeder Browser einen **Cache**, jedoch ist dieser oft fehlerhaft implementiert und unzuverlässig.

Mit HTML5 wird daher ein neuartiger **Application-Cache** definiert. Eine konsequente Umsetzung dieses Konzeptes wird in naher Zukunft zu mehr Komfort und weniger Ressourcenverbrauch bei der Nutzung von Webanwendungen führen, da der Browser angewiesen werden kann, Seiteninhalte lokal zu speichern.

Folgende Vorteile sind zu durch diese neue Technik zu erwarten:

+ Leitungen und Serverkapazitäten werden entlastet, da lediglich lokal veraltete und auf dem Server aktualisierte Daten vom Server abgerufen und zum Client übertragen werden müssen.

+ Der Seitenaufbau im Browser wird beschleunigt, da weniger Inhalte aus dem Web über relativ langsame TCP/IP-Verbindungen geladen werden müssen.
+ Falls sich eine Seite komplett im *Application-Cache* befindet, kann sie offline bzw. ohne bestehende Internetverbindung dargestellt werden.

Webentwickler können also ihre Webseiten offlinefähig machen. HTML5-konforme Browser besitzen zu diesem Zweck einen *Application-Cache*. Welche Inhalte genau der lokale Browser lokal vorhalten soll, wird ihm durch den Webserver beim erstmaligen Aufruf einer Website übermittelt.

Der Browser legt für jede Webseite einen separaten *Application-Cache* an.

Serverseitig muss zunächst einmal der MIME-Typ `text/cache-manifest` zur Verfügung stehen, damit die Konfigurationsdaten des *Application-Cache* korrekt interpretiert werden können. Außerdem wird eine Manifest-Datei im Textformat benötigt, welche die Konfigurationsdaten enthält.

cache-manifest

Hier sehen Sie eine solche Manifest-Datei:

Beispiel

```
CACHE MANIFEST:
# Typ/Inhalt der Datei
# für Application-Cache

CACHE:
# Liste der zu cachenden Dateien, diese stehen
# im Offline-Modus dann zur Verfügung
/seite1.htm

NETWORK:
# Dateien, welche eine online-Verbindung verlangen
/start.htm

FALLBACK:
# Ersatz, falls kein Zugriff möglich
*.xml              default.xml
```

Die einzelnen Bereiche der Datei können in beliebiger Häufigkeit und in beliebiger Reihenfolge notiert werden. Durch # werden Kommentare eingeleitet.

Im HTML-Quelltext muss auf die Manifest-Datei verwiesen werden:

```
<!DOCTYPE html>
<html manifest="offline.mf">
"..."
</html>
```

So lassen sich Webseiten offline speichern. Sicherheitsmechanismen von HTTP und auch HTTPS/SSL werden allerdings durch *Cache Manifest* übergangen.

Wenn Sie in einem HTML5-konformen Browser eine Webseite öffnen, dann wertet dieser einen ggf. vorhandenen Manifest-Eintrag aus. Hat er diese Manifest-Datei bisher noch nicht geladen, so geht er wie folgt vor:

- Er richtet einen neuen *Application-Cache* für die aktive Webseite ein.
- Er macht sämtliche in der Manifest-Datei (Abschnitt CACHE) aufgeführten Dateien offline verfügbar.
- Er fügt die aktuelle Seite dem Cache hinzu, auch wenn sie nicht im CACHE-Bereich aufgeführt ist.

Kennt der Browser die Manifest-Datei schon, so fügt er lediglich die aktuelle Seite dem *Application-Cache* hinzu.

Findet der Browser beim Aufruf einer Website eine Manifest-Datei, so gleicht er seinen *Application-Cache* entsprechend ab. Dabei können einige Ereignisse ausgelöst werden:

- Der Prozess startet mit dem Ereignis checking. Es wird überprüft, ob die Manifest-Datei seit dem letzten Zugriff des Browsers verändert wurde.
- Durch noupdate wird signalisiert, dass die Manifest-Datei keine Änderung erfahren hat, seit der Browser beim letzten Mal diese übermittelt bekam.
- Tritt downloading ein, so werden die Seiteninhalte für den Offline-Zugriff erstmalig heruntergeladen.
- Mit dem Eintreten von progress startet der Download der Informationen vom Server.
- Sind die Offline-Inhalte heruntergeladen, so tritt das Ereignis cached ein.
- Das Ereignis updateready gibt an, dass der Browser gemäß den Angaben in der Manifest-Datei den *Application-Cache* aktualisiert hat.
- Tritt das Ereignis obsolete ein, so leert der Browser den zur Webseite gehörigen *Application-Cache*, da er keinen Zugriff auf die Manifest-Datei hat.
- Durch error wird angezeigt, dass beim Anlegen/Aktualisieren des *Application-Cache* ein Fehler aufgetreten ist.

Zu jedem dieser Ereignisse gehört auch ein HTML-*Event-Handler*.

status Das applicationCache-Objekt besitzt die Eigenschaft status, über welche der Zustand des Offline-Speichers ereignisunabhängig ermittelt werden kann. Folgende Werte kann die status-Eigenschaft annehmen:

- Beträgt der Wert 0, so hat der Browser entweder (noch) keine Offline-Inhalte der Seite gespeichert, oder die Seite besitzt keine Manifest-Datei.
- status==1 bedeutet, dass der *Application-Cache* auf dem aktuellen Stand ist, die Manifest-Datei also seit dem letzten Zugriff unverändert ist.
- Wird die Manifest-Datei gerade auf Aktualisierungen überprüft, so besitzt status den Wert 2.
- Während des Downloads der Offline-Inhalte beträgt der Wert des status-Attributs 3.
- Wurde der *Application-Cache* erfolgreich heruntergeladen, so besitzt status den Wert 4. Nun muss die Anzeige im Browser noch aktualisiert werden, damit der neue Cache-Inhalt dargestellt wird.
- Kann der Browser den *Application-Cache* aufgrund einer fehlenden Manifest-Datei nicht abgleichen, so besitzt status den Wert 5.

Zum applicationCache-Objekt gehören auch einige Methoden. Durch update() wird die Aktualisierung gestartet, wenn die Manifest-Datei verändert ist. Nach der Aktualisierung erreichen Sie durch Aufruf von swapCache(), dass der Browser die Seite erneut aus dem Offline-Speicher liest.

Methoden

Die Offline-Inhalte einer Webseite können Sie wie folgt aktualisieren:

Beispiel

```
var cache=window.applicationCache;
cache.update();
//Download der Dateien, falls Manifest-Datei verändert
if (cache.status==4)
{
    cache.swapCache();
        //Browserfenster aktualisieren
    console.log("AppCache neu geladen");
}
else
    console.log("AppCache unverändert");
```

Zum Abschluss wird hier eine entsprechende Meldung in die Konsole des Browsers geschrieben.

Wenn sichergestellt ist, dass der *Application-Cache* aktualisiert ist, wird durch swapCache() schließlich der Inhalt des Browserfensters aktualisiert. Die Aktualisierung des *Application-Cache* erfolgt ausschließlich dann, wenn die Manifest-Datei verändert worden ist. Änderungen an den Daten (HTML, JPG, JS, CSS, ...) haben keinen Einfluss auf update(). Allerdings werden durch swapCache() weder Bilder noch JavaScript-Dateien neu geladen. Dies geschieht beispielsweise durch das manuelle erneute Laden der Seite.

Um eine umfangreiche Webanwendung offline verfügbar zu machen, müsste die Manifest-Datei eine riesige Dateiliste enthalten, welche häufig angepasst werden muss. Daher wird man als Webentwickler in derartigen Fällen auf das vollständige Laden in den *Application-Cache* verzichten und lediglich die HTML-Seiten zum Herunterladen in den Application-Cache vorsehen. Folgendes Vorgehen ist hier sinnvoll:

- Jede HTML-Seite erhält einen Verweis auf dieselbe Manifest-Datei.
- In der Manifest-Datei sollte ein Fallback in der Form
  /   /offline.htm
  aufgeführt sein. So wird im Offline-Modus jede Seite, welche sich nicht im Cache befindet, durch die Datei offline.htm ersetzt.
- Da der Browser jede HTML-Datei, welche einen Manifest-Verweis enthält, in seinen *Application-Cache* lädt, erreichen Sie durch den CACHE-Bereich * dass der Browser jede derartige Seite beim ersten Laden offlinefähig macht. Durch * in der NETWORK-Section können sämtliche notwendige Dateien, welche sich nicht im *Application-Cache* befinden, z. B. CSS-Dateien, Bilder und JavaScript-Dateien, von einem beliebigen Server bei bestehender Online-Verbindung nachgeladen werden.

Zwar wird eine Seite auf diese Weise nicht gänzlich offlinefähig. Jedoch reduziert sich durch das *Caching* die Netzwerklast erheblich. Sollen alle anderen Dateien ebenfalls offline verfügbar sein, so müssen diese explizit in der Manifest-Datei aufgeführt werden.

Denkbar ist hier sogar die Offline-Bedienung eines Web-Formulars. Benutzereingaben können im Local Storage oder im Session Storage abgelegt bzw. gepuffert werden, bis wieder eine Verbindung zum Webserver besteht.

7 DHTML und DOM **

Dynamisches HTML – kurz DHTML – ermöglicht es, aus statischen Webseiten dynamische Webseiten zu machen. Durch die Kombination von HTML, CSS, JavaScript und DOM können Webseiten mit zusätzlichen interaktiven Funktionalitäten versehen und neue Anzeigeeffekte erzielt werden. Die Nutzung dieser Möglichkeiten wird auch als DOM-Scripting bezeichnet.

Eine Reihe von Beispielen zeigen die neuen Möglichkeiten:

- »DHTML-Beispiele«, S. 284

Danach werden die zugrunde liegenden Standards behandelt:

- »DOM-Konformität«, S. 288
- »Das W3C-DOM«, S. 292

Mit JavaScript kann auf das CSS-Layout zugegriffen werden:

- »Stylesheets«, S. 295

Browser-Erweiterungen ermöglichen es, die Struktur einer Webseite zu analysieren:

- »DOM-Inspektoren«, S. 315

Auf die verschiedenen Elemente des DOM-Baumes kann zugegriffen werden:

- »Knotentypen«, S. 318

Textknoten können ausgelesen und geändert werden:

- »Zugriff auf den Inhalt von Knoten«, S. 329

Elementknoten können gefunden und iterativ verarbeitet werden:

- »Zugriff auf Elementknoten«, S. 338

Die Struktur einer Webseite kann per JavaScript geändert werden:

- »Elementknoten hinzufügen und entfernen«, S. 345

Auch auf die HTML-Eigenschaften der Seitenelemente kann per JavaScript Einfluss genommen werden:

- »Zugriff auf Attribute«, S. 351

Durch Mausaktionen lassen sich Seiteninhalte verschieben und kopieren:

- »Drag&Drop«, S. 362

Die inoffizielle DOM-Spezifikation *Scrolling* erlaubt scriptgesteuertes *Scrollen*:

- »Scrolling«, S. 366

7 DHTML und DOM **

7.1 DHTML-Beispiele **

Per DHTML können Seitenelemente hinzugefügt und gelöscht werden. Die Änderung von Inhalt, Eigenschaften/Attributen und auch der Darstellung ist möglich. Dazu benötigt man einen DOM-kompatiblen Browser. Derartige Browser ermöglichen mithilfe spezieller Methoden das Ändern, Entfernen und Hinzufügen der Seitenelemente. Wenn sich alle Browser an das zugrunde liegende DOM halten, sind die entwickelten Anwendungen auf jedem System lauffähig. Auch können unterschiedliche Programmiersprachen eingesetzt werden – das Modell bleibt dasselbe.

Dynamisches HTML (DHTML) bedeutet die nachträgliche Manipulation von Objekten und Inhalten einer im Browser angezeigten Webseite.

Beispiel
Der folgende HTML-Quelltext vermittelt Ihnen einen ersten Eindruck von DHTML:

```
<p id="txt"
  onclick="javascript:document.getElementById('txt').
          firstChild.nodeValue='NEUER TEXT';">
  alter Text ---- HIER KLICKEN!
</p>
```

Per *Event-Handler* und DHTML erhält dieser Absatz einen neuen Inhalt, wenn der Benutzer auf den Absatz klickt. Eine Möglichkeit der Realisierung besteht darin, dass Sie dem HTML-Element <p> eine eindeutige Bezeichnung geben, welche durch den Attributwert von id festgelegt ist. Die DOM-Methode getElementById() sucht dann im DOM-Baum der aktuellen Seite das Element, welches die ID txt besitzt, greift auf dessen ersten Kindknoten bzw. sein erstes Unterelement zu (firstChild, das ist hier der Inhalt des Absatzes) und ersetzt dessen Wert (nodeValue). Der Textinhalt des Absatzes wird per Klick einmalig geändert.

Zu DHTML gehören *Event-Handling*, CSS und JavaScript. Und natürlich HTML.

Beispiel
Die folgende Webseite zeigt Ihnen ein weiteres DHTML-Beispiel:

```
<!DOCTYPE html>
<html lang="de">
<head>
<meta http-equiv="content-type" content="text/html;
        charset=windows-1252" />
<title>Position dynamisch ändern</title>
<style type="text/css">
.pos1{    /* 1. CSS-Klasse */
```

```
            position:absolute;
            left:100px;   /* Abstand links */
            top:30px;     /* Abstand oben */
            background-color:yellow;  /* Hintergrund gelb */
         }
.pos2{      /* 2. CSS-Klasse */
            position:absolute;
            left:200px;
            top:75px;
            background-color:blue;
         }
</style>
<script type="text/javascript">
function wechsel(elmnt)
{
   if (elmnt.className=="pos1")
   {
      elmnt.className="pos2";   //CSS-Klasse ändern
   }
}
</script>
</head>
<body>
<span class="pos1"
         onmouseover="javascript:wechsel(this);">
<a>Hier klicken</a>
</span>
</body>
```

className ist das JavaScript-Äquivalent zum HTML-Attribut class. class musste umbenannt werden, da es ein reserviertes Wort in JavaScript ist. Es wird zwar noch nicht verwendet, ist jedoch für den zukünftigen Sprachausbau von JavaScript eingeplant.

Über die JavaScript-Eigenschaft className wird dem HTML-Element in dem soeben dargestellten Beispiel ein neues CSS-Layout zugewiesen, sobald der Benutzer den Mauszeiger auf das Element bewegt. className ermöglicht den JavaScript-Zugriff auf die einem Seitenelement zugeordnete(n) CSS-Klasse(n).

Auch Layoutänderungen lassen sich in Ihre Webseiten einbauen.

Sie sehen nun, wie Sie ereignisgesteuert Einfluss auf das CSS-Layout nehmen:

Beispiel

```
<!DOCTYPE html>
<html lang="de">
<head>
<meta http-equiv="content-type" content="text/html;
         charset=windows-1252" />
<title>Layout ändern</title>
<style type="text/css">
.still{color:red;background-color:yellow;font-size:100%;}
```

7 DHTML und DOM **

```
.stil2{color:white;background-color:blue;font-size:150%;}
</style>
<script type="text/javascript">
function hilite(elmnt,nr)
{
  elmnt.className="stil"+nr; //Klasse zuweisen
}
</script>
</head>
<body>
<form>
<div>
<span id="test1" class="stil1"
    onmouseover="javascript:hilite(this,2);"
    onmouseout="javascript:hilite(this,1);">
  Hier zeigen
</span>
</div>
</body>
</html>
```

Dem <span>-Element in diesem Beispiel ist beim Laden der Seite die CSS-Klasse stil1 zugeordnet. Wenn man mit der Maus auf das Element zeigt (Ereignis mouseover) wird die Klassenzuordnung durch die JavaScript-Funktion hilite() geändert. Verlässt man mit der Maus das <span>-Element wieder, so wird ihm wieder seine ursprüngliche Klasse stil1 zugeordnet.

Der Zugriff auf ein bestimmtes HTML-Element kann über sein id-Attribut erfolgen, welches innerhalb einer HTML-Seite eindeutig sein muss.

Beispiel 1a

Hier sehen Sie, wie Sie unmittelbar auf ein HTML-Element zugreifen können:

```
<head>
<script type="text/javascript">
function demo()
{
  var elmnt = document.getElementById("ntext");
                      //Objektreferenz
  window.alert(elmnt.value); //Inhalt ausgeben
}
</script>
</head>
<body>
<div>
<form id="test_frm">
<input name="ntext" id="ntext" type="text"
        onblur="javascript:demo();" />
</form>
</div>
</body>
```

Per JavaScript wird hier der Inhalt des Textfeldes ausgegeben, wenn es seinen Fokus verliert. Zuvor wird durch die DOM-Methode getElementById() des document-Objektes die Objektreferenz erzeugt. Dafür muss das ganze Dokument nach einem Objekt mit der angegebenen ID durchsucht werden.

Oft ist bei der Ereignisbehandlung das aufrufende Objekt selbst betroffen, sodass Sie das Schlüsselwort this (die Referenz auf das aufrufende Objekt) verwenden können und daher keine DOM-Methode benötigen.

Dieses Beispiel zeigt Ihnen, wie Sie this in Beispiel 1a verwenden können:

Beispiel 1b

```
<head>
<script type="text/javascript">
function demo(elmnt)
{
   window.alert(elmnt.value);
}
</script>
</head>

<body>
<form id="test_frm">
<input name="ntext" id="ntext" type="text"
        onblur="javascript:demo(this);" />
</form>
</body>
```

Hier wird die Referenz auf das Textfeld der Funktion demo() schon beim Aufruf übergeben. Dynamik und Benutzerinteraktion lassen sich bereits durch den Einsatz von *Event-Handlern* erreichen. Jedoch ist es ohne Weiteres kaum möglich, Struktur und Inhalt der Webseite zu ändern. Eine Ausnahme stellen einige Formularelemente dar, da deren Beschriftungstexte Wert eines HTML-Attributes sind.

Wenn Sie also dynamische Effekte auf Ihren Webseiten erreichen möchten, werden Sie in den meisten Fällen auf DOM-Objekte, deren Methoden und Eigenschaften zugreifen müssen.

Sie können jedoch mit einfachen Techniken eine neue HTML-Seite erzeugen und diese per JavaScript mit Inhalt füllen. Zu diesem Zweck gibt es die Methoden document.writeln() und document.write(), mit welchen Sie HTML-Text in ein Browserfenster schreiben können. Allerdings können diese Methoden nur verwendet werden, wenn eine Webseite erstmalig in einen Browser geladen wird. Jeder weitere Aufruf von document.write() bzw. document.writeln() entfernt die aktuelle Seite aus dem Fenster, erzeugt eine neue leere Seite und beschreibt diese.

document. write()

Um eine bereits bestehende, vollständig geladene Seite zu ändern, müssen Sie DHTML verwenden. Basis von DHTML ist das DOM.

Zwar erreicht man schon durch die Verwendung von *Event-Handlern* eine gewisse Dynamik. Der DHTML-Ansatz geht darüber jedoch weit hinaus.

Voraussetzung für DHTML-Effekte auf Webseiten sowie für den Zugriff auf DOM-Objekte, deren Eigenschaften und Methoden ist ein DOM-kompatibler Browser.

7.2 DOM-Konformität **

Heute ist die Homogenität der Browser hinsichtlich Umsetzung der W3C-Standards so groß wie nie zuvor – die Tendenz ist weiterhin steigend. Betroffen sind hier sämtliche Techniken zur Erstellung von Webseiten, insbesondere HTML, XHTML, CSS und JavaScript. Die Nutzung von Browsern ist traditionsgemäß kostenlos, trotzdem verbessern die Hersteller ihre Produkte in immer kürzeren Abständen hinsichtlich Einhaltung der Webstandards, Sicherheit, Erweiterungsmöglichkeiten, Verarbeitungsgeschwindigkeit und Portabilität. Bisher lag zwar der Internet Explorer in Bezug auf W3C-Konformität deutlich gegenüber seinen Konkurrenten zurück, heute gilt er allerdings als konkurrenzfähig. Die einstmals proprietären browserspezifischen DOM-Spezifikationen, das Legacy DOM und das IE4 DOM, haben heute keine Bedeutung mehr.

Den JavaScript-Programmierern stehen zahlreiche vordefinierte Objekte zur Verfügung, welche sich in zwei Gruppen einteilen lassen. Eine Gruppe bilden die Core-Objekte, die zweite Gruppe stellen die Host-Objekte dar.

Core-Objekte — Zu den Core-Objekten gehören `Array`, `Date`, `Function`, `Math` und `RegExp` sowie die Wrapper-Objekte `Boolean`, `Number` und `String`. Mit dem Seiteninhalt und dem Browserfenster haben diese Objekte jedoch nichts zu tun.

Host-Objekte — Die Host-Objekte gehören zur JavaScript-Objekthierarchie bzw. zum DOM. Sie beziehen sich unmittelbar auf das Browserfenster und den Browser selbst zum Zugriff auf deren Eigenschaften und die Seiteninhalte. Sie unterliegen einer mehrstufigen Hierarchie (Tab. 7.2-1).

Zu Zeiten von HTML 2 waren diese JavaScript-Objekte ausreichend. Sie gehören zum klassischen DOM, welches in den 90er Jahren von Netscape eingeführt wurde. Heute allerdings ist die Menge der HTML-Objekte erheblich größer, gezielter Zugriff auf

7.2 DOM-Konformität **

Stufe	Objekte	Zugriff auf
1	window	Darstellung des Browserfensters
2	location, document, ...	URL, Seiteninhalt. Ereignisse, Verlauf
3	links, forms, ...	einige HTML-Objektklassen
4	elements[]	Formularelemente

Tab. 7.2-1: Objekte des DOM.

Tabellen, Überschriften und Listen ist mehr als nur wünschenswert.

Basis aller XML- und HTML-Dokumente ist das **DOM** *(Document Object Model)*. Jede XML- und auch jede HTML-Seite ist ein hierarchisches Dokument, dessen Elemente ebenfalls – so wie das DOM als Ganzes – eine Baumstruktur bilden.

Zwar gab es das DOM schon zu frühen HTML- und XML-Zeiten, jedoch gehört es erst seit der Version 1.5 zu JavaScript. Im DOM wird jedes Element als Knoten und dessen Inhalt als Blatt dargestellt. Es ist heute in alle Browser integriert. Nicht ausschließlich durch JavaScript kann über das DOM auf HTML- und XML-Elemente innerhalb von Web-Dokumenten zugegriffen werden. Mit jeder anderen Script- oder Programmiersprache, welche der Browser interpretieren kann, ist das ebenfalls möglich. Allerdings ist die Syntax von Sprache zu Sprache unterschiedlich. Das grundsätzliche Vorgehen ist jedoch identisch.

Auch DHTML gibt es schon seit den 90er Jahren. Doch verwendeten die Browserhersteller viele Jahre lang unterschiedliche und vor allem inkompatible Modelle. Es war nur schwer möglich, eine dynamische Webseite zu erstellen, welche in allen Browsern vollständig darstellbar war.

Erst die DOM-Spezifikation des W3C hat dazu geführt, dass sich Webentwickler weniger browserspezifische Lösungen ausdenken müssen. Die Zeiten des all-Objektes (Microsofts proprietäre Lösung für den Zugriff auf sämtliche Elemente einer Webseite) und layers (Netscape) sind vorbei.

Dasselbe gilt für Browserabfragen über das navigator-Objekt. Mancher Browser identifiziert sich hier unvollständig oder fehlerhaft. Zudem lassen sich viele Browser dahingehend konfigurieren, wie sie sich gegenüber einer bestimmten Webseite identifizieren, daher ist das Ergebnis einer derartigen Abfrage oft nicht aussagefähig.

navigator

Andererseits bedarf es umfangreicher String-Operationen, um von den Werten der Eigenschaften des navigator-Objektes auf die exakte Browser-Version schließen zu können. Konsequenterweise fragt man heute zwecks Identifzierung eines Browsers dessen spezielle Fähigkeiten ab.

Noch immer prüfen JavaScript-Programme auf zahlreichen Webseiten die Browser auf Unterstützung der beiden veralteten Techniken und des W3C-DOM.

Beispiel Das folgende Script zeigt, wie ein solcher Browser-Test implementiert werden kann.

```
<script type="text/javascript">
if (document.all)   //Internet Explorer
{
        //Anweisungen
}
else if (document.layers)   //Netscape Navigator
{
        //Anweisungen
}
else if (document.getElementById)    //andere Browser
{
        //Anweisungen
}
</script>
```

Mittlerweile unterstützen nahezu alle Browser das W3C-DOM. Daher hat es sich durchgesetzt, lediglich die Funktionalität zweier DOM-Methoden des document-Objektes zu überprüfen.

Beispiel Dieses Beispiel demonstriert, wie Sie die Unterstützung der DOM-Methoden prüfen können:

```
<script type="text/javascript">
if (document.getElementById && document.createTextNode)
{
   //Anweisungen, welche Standard-DOM-Funktionen verwenden
}
</script>
```

Der Zugriff auf Elemente einer Webseite war viele Jahre eine browserspezifische Angelegenheit. Die einzelnen Hersteller hatten in ihre Browser unterschiedliche DHTML-Modelle, Objekte und Eigenschaften integriert.

Testen Sie verschiedene Browser, inwiefern sie das Microsoft-Modell, das Netscape-Modell oder das W3C-DOM unterstützen.

Das W3C-DOM gibt u. a. Schnittstellen zwischen HTML und JavaScript vor. Vom DOM gibt es mittlerweile mehrere Versionen bzw. *Levels* (Tab. 7.2-2).

Ausführliche Informationen über die DOM-Spezifikationen finden Sie in den *Technical Reports* des W3C, siehe dazu Website W3C (http://www.w3.org/DOM/DOMTR).

DOM-Level/Versionen	Inhalt (Auszug)
0 (Alt-DOM)	gemeinsame Objekte der damaligen Browser
1 (1998)	Knoten und einige HTML-Schnittstellen
2 (2000)	u. a. Erweiterung um Ereignisse und Stylesheets
3 (2003)	Parsen von XML-Dateien, Tastaturereignisse

Tab. 7.2-2: DOM-Level.

Während die aktuellen Browser sämtlich als DOM 1-konform anzusehen sind, bestehen bzgl. DOM 2 erhebliche Mängel – speziell beim Internet Explorer, welcher bis zur Version 8 weder das vom W3C als erforderlich festgelegte Core-Level (Knoten und HTML-Schnittstellen) vollständig unterstützt, noch das Events-Modul. Hier ist oft browserspezifische Programmierung oder gar die Beschränkung auf Level 1-Methoden notwendig.

In den Firefox-Browser (Stand Version 4) dagegen sind schon einige Level 3-Methoden integriert.

Hinsichtlich Konformität zu den Webstandards sind allerdings heute stetige Veränderungen zu verzeichnen. Jede Aussage über die Unterstützung bestimmter DOM-Features kann schon morgen veraltet sein.

Wie schon bei der Abfrage der unterstützten JavaScript-Version gibt es auch hier eine Möglichkeit, die Konformität eines Browsers zu einzelnen DOM-Funktionalitäten zu untersuchen. Hierfür gibt es die Methode implementation.hasFeature() des document-Objektes.

Bei der Anwendung von hasFeature() sollte zunächst die Unterstützung der implementation-Eigenschaft und die Existenz von hasFeature() selbst geprüft werden.

hasFeature()

Ob Ihr Browser den DOM 2-Anforderungen genügt, können Sie wie folgt abfragen:

Beispiel

```
<script type="text/javascript">
if (document.implementation.hasFeature("CSS2","2.0"))
   //CSS2 nach DOM 2-Level
{
alert("Ihr Browser genügt den DOM2 Anforderungen");
}
else
{
alert("Ihr Browser genügt nicht den DOM2 Anforderungen");
}
</script>
```

7 DHTML und DOM **

Welche Funktionen bzw. Standards ein Browser unterstützt, hängt von den implementierten Vorgaben des Herstellers ab. Hier bestehen zwischen den einzelnen Browsern erhebliche Unterschiede. Vom W3C sind zahlreiche Standards vorgegeben, deren Einhaltung Sie durch hasFeature() überprüfen können (Tab. 7.2-3).

Modul	Version	Beschreibung	enthält
HTML	1.0	HTML Core und Schnittstellen	
XML	1.0	XML Core und Schnittstellen	
Core	2.0	Core-Schnittstellen	
HTML	2.0	HTML Core und Schnittstellen	Core
XML	2.0	XML Core und Schnittstellen	Core
Views	2.0	AbstractView-Schnittstelle	Core
StyleSheets	2.0	Generische Stylesheet-Durchquerung	Core
CSS	2.0	CSS-Layout	Core, Views
CSS2	2.0	CSS2 Level 2	CSS
Events	2.0	Ereignisbehandlung	Core
UIEvents	2.0	Benutzerschnittstellen-Events	Events, Views
MouseEvents	2.0	Mausereignisse	UIEvents
HTMLEvents	2.0	HTML-Ereignisse	Events

Tab. 7.2-3: W3C-Standards.

Die Tab. 7.2-3 zeigt DOM-Funktionalitäten, welche Sie mit hasFeature() testen können. Auch auf der Website W3C (http://www.w3c.org/DOM/Test/) und der Website Quirks-Mode (http://www.quirks-mode.org) finden Sie Test-Möglichkeiten für DOM-Funktionen.

Überprüfen Sie die DOM-Konformität der aktuellen Browser.

Die in Tab. 7.2-3 aufgeführten *Features* betreffen zum Teil fortgeschrittene bzw. sehr spezielle Techniken, deren Unterstützung durch die aktuellen Browser nur teilweise gewährleistet ist.

7.3 Das W3C-DOM **

Das DOM bildet die Schnittstelle zwischen Inhalt, Struktur, Layout und Verhalten einer Webseite. Der W3C-Standard sieht vor, dass sowohl betriebssystem-, browser- als auch programmiersprachenunabhängig der Zugriff auf alle Elemente und Eigenschaften einer Webseite möglich ist. Ursprünglich ist eine Webseite eine statisch aufgebaute fertige Einheit. Das DOM jedoch macht aus einer Webseite eine dynamische Struktur. So wird das Ändern von Seitenelementen auch dann möglich, wenn die Seite bereits in den Browser geladen ist. Via CSS können JavaScript-Programme Änderungen am Layout vornehmen. Eine Seitenmanipulation kann etwa durch Benutzeraktionen, automatisch (beispielsweise zeitabhängig) oder abhängig von einer Eingabe erfolgen. Das DOM bildet die Basis für Dynamisches HTML. Zum DOM gehören zahlreiche API-Funktionen, welche es unter anderem ermöglichen, die einzelnen Knoten des DOM-Baumes zu untersuchen, ein bestimmtes Element zu referenzieren, den Inhalt eines Textknotens zu verändern oder einer Webseite neue Elemente hinzuzufügen.

Das DOM *(Document Object Model)* ist eine plattform- und sprachunabhängige Schnittstelle *(Application Programming Interface, API)* zum dynamischen Zugriff auf Inhalt, Struktur und die Darstellung von HTML- und XML-Dokumenten. Beim DOM handelt es sich um eine vom W3C entwickelte Norm, welche es Skriptsprachen möglich macht, auf strukturierte Dokumente zuzugreifen. Es definiert Objekte, Methoden und Eigenschaften, durch welche u. a. Dynamisches HTML bzw. DHTML realisiert werden.

API

Zum DOM gehören einerseits festgelegte Objekte (etwa document und window). Andererseits zählen auch Techniken dazu, durch welche die Programmierer flexiblen Zugriff auf sämtliche nicht explizit im DOM aufgeführte Elemente erhalten.

Der DOM-Standard definiert lediglich **Schnittstellen**. Das hat zur Folge, dass sich einige Bestandteile des DOM-Baumes sowie deren Eigenschaften zwar wie JavaScript-Objekte verhalten, jedoch keine solchen sind.

Beispielsweise liefert die childNodes-Eigenschaft eines DOM-Knotens eine Liste bzw. Aufzählung mit den untergeordneten Knoten. Diese Struktur lässt sich zwar wie ein Array behandeln und indizieren, sie lässt jedoch die Anwendung zahlreicher Array-Methoden wie etwa sort() *nicht* zu.

childNodes

Genau aus diesem Grund gibt es bei DOM-Objekten keine Konstruktormethoden. Ein neuer Textknoten kann daher *nicht* mit dem Schlüsselwort new erzeugt werden:

var txt = new textNode("DHTML und DOM");   //Dies ist ungültig

Statt Konstruktoren sieht der DOM-Standard einige spezielle Methoden vor, welche zum document-Objekt oder zu dessen Unterknoten document.implementation gehören. Das Anlegen eines Textknotens geschieht daher wie folgt:

```
var txt = document.createTextNode("DHTML und DOM"); //So geht es
```
Diese Methoden sind sämtlich durch das Präfix create gekennzeichnet.

Die Heterogenität der Milliarden Clients mit Internetzugang ist groß. Jede Webseite sollte auf jedem System identisch aussehen und sich gleichartig verhalten. Die konsequente Umsetzung der W3C-Standards durch alle Browser ist ein wichtiger Schritt in diese Richtung.

Im DOM hat das W3C Regeln und Möglichkeiten spezifiziert, welche den Zugriff auf die einzelnen Bestandteile einer Webseite durch eine Programmiersprache ermöglichen. Für den Zugriff auf Seitenelemente gibt es spezielle DOM-Methoden. Zu dieser Kategorie zählt getElementsByTagName(). Sie referenziert sämtliche Seitenelemente, welche durch ein bestimmtes *Tag* ausgezeichnet sind.

Eine weitere Methode dieser Art ist getElementById(), welche ebenfalls zum document-Objekt gehört. Sie gibt eine Referenz auf ein beliebiges Seitenelement bzw. einen DOM-Knoten zurück. Der Zugriff erfolgt dabei über das HTML-Attribut id.

Beispiel Die Methode getElementById() können Sie wie folgt verwenden:
```
<head>
<script type="text/javascript">
  document.getElementById("utitel2");
</script>
</head>
<body>
<h1 id = "main">Hauptkapitel</h1>
<h2 id = "utitel1">1. Unterkapitel</h2>
<h2 id = "utitel2">2. Unterkapitel</h2>
</body>
```

Die meisten DOM-Knoten besitzen die Eigenschaft style, welche das Definieren und Ändern von CSS-Layout ermöglicht.

Beispiel
```
var absatz = document.getElementById("absatz");
absatz.style.fontSize="30px";            //Schriftgröße 30 Pixel
absatz.style.backgroundColor="green";    //Hintergrund grün
absatz.style.textAlign="right";          //Ausrichtung rechts
```

Über das moderne DOM, welches das klassische Modell von Netscape mittlerweile fast vollständig abgelöst hat, können Sie beliebige Seitenelemente manipulieren. Es stehen DOM-Methoden zum Löschen und zum Erzeugen neuer Elemente mit Inhalten und Formatierungen während der Anzeigezeit der Webseite zur Verfügung.

Zum DOM gehören ebenso Eigenschaften und Methoden, welche den Zugriff auf assoziierte Knoten, Kindknoten und Attribute ermöglichen.

Jedes HTML-/XML-*Tag*, jeder Text, jeder *Style* (CSS), jedes Attribut lässt sich auslesen und beliebig manipulieren. Auch das Iterieren über alle Unterelemente eines Objektes -wie etwa alle *Inline-Tags* in einem HTML-Absatz `<p>...</p>` – ist möglich.

7.4 Stylesheets **

Die in CSS-Regeln verwendeten Selektoren können beim Zugriff auf Seitenelemente per JavaScript eingesetzt werden. Die Schnittstelle Selector-API ermöglicht es, DOM-Elemente durch Angabe von CSS-Selektoren auszuwählen. Per JavaScript ist es möglich, *Inline-Styles* zu entfernen, zu ändern oder welche hinzuzufügen, Regeln zu löschen oder zu erzeugen, Klassenzugehörigkeiten zu ändern, *Stylesheets* zu aktivieren oder zu deaktivieren und dynamisches *Stylesheets* zu erstellen.

Per CSS können Sie das Layout Ihrer Webseiten beim Laden bzw. initial festlegen. Dabei spielen Selektoren eine entscheidende Rolle. Mit der zunehmenden Unterstützung von CSS durch die Browser und der CSS-Akzeptanz seitens der Webentwickler wurden nicht nur die Möglichkeiten der Seitengestaltung erweitert. Auch das Selektor-Konzept von CSS wurde erheblich ausgebaut.

Durch CSS-Selektoren werden diejenigen Elemente einer Webseite spezifiziert, welche ein bestimmtes Layout erhalten sollen. Selektoren

Im DOM-Baum einer Webseite werden die einzelnen HTML-Elemente als Elementknoten in einer hierarchischen Struktur dargestellt.

Die bisher in CSS-Regeln verwendeten Selektoren können nun auch beim Zugriff auf Seitenelemente per JavaScript eingesetzt werden. Einige Selektoren zeigt Ihnen Tab. 7.4-1.

Die einzelnen Typen lassen sich nahezu beliebig kombinieren.

- `p.main` bezeichnet sämtliche Absätze `<p>` der Klasse `main`.   Beispiele
- `link[href]` bezeichnet sämtliche Elemente `<link>`, welche ein `href`-Attribut besitzen.
- `h1[text-align="center"]` bezeichnet alle `<h1>`-Elemente, bei welchen das Attribut `text-align` den Wert `center` besitzt.

Eine neue Schnittstelle namens Selector-API macht es nun möglich, DOM-Elemente durch Angabe von CSS-Selektoren auszuwählen. Ein Großteil der modernen Browser bietet schon heute Zu-   Selector-API

Art	Beispiel	Bedeutung
Typ-Selektor	h1	Alle Überschriften <h1>.
Klassen-Selektor	.demo	Alle Elemente mit class="demo".
Pseudo-Klasse	:hover	Element, über welchem sich gerade der Mauszeiger befindet.
Pseudo-Element	::selection	Durch den Benutzer markierter Bereich.
ID-Selektor	#titel	Das Element mit id="titel".
Attribut-Selektor	[type="range"]	Alle Elemente, deren type-Attribut den Wert range besitzt.
Attribut-Selektor	[title*="Feld"]	Alle Elemente, deren title-Attribut die Zeichenkette Feld enthält.

Tab. 7.4-1: Ausgewählte Selektoren.

griff auf die durch das Selector-API spezifizierten Funktionen und Möglichkeiten.

Ohne Einsatz von *Frameworks* musste bisher mithilfe einer Schleifenkonstruktion der DOM-Baum langwierig durchsucht werden. Dies ist nun performant auf erheblich einfachere Weise möglich.

Durch das Selector-API werden zwei neue Methoden definiert:
- querySelector() und
- querySelectorAll().

Beide werden zukünftig die bisher vorwiegend genutzten Methoden getElementById(), getElementsByName(), getElementsByTagName() usw. des W3C-DOM ergänzen. Die DOM-Methoden dienen sämtlich dem Auffinden von Elementen einer Webseite. Im Dokument-Kontext durchsuchen diese Methoden den DOM-Baum – Startknoten ist document. Im Element-Kontext beginnt die Suche bei einem HTML-Element, sodass nur untergeordnete Elemente gefunden werden. Beispielsweise wird durch die Methode getElementsByTagName() ein Array zurückgegeben, welches Referenzen auf Elemente bzw. auf Elementknoten des DOM-Baums mit dem als Parameter übergebenen Elementnamen (HTML) enthält. Die Methoden werden ausführlich im Kapitel »Zugriff auf Elementknoten«, S. 338, dargestellt.

Durch die beiden neuen Methoden des Selector-API lassen sich auf einfache Weise Seitenelemente auswählen, um dann deren Eigenschaften zu ändern, auszugeben oder weiter zu verarbeiten. Beide Methoden können sowohl in einem Element-Kontext

7.4 Stylesheets **

(als Methode eines Seitenelements) als auch im Dokument-Kontext (als Methode des document-Objekts) aufgerufen werden.

Bezogen auf das document-Objekt wird die gesamte geladene Seite durchsucht. Angewandt auf ein Element-Objekt durchsuchen beide Methoden lediglich Unterelemente.

Die querySelector()-Methode gibt eine Referenz auf das erste Element zurück, welches dem angegebenen Selektor entspricht. Wird kein solches Element gefunden, so gibt die Methode den Wert null zurück. Die Angabe eines ungültigen CSS-Selektors führt zu einem Laufzeitfehler.

querySelector()

Die folgenden Scriptzeilen zeigen Ihnen, wie Sie querySelector() einsetzen können:

Beispiel

```
var main = document.querySelector("body");
        //Referenz auf das <body>-Element
var ref = document.querySelector("a");
        //Ersten Link <a> finden
var eingabe = document.querySelector(".eingabe");
        //Erstes Element mit class="eingabe"
var abs = document.querySelector("#absatz");
        //Element mit id="absatz"
var re = document.querySelector("p.rechts");
        //Erster Absatz der Klasse "rechts"
var btn = document.forms[0].querySelector("button");
        //Erste Schaltfläche <button> im zweiten Formular

function FensterOeffnen (Adresse)
{
MeinFenster = window.open(Adresse, "Zweitfenster");
MeinFenster.focus();
}
```

Wird durch einen Link in der Form

Beispiel

```
<a href="neue_seite.htm" onclick="FensterOeffnen(this.href);
return false">
    Neues Fenster
</a>
```

ein Dokument geladen, so kann im neuen Fenster scriptgesteuert auf Inhalte der aufrufenden Seite zugegriffen werden:

```
//Auszug aus der Datei "neue_seite.htm"
var alte_seite = window.opener;
var obj = alte_seite.document.querySelector("textarea");
window.alert("Inhalt der Textarea: " + obj.value);
```

Hier wird eine Referenz auf das aufrufende Fenster erzeugt. Schließlich wird der Inhalt des ersten <textarea>-Elements ausgegeben.

Die Methode querySelectorAll() erzeugt ein CSSNodeList-Objekt – eine Auflistung. Sie ermittelt Referenzen auf sämtliche Element-

querySelectorAll()

Knoten, auf welche der angegebene Selektor zutrifft und speichert diese in einem Array. Wird kein solches Element gefunden, so ist das Array leer, besitzt also die Länge 0.

Auch bei `querySelectorAll()` führt die Angabe eines ungültigen CSS-Selektors zu einem Laufzeitfehler.

Beispiel

Die folgenden Zeilen zeigen Ihnen, wie `querySelectorAll()` verwendet werden kann:

```
var frm = document.forms[0];
var cssStyles = document.querySelectorAll("style");
   //Alle <style>-Elemente
var eingabe = document.querySelectorAll("form input");
   //Alle <input>-Elemente innerhalb irgendeines Formulars
var eingabe0 = frm.querySelectorAll("input");
   //Alle <input>-Elemente innerhalb des ersten Formulars
var titel = document.querySelectorAll(".titel");
   //Alle Elemente der Klasse "titel"
```

Mit zunehmender Unterstützung des Selector-API durch die Browser werden einige DOM-Methoden *überflüssig*:

- `getElementById()`,
- `getElementsByClassName()` und
- `getElementsByTagName()`.

Diese decken jeweils lediglich einen Sonderfall der Methoden der Selector-API ab:

- `document.getElementById("absatz")`
  entspricht `document.querySelector("#absatz")`.
- `document.getElementsByClassName("wichtig")`
  entspricht `document.querySelectorAll(".wichtig")`.
- `document.getElementsByTagName("div")`
  entspricht `document.querySelectorAll("div")`.

Die Ergebnisse, welche die neuen API-Methoden liefern, können vielseitig weiter verwendet werden.

Beispiel

Hier sehen Sie, wie Sie die per `querySelectorAll()` erhaltenen Elemente weiter verarbeiten können:

```
var scr = document.querySelectorAll("script [src*='1.js']");
var anzahl = scr.length;
for (var zaehler=0;zaehler<anzahl;zaehler++)
{
   scr[zaehler].src="";
}
```

Bei allen `<script>`-Elementen, welche einen Verweis auf eine Datei enthalten, deren Name dem angegebenen Muster entspricht, wird der Verweis auf diese Datei entfernt.

7.4 Stylesheets **

Zu Zeiten von HTML 4 gab es zwar eine umfangreiche CSS-Spezifikation, jedoch konnte kaum ein Browser damit umgehen. Stattdessen wurden HTML-Attribute verwendet, um Seitenelemente zu formatieren.

Mit der zunehmenden Akzeptanz und Browser-Unterstützung gewinnt das `class`-Attribut eines HTML-Elements und dessen JavaScript-Äquivalent `className` immer mehr an Bedeutung.

CSS-Regeln, welche eine Klassendefinition in der Form

`.eingabe{color:blue}`

enthalten, werden auf sämtliche Seitenelemente angewendet, welche im HTML-Quelltext durch `class = "eingabe"` ausgezeichnet sind.

Dem `class`-Attribut können alternativ auch mehrere Klassennamen gleichzeitig übergeben werden:

`<input type = "text" class = "eingabe wichtig" />`

Auch hier kommt der Selektor `.eingabe` zur Wirkung.

className

Beispiel

Standardkonforme Browser unterstützen auch die Klassenzuweisung per JavaScript. Hierzu dient das `className`-Attribut.

```
var frm = document.querySelectorAll("input");
frm[0].className = "eingabe wichtig";
```

Beispiel

Der Wert von `className` ist ein String, welcher den Namen mehrerer CSS-Klassen enthalten kann. Per JavaScript können einzelne Klassenzuordnungen hinzugefügt, entfernt oder auch ersetzt werden. Da `className` einen elementaren String enthält, muss dessen Wert bei jeder Änderung völlig neu gesetzt werden. Dabei sind z. B. String-Methoden und Array-Methoden nützlich.

Das Hinzufügen einer Klasse zu einem `className`-String bzw. einem `class`-Attribut lässt sich ohne Einsatz spezieller Klassen-Methoden beispielsweise wie folgt realisieren:

Beispiel

```
function add_class(obj, cln)
{
    var dummy = document.querySelector("#"+obj).className;
        //Klassenzuordnung des Elements
    var arr = dummy.match(/\b\S+\b/g);
        //Array der Klassen bilden
    if (arr.length == 0)
        return;
    //Beenden, falls keine Klasse zugeordnet
    if (arr.indexOf(cln) < 0)
        //Ist der Klassenname bereits vorhanden?
    {
        arr[arr.length] = cln;
            //Falls nicht, dann hinzufügen
```

```
      dummy = arr.join(" ");
      //Klassenzuordnung neu setzen
   }
}
```

Setzen Sie add_class() in verschiedenen Browsern ein.

Entwickeln Sie eine JavaScript-Funktion klasse(obj, cl), welche für das Seitenelement obj ermittelt, ob ihm der Klassenname cl zugeordnet ist.

Mit HTML5 wird eine neue Eigenschaft von Seitenelementen eingeführt: classList. Diese enthält sämtliche Klassen, welche einem Element zugeordnet sind. Das classList-Array repräsentiert ebenso wie die JavaScript-Eigenschaft className das class-Attribut eines HTML-Elements.

Beispiel classList kann in einem HTML5-kompatiblen Browser wie folgt eingesetzt werden:

```
<head>
<!--Dieses Beispiel wird nicht vom Internet
Explorer unterstützt-->
<script>
var obj = document.forms[0].elements[1];
var klassen = obj.classList;
var zahl = klassen.length;
      //Anzahl der zugeordneten Klassen
alert(klassen[0]);
      //Erste Klasse ausgeben
</script>
</head>
```

Zudem soll es einige spezielle neue Klassen-Methoden des classList[]-Array geben:

- contains() gibt einen Wahrheitswert zurück. Dieser zeigt an, ob der übergebene Klassenname im classList[]-Array enthalten ist.
- Durch die Methode add() kann dem class-Attribut eine Klasse hinzugefügt werden, falls diese noch nicht vorhanden ist.
- Eine bestimmte Klasse kann mithilfe der Methode remove() aus dem class-Attribut entfernt werden.
- Die Methode toggle() entfernt ein Element aus der Klassenliste, falls dies möglich ist. Ist die angegebene Klasse im classList[]-Array nicht enthalten, so wird der Klassenname dem class-Attribut hinzugefügt.

Beispiel Die soeben dargestellten Methoden von classList können in einem HTML5-kompatiblen Browser wie folgt verwendet werden:

```
var obj = document.forms[0].elements[0];
var klassen = obj.classList;
klassen.add("eingabe");              //Klasse hinzufügen
alert(klassen.contains("eingabe")); //auf Vorhandensein testen
klassen.remove("eingabe");           //Klasse entfernen
klassen.toggle("demo");              //entfernen oder hinzufügen
</script>
</head>
```

Verwenden Sie die neuen `classList`-Methoden in verschiedenen Browsern.

Bei der Angabe von *Styles* gibt es – wie bei der Notation von JavaScript-Code – mehrere Möglichkeiten:

- *Inline-Styles*
- *Global Styles*
- *External Styles*

Über das HTML-Attribut `style` können Sie eine spezielle Darstellung festlegen.

Inline-Style

So führt beispielsweise

Beispiel

```
<p style="text-align:right;word-spacing:15pt">
</p>
```

dazu, dass ein Absatz rechtsbündig sowie mit einem Wortabstand von 15 Punkten dargestellt wird.

Diese Variante heißt *Inline-Style*. Jeder *Style* kann mehrere Deklarationen enthalten. Diese sind jeweils durch ein Semikolon getrennt. Jede Deklaration wiederum besteht aus einer CSS-Eigenschaft sowie deren Wert. Beide sind durch einen Doppelpunkt getrennt.

Innerhalb eines `<style>`-Bereichs im Dokumentkopf `<head> ... </head>` kann ebenfalls CSS-Layout festgelegt werden. Hier notieren Sie Regeln bzw. *Styles*. Die einzelnen hier aufgeführten Regeln heißen *Global Styles*. Sie bestehen jeweils aus einem Selektor und einer oder mehreren Formatierungsanweisungen bzw. Deklarationen. Dabei spezifiziert der Selektor eine beliebige Zahl an Seitenelementen. Durch die zu einem Selektor gehörigen Anweisungen wird das Layout festgelegt.

Global Style

```
<style type="text/css">
    #absatz{background-color:yellow;}       /* (1) */
    p{color:red;}                           /* (2) */
    .wichtig{font-weight:800;font-size:17pt;} /* (3) */
</style>
```

Beispiel 1a

Die einzelnen Zeilen dürfen hier nicht mit einem Semikolon abgeschlossen werden, da mancher CSS-Parser die einzelnen *Styles* dann nicht korrekt interpretiert und auch bei deren Verarbeitung durch JavaScript-Programme Fehler auftreten können.

Beispiel 1b

> Im ersten Fall erhält das HTML-Element, welches durch `id="absatz"` ausgezeichnet ist, einen gelben Hintergrund. Durch (2) werden sämtliche Absätze `<p>` ... `</p>` in roter Schrift dargestellt. Der dritte *Style* bzw. die dritte Regel weist jedem Seitenelement der CSS-Klasse wichtig (`class="wichtig"`) die Schriftgröße 17 Punkte zu und stellt dessen Inhalt in Fettschrift dar.

External Style

Formatierungsregeln können auch in einer externen CSS-Datei gespeichert werden. Derartige *External Styles* sind syntaktisch identisch mit *Global Styles*. Der Verweis auf die externe Datei kann dabei über ein `style`-Element erfolgen:

```
<style type="text/css">
   @import "layout.css";
   @import url("styles.css");
</style>
```

⚠️ Damit @-Anweisungen, welche sich innerhalb eines `<style>`-Elements befinden, korrekt verarbeitet werden können, sollten sie jeweils mit einem Semikolon abgeschlossen werden.

@import

`@import` kann lediglich innerhalb eines `<style>`-Bereichs oder einer externen CSS-Datei verwendet werden. Allerdings müssen sämtliche `@import`-Anweisungen jeweils an oberster Stelle aufgeführt werden, bevor ggf. weitere CSS-Regeln folgen. Soll eine eingebettete CSS-Datei nur für bestimmte Medien angewendet werden, so erreichen Sie dies beispielsweise wie folgt:

```
<style type="text/css">
   @import url("styles.css") screen, projection;
</style>
```

Durch `@import` ist es möglich, beim Laden einer CSS-Datei weitere CSS-Dateien zu inkludieren. Allerdings wird `@import` nicht durch alle Browser vollständig unterstützt. Insbesondere verarbeitet der Internet Explorer einige `@import`-Anweisungen nicht. Außerdem stellt `@import` keinen Element-Knoten im DOM-Baum einer Webseite dar, daher gestaltet sich der JavaScript-Zugriff auf die CSS-Regeln innerhalb derartig eingebundener Dateien als schwierig.

`<link>`

Auch ein `<link>`-Element kann eine externe CSS-Datei referenzieren:

```
<link rel="stylesheet" type="text/css"
      href="styles.css"/>
```

Ein solcher Verweis ist innerhalb des Dokumentkopfes `<head>` ... `</head>` der HTML-Seite zu platzieren.

In vielen Fällen führt der Einsatz von @import zu erheblichem *Performance*-Verlust, da per <link> referenzierte CSS-Dateien oft schneller geladen werden.

Das Einbinden einer CSS-Datei durch ein <link>-Element sollte nach Möglichkeit einer @import-Anweisung vorgezogen werden. Gemäß W3C-Empfehlung sollten Sie @import lediglich dann verwenden, wenn es notwendig ist, dass erst beim Laden einer externen CSS-Datei eine weitere CSS-Datei in Ihre Webseite eingebettet wird. Innerhalb einer HTML-Datei sollte grundsätzlich <link> eingesetzt werden.

Empfehlung

Beim Laden einer HTML-Seite wird hier eine andere als die im HTML-Quelltext angegebene CSS-Datei geladen, falls der Benutzer mit einem Windows-Betriebssystem arbeitet:

Beispiel

```
<head>
<link type="text/css" rel="stylesheet" href="main.css"/>
<script type="text/javascript">
window.onload = function()
{
  if (navigator.appVersion.indexOf("Win")>=0)
  document.links[0].href = "alt.css";
}
</script>
</head>
```

Während also ein *Inline-Style* lediglich aus einer einzelnen Anweisung oder aus mehreren Gestaltungsanweisungen besteht, gehört zu jedem *Global Style* und auch zu jedem *External Style* zusätzlich ein Selektor.

Die Möglichkeiten, per JavaScript auf CSS-Layout Einfluss zu nehmen, stellen einen wichtigen Bestandteil von HTML dar.

Durch die verschiedenen CSS-DOM-Levels des W3C wird festgelegt, wie Sie per JavaScript

CSS-DOM

- schreibend und lesend auf die Eigenschaften von Stylesheet-Objekten zugreifen können,
- *Global Styles* auslesen, ergänzen, ändern und löschen können,
- *External Styles* abfragen, hinzufügen, anpassen und entfernen können,
- in beliebiger Weise lesend oder auch schreibend auf *Inline-Styles* zugreifen können,
- Dateizuordnungen verändern können,
- ganze <style>-Bereiche deaktivieren können,
- über sämtliche <style>-Bereiche, Gruppen von Regeln sowie referenzierte CSS-Dateien iterieren können.

7 DHTML und DOM **

style
Der JavaScript-Zugriff auf *Inline-Styles* erfolgt über das style-Attribut. Bei jedem HTML-Element, welches eine grafische Darstellung besitzt, kann das CSS-Layout scriptgesteuert gelesen und geändert werden. Hierzu können Sie über die Knoten-Eigenschaft style Layoutanweisungen bzw. CSS-Deklarationen angeben.

Beispiel
```
document.forms[1].style="background-color:grey";
    // 2. Formular grau hinterlegen
document.forms[1].elements[2].style="color:blue";
    // 3. Element in blauer Schrift
document.images[0].style="visibility:hidden";
    // 1. Bild unsichtbar
```

Binden Sie das Script in eine HTML5-Seite ein und überprüfen Sie es in verschiedenen Browsern.

Zum style-Attribut gehören einige Eigenschaften und Methoden:

- cssText gibt den CSS-Formatstring bzw. die Deklarationen zurück.
- length ermittelt die Anzahl der gesetzten CSS-Eigenschaften.
- parentRule verweist auf ein übergeordnetes *Style*.
- getPropertyValue() gibt den Wert einer gesetzten CSS-Eigenschaft zurück. Als Parameter wird der Name der Eigenschaft übergeben.
- Durch setProperty() wird eine CSS-Deklaration gesetzt. Der Aufruf kann mit bis zu 3 Parametern erfolgen, beispielsweise durch setProperty("font-size","20px","!important").
- getPropertyCSSValue() liefert einen Verweis auf das Objekt, welches den als Parameter angegebenen Eigenschaftswert besitzt/enthält.
- removeProperty() entfernt die als Parameter angegebene CSS-Eigenschaft, setzt sie auf ihre Standard-Einstellung zurück. Zurückgegeben wird der vorherige Wert der Eigenschaft.
- getPropertyPriority() gibt die Priorität der als Parameter angegebenen CSS-Eigenschaft, also important oder einen Leerstring zurück.

Arten von Stylesheets
Das Layout einer Webseite kann auf verschiedene Weisen gesteuert werden:

- Benutzer-Stylesheets sind externe CSS-Dateien, welche vom Benutzer lokal gespeichert werden.
- Webentwickler steuern durch Autoren-Stylesheets das Layout ihrer Webseiten durch *Inline-Styles*, *Global Styles* oder *External Styles*.
- Browser-Stylesheets sind externe CSS-Dateien, welche die Standard-Einstellungen (Abstände, Schriftart, Schriftgröße bestimmter Seitenelemente) enthalten.

Die jeweils enthaltenen *Styles* können einander ergänzen oder überschreiben, je nach Priorität. Das tatsächliche Layout eines speziellen Seitenelementes bzw. der Wert einer bestimmten CSS-Eigenschaft resultiert in zahlreichen Fällen aus mehreren Deklarationen/Regeln, welche miteinander konkurrieren.

Aus diesem Grund gibt die *style*-Eigenschaft häufig nicht die im Browserfenster dargestellte Situation wieder. Sie liefert lediglich die zuletzt explizit zugewiesenen Eigenschaftswerte, ohne jedoch CSS-Besonderheiten wie Vererbung, Kaskadierung oder Prioritäten zu berücksichtigen. Um den tatsächlichen Wert einer CSS-Eigenschaft zu ermitteln, muss dieser explizit durch den Interpreter berechnet werden.

Berechnete *Styles*

Abhilfe schafft hier die vom W3C definierte window-Methode getComputedStyle(). Sie wertet sämtliche relevante Regeln/Deklarationen aus. Ggf. wird die Einheit standardisiert (z. B. in Pixel umgewandelt). getComputedStyle() ermittelt den Wert einer CSS-Eigenschaft unabhängig davon, wo sie genau festgelegt wurde. Die Methode verweist auf ein Objekt, dessen Eigenschaften Sie wie folgt auswerten können:

getComputedStyle()

```
alert(window.getComputedStyle(document.forms[0],null).height);
alert(window.getComputedStyle(document.forms[0],null).
                getPropertyValue("height"));
var prop = "height";
alert(window.getComputedStyle(document.forms[0],null)[prop]);
```

Das Ergebnis ist bei allen Ausgaben identisch. Allerdings ist im ersten Fall und auch im zweiten Fall die Angabe height ein Bezeichner, welcher nicht dynamisch während des Programmablaufs ermittelt werden kann, sondern explizit codiert werden muss. Im letzten Fall wird der Name des CSS-Attributs der getComputedStyle()-Methode als Variable übergeben. Auch die unmittelbare Angabe eines Strings ist hier möglich.

Setzen Sie getComputedStyle() in Firefox und Opera ein, um die Schriftgröße verschiedener Elemente (etwa <p>, <h1> und <a>) zu berechnen. Vergleichen Sie das jeweilige Ergebnis mit dem von style.

getComputedStyle() ermöglicht das Ändern der Schriftgröße:

```
function gross(obj, c)
{
  var size = window.getComputedStyle(obj, null).fontSize;
  //Schriftgröße ermitteln
  obj.style.fontSize = parseInt(size)*c + "px";
  //Schriftgröße neu setzen
}
```

Beispiel

Allerdings unterstützt der Internet Explorer (Version 8 oder älter) die getComputedStyle()-Methode nicht. Stattdessen hat Microsoft

currentStyle

die `currentStyle`-Eigenschaft in seinen Browser implementiert. Diese unterscheidet sich in zweierlei Hinsicht von der `style`-Eigenschaft:

- Es ist lediglich Lesezugriff möglich.
- Sie wertet nicht nur *Inline-Styles*, sondern auch *Global Styles* und *External Styles* aus.

In einigen Fällen unterscheiden sich die Rückgabewerte von `getComputedStyle()` und `currentStyle`. Auch deren Aufruf-Syntax ist unterschiedlich.

`currentStyle` ist eine Eigenschaft, welche auf DOM-Knoten angewandt wird:

```
var frm = documents.forms[0];
alert(frm.currentStyle.height);
var prop="height";
alert(frm.currentStyle[prop]);
```

Setzen Sie `currentStyle()` im Internet Explorer ein, um die Schriftgröße verschiedener Elemente (etwa `<p>`, `<h1>` und `<a>`) zu berechnen. Vergleichen Sie das jeweilige Ergebnis mit dem von `style`.

Durch das CSS2 Level 2 wird u. a. definiert, wie per JavaScript auf Stylesheet-Objekte sowie deren Selektoren, Anweisungen und Regeln zugegriffen werden kann.

Jedes Stylesheet-Objekt wird entweder innerhalb der HTML-Seite durch einen Bereich `<style>` ... `</style>` oder durch ein `<link>`-Element repräsentiert. Die zu einem derartigen Objekt gehörigen *Styles* und Anweisungen sind entweder innerhalb des `<style>`-Bereichs oder in einer referenzierten externen Datei notiert.

Eigenschaften von Stylesheets

Stylesheet-Objekte besitzen zahlreiche JavaScript-Eigenschaften, von denen die wichtigsten nun kurz beschrieben werden.

- `type` (im Regelfall `text/css`) ist der MIME-Typ, welcher beim `<style>`-Element oder beim `<link>`-Element angegeben ist.
- `disabled` (`true`/`false`) zeigt an, ob das *Stylesheet* deaktiviert ist oder nicht.
- `title` enthält einen String, welcher den Wert des HTML-Attributs `title` (*Tooltip*-Text) darstellt. Das `title`-Attribut dient bei `<link>` der Aggregation von Stylesheet-Objekten und ermöglicht deren Auswahl durch den Benutzer. Soll ein per `<link>` eingebundenes *Stylesheet* auf jeden Fall Berücksichtigung finden, so sollte es als letztes notiert werden und kein `title`-Attribut erhalten.
- `media` (`screen`, `projection`, ...) gibt sämtliche Medientypen zurück, für welche das *Stylesheet* festgelegt ist.
- `href` enthält den Pfad zu einer evtl. referenzierten externen CSS-Datei.

7.4 Stylesheets **

- `ownerNode` stellt einen Verweis auf den übergeordneten `<link>`- oder `<style>`-Knoten dar.
- `owningElement` erfüllt dieselbe Funktion wie `ownerNode`. `owningElement` wird lediglich vom Internet Explorer unterstützt.
- `parentStyleSheet` verweist auf eine evtl. übergeordnete `@import`- oder `@page`-Anweisung.
- `length` gibt die Anzahl der Stylesheet-Objekte zurück.
- `cssRules` (W3C-Browser) und `rules` (Microsoft-Browser) verweisen auf sämtliche *Styles*.
- `imports` stellt ein Array dar, welches bei Microsoft-Browsern auf sämtliche `@import`-Regeln innerhalb des aktuellen *Stylesheet* verweist.

Einige von diesen repräsentieren jeweils das gleichnamige HTML-Attribut.

Der Zugriff auf CSS-Dateien sowie auf `<style>`-Bereiche innerhalb einer HTML-Datei erfolgt über das `styleSheets[]`-Array. Durch

`styleSheets[]`-Array

```
var css = document.styleSheets;
```

erhalten Sie einen Verweis auf sämtliche durch `<style>` oder `<link>` ausgezeichnete Stylesheet-Objekte einer Webseite.

Durch `styleSheets[]` werden keine untergeordneten *Stylesheets* bzw. durch eine `@import`-Anweisung geladenen CSS-Dateien erfasst.

Durch das CSS Level 2 ist auch ein API bzw. eine Programmierschnittstelle für den Zugriff auf einzelne Regeln definiert, welche innerhalb einer CSS-Datei oder eines `<style>`-Bereichs notiert sind. Vorhandene Regeln lassen sich auslesen und ändern – Sie können auch weitere Regeln ergänzen.

Jedes Element des `styleSheets[]`-Array besitzt gemäß W3C-Standard die Eigenschaft `cssRules`. Die entsprechende Eigenschaft heißt beim Internet Explorer bis einschließlich Version 8 `rules`. Beide Eigenschaften stellen ein Array dar. Sowohl die einzelnen Elemente von `rules[]` als auch die von `cssRules[]` verweisen jeweils auf eine CSS-Regel oder eine @-Anweisung.

`cssRules[]`

Eine derartige CSS-Regel besteht (falls es sich hier nicht um eine @-Anweisung wie z. B. `@page` oder `@import` handelt) aus einem CSS-Selektor (Eigenschaft `selectorText`, z. B. `#wichtig`) sowie dem festgelegten Layout (z. B. `color:green`).

`style`-Attribut

Für das *Stylesheet*

Beispiel

```
<style type="text/css">
   @import "styles.css";
   #absatz{text-align:right}
</style>
```

verweist `cssRules[0]` bei einem standardkonformen Browser auf ein Objekt vom Typ `CSSImportRule`, während `cssRules[1]` ein `CSSStyleRule`-Objekt referenziert.

Auf einer Webseite soll für jede Regel des ersten *Stylesheet* der Objekttyp ausgegeben werden.

Bei einer `@import`-Anweisung gibt die Eigenschaft `href` den URL der zugehörigen CSS-Datei an. Im Falle eines `CSSStyleRule`-Objekts verweist die Eigenschaft `style` auf die Deklarationen.

Den Wert des *Style* als String erhalten Sie über die Eigenschaft `cssText` von `style`. Das `style`-Attribut einer CSS-Regel ist identisch mit dem `style`-Attribut von Seitenelementen bzw. Element-Knoten.

Für den Zugriff auf einzelne Anweisungen/Deklarationen innerhalb eines *Inline-Style* besitzt das `style`-Attribut entsprechende JavaScript-Eigenschaften. Tab. 7.4-2 zeigt einige Beispiele.

CSS	JavaScript (element.style)
top-margin	topMargin
list-style-image	listStyleImage
border-color	borderColor
letter-spacing	letterSpacing
height	height
class	className
float	cssFloat

Tab. 7.4-2: *Style*-Eigenschaften.

Bei zusammengesetzten Schlüsselwörtern entfällt der Bindestrich und es gilt die JavaScript-übliche Großschreibung. Ausnahmen bilden in JavaScript reservierte Schlüsselwörter, wie zum Beispiel `float` und `class`.

cssText   Eine zentrale Rolle beim Zugriff auf CSS-Regeln und *Stylesheets* spielt die Eigenschaft `cssText`. Diese kann in verschiedenen Situationen verwendet werden:

- Als Eigenschaft eines Stylesheet-Objekts gibt sie dessen gesamten Inhalt als String zurück.
- Angewandt auf eine CSS-Regel liefert sie den Regeltext als String (Selektor und Deklarationen).
- Als Eigenschaft von `style` enthält sie die Deklarationen als String.

cssRules[] und auch rules[] ermöglichen die Verarbeitung sämtlicher Einträge innerhalb einer CSS-Datei und auch eines <style>-Bereichs. Diese können unterschiedlicher Art sein (Layout-Anweisung, @import, ...) und daher verschiedene Eigenschaften besitzen. Um die einzelnen Regeln in Bezug auf ihre Art zu unterscheiden, besitzt jedes cssRules[]-Element die Eigenschaft type. Der Wert von type ist eine ganze Zahl (Tab. 7.4-3).

Wert von type	Charakter der Regel
0	Unbekannte @-Anweisung
1	Formatierungsregel
2	Zeichensatzangabe (@charset)
3	Stylesheet-Referenz (@import)
4	@media-Anweisung
5	@font-face-Anweisung

Tab. 7.4-3: type-Eigenschaft.

Jede Regel besitzt zudem die parentStyleSheet-Eigenschaft. Diese liefert eine Referenz auf das übergeordnete Stylesheet-Objekt.

Bei importierten *Stylesheets* gestaltet sich der Zugriff auf die Regeln etwas schwieriger. Zu diesem Zweck stellt der Internet Explorer das imports[]-Array zur Verfügung, welches auf sämtliche @import-Anweisungen innerhalb eines *Stylesheet* verweist. Jedes Element von imports[] ist daher wiederum ein Stylesheet-Objekt.

Das imports[]-Array lässt Sie auf einfache Weise auf importierte *Stylesheets* zugreifen. Es wird allerdings lediglich durch den Internet Explorer unterstützt.

Beispiel 2a

```
<head>
<script type = "text/javascript">
  var css = document.styleSheets;
  alert(css[1].imports.length);
    //Anzahl der importierten Stylesheets
    //im 2. Stylesheet ausgeben
  var regel = css[1].imports[0].rules[0];
    //Verweis auf erste Regel des ersten
    //importierten Stylesheet im 2. Stylesheet.
  alert(regel.cssText);      //Regeltext ausgeben
</script>
</head>
```

Wenden Sie das Script im Internet Explorer auf verschiedene HTML-Seiten an.

Da imports[] nicht zum W3C-Standard gehört, führt der Zugriff auf den imports[]-Array in den meisten Browsern zu einem

Laufzeitfehler. Bei W3C-Browsern enthält das `cssRules[]`-Array sämtliche Regeln des *Stylesheet*. Dabei stellt jede Layout-Anweisung ein `CSSStyleRule`-Objekt dar. Jede `@import`-Anweisung ist ein `CSSImportRule`-Objekt, welches selbst eine `styleSheet`-Eigenschaft besitzt. Diese Eigenschaft stellt genau das *Stylesheet*-Objekt dar, welches die importierte CSS-Datei repräsentiert.

Beispiel 2b

In einem W3C-Browser sind die folgenden Codezeilen gleichwertig zum Beispiel 1a, welches speziell auf Microsoft-Browser bezogen war:

```
<head>
<script type="text/javascript">
  var css = document.styleSheets;
  var i = 0;
  var imports = new Array();
  var max = css[1].cssRules.length;
  for (var zaehler=0;zaehler<max;zaehler++)
  {
    if (css[1].cssRules[zaehler].
          cssText.indexOf("@import")==0)
    imports[i] = css[1].cssRules[zaehler];
    i++;
  }
  alert(imports.length);
      //Anzahl der importierten Stylesheets
      //im 2. Stylesheet ausgeben
  var regel = imports[0].styleSheet.cssRules[0];
      //Verweis auf erste Regel des ersten
      //importierten Stylesheet im 2. Stylesheet.
  alert(regel.cssText);
      //Regeltext ausgeben
</script>
</head>
```

Beispiel

Styles lassen sich nach dem W3C-Standard wie folgt scriptgesteuert lesen und ändern:

```
<head>
<style type="text/css">
    #titel{font-size:30pt}
    a{color:green;}
    .felder{background-color:red;color: white;}
</style>
<script type="text/javascript">
  var regeln = document.styleSheets[0].cssRules;
  alert(regeln[1].selectorText); //ergibt "a"
  alert(regeln[0].style.cssText); //ergibt "font-size:30pt"
  regeln[2].selectorText=".felder";
  alert(regeln[2].selectorText);  //ergibt ".felder"
  alert(regeln[2].style.cssText);
      //ergibt background-color: #ff0000; color: #ffffff
  alert(regeln[0].style.fontSize);
      //"30pt"
```

```
alert(regeln[1].style.color);
    //"#008000"
regeln[1].style.cssText="font-weight:900";
alert(regeln[1].style.cssText);
    //"font-weight: 900"
regeln[1].style.backgroundColor="brown";
alert(regeln[1].style.cssText);
    //"font-weight: 900; background-color: #a52a2a"
</script>
</head>
```

Die Ausgabe der Farbwerte ist von Browser zu Browser unterschiedlich: Einige Browser geben einen Farbnamen aus, andere einen Hexadezimal-Code.

Auf die meisten seiner Eigenschaften lässt das `styleSheets[]`-Array keinen Schreibzugriff zu. Über das `styleSheets[]`-Array kann neben der Manipulation von Regeln lediglich der Wert von `disabled` per JavaScript gesetzt werden. Auf die anderen Eigenschaften ist hier nur Lesezugriff möglich.

```
var css = document.styleSheets;
window.alert(css[0].href);   //URL der ersten CSS-Datei
css[1].disabled = true; //2. Stylesheet deaktivieren
```
Beispiel

Der Versuch, hier schreibend auf `href` zuzugreifen, führt zu einer browserspezifischen Fehlermeldung. Beispielsweise meldet der Opera-Browser

`Uncaught exception: [object DOMException]`

Mithilfe von DOM-Methoden erhalten Sie durch

```
var cssStyles = document.getElementsByTagName("style");
var cssLinks = document.getElementsByTagName("link");
```

oder auch über die Selector-API durch

```
var cssStyles = document.querySelectorAll("style");
var cssLinks = document.querySelectorAll("link");
```

ebenfalls jeweils ein arrayähnliches Objekt. Allerdings ist hier Schreibzugriff auf einige Eigenschaften möglich.

Der Zusammenhang zwischen `<link>` bzw. `<style>` und dem jeweils zugehörigen *Stylesheet*-Objekt lässt sich auch per JavaScript herstellen. Zu diesem Zweck verfügt ein *Stylesheet*-Objekt über die Eigenschaft `ownerNode`, ein `<link>` bzw. `<style>`-Knoten besitzt eine `sheet`-Eigenschaft.

`ownerNode` gibt in einem W3C-konformem Browser das übergeordnete Element eines *Stylesheet* zurück:

Beispiel

```
<head>
<script type="text/javascript">
  var css = document.styleSheets;
```

```
           var parent = css[2].ownerNode;
           //Verweis auf das übergeordnete Element [bzw.
           //den DOM-Knoten] des 3. Stylesheet
</script>
</head>
```

In einem W3C-Browser soll für jedes durch @import eingelesene *Stylesheet*-Objekt der Name der Datei sowie die Anzahl der enthaltenen Regeln ausgegeben werden. Prüfen Sie die Funktionalität in verschiedenen Browsern.

Beispiel
```
var cssStyles = document.getElementsByTagName("style");
var cssLinks = document.getElementsByTagName("link");
cssLinks[0].href = "style2.css";
           //Dem 1. <link>-Element neue Datei zuweisen
cssStyles[2].title = "Standard";
           //title-Attribut des 3. <style>-Elements ändern
alert(cssStyle[0].sheet.cssRules[0].styleSheet.href);
//1. importierte CSS-Datei ausgeben
```

Für browserübergreifendes Scripting bietet sich eine Fallunterscheidung an:
```
var css = document.styleSheets;
var regeln = (css[0].cssRules)?
              css[0].cssRules:
              css[0].rules;
```
Auf diese Weise erhalten Sie Zugriff auf sämtliche Regeln des ersten *Stylesheet*.

Beispiel
Die sheets-Eigenschaft liefert bei einem W3C-konformen Browser das *Stylesheet*-Objekt zu einem <link>- oder <style>-Element:

```
<head>
<script type="text/javascript">
  var cssStyle = document.getElementsByTagName("style");
  var css = cssStyle[2].sheet;
    //Verweis auf das Stylesheet-Objekt, welches durch das
    //3. vom Browser eingelesene <style>-Element erzeugt wurde.
</script>
</head>
```

Iteration
Sie können mithilfe von cssRules[] bzw. rules[] über sämtliche Regeln eines *Stylesheet*-Objekts iterieren. Allerdings können hier beispielsweise @import- oder @page-Regeln auftreten, welche unmittelbar keine Deklarationen/Layoutanweisungen enthalten.

Um diese @-Anweisungen von der Verarbeitung auszuschließen, können Sie zuvor für jede Regel die Existenz der selectorText-Eigenschaft prüfen und diejenigen Elemente eliminieren, welche keine solche Eigenschaft besitzen und demzufolge auch keinen CSS-Selektor enthalten.

Hier werden sämtliche Regeln des ersten Stylesheet-Objekts ausgegeben, welche eine `selectorText`-Eigenschaft besitzen:

Beispiel

```
<head>
<script type="text/javascript">
  var css = document.styleSheets;
  var regeln = (css[0].cssRules)?
                  css[0].cssRules:
                  css[0].rules;
  var anzahl = regeln.length;
  for (var zaehler=0;zaehler<anzahl;zaehler++)
  {
    if (regeln[zaehler].selectorText)
     {
        alert("Selektor: " + regeln[zaehler].selectorText +
  "       Layout: "+ regeln[zaehler].style.cssText)
     }
  }
</script>
</head>
```

Führen Sie das Script in verschiedenen Browsern aus.

Das Entfernen von Regeln bzw. *Styles* aus einem *Stylesheet*-Objekt erfolgt nach dem W3C-Modell durch die Methode `deleteRule()` des `styleSheets[]`-Array. Auch zum Microsoft-Modell gehört eine entsprechende Methode. Sie heißt `removeRule()`.

deleteRule()

Hier wird sowohl in Microsoft-Browsern als auch in W3C-Browsern die 2. Regel des 2. Stylesheet-Objekts entfernt:

Beispiel

```
<head>
<script type="text/javascript">
  var css = document.styleSheets;
  if (css[1].deleteRule)
     css[1].deleteRule(1)
  else if (css[1].removeRule)
     css[1].removeRule(1);
</script>
</head>
```

Erstellen Sie eine browserübergreifende JavaScript-Funktion zum Entfernen einer Regel. Übergabeparameter sind die Nummer des *Stylesheet*-Objekts sowie die Position, an welcher sich die zu löschende Regel befindet. Fügen Sie auch eine Fehlerbehandlung hinzu. Überprüfen Sie die Funktion in verschiedenen Browsern.

Um Regeln bzw. *Styles* zu erstellen und einem *Stylesheet*-Objekt hinzuzufügen, gibt es bei W3C-Browsern die Methode `insertRule()`, bei Microsoft-Browsern heißt die entsprechende Methode `addRule()`. Beide sind gleichwertig, jedoch unterscheidet sich deren Aufruf-Syntax.

insertRule()

7 DHTML und DOM **

Während bei addRule() Selektortext und Regeltext als jeweils separate Parameter anzugeben sind, muss bei insertRule() der komplette *Style*-String als ein einziger Parameter angegeben werden. Beide Methoden ermöglichen die Angabe einer Einfüge-Position im cssRules[]- bzw. im rules[]-Array. Fehlt dieser Parameter, so wird die Regel am Ende eingefügt.

Beispiel
Hier wird ein *Style* am Anfang des ersten *Stylesheet*-Objekts eingefügt:

```
<head>
<script type="text/javascript">
   var css = document.styleSheets;
   var sel ="#verweis";
   var txt = "text-decoration:underline";
   if (css[0].insertRule)
       css[0].insertRule(sel+"{"+txt+"}",0)
   else if (css[0].addRule)
       css[0].addRule(sel,txt,0);
</script>
</head>
```

Erstellen Sie eine browserübergreifende JavaScript-Funktion zum Einfügen einer Regel. Übergabeparameter sind die Nummer des *Stylesheet*-Objekts sowie die Einfügeposition. Überprüfen Sie die Funktion in verschiedenen Browsern.

Medientypen
Der Zugriff auf die Medientypen, für welche ein *Stylesheet* gültig ist, erfolgt über die media-Eigenschaft eines *Stylesheet*-Objekts. Standardkonforme Browser liefern bei Zugriff auf die media-Eigenschaft ein Array:

```
var cssStyles = document.getElementsByTagName("style");
var css = cssStyles[0].sheet;
var media = css.media;
```

Hier sieht der W3C-Standard zwei Methoden vor: deleteMedium() und appendMedium().

Beispiel
Die folgenden Scriptzeilen zeigen Ihnen, wie Sie Medien hinzufügen und entfernen können:

```
var cssStyles = document.getElementsByTagName("style");
var css = cssStyles[0].sheet;
css.media.appendMedium("print");
               //media-Eigenschaft erweitern
css.media.deleteMedium("screen");
               //aus media-String entfernen
```

Sie kennen nun die wichtigsten Möglichkeiten, per JavaScript auf das Layout von Seitenelementen Einfluss zu nehmen:

- *Inline-Styles* entfernen, ändern, hinzufügen.
- Regeln löschen, erzeugen.
- Klassenzugehörigkeiten ändern.

- *Stylesheets* aktivieren/deaktivieren.
- Dynamische *Stylesheets* erstellen.

Hier sehen Sie zwei JavaScript-Funktionen, welche das Ändern einer bestimmten CSS-Eigenschaft ermöglichen:

Beispiel

```
function layout(elem,cssname,csswert)
{
  //Aufrufbeispiel: layout("absatz","fontSize","24px");
  var obj = document.querySelector("#"+elem);
  obj.style[cssname] = csswert;
}


function layout1(elem,cssname,csswert)
{
  //Aufrufbeispiel: layout1("absatz","font-size","24px");
  var sel = "#"+elem;
  vat txt = cssname+":"+csswert";
  var css document.styleSheets[0];
  css.addRule(sel, txt);
}
```

Viele Wege führen hier zum Ziel. Wichtigstes Kriterium bei Ihrer Auswahl der Programmiermethode sollte die Browserunterstützung sein.

Die vollständige Unterstützung der hier dargestellten Eigenschaften und Methoden ist zum Teil (noch) durch kaum einen Browser gegeben. Beispielsweise unterstützen insbesondere einige Versionen des Internet Explorers die Selector-API nur zum Teil. Hier treten bei der Verwendung der meisten Pseudo-Elemente und auch bei vielen Pseudo-Klassen Laufzeitfehler auf. Funktionstests sind hier daher grundsätzlich zu empfehlen.

7.5 DOM-Inspektoren **

Zwecks grafischer Darstellung der Struktur der Elemente der geladenen Seite gibt es DOM-Inspektoren. Diese Werkzeuge zeigen grafisch die Knotenstruktur, welche sie aus dem Seitenquelltext des Dokuments generiert haben. So wird die Navigation durch den DOM-Baum möglich. Wenn Sie in der Baumdarstellung einen Elementknoten anklicken, können Sie dessen Position im Dokument, dessen JavaScript-Eigenschaften und -Methoden sowie sein CSS-Layout erkennen. Für die Analyse und Manipulation des Dokuments ist die Kenntnis der DOM-Struktur des Dokuments von großer Bedeutung. Aus diesem Grund gibt es für die meisten Browser DOM-Inspektoren, welche den DOM-Baum eines Dokumentes grafisch darstellen.

Parsing   Beim Öffnen einer HTML- oder XML-Seite erzeugt der Browser aus dem Seitenquelltext eine Baumstruktur, welche aus den Seitenelementen besteht – er führt also das *Parsing* durch. Durch CSS und JavaScript wird auf diese hierarchische Seitenstruktur zugegriffen. Um die Dokumentstruktur auszulesen und zu verändern müssen Sie entlang der Äste durch den DOM-Baum navigieren.

Die Struktur einer einzelnen Webseite ist hierarchisch. Sie lässt sich als Baum darstellen. Bei einer umfangreichen Seite verliert man da als Entwickler leicht den Überblick. Zu diesem Zweck gibt es DOM-Inspektoren. Derartige Hilfsprogramme können die Struktur der im Browser angezeigten Webseite grafisch darstellen und analysieren. Beispiele sind

- Firebug, siehe Website Mozilla (http://addons.mozilla.org/firefox/1843) sowie
- der IE-Webdeveloper, siehe Website IEinspector (http://www.ieinspector.com/dominspector).

Suchen Sie im Web nach weiteren DOM-Inspektoren. Erarbeiten Sie deren Funktionalitäten sowie die Unterschiede der einzelnen Programme.

Beispiel   Dieses Beispiel erzeugt ein mehrzeiliges Textfeld mit zwei Schaltflächen. Die Abb. 7.5-1 zeigt die Darstellung der Dokumentstruktur im DOM-Inspektor Firebug.

```
<!DOCTYPE html>
<html lang="de">
  <head>
    <meta http-equiv="content-type" content="text/html;
      charset=windows-1252" />
    <title>Formular
    </title>
  </head>
  <body>
    <h3>Bemerkung eingeben</h3>
    <form id="test_frm">
      <div>
        <textarea rows="8" cols="35"></textarea>
        <br/>
        <button name="reset" value="OK"
          onclick="javascript:submit();">OK</button>
        <input name="abbr" type="reset" value="Abbrechen" />
      </div>
    </form>
  </body>
</html>
```

Firebug   Zum DOM-Inspektor von Firebug gelangen Sie, indem Sie am unteren Fensterrand durch einen Klick auf das Käfer-Symbol klicken und auf diese Weise die Firebug-Leiste öffnen. Auf dem Register HTML befindet sich links der interaktive DOM-Baum. Die

Abb. 7.5-1: Darstellung eines JavaScript-Programms im DOM-Inspektor Firebug.

Strukturen lassen sich aufklappen, um die Kindelemente anzuzeigen. Wenn Sie auf den blauen Elementnamen klicken, erhalten Sie weitere Informationen zu dem betroffenen Element.

Wenn Sie den HTML-Bereich in Firebug aktivieren, sehen Sie die einzelnen HTML-Elemente. Links neben einem Elementknoten erscheint ein Pluszeichen, falls der Knoten Unterelemente besitzt. Einzelne Zweige lassen sich auf- und zuklappen. Ganz links befindet sich die Wurzel <html>, mit zunehmender Gliederungstiefe werden die Elemente weiter rechts dargestellt.

Wenn Sie auf ein HTML-Element im Firebug-Fenster zeigen, kennzeichnet das Programm den zugehörigen Bereich der Webseite im Browserfenster durch farbige Hervorhebungen.

Auf der rechten Spalte befinden sich die Reiter Styles, Layout und DOM. Auf letzterem finden Sie alle Eigenschaften und Methoden des ausgewählten Elements. Einige Eigenschaften führen beim Anklicken zur Ansicht des entsprechenden Knotens bzw. JavaScript-Objekts. Derartige DOM-Inspektoren sind im Regelfall browserabhängig (es handelt sich um AddOns), sie integrieren sich in die Oberfläche des Browsers. Mancher Browser besitzt standardmäßig einen eingebauten DOM-Inspektor.

Laden Sie für Ihren Browser einen DOM-Inspektor herunter und machen Sie sich mit der Bedienung des AddOns vertraut.

7.6 Knotentypen **

Jede Webseite besteht aus Knoten bzw. Node-Objekten, deren Gesamtheit eine Baumstruktur darstellt. Kanten bzw. Zweige verbinden die einzelnen Knoten des DOM-Baumes untereinander. Der DOM-Standard des W3C legt Schnittstellen für den Zugriff auf Seitenelemente durch eine Programmiersprache fest. Durch das DOM werden Methoden und Eigenschaften für den Lesezugriff auf die einzelnen Knoten des Baumes sowie deren Manipulation definiert. Knoten können unterschiedlichen Inhalt besitzen. Je nach Inhalt eines Knotens (Kommentar, Element, Elementeigenschaft, Eigenschaftswert, Text usw.) liegt ein anderer Knotentyp vor, für welchen spezielle Methoden und Eigenschaften durch das DOM zur Verfügung gestellt werden.

Baumstruktur

Jede DOM-fähige Seitenbeschreibungssprache – insbesondere also HTML und auch XML – speichert ihre Dokumente so, dass sich ihre Bestandteile als hierarchische Baumstruktur abbilden lassen.

Beispiel

Typisch für diesen Sachverhalt ist der folgende Text-Absatz einer HTML-Seite:

```
<p><span style="font-size:20pt;">DHTML</span>
            bringt Dynamik
</p>
```

Tab. 7.6-1 zeigt, welche Funktion die einzelnen Bestandteile dieses Text-Absatzes im DHTML-Kontext besitzen.

Für die einzelnen Knoten definiert das DOM zahlreiche Eigenschaften und Methoden.

Seitenbestandteil	Knotentyp	Position im DOM-Baum
p-Element	Elementknoten	childNode des body-Elements
span-Element	Elementknoten	childNode zu <p>
style-Attribut	Attributknoten	assoziiert mit <span>
font-size:20pt;	Textknoten	childNode zu style
DHTML	Textknoten	childNode zu <span>
bringt Dynamik	Textknoten	childNode zu <p>

Tab. 7.6-1: DOM-Knoten.

Um abzufragen, ob ein Knoten Nachfahren besitzt, können Sie die Methode hasChildNodes() einsetzen. — hasChildNodes()

Dieses Beispiel zeigt Ihnen, wie Sie hasChildNodes() verwenden können: — Beispiel 1a

```
<head>
<script type="text/javascript">
function aendern(obj)
{
  var btn=document.querySelector("#ok");
  btn.value=(obj.checked==true)?
      "leere Knoten löschen":"leere Knoten zeigen";
}
function leer()
{
  var obj= document.querySelectorAll("li");
  var result="";
  for (var zaehler=0; zaehler<obj.length; zaehler++)
  if (obj[zaehler].hasChildNodes()==false)
  {
    if (document.querySelector("#chk").checked==false)
    result = result + (zaehler + 1) +
        ". Listenpunkt ist leer"+"\n";
    else
    obj[zaehler].parentNode.removeChild(obj[zaehler]);
  }
  if (result != "")
  window.alert(result);
}
</script>
</head>
<body>
  <h1>Methoden und Eigenschaften von DOM-Knoten</h1>
  <ol>
    <li>childNodes</li>
    <li></li>
    <li></li>
    <li>hasChildNodes()</li>
```

```
    <li>firstChild</li>
    <li></li>
    <li>previousSibling</li>
  </ol>
  <form>
    <div>
      <input id="chk" type="checkbox" onchange="javascript:
        aendern(this);"/> löschen<br/>
      <input type="button" id="ok" value="leere Knoten"
        onclick="javascript:leer();"/>
    </div>
  </form>
</body>
```

Die Eigenschaft parentNode verweist auf den unmittelbar übergeordneten Elternknoten. Die DOM-Methode removeChild() entfernt das angegebene untergeordnete Element aus dem DOM-Baum der aktuellen Seite.

Die Browser verarbeiten die im Beispiel 1a dargestellte Seite sehr unterschiedlich: Der Internet Explorer bis Version 8 beispielsweise zeigt die leeren Listenpunkte an. Allerdings reagiert er nicht auf onchange. Mancher Browser deaktiviert die Checkbox nicht immer von Anfang an. Das Löschen der Listenpunkte erfolgt nicht bei allen Browsern auf einmal, sondern es bedarf in einigen Fällen zweier Aufrufe der Funktion leer().

Beispiel 1b

Um gleichzeitig über eine Sammlung (bspw. ein Array, childNodes usw.) zu iterieren und Elemente aus ihr zu entfernen, ist es in der Regel empfehlenswert, rückwärts über die Elemente zu laufen (Konkret: zaehler--)

Durch das Löschen eines Elements verringert sich obj.length nämlich um 1 und führt bei einer vorwärtslaufenden Schleife dazu, dass es zu Fehlern kommt. Entweder werden Elemente nicht geprüft (vorzeitiger Abbruch) oder es wird auf Elemente zugegriffen, die nicht mehr vorhanden sind (Index außerhalb des Arrays).

Hier sehen Sie eine verbesserte Version der Funktion leer():

```
function leer()
{
  var obj= document.querySelectorAll("li");
  var result="";
  for (var zaehler=obj.length-1; zaehler>=0; zaehler--)
  if (obj[zaehler].hasChildNodes()==false)
  {
    if (document.querySelector("#chk").checked==false)
      result = (zaehler + 1) + ". Listenpunkt ist leer"+
        "\n" +result;
    else
      obj[zaehler].parentNode.removeChild(obj[zaehler]);
```

```
  }
  if (result != "") window.alert(result);
}
```

Nun werden alle Listenpunkte auf einmal entfernt.

Um jedoch auf Unterknoten zuzugreifen oder deren Anzahl zu ermitteln, benötigen Sie andere Techniken. So besitzt beispielsweise ein *Node*-Objekt die Eigenschaft `childNodes`, welche eine Liste der direkt untergeordneten Knoten bzw. der unmittelbaren Nachfahren liefert. — childNodes

Sie können die `childNodes`-Eigenschaft verwenden, um rekursiv sämtliche Unterknoten eines DOM-Zweiges zu verarbeiten. Mit der `nodeType`-Eigenschaft können Sie für jeden Knoten dessen Typ ermitteln. Die Kombination beider Eigenschaften ermöglicht es Ihnen, sämtliche HTML-Elemente eines DOM-Zweiges festzustellen. — nodeType

Das folgende Script verdeutlicht die Anwendung von `childNodes` und `nodeType`: — Beispiel

```
<head>
<script type="text/javascript">
function zaehlen(obj)
{
  var startobj;
  var result = 0;
  startobj = (typeof obj == "string")?
         document.querySelector("#"+obj) : obj;
  if (startobj === null) startobj  = document;
         //Wurde das Element gefunden?
  if (startobj.nodeType == 1) //liegt ein Elementknoten vor?
  result = result + 1; //Elementknoten zählen
  for (var zaehler = 0; zaehler < startobj.childNodes.
         length; zaehler++)
  {
    result = result + zaehlen(startobj.childNodes[zaehler]);
  }
  return result;
}
</script>
</head>

<body>
    <a href="javascript:alert(zaehlen('aufz'));">
        Elementknoten zählen</a>
</body>
```

Beim Aufruf dieser Funktion können Sie einen Startknoten angeben. Ist der Startknoten kein Objekt, sondern ein String, so wird zunächst eine Objektreferenz erzeugt. Wenn Sie keinen gültigen Startknoten angeben oder das Objekt nicht erzeugt werden konnte, wird als Startknoten `document` festgelegt. Die

Funktion durchläuft dann sämtliche Knoten der aktuellen Seite. Sie ermittelt schließlich, wie viele Unterknoten, d. h. welche HTML-Elemente, das angegebene Objekt oder die ganze Seite enthält. Dabei muss für die Rekursion über alle Unterknoten die Seite vollständig geladen sein – beachten Sie also, dass die Funktion nicht zu früh aufgerufen werden darf.

Übernehmen Sie den Quelltext in eine HTML5-Seite, validieren Sie sie und überprüfen Sie die Funktionalität in verschiedenen Browsern.

Die Eigenschaft `childNodes` ist ein Array bzw. ein arrayähnliches Objekt, welches eine Referenz auf jeden unmittelbar untergeordneten Knoten enthält.

Beispiel

Das folgende Programm zeigt ein weiteres Beispiel für den (dieses Mal nicht-rekursiven) Einsatz der `childNodes`-Eigenschaft:

```
<head>
  <script type="text/javaScript">
  function anz_children(name)
  {
     var obj = document.querySelector("#"+name);
     return obj.childNodes.length;
  }
  </script>
</head>
<body>
  <div id="vtest">function vtest(x)<br/>
    <code>{</code><br/>
    <code>var result = Math.Power(x,x);</code><br/>
    <code>return result;</code><br/>
    <code>}</code>
  </div>
  <div id="aufruf">alert(vtest(3));
  </div>
  <p><a href="javascript:alert(anz_children(
          'vtest'));">Children</a>
  </p>
</body>
```

Die Funktion ermittelt die Anzahl der unmittelbar untergeordneten Knoten bzw. Kindelemente.

Übernehmen Sie den Quelltext in eine HTML5-Seite, validieren Sie sie und überprüfen Sie die Funktionalität in verschiedenen Browsern.

Iteration über DOM-Knoten

Es gibt einige Eigenschaften von DOM-Knoten, welche es möglich machen, über die Knoten des DOM-Baumes zu iterieren (Tab. 7.6-2).

7.6 Knotentypen **

Eigenschaft	Bedeutung
ownerDocument	Das Elterndokument.
parentNode	Der Elternknoten.
lastChild	Verweis auf das letzte Kind-Element.
firstChild	Der erste Kindknoten.
nextSibling	Das nächste Element, welches den gleichen Elternknoten besitzt.
previousSibling	Das vorausgehende Element mit dem gleichen Elternknoten.

Tab. 7.6-2: Knoten-Eigenschaften.

Die Abb. 7.6-1 zeigt Ihnen die Zusammenhänge.

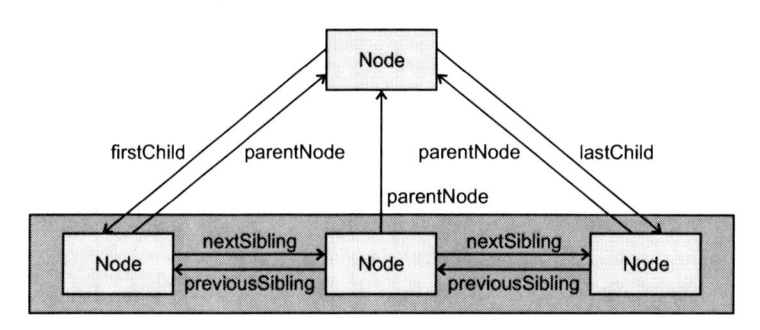

Abb. 7.6-1: Knoten und ihre Eigenschaften.

Auch `ownerDocument` ist eine Knoteneigenschaft. Sie bezieht sich auf dasjenige Dokument, zu welchem der gerade behandelte DOM-Knoten gehört.

Hier sehen Sie, wie `ownerDocument` verwendet werden kann: Beispiel

```
alert(document.querySelector("#erster_absatz").
                    ownerDocument.nodeName);
```

Die Ausgabe heißt hier #document.

Während die `childNodes`-Eigenschaft eines Knotens alle Unterknoten zurückgibt, ermöglichen die Eigenschaften in Tab. 7.6-2 den gezielten Zugriff auf ein einzelnes Element. Um mehrere Elemente zu verarbeiten, können Sie einerseits das `childNodes[]`-Array durchlaufen. Alternativ erzeugen Sie zunächst eine Referenz auf den ersten Unterknoten (`firstChild`) und iterieren dann über sämtliche Geschwister (`nextSibling`).

Beispiel

Dieses Programm durchläuft auf diese Weise rekursiv sämtliche Textknoten eines Elements (auch das Element selbst) und gibt deren Inhalt als einen einzigen String zurück:

```
function fullstring(obj);
{
  var str = new Array();
  readstr(obj, str);
  return str.join("");

  function readstr(obj,str)
  {
    if (obj.nodeType==3) //Textknoten
    str.push(obj.data) //Textinhalt lesen
    else if (obj.nodeType==1) //Elementknoten
    for (var uobj=obj.firstChild;uobj!=null;
         uobj=uobj.nextSibling)
    {
       readstr(uobj,str);
    }
  }
}
```

Übernehmen Sie den Quelltext in eine HTML5-Seite, validieren Sie sie und überprüfen Sie die Funktionalität in verschiedenen Browsern.

Der Dokumentbaum setzt sich aus Knoten bzw. *Node*-Objekten unterschiedlichen Typs zusammen. Der Typ eines Knotens ist in seiner nodeType-Eigenschaft gespeichert, welche durch einen Wert (Number) und eine Konstante repräsentiert wird.

Beispiel

Sie können nextSibling einsetzen, um für einen beliebigen DOM-Knoten eine Referenz auf den nachfolgenden Elementknoten zu erhalten, welcher denselben Elternknoten besitzt:

```
function elmnt(obj);
{
  if (obj.nodeType == 1)
  {
    return obj;
  }
  if (obj.nextSibling != null)
  {
    return elmnt(obj.nextSibling);
  }
  return null;
}
```

Der DOM-Baum einer HTML-Seite enthält genau ein document-Objekt. Die Knoten im DOM-Baum verweisen großenteils auf HTML-Elemente wie z. B. <p> oder <em>. Wie Tab. 7.6-3 zeigt, verweisen andere Knoten auf Kommentar-Objekte oder auf Text-Objekte, welche Strings repräsentieren.

7.6 Knotentypen **

Knoten	Type-Wert	nodeType-Konstante
Element	1	Node.ELEMENT_NODE
Attribut	2	Node.ATTRIBUTE_NODE
Text	3	Node.TEXT_NODE
CDATA-Bereich (z. B. CSS, JavaScript)	4	Node.CDATA_SECTION_NODE
Entity-Referenz	5	Node.ENTITY_REFERENCE_NODE
Entity	6	Node.ENTITY_NODE
Verarbeitungs-Anweisung	7	Node.PROCESSING_INSTRUCTION_NODE
Kommentar	8	Node.COMMENT_NODE
Dokument	9	Node.DOCUMENT_NODE
Dokumenttyp	10	Node.DOCUMENT_TYPE_NODE
Teil des DOM-Baumes	11	Node.DOCUMENT_FRAGMENT_NODE
Notation	12	Node.NOTATION_NODE

Tab. 7.6-3: Übersicht: Knotentypen in einem DOM-Baum.

Besondere Knoten sind z. B. der DOCUMENT_TYPE_NODE, welcher Teil eines jeden Dokumentes ist und die Art des Dokuments angibt (<html xmlns="http://www.w3.org/1999/xhtml" xml:lang="de">) sowie das oberste Objekt des Dokumentenbaums, der document-Knoten. Im Kontext einer HTML-Seite werden Sie es am Häufigsten mit den Knotentypen 1, 2, 3, 8 und 11 zu tun haben.

Die Standardtypen sind Elemente, Attribute, Textknoten und Kommentare und werden unmittelbar im HTML-Quelltext dargestellt. Ein Fragment-Knoten stellt einen Ausschnitt aus dem ganzen Baum dar – einen Zweig, welcher aus Elementen, Attributen, Textknoten und auch Kommentaren bestehen kann.

Dieses Beispiel zeigt, wie Sie für ein DOM-Objekt den Knotentypen abfragen können:

Beispiel 2

```
<head>
<script type="text/javascript">
function ktyp(name)
{
  var result = document.querySelector("#"+name).nodeType+"\n";
      //<div>-Element abfragen
  result = result + document.querySelector("#"+name).
      firstChild.nodeType;
      //Text innerhalb von <div> wird abgefragt
  return result;
}
</script>
</head>
```

```
<body>
<div id="main">Zu den <em>Knotentypen</em> gehören
    Attributknoten und Elementknoten.
</div>
<a href="javascript:window.alert(ktyp('main'))">
    Knoten auswerten</a>
</body>
```

Durch `document.querySelector("#main")` wird hier eine Referenz auf das `<div>`-Element erzeugt. Da es sich dabei um einen Elementknoten handelt, gibt die `nodeType`-Eigenschaft den Wert 1 zurück. Durch `firstChild` wird auf das erste Unterelement zugegriffen. Da dies ein Textknoten ist, ergibt die Abfrage der `nodeType`-Eigenschaft für diesen Knoten den Wert 3.

Nicht alle Browser liefern bei der Abfrage des Knotentyps dasselbe Ergebnis, falls das erste Kindelement lediglich aus unsichtbaren Zeichen bzw. *White Spaces* besteht. Es gibt Browser, welche diese Zeichen ignorieren und als `nodeType` den Typen des ersten untergeordneten Elementes (`firstChild`) – im Beispiel 2 ist das der Wert 1 für einen Elementknoten – zurückgeben. Andere Browser interpretieren die *White Spaces* als Text und geben als `nodeType` grundsätzlich den Wert 3 (Textknoten) zurück.

Übernehmen Sie den soeben dargestellten Quelltext in eine HTML5-Seite, validieren Sie sie und überprüfen Sie die Funktionalität in verschiedenen Browsern.

Es gibt noch weitere Knoteneigenschaften. Diese erweitern/ergänzen die Möglichkeiten, ähnlich wie es durch `nodeType` geschieht, den Typen eines Knotens zu untersuchen.

nodeName   Beispielsweise gibt die Eigenschaft `nodeName` das HTML-*Tag* zurück, durch welches der Knoten erzeugt wurde. Dafür ist es notwendig, dass der Knotentyp tatsächlich ein Elementknoten ist.

Beispiel   `nodeName` gibt bei anderen Knotentypen lediglich `undefined` zurück, wie dieses Beispiel zeigt:

```
<head>
<script type="text/javascript">
function nodetest(ename)
{
  var objdiv = document.querySelector("#"+ename);
  var kindelemente = objdiv.childNodes;
  var result = "";
  for (var zaehler=0; zaehler < kindelemente.length;
          zaehler ++)
  {
    result = result + kindelemente[zaehler].tagName +
        "\t" + kindelemente[zaehler].nodeName + "\n";
  }
  return result;
```

```
}
</script>
</head>

<body>
<div id="rahmen" onclick="javascript:window.
     alert(nodetest('rahmen'))";>
<p>Hier sehen Sie ein DIV-Element mit zwei Absätzen, einem
   Kommentar und einem Bild.
   Klicken Sie auf diesen Text!!!!</p>
<!-- Absatztrennung  -->
<p>Hier ist das Bild.</p>
<img src="4.jpg" style="width:152px;
     height:145px;" alt="bild.jpg" />
</div>
</body>
```

Übernehmen Sie den Quelltext in eine HTML5-Seite, validieren Sie sie und überprüfen Sie die Funktionalität bzw. die Ausgabe in verschiedenen Browsern.

Die Ausgabe in den einzelnen Browsern ist in diesem Fall unterschiedlich. Sie erkennen hier, dass lediglich HTML-*Tags* durch tagName ausgewertet werden. nodeName dagegen gibt entweder den *Tag*-Namen aus oder zeigt eingeleitet durch ein #-Zeichen den Knotentyp an. Die vielen Textknoten bei DOM-kompatiblen Browsern wie Firefox und auch Opera ergeben sich dadurch, dass sie Zeilenumbrüche als neue Knoten interpretieren während der Internet Explorer bis Version 8 diese überspringt bzw. ignoriert.

tagName

Nach ECMA-Standard gelten auch Zeilenumbrüche als Textknoten. Genau hier unterscheidet sich das Verhalten der einzelnen Browser, wobei der Internet Explorer bis zur Version 8 die Textknoten offensichtlich nicht berücksichtigt.

Ausnahme IE

Grundsätzlich lässt sich in einem solchen Fall eine Browserweiche verwenden.

Hier sehen Sie eine Möglichkeit zur Auswertung der nichtleeren Unterknoten, welche in allen Browsern zu demselben Ergebnis führt:

Beispiel

```
function nodetest1(ename)
//Textknoten ohne Inhalt werden ignoriert
//Für alle Browser
{
  var objdiv = document.querySelector("#"+ename);
  var kindelemente = objdiv.childNodes;
  var result = "";
  for (var zaehler=0; zaehler < kindelemente.length;
       zaehler ++)
  {
    if (!(kindelemente[zaehler].firstChild==null&&
```

```
            kindelemente[zaehler].nodeType==3))
         {
            result = result + kindelemente[zaehler].tagName +
            "\t" + kindelemente[zaehler].nodeName + "\n";
         }
      }
      return result;
   }
```

Die aktuellen Browser zeigen sämtlich ein einheitliches Ergebnis.

Die gleiche Problematik entsteht, wenn Sie die Knoteneigenschaften `firstChild`, `lastChild`, `nextSibling` und `previousSibling` einsetzen.

Ein weiterer Unterschied bei der Ausgabe von `tagName` ist hier zu sehen: Im Internet Explorer ist das *Tag* für Kommentare das Ausrufungszeichen, während es in den anderen Browsern `undefined` ist.

Der Funktions-Aufruf per *Event-Handler* ist hier nicht unbedingt notwendig. Jedoch müssen Sie darauf achten, dass vor dem Aufruf der Funktion das `<div>`-Element existiert. Am Sichersten erreichen Sie dies, indem Sie den `<script>`-Bereich am Ende des `<body>`-Bereiches platzieren oder den Aufruf ereignisgesteuert nach dem Laden der Seite ausführen, indem Sie die Funktion als *Event-Handler* durch `window.onload=nodetest1;` registrieren.

`nodeName` und `nodeType` besitzen einander ähnliche Funktionalitäten. `nodeName` gibt einen String zurück, welcher bei Attribut- und bei Elementknoten deren HTML-Namen in Großbuchstaben darstellt. Tab. 7.6-4 zeigt Ihnen die wichtigsten Rückgabewerte der `nodeName`-Eigenschaft.

Bedeutung	Wert/Typ
Kommentarknoten	#comment
Dokumentknoten	#document
Name des HTML-Tags	String
Name des Attributes	String
Textknoten	#text

Tab. 7.6-4: Rückgabewerte von nodeName.

7.7 Zugriff auf den Inhalt von Knoten **

Es gibt zahlreiche JavaScript-Methoden, welche den Zugriff auf den Inhalt eines Knotens zulassen. Es handelt sich hier allerdings nicht immer um reine DOM-Methoden. Vielmehr können die meisten dieser Methoden auch auf allgemeine Objekte angewandt werden. Sie werden jedoch insbesondere bei der Manipulation von Textknoten eingesetzt.

Häufig ist es notwendig, den Inhalt von Seitenelementen abzufragen oder zu ändern. Hier findet beispielsweise die Eigenschaft nodeValue Anwendung. Durch sie ist es möglich, auf den Inhalt eines Knotens sowohl lesend als auch schreibend zuzugreifen. Sie gibt bei der Abfrage eines Textknotens dessen Textinhalt zurück, bei Attributen ermittelt sie den Attributwert. Im Falle eines Dokumentknotens oder eines Elementknotens liefert sie den Wert null.

Der folgende Quellcode zeigt Ihnen ein Anwendungsbeispiel: Beispiel 1

```
<head>
<script type="text/javascript">
function neutxt(ename,inhalt)
{
   var obj = document.querySelector("#"+ename).firstChild;
   if (obj.nodeName!=="#text")
     return;
   obj.nodeValue=inhalt;
}
</script>
</head>
<body>
<div id="neu" onclick="javascript:neutxt('neu',
        'Neuer Text');">Text vor Änderung -
        Hier klicken!</div>
</body>
```

Um sicher zu gehen, dass das <div>-Element bei der Script-Ausführung bereits existiert, wird hier das Script bei Klick auf das Element gestartet. Zunächst einmal prüft die Funktion, ob das Element ein Textknoten ist. Im Falle eines Textknotens wird nun der Inhalt dieses Knotens geändert.

Übernehmen Sie den Quelltext in eine HTML5-Seite, validieren Sie sie und überprüfen Sie die Funktionalität in verschiedenen Browsern.

Eine weitere Knoten-Eigenschaft ist data. Sie kann ebenso wie nodeValue auf den Inhalt eines Knotens zugreifen. Allerdings ist sie eingeschränkt auf Textknoten und Kommentarknoten. Die data-Eigenschaft lässt sich beispielsweise im Beispiel 1 anstelle von nodeValue gleichwertig einsetzen.

data

appendData() | Während durch Setzen der Eigenschaften data und nodeValue der Inhalt des Knotens überschrieben wird, erreichen Sie durch die Methode appendData(), dass einem Text-Element Inhalt hinzugefügt wird. Die Methode appendData() ist zwar keine spezielle Methode des DOM, jedoch kann sie sowohl auf die Referenz eines Textknotens als auch auf Attributknoten angewandt werden, ohne die bestehenden Daten zu überschreiben.

Beispiel

Die folgenden Codezeilen zeigen Ihnen ein Anwendungsbeispiel zu appendData():

```
<head>
<script type="text/javascript">
function hinzu(text)
{
   document.querySelector("#txt_abs").
           firstChild.appendData(text);
}
</script>
</head>
<body>
<p id="txt_abs">Alter Text</p>
<p><a href="javascript:hinzu('Neuer Text');">
           Text hinzufügen</a></p>
</body>
```

Hier wird per querySelector() eine Referenz auf den Absatz hergestellt. Der Zugriff auf den Textknoten erfolgt durch die Eigenschaft firstChild des Absatzes.

In diesem Beispiel dient ein Link zum Aufrufen der JavaScript-Funktion. Auf diese Weise ist sichergestellt, dass das <p>-Element zum Zeitpunkt des Funktionsaufrufes bereits existiert.

replaceData() | Die Methode replaceData() kann innerhalb eines Knotens einen Teil von dessen Inhalt ersetzen. Sie funktioniert wie die String-Methode replace(). Unter Angabe eines Startindex, der Anzahl zu ersetzender Zeichen und der einzusetzenden Zeichenfolge wird der Inhalt eines Textknotens geändert.

Beispiel

Der folgende Quellcode zeigt ihnen, wie replaceData() funktioniert:

```
<head>
<script type="text/javascript">
function ersatz(text)
{
   document.querySelector("#txt_abs").
           firstChild.replaceData(6,3,text);
}
</script>
</head>

<body>
```

7.7 Zugriff auf den Inhalt von Knoten **

```
<p id="txt_abs">Alter Text</p>
<p><a href="javascript:ersatz(' Inhal');">
        Text ersetzen</a></p>
</body>
```

Auch hier wird die Funktion über einen Anker aufgerufen. Sie ersetzt einen Teil des Textknotens gegen eine andere Zeichenfolge.

Übernehmen Sie den Quelltext in eine HTML5-Seite, validieren Sie sie und überprüfen Sie die Funktionalität in verschiedenen Browsern.

Die `insertData()`-Methode ergänzt einen Textknoten um weiteren Inhalt. Beim Einsatz dieser Methode ist der Startindex und auch der einzufügende Text anzugeben.

`insertData()`

Hier sehen Sie ein Anwendungsbeispiel zu `insertData()`:

Beispiel

```
<head>
<script type="text/javascript">
function einfg(text)
{
  document.querySelector("#txt_abs").firstChild.
        firstChild.insertData(4,text);
}
</script>
</head>

<body>
<p>Text in ein HTML-Element einfügen</p>
<p id="txt_abs"><a href="javascript:einfg(' nicht
        ersetzen, sondern ');">Text einfügen</a></p>
</body>
```

Hier ist `<a>` der erste Unterknoten des Absatzes. Erster Unterknoten des Links ist der Linktext. Bei Klick auf den Link wird die Funktion `einfg()` aufgerufen. Sie erzeugt eine Referenz auf den Textinhalt des `<a>`-Elementes. Hier fügt sie den übergebenen String ein.

Übernehmen Sie den Quelltext in eine HTML5-Seite, validieren Sie sie und überprüfen Sie die Funktionalität in verschiedenen Browsern.

Mit `deleteData()`-Methode entfernen Sie Zeichen aus dem Inhalt eines Objekts. Sie müssen beim Aufruf den Startindex sowie die Anzahl der zu entfernenden Zeichen angeben.

`deleteData()`

Dieses Beispiel zeigt Ihnen, wie die Funktion `deleteData()` angewendet werden kann.

Beispiel

```
<head>
<script type="text/javascript">
```

```
function entf()
{
  document.querySelector("#txt_abs").parentNode.
      childNodes[3].childNodes[5].firstChild.
      deleteData(4,2);
}
</script>
</head>

<body>
<p id="txt_abs">Text aus der Liste löschen</p>
<ul>DOM-Methoden können<li>Text einfügen</li>
<li>Strings ersetzen</li>
<li>Text aus einem Textknoten entfernen</li>
<li>Text an einen Textknoten anhängen</li>
</ul>
<p><a href="javascript:entf();">Text entfernen</a></p>
</body>
```

Dieses Script funktioniert in den Browsern Firefox und Opera, jedoch nicht im Internet Explorer bis zur Version 8. Für den IE müsste die Funktion wie folgt aussehen:

```
function entf()
{
  document.querySelector("#txt_abs").parentNode.
      childNodes[1].childNodes[3].
      firstChild.deleteData(4,2);
}
```

Bei Klick auf den Link wird die Funktion `entf()` aufgerufen. Sie erzeugt eine Referenz auf den Textinhalt des dritten `<li>`-Elements und entfernt aus diesem 2 Zeichen. Wie hier im Beispiel erkennbar, ist es oft schwer nachvollziehbar, welches Element welche Position im `childNodes`-Array einnimmt. Sollte es notwendig sein, ein Seitenelement auf diese Weise anzusprechen, so ist die Überprüfung des Scriptes in allen gängigen Browsern unbedingt zu empfehlen und ggf. eine Browserweiche zu implementieren.

Übernehmen Sie den Quelltext in eine HTML5-Seite, validieren Sie sie und überprüfen Sie die Funktionalität in verschiedenen Browsern.

splitText()   Für den Umgang mit Textknoten gibt es eine weitere Methode: `splitText()`. Angewandt auf einen Textknoten entfernt sie aus diesem einen Teil seines Inhalts – diesen gibt sie als Inhalt eines neuen Objekts zurück. Beim Aufruf der Funktion muss ein Index angegeben werden – dieser steht für die Position, ab welcher der Inhalt des Textknotens ausgelesen werden soll.

7.7 Zugriff auf den Inhalt von Knoten **

Nicht in allen Browsern werden *White Spaces* und Zeilenumbrüche <br/> identisch verarbeitet. Daher ist dieses Beispiel mit Vorsicht anzuwenden. Es zeigt den Aufruf von splitText():

Beispiel

```
<head>
<script type="text/javascript">
function split()
{
  var txt = document.createTextNode('Text wird geteilt');
  var teil =txt.splitText(4);
  alert(txt.data +"\n"+ teil.data);
}
</script>
</head>

<body>
<p>Text wird geteilt</p>
<p><a href="javascript:split();">Text teilen</a>
</p>
</body>
```

Hier wird durch createTextNode() ein Textknoten erzeugt und durch substringData() ausgelesen.

Übernehmen Sie den Quelltext in eine HTML5-Seite, validieren Sie sie und überprüfen Sie die Funktionalität in verschiedenen Browsern.

Die substringData()-Methode gibt einen Teilstring eines Objektes zurück. Analog zu der entsprechenden Methode des String-Objektes müssen Sie ihr den Startindex und die Länge des Teilstrings als Parameter übergeben.

substringData()

Dieses Beispiel zeigt Ihnen, wie Sie substringData() verwenden können:

Beispiel

```
function teilstr()
{
  var txt = document.
           createTextNode("Wir lernen DHTML-Techniken");
  return (txt.data + "\n" + txt.substringData(11,5));
}
```

Übernehmen Sie den Quelltext in eine HTML5-Seite, validieren Sie sie und überprüfen Sie die Funktionalität in verschiedenen Browsern.

Zum DOM-Level 3 gehört eine weitere Eigenschaft, mit welcher Sie auf den Inhalt der DOM-Knoten einer Webseite zugreifen können: textContent.

textContent

textContent ist eine Knoten-Eigenschaft.

Beispiel

```
window.alert(document.body.textContent);
```

7 DHTML und DOM **

Aus dem angegebenen Knoten <body> werden rekursiv sämtliche Unterelemente durchsucht und deren Textinhalte in einem einzigen String zurückgegeben.

Beispiel

Durch `textContent` werden sämtliche HTML-Tags herausgefiltert:

```
<script type="text/javascript">
window.onload=function()
{
   var obj = document.querySelector("#absatz");
   alert(obj.textContent);
}
</script>
<body>
<p id="absatz">Dies ist
       <strong>wichtiger</strong> Text.</p>
</body>
```

Ergebnis ist "Dies ist wichtiger Text".

Setzen Sie `textContent` in verschiedenen Browsern ein.

Auch der Schreibzugriff ist durch `textContent` möglich.

Beispiel

Per `textContent` wird der Inhalt eines Knotens festgelegt.

```
document.querySelector("#absatz").textContent="Hello";
```

Beim Setzen der Eigenschaft werden sämtliche Unterelemente entfernt, so dass einziger Inhalt des Elements der zugewiesene Text ist.

Manipulieren Sie mit Hilfe von `textContent` die Seiteninhalte in verschiedenen Browsern. Falls ein Browser `textContent` nicht verarbeiten kann, verwenden Sie `innerText`.

innerText

Nicht alle Browser sind derzeit DOM 3-kompatibel. Allerdings gibt es als Ersatz die nicht standardisierte Eigenschaft `innerText`, welche dieselbe Funktion wie `textContent` besitzt.

Für browserübergreifendes Scripting benötigen Sie daher geeignete Hilfsfunktionen.

Beispiel

Diese beiden Funktionen lösen das Problem:

```
function leseText(obj)
{
  if (obj.textContent)
  return obj.textContent;
  if (obj.innerText)
  return obj.innerText;
  return false;
}

function setzeText(obj, str)
```

```
{
  if (obj.textContent)
    obj.textContent=str
  else if (obj.innerText)
    obj.innerText=str;
}
```

Bei beiden Funktionen stellt `obj` die Referenz auf einen Elementknoten (z. B. `<p>` oder `<div>`) dar.

Setzen Sie die beiden Hilfsfunktionen in verschiedenen Browsern ein.

Eine weitere Knoteneigenschaft ist `innerHTML`. Wie `innerText` wurde sie einst von Microsoft entwickelt. Die Eigenschaft `innerHTML` wird aufgrund ihrer praktischen Bedeutung nun zum offiziellen Webstandard gehören. Sie ist Teil der zu HTML5 gehörigen DOM-Spezifikation.

innerHTML

Lesend verwendet, liefert `innerHTML` rekursiv den vollständigen Quelltext eines Dokumentfragments zurück – als String mit sämtlichen Elementen, Kommentaren und Textknoten.

Bei Schreibzugriff per `innerHTML` werden sämtliche Unterknoten entfernt und der übergebene String dem Element hinzugefügt. Zuvor wird der String jedoch vom HTML-Parser verarbeitet und wie HTML-Code behandelt. So werden

- ggf. durch *Tags* repräsentierte DOM-Knoten erzeugt,
- Attribute hinzugefügt,
- CSS-Layouts ausgewertet, usw.

Auch Entities und Kommentare werden wie HTML-Quelltext behandelt.

Auf diese Weise lässt sich durch einen einzigen DOM-Zugriff ein ganzes Dokumentfragment oder sogar eine vollständige Webseite dynamisch erstellen.

Das Parsen des per `innerHTML` übergebenen Strings erfolgt in den einzelnen Browsern unterschiedlich. `<script>` und `<style>` werden oft nicht korrekt verarbeitet.

Dieses Programm zeigt, wie Sie mit Hilfe von `innerHTML` eine Laufschrift erzeugen können:

Beispiel

```
<head>
<script type="text/javascript">
var str="Start 0 1 2 3 4 5 6 Ende ";
function lauftext()
{
  str=str.substring(2,str.length)+str.substring(0,2);
  document.querySelector("#text_zeigen").innerHTML=str;
}
window.onload=function()
```

```
{
  window.setInterval("lauftext()",300);
}
</script>
</head>
<body>
<form id="text_zeigen">
<p>
<input type="text"/>Eingabe
</p>
</form>
</body>
```

Erstellen Sie eine HTML5-Seite und erzeugen Sie die Laufschrift in verschiedenen Browsern.

Nicht alle HTML-Elemente besitzen die innerHTML-Eigenschaft. Bei den folgenden Seitenelementen können Sie innerHTML *nicht* verwenden: <colgroup>, <col>, <frameset>, <head>, <html>, <style>, <table>, <tbody>, <thead>, <tfoot>, <title> und <tr>.

outerText, outerHTML

Weitere Elementeigenschaften sind outerText und outerHTML. Beide sind allerdings nicht Teil des Webstandards. Unterstützt werden sie durch Safari, Opera, Chrome und den Internet Explorer. Jede dieser Eigenschaften ändert jedoch unmittelbar das Seitenelement, über welches sie aufgerufen wird. Daher ist deren Anwendung nur mit äußerster Vorsicht zu empfehlen.

Wie oben dargestellt, gehört die JavaScript-Eigenschaft innerHTML mit HTML5 zum Webstandard. Dies gilt ebenfalls für die neue Methode insertAdjacentHTML(), welche eine Ergänzung zu innerHTML darstellt. Auch sie ermöglicht das Einfügen von Dokumentfragmenten, welche als Quelltext vorliegen. Sie benötigt zwei Aufrufparameter:

1 Die Position, an welcher das Einfügen erfolgen soll.
2 Den einzufügenden sowie den zu interpretierenden bzw. zu parsenden und schließlich einzufügenden HTML- oder XML-String.

Für den ersten Parameter von insertAdjacentHTML() sind folgende Angaben vorgesehen:

- beforebegin – vor dem Element selbst.
- afterbegin – innerhalb des Elementes vor dem ersten Kindknoten.
- beforeend – innerhalb des Elementes nach dem letzten Kindknoten.
- afterend – nach dem Element selbst.

Zum DOM gehören auch Kommentarknoten. Kommentarknoten sind den Textknoten sehr ähnlich. Kommentare zeichnen sich durch folgende Eigenschaften aus:

- Ihr Knotentyp besitzt den nodeType-Wert 8.
- Der Knotenname nodeName lautet "#comment".
- Elternknoten ist ein Element oder der document-Knoten.
- Sie besitzen keine Kindknoten.
- Die Knoteneigenschaft nodeValue liefert den Kommentartext.

Auch bei einem Kommentar kann der Knoteninhalt durch die data-Eigenschaft abgefragt werden. Außer splitText() können alle Methoden für Textknoten auch auf Kommentarknoten angewendet werden.

Dieses Skript zeigt Ihnen, wie Sie einen Kommentar auslesen können: *Beispiel*

```
<head>
<script type="text/javascript">
window.onload=function()
{
   var obj = document.querySelector("#absatz").firstChild;
   window.alert(obj.data);
}
</script>
</head>
<body>
<p id="absatz"><!-- Kommentartext -->
Kommentarseite
</p>
</body>
```

Führen Sie das Skript in verschiedenen Browsern aus.

Die bisher behandelten DOM-Eigenschaften childNodes, firstChild, lastChild, previousSibling und nextSibling unterscheiden oft nicht zwischen Elementknoten und anderen Knotentypen, wie Kommentaren und Textknoten. Wenn Sie lediglich auf Elementknoten zugreifen möchten, müssen Sie in derartigen Fällen andere Knotentypen herausfiltern.

Bei vielen Browsern ist dies allerdings unnötig, da neuere Browser für den Zugriff auf Knoten API-Eigenschaften besitzen, welche ausschließlich Elementknoten zurückliefern. *API-Eigenschaften*

Falls ein Browser diese API-Eigenschaften unterstützt, so sollten Sie diese auch verwenden. Sie verringern damit nicht nur Ihren Programmieraufwand. Auch die Verarbeitungsgeschwindigkeit Ihrer Skripte steigt dadurch erheblich, da eine Filterung der Knoten nicht mehr notwendig ist. Eine Aufzählung der DOM-Eigenschaften und der jeweils entsprechenden API-Eigenschaft zeigt Tab. 7.7-1.

Seit Firefox 3.5, Safari 4, Chrome 2 und Opera 9.62 werden sämtliche der in Tab. 7.7-1 aufgeführten API-Eigenschaften unterstützt. Dagegen funktioniert beim Internet Explorer in sei-

API-Eigenschaft	DOM-Eigenschaft
children	childNodes
childElementCount	childNodes.length
firstElementChild	firstChild
lastElementChild	lastChild
nextElementSibling	nextSibling
previousElementSibling	previousSibling

Tab. 7.7-1: Element-Eigenschaften.

nen Versionen 6–8 lediglich die Eigenschaft children. Aus diesem Grund bleibt children vorerst (zumindest bis ältere Versionen des IE keine nennenswerten Marktanteile mehr besitzen) die einzige Eigenschaft, welche von praktischer Bedeutung ist. Sie gibt sämtliche Unterknoten eines HTML-Elementes zurück, welche selbst Elementknoten sind.

7.8 Zugriff auf Elementknoten **

Der Zugriff auf Knoten über die Eigenschaft childNodes und einige andere DOM-Eigenschaften ist nicht browserübergreifend möglich, da die einzelnen Browser von derselben HTML-Seite unterschiedliche DOM-Strukturen erzeugen. Sicherer ist daher neben dem Einsatz von API-Eigenschaften und Methoden des Selector-API der direkte Zugriff auf Elemente, indem der DOM-Baum nach vorgegebenen Kriterien durchsucht wird. Die DOM-Methoden getElementsByTagName(), getElementById(), getElementsByName() und getElementsByClassName() leisten hier gute Dienste.

Für die einzelnen Knotentypen sind unterschiedliche Eigenschaften und Methoden definiert. Entspricht die nodeType-Eigenschaft beispielsweise der Konstanten Node.ATTRIBUTE_NODE, so können Sie auf diesen Knoten alle für Attribute gültigen Eigenschaften und Methoden anwenden.

Die Wurzel des DOM-Baumes ist ein document-Objekt. Die Eigenschaft documentElement dieses Objektes verweist bei HTML-Dokumenten auf das implizit oder explizit enthaltene <html>-*Tag*.

Zum document-Objekt gehören auch Unterknoten, welche auf den Dokumentkopf <head>...</head> und auf den Seiteninhalt <body>...</body> verweisen. Der Zugriff auf den <body>-Bereich ist über document.body möglich.

7.8 Zugriff auf Elementknoten **

Allerdings gibt es nicht für jeden DOM-Knoten eine entsprechende JavaScript-Eigenschaft, welche den Zugriff auf den Knoten ermöglicht. Zu diesem Zweck stellt der W3C-Standard DOM-Methoden zur Verfügung.

Zunächst benötigen Sie eine Objektreferenz, wenn Sie die Eigenschaften eines Knotens ändern oder auslesen möchten. Für den direkten Zugriff auf DOM-Knoten gibt es mehrere Methoden:

```
document.getElementsByTagName("p");
        //Array aller Absätze <p> dieser Seite
document.getElementsByName("checkb");
        //Array aller Elementknoten, welche mit
          name="checkb" ausgezeichnet sind.
document.getElementById("frm");
        //Element, welches eindeutig durch
          id="frm" ausgezeichnet ist.
document.getElementsByClassName("eingabe wichtig");
        //Array aller Elementknoten, welche mit
          class="wichtig" und class="eingabe" ausgezeichnet sind.
```

Um auf Objekte gleichen Typs zuzugreifen, z. B. auf alle Listenpunkte <li> einer Seite, erhalten Sie die Objektreferenz mit Hilfe der DOM-Methode `getElementsByTagName()`. Die einzelnen Elemente des zurückgegebenen Array verarbeiten Sie dann unter Verwendung einer Schleife.

getElementsByTagName()

Beachten Sie bei dieser Methode, dass sie immer ein Objekt zurückliefert. Sollte die Methode beispielsweise nach Verarbeitung der Codezeile

```
var y = document.getElementsByTagName("h2");
```

kein passendes Element gefunden haben, so erkennen Sie dies an folgenden Eigenschaften:

- Die Länge des zurückgelieferten arrayartigen-Objektes ist 0: `y.length == 0`.
- Das erste Array-Element besitzt keinen gültigen Inhalt: `y[0] == undefined`.

Eine solche Objektreferenz per `getElementsByTagName()` ermöglicht Ihnen den Zugriff auf die HTML-Attribute und deren Werte. Zu diesen gehört neben den *Event-Handlern* auch das `style`-Attribut, über welches das Layout per CSS festgelegt werden kann. Rahmen, Ausrichtung, Schriftgröße und viele andere Eigenschaften lassen sich so scriptgesteuert verändern.

Die folgenden Codezeilen ändern dynamisch das Layout einzelner Seitenelemente:

Beispiel

```
var obj=document.getElementsByTagName("li");
        //Objektreferenz
for (var zaehler=0; zaehler < obj.length; zaehler ++)
        //alle Listenelemente abarbeiten
```

```
obj[zaehler].setAttribute("style","color:blue;");
        //Textfarbe zuweisen
```

Zunächst wird in diesem Script-Beispiel eine Referenz auf alle `<li>`-Elemente des aktuellen Dokumentes erzeugt, danach wird durch eine `for`-Schleife jedes Element einzeln abgearbeitet. Durch den Methodenaufruf

```
obj[zaehler].setAttribute("style","color:blue;")
```

wird dem Element `obj[zaehler]` eine CSS-Eigenschaft (Schriftfarbe Blau) zugeordnet.

Diese Attributzuweisung ist gleichbedeutend zum HTML-Code

```
<li style="color:blue;">
```

Derselbe Effekt lässt sich in diesem Fall auch ohne die DOM-Methode erreichen. Alternativ ist der Zugriff auf CSS-Layout ohne DOM-Methoden mit reinem JavaScript möglich:

```
obj[zaehler].style.color="blue";
```

Die folgende Codezeile erzeugt eine Referenz auf das `<body>`-Element:

```
var bodyref = document.getElementsByTagName("body")[0];
```

Auch hier wird durch die DOM-Methode `getElementsByTagName()` ein arrayähnliches Objekt zurückgeliefert. Dieses enthält alle `<body>`-Elemente des Dokuments. Da jedes Dokument lediglich ein einziges `<body>`-Element besitzt, ist dieses das erste Element des Ergebnis-Array, sein Index ist folglich 0.

Alternativ erhalten Sie eine Referenz auf das `<body>`-Element durch

```
var bodyref = document.body;
```

Beispiel Die folgende Funktion zeigt, wie Sie CSS-Layout auf verschiedene Seitenelemente anwenden können:

```
<head>
<script type="text/javascript">
function layout()
{
  document.getElementsByTagName("h1")[0].style.color="blue";
  document.getElementsByTagName("h1")[1].style.color="green";
  document.getElementsByTagName("h3")[0].style.color="brown";
  document.getElementsByTagName("body")[0].style.
          backgroundColor="yellow";
  document.getElementsByTagName("body")[0].style.
          color="red";
  document.getElementsByTagName("div")[0].style.
          fontSize="35";
}
window.onload=layout;
</script>
```

```
</head>
<body>
<div style="text-align:center">
<h1>Wir</h1>
<h3>schreiben</h3>
<h1>Styles mit JavaScript</h1>
Alles geht.
</div>
</body>
```

Beispiel

Hier sehen Sie, wie Sie ermitteln können, wie viele Tabellen eine Webseite enthält:

```
var tables = document.getElementsByTagName("table");
alert("Es sind " + tables.length " + Tabellen. ");
```

In einer HTML-Tabelle soll jede zweite Zeile per Klick einen gelben Hintergrund erhalten. Validieren Sie die Seite nach dem HTML5-Standard und überprüfen Sie die Funktionalität in verschiedenen Browsern.

Jede Zeile einer HTML-Tabelle soll zufallsabhängig einen roten, blauen oder braunen Hintergrund erhalten.

Bei Verwendung von `getElementsByTagName()` ist die Groß-/Kleinschreibung des gesuchten Element-Namens nicht von Bedeutung. Falls Sie anstelle eines speziellen Element-Namens einen Joker angeben, so erhalten Sie eine Liste sämtlicher Seitenelemente, welche durch ein HTML-Tag ausgezeichnet sind:

```
var all_elem = document.getElementsByTagName("*");
```

Die Ausgabe von `getElementsByTagName()` ist allerdings von der Dokumentstruktur abhängig. Die Reihenfolge der Elemente im Array entspricht derjenigen Reihenfolge, in welcher der Parser sie eingelesen hat.

Dieses Beispiel zeigt, wie Sie auf den untersten Absatz einer Webseite zugreifen können:

Beispiel

```
var abs = document.getElementsByTagName("p");
var letzter_abs = abs[abs.length -1];
```

Sollte sich jedoch Ihre Dokumentstruktur ändern, so sind hier in vielen Fällen auch Anpassungen Ihrer Scripte notwendig. Daher ist es oft sinnvoller, den Zugriff auf Seitenelemente anderweitig zu realisieren.

Eine weitere DOM-Methode zum Auffinden von Seitenelementen heißt `getElementsByName()`. Diese gibt ebenfalls ein Array zurück, wertet allerdings von allen Seitenelementen das name-Attribut aus.

getElementsByName()

Beispiel

Diese Codezeile zeigt, wie Sie getElementsByName() verwenden können:

```
var zahlung=document.getElementsByName("zahlungsart");
```

Ebenso wie getElementsByTagName() liefert auch diese Methode ein Array der Länge 0 sowie undefinierte Elemente, falls keine entsprechenden Elementknoten auf der Seite gefunden wurden.

Die Methode getElementsByName() besitzt heute kaum noch Bedeutung. Das HTML-Attribut id hat name fast völlig abgelöst. name wird lediglich noch in Formularen eingesetzt, um der verarbeitenden Anwendung (im Regelfall ein Serverscript) die Formulardaten beim Absenden des Formulars zu übergeben.

Der Wert von name ist allerdings nicht immer eindeutig, daher liefert getElementsByName() in einigen Fällen mehrere Elemente.

Beispiel

Ein solcher Fall liegt beispielsweise vor, wenn der Benutzer innerhalb einer Optionsgruppe (Radio-Buttons) aus mehreren Auswahlmöglichkeiten genau eine Alternative wählen kann. Dann sollte jeder Radio-Button denselben name-Wert besitzen:

```html
<input type="radio" name="versand">keiner</input>
<input type="radio" name="versand">Normalbrief</input>
<input type="radio" name="versand">Nachnahme</input>
<input type="radio" name="versand">Einschreiben</input>
```

Beispiel

Sie sehen nun ein weiteres Beispiel:

```html
<body>
<div style="textalign:center;">
<h1>Wir Ändern</h1>
<h3>CSS-Layout</h3>
<h1>mit JavaScript</h1>
Alles geht.
</div>
<form>
<h3>Zoom-Faktor festlegen</h3>
<p>
<input type="radio" name="wahl"
    onclick="document.body.style.zoom=1.0;" />100%<br />
<input type="radio" name="wahl"
    onclick="document.body.style.zoom=1.5;" />150%<br />
<input type="radio" name="wahl"
    onclick="document.body.style.zoom=2.0;" />200%<br />
<input type="radio" name="wahl"
    onclick="document.body.style.zoom=5.0;" />500%<br />
</p>
</form>
</body>
```

Erstellen Sie die im Beispiel dargestellte Webseite. Überprüfen Sie deren Funktionalität in verschiedenen Browsern. In welchen

Browsern funktioniert sie einwandfrei? Suchen Sie nach einer browserübergreifenden Lösung.

Erstellen Sie eine HTML5-Seite, auf welcher nach Klick auf eine Schaltfläche die Anzahl der Absätze in einem Textfeld ausgegeben wird. Validieren Sie die Seite und überprüfen Sie die Funktionalität in verschiedenen Browsern.

Durch die DOM-Methode document.getElementById() werden Elementknoten hinsichtlich ihres id-Attributs ausgewertet. Sie liefert ein einziges Element, kein Array.

getElementById()

Sie erhalten durch die Zuweisung

Beispiel

```
var obj = document.getElementById("impress");
```

Zugriff bzw. eine Referenz auf das HTML-Element, welches mit dem Attribut id="impress" ausgezeichnet ist.

Ist auf der Seite kein Element mit der gesuchten ID vorhanden, so liefert die Methode getElementById() den Wert null.

Der unmittelbare Zugriff auf alle Seitenelemente stellt ein mächtiges Werkzeug dar.

Dieses Programm ändert stetig die Hintergrundfarbe eines Seitenelementes.

Beispiel

```
<head>
<script type="text/javascript">
function start()
{
  var z = Math.round(Math.random() * 4);
  var attr = document.getElementById("titel").style
  switch(z){
    case 0 : attr.color="red";
    attr.backgroundColor="blue";
    break;
    case 1: attr.color="blue";
    attr.backgroundColor="green";
    break;
    case 2: attr.color="green";
    attr.backgroundColor="yellow";
    break;
    case 3: attr.color="yellow";
    attr.backgroundColor="red";
    break;
    default: attr.color="cyan";
    attr.backgroundColor="gray";
  }
  wechseln();
}
function wechseln()
{
  window.setTimeout("start()",250);
}
```

```
window.onload=wechseln;
</script>
</head>
<body>
<h1 id="titel" style="width:7em;">Homepage</h1>
</body>
```

Beispiel Dieses Programm zeigt, wie Sie das wechselweise Ein- und Ausblenden eines beliebigen HTML-Elementes durch die Manipulation seines `style`-Attributes realisieren können:

```
function an_aus1(objid)
{
  var obj = document.getElementById(objid);
  if (!obj) return; //Existiert das Element?
        //Falls nicht: Funktion beenden.
  obj.style.display = (obj.style.display=="none")?
                        "block":"none";
}
```

Die hier dargestellte Funktion `an_aus1()` prüft zunächst, ob der übergebene Objektname tatsächlich zu einem HTML-Element auf der im Browser dargestellten Webseite gehört. Existiert ein solches Objekt, so wird seine CSS-Eigenschaft `display` von `none` auf `block` oder von `block` auf `none` geändert. Alternativ könnte man auch auf die CSS-Eigenschaft `visibility` zugreifen und diese von `hidden` auf `visible` setzen oder umgekehrt:

```
function an_aus2(objid)
{
var obj = document.getElementById(objid);
if (!obj) return; //existiert das Element?
        //Falls nicht: Funktion beenden.
obj.style.visibility = (obj.style.visibility=="hidden")?
                        "visible":"hidden";
}
```

Beispiel Die folgende JavaScript-Funktion zeigt, wie Sie nach dem HTML5-Standard in einem Formular die Anzahl der aktivierten Checkboxen durch einen Fortschrittsbalken visualisieren können:

```
function ausw()
{
  var balken = document.getElementById("balken");
  var chk = document.getElementsByTagName("input");
  var max = chk.length;
  balken.max = max;
  var z = 0;
  for (var zaehler = 0; zaehler < max; zaehler++)
  {
    if (chk[zaehler].checked == true)
    {
      z++;
```

```
    }
  }
  balken.value = z;
}
```

Durch document.getElementById() können Sie eine Referenz auf ein beliebiges Seitenelement erzeugen. Bei jedem Element besteht zudem die Möglichkeit, per getElementsByTagName() auf untergeordnete Elemente mit einer bestimmten HTML-Auszeichnung zuzugreifen.

Zusätzlich gibt es noch eine weitere DOM-Methode für das gezielte Referenzieren von Seitenelementen – sie heißt getElementsByClassName(). Diese Methode wertet sämtliche class-Attribute einer Seite aus und gibt ein Array zurück, welches diejenigen Elemente referenziert, die einer bestimmten CSS-Klasse angehören.

getElementsBy
ClassName()

7.9 Elementknoten hinzufügen und entfernen **

Eine zentrale Rolle bei DHTML spielt das Hinzufügen und Entfernen von Knoten innerhalb eines Dokumentes. Hierfür stellt das DOM einige Methoden zur Verfügung: appendChild() hängt ein Kindelement am Ende eines Elementes an, removeChild() löscht ein spezifiziertes Kindelement, replaceChild() ersetzt ein Kindelement gegen ein anderes und insertBefore() fügt vor einem spezifizierten Element ein weiteres Element ein.

Neben der Änderung von Inhalt und Darstellung eines bereits vorhandenen HTML-Objekts ist es durch DOM-Methoden ebenfalls möglich, neue Objekte in den DOM-Baum einer Seite einzufügen. Dieser Vorgang ist durch folgende z. T. optionale Arbeitsschritte gekennzeichnet:

1. Objektreferenz erzeugen
2. Attributwerte/Eigenschaften für das Objekt festlegen[1]
3. Neuen Textknoten erstellen
4. Dem Textknoten seinen Inhalt zuweisen
5. Textknoten dem neuen Objekt hinzufügen
6. Objekt auf der Seite platzieren

Die Realisierung mit Hilfe von JavaScript könnte wie folgt aussehen:

Beispiel

---

[1] In den folgenden Beispielen wird per setAttribute(name,wert) dem HTML-Attribut name der Inhalt wert zugewiesen. Andere Möglichkeiten des Zugriffs auf Attribute werden später behandelt.

7 DHTML und DOM **

```
var newobj=document.createElement("h2");//(1)
newobj.setAttribute("onclick",
         "javascript:meldung();"); //(2)
var newtext=document.createTextNode("Information"); //(3), (4)
newobj.appendChild(newtext); //(5)
var obj=document.getElementById("info");
         //Referenz auf Bezugsobjekt
obj.insertBefore(newobj);
   //(6) Das neue Element wird vor dem Bezugsobjekt platziert
```

Auch `createTextNode()` ist eine DOM-Methode. Sie erzeugt eine Objektreferenz, wobei der Wert des Objektes ein String und das Objekt selbst ein Textknoten ist.

Um Ihrer Webseite Text hinzuzufügen, können Sie also eine DOM-Methode einsetzen.

Beispiel 1a
```
var txt = "Neuer Text";
obj.appendChild.createTextNode(txt);
```

An Stelle der DOM-Methode kann hier auch `innerText` verwendet werden.

Beispiel 1b
```
var txt = "Neuer Text";
obj.innerText + = txt;
```

Setzen Sie stattdessen `obj.innerText = txt;` ein, so wird der Inhalt des Elements `obj` vollständig entfernt und durch einen einfachen Textknoten ersetzt.

Per DHTML können Sie also neue Knoten erzeugen, wie Ihnen schon das Beispiel 1 gezeigt hat.

Das Hinzufügen von Seiteninhalten ist ebenfalls möglich durch das Erstellen neuer Elementknoten mit der Methode `createElement()`.

Beispiel
Der folgende Code erzeugt eine neue Überschrift:
```
var hdg = document.createElement("h1"); //erzeugt <h1></h1>
```

Die DOM-Methode `createElement()` erzeugt ein neues Objekt, welches durch HTML-*Tags* dargestellt werden kann. Das Element ist noch nicht Bestandteil der Webseite. Es muss schließlich nach einigen weiteren Arbeitsschritten in den DOM-Baum der aktuellen Seite integriert werden.

Dem neuen Objekt lassen sich jetzt Eigenschaften zuweisen.

Beispiel
```
hdg.setAttribute("style","font-size:20px;")
   //funktioniert nicht für IE, Version unter 8!
   //Schriftgröße angeben, entspricht <h1 style="font-size:20px;">
   //Alternative: hdg.style.fontSize="20px"
```

Danach benötigen Sie einen neuen Knoten, welcher den Text des Elementes enthält:

`var inhalt = document.createTextNode("Der neue Text.");`

Nun ordnet man den Text dem Element zu:

`hdg.appendChild(inhalt);`

Der Textknoten soll dem Objekt `hdg` unmittelbar untergeordnet werden. Dazu kann man die Methode `appendChild()` einsetzen. Diese fügt dem Objekt `hdg` einen Kindknoten hinzu und platziert diesen ggf. hinter allen vorhandenen Knoten. Das neue Objekt besitzt nun einen einzigen untergeordneten Knoten, so dass `hdg.firstChild` genau auf diesen Textknoten verweist.

Schließlich fügt man das vollständige Element an der gewünschten Position in die aktuelle Seite ein, so dass es im Browserfenster dargestellt wird.

Auch zu diesem Zweck können Sie die DOM-Methode `appendChild()` verwenden – Sie erstellen so einen neuen Kindknoten. Referenzieren Sie dazu zunächst das Elternelement bzw. den `parentNode` des neuen Seitenelements.

Der `parentNode` befindet sich im DOM-Baum eine Stufe höher. Tab. 7.9-1 zeigt einige typische Elternknoten.

Element	typischer parentNode
`<table>`	`<body>`, `<div>`
`<li>`	`<ol>`, `<ul>`
`<p>`	`<body>`, `<form>`
`<td>`	`<tr>`
`<a>`	`<p>`, `<div>`
`<h1>`	`<body>`
`<em>`	`<p>`, `<div>`, `<li>`
`<tr>`	`<table>`
`<th>`	`<tr>`

Tab. 7.9-1: Elternknoten.

Wenn Sie am Anfang eines DOM-Knotens einen weiteren Knoten einfügen möchten, so verwenden Sie anstelle von `appendChild()` die Methode `insertBefore()`:

`obj.insertBefore(newobj);`

Um effizient mehrere Knoten gleichzeitig einer Webseite hinzuzufügen, sollten Sie zunächst ein Dokument-Fragment erzeugen.

7 DHTML und DOM **

Hierzu dient die DOM-Methode `createDocumentFragment()`. Auf diese Weise minimieren Sie die Anzahl der Änderungen bzw. *Reflows*, welche an der Seitenstruktur vorzunehmen sind. Die Folge ist ein erheblicher *Performance*-Gewinn.

Beispiel

Dieses Beispiel zeigt, wie Sie eine beliebige Anzahl Absätze `<p>` auf einmal in den DOM-Baum einhängen können:

```
function hinzu(anzahl)
{
  var fragment = document.createDocumentFragment();
  var absatz;
  for (var zaehler = 0; zaehler < anzahl; zaehler++)
  {
    absatz = document.createElement("p");
    absatz.appendChild(document.createTextNode("Absatz "+
                              (zaehler + 1)));
    fragment.appendChild(absatz);
  }
  document.body.appendChild(fragment);
}
```

Erstellen Sie eine HTML5-Seite und überprüfen Sie die Funktionalität der Funktion `hinzu()` in verschiedenen Browsern.

Beispiel

Ein weiteres Beispiel:

```
function tab(zeilen)
{
  var fragment = document.createDocumentFragment();
  for (var z1 = 0; z1 < zeilen; z1++)
  {
    var tr = document.createElement("tr");
    for (var z2 = 0; z2 < 4; z2++)
    {
      var td = document.createElement("td");
      td.appendChild(document.createTextNode(z1 + z2));
      td.style.textAlign="right";
      tr.appendChild(td);
    }
    fragment.appendChild(tr);
  }
  return fragment;
}
```

Die Funktion `tab()` gibt ein Dokument-Fragment bestehend aus einer beliebigen Anzahl vierspaltiger Tabellenzeilen zurück. Jede Zelle erhält eine Zahl, welche rechtsbündig dargestellt wird. Durch

```
document.getElementsByTagName("tbody")[0].appendChild(tab(8));
```

beispielsweise erhält das erste `<tbody>`-Element zusätzliche 8 Zeilen mit 4 Spalten.

7.9 Elementknoten hinzufügen und entfernen **

Erstellen Sie eine HTML5-Seite mit einer leeren Tabelle `<table><tbody></tbody></table>` und überprüfen Sie die Funktionalität der Funktion `tab()` in verschiedenen Browsern.

Eine erhebliche Vereinfachung beim Anhängen von Elementknoten erreichen Sie durch Verwendung der `innerHTML`-Eigenschaft, welche eine Erfindung von Microsoft ist. Diese Eigenschaft ist in HTML5 standardisiert.

Angewendet auf ein HTML-Element gibt `innerHTML` einen HTML-String zurück, welcher den Quelltext seiner Kindknoten enthält. Umgekehrt können Sie dieser Eigenschaft einen HTML-String zuweisen. Der Browser wird dann den String parsen und die Kindknoten des Elementes durch die repräsentierten Objekte ersetzen.

Unter Verwendung `innerHTML` lässt sich oft auf zahlreiche `appendChild()`- und `createElement()`-Aufrufe verzichten.

Auch das Entfernen einzelner Elemente von einer Webseite ist über das DOM möglich.

Dazu benötigen Sie zunächst eine Objektreferenz, beispielsweise

```
var objdel=document.getElementById("unwichtig");
```

Beispiel 2a

Danach ermitteln Sie sein Elternelement bzw. den Elternknoten:

```
var parent=objdel.parentNode;
```

Schließlich rufen Sie die DOM-Methode `removeChild()` zum Löschen des Kindknotens auf.

removeChild()

```
parent.removeChild(objdel);

// Alternativ kann man auch den Prototypen erweitern.
// Die Methode remove kümmert sich dann um das
korrekte Entfernen:

HTMLElement.prototype.remove = function() { if (this.parentNode)
this.parentNode.removeChild(this); }

// Aufruf:
// objdel.remove();
```

Beispiel 2b

Auch das Löschen von HTML-Attributen stellt kein Problem dar.

Um den *Event-Handler* `onclick` einer Schaltfläche zu deregistrieren, können Sie folgenden Code verwenden:

Beispiel

```
var obj=document.getElementById("btn");
            //Objektreferenz erstellen
obj.removeAttribute("onclick"); //Eigenschaft entfernen
```

Beim Entfernen eines HTML-Attributes besteht eine weitere Möglichkeit darin, lediglich dessen Attributwert zu überschreiben:
`obj.onclick="";`

Der onclick-Eigenschaft wird hier ein Leerstring zugewiesen, so dass bei Eintreten des Klick-Ereignisses keine Aktion ausgeführt wird.

Die Verwendung von `removeAttribute()` ist allerdings die saubere Lösung.

cloneNode()

Die Methode `cloneNode()` ermöglicht das Kopieren und Verschieben eines Knotens. Sie erzeugt eine exakte Kopie eines Knoten-Objektes.

Beispiel

```
var quelle=document.getElementById("original");
var kopie1=quelle.cloneNode(false);   // false: Der Knoten selbst
var kopie2=quelle.cloneNode(true);    // true: Ganzer DOM-Zweig
```

Das Verschieben/Kopieren umfasst folgende Schritte (z. T. optional):

1. Quellknoten referenzieren
2. Kopie erstellen
3. Neuen Knoten einhängen
4. Quellknoten löschen

Beispiel

Die folgende Seite enthält einen Textabsatz, welcher die Funktion eines Links besitzt. Der zweite Absatz enthält eine geordnete Liste. Die Liste soll durch die Funktion `kopieren()` in den ersten Absatz kopiert werden.

```
<head>
<script type="text/javascript">
function kopieren(q,z)
{
  var quelle=document.getElementById(q);
  var kopie=quelle.cloneNode(true);
  document.getElementById(z).appendChild(kopie);
}
</script>
</head>

<body>
  <a href="javascript:kopieren('quelle','ziel')";
    <p id="ziel">Keine Aufzählung
    </p>
  </a>
  <p>
    Vorgehen
    <ol id="quelle">Hier ist die Liste
      <li>Quellknoten referenzieren</li>
      <li>Kopie erstellen</li>
      <li>Neuen Knoten einhängen</li>
```

```
        <li>Quellknoten löschen</li>
      Ende der Liste
      </ol>
    </p>
  </body>
```

Klickt der Benutzer in einem Formular auf eine Schaltfläche, so soll diese ausgeblendet werden.

Ein Formular enthält eine Auswahlliste, einen Button und ein Textfeld. Der Benutzer füllt das Textfeld; per Klick auf den Button soll der Inhalt des Textfeldes in die Auswahlliste übernommen werden.

Fügen Sie im Formular der vorigen Übung einen Button hinzu, mit der Funktion, dass der Eintrag im Textfeld aus der Auswahlliste entfernt wird.

Fügen Sie dem Formular der vorigen Übung einen weiteren Button hinzu. Klickt der Benutzer auf diesen Button, so soll der Inhalt des Textfeldes als neues Listenelement hinzugefügt werden. Falls der Eintrag allerdings schon vorhanden ist, soll er aus der Auswahlliste entfernt werden.

Auf einer HTML-Seite soll jeder Absatz `<p>` ... `</p>` eine zentrierte in blauer Farbe dargestellte Überschrift 2. Grades erhalten.

7.10 Zugriff auf Attribute **

Ein Attributknoten entspricht exakt einem Attribut eines HTML- oder XML-Elements. Der Wert des Attributs wird durch einen Textknoten repräsentiert. Attributknoten erscheinen nicht im DOM-Baum. Dieser besteht vorwiegend aus Elementknoten. Attributknoten sind demnach keine »Kinder« von Elementknoten, sondern Eigenschaften von ihnen.

Über den DOM-Baum können Sie auf die Bestandteile einer Webseite zugreifen. Diese werden repräsentiert durch HTML-Elemente. Die Eigenschaften der einzelnen Elemente legen Sie durch Attribute fest. Bei dem Formularelement `<input>` beispielsweise sind häufig verwendete Attribute id, type und name.

Das folgende Programm überprüft bei allen Elementen eines Typs, ob sie ein id-Attribut besitzen:

Beispiel

```
function hasAttrib(obj)
{
  var elmnts = document.getElementsByTagName(obj);
  var get = true;
  var text = "";
  for (var zaehler = 0; zaehler < elmnts.length; zaehler++)
  {
```

```
    if (!elmnts[zaehler].id)
    {
      get = false;
      text = text + "Objekt " + zaehler +
                    " hat kein id-Attribut \n";
    }
  }
  text = (get == false) ? text : "Alles OK";
  window.alert(text);
}
```

Auf manche HTML-Attribute lässt sich direkt zugreifen, denn sie besitzen ein JavaScript-Äquivalent. Außerdem stehen noch generische Funktionen bzw. Objekt-Methoden zur Verfügung. Durch sie ist Lese- und Schreibzugriff auf sämtliche HTML-Attribute möglich.

createAttribute()

Die Methode createAttribute() erzeugt den Verweis auf ein Attribut. Den Wert des Attributes kann man über die Eigenschaft nodeValue festlegen.

Beispiel

Hier sehen Sie, wie Sie mithilfe von DOM-Methoden und -Eigenschaften per JavaScript ein Seitenelement zentriert ausrichten können:

```
var absatz = document.getElementById("htext")
                        //Objektreferenz
var dir = document.createAttribute("style");
                        //Attribut erzeugen
dir.nodeValue = "text-align:center";
                        //Wert zuweisen
absatz.setAttributeNode(dir); //Attribut setzen
```

Tab. 7.10-1 zeigt die Methoden für den Zugriff auf Attribute und dessen Werte.

Methode	Funktion
getAttribute()	Inhalt lesen
setAttribute()	Wert setzen
removeAttribute()	Attributwert entfernen
setAttributeNode()	Knoten erzeugen
getAttributeNode()	Attributreferenz erstellen
removeAttributeNode()	Knoten entfernen
hasAttribute()	Existenz von Attribut prüfen

Tab. 7.10-1: Methoden für den Zugriff auf Attribute.

7.10 Zugriff auf Attribute **

Bei den ersten drei Methoden wird ausschließlich mit Strings gearbeitet. Man kann sich das so vorstellen, als ob man auf den Inhalt eines Textknotens zugreift. Die restlichen Methoden verwenden eine Objektreferenz. Sie greifen unmittelbar auf die Knotenelemente im DOM-Baum zu.

Sie geben zum Beispiel durch *Beispiel*
```
window.alert(obj.getAttribute("type"));
```
den Wert des Attributes `type` aus. Angewandt auf das Element
```
<input type="reset" id="leeren" />
```
lautet die Ausgabe `reset`. Zuvor müssen Sie selbstverständlich das Objekt referenzieren:
```
var obj=document.getElementById("leeren");
```
Existiert das Attribut nicht, so ist das Ergebnis `null`.

Erstellen Sie eine HTML5-Seite mit mehreren Links und fragen Sie per JavaScript deren Attributwerte ab.

Durch `setAttribute()` wird der Wert eines existierenden Attributes geändert und überschrieben. Existiert das Attribut nicht, so wird es erzeugt. *setAttribute()*

Beispielsweise weisen Sie einem Objekt über *Beispiel*
```
obj.setAttribute("class", "Datum");
```
eine neue CSS-Klasse zu. Den gleichen Effekt erreichen Sie, indem Sie innerhalb eines HTML-Elementes `class = "Datum"` angeben.

Für den Internet Explorer bis zu Version 7 einschließlich muss zum Ändern der CSS-Klasse statt `class` der Attributname `className` verwendet werden. Auch kann der Internet Explorer erst ab der Version 8 per `setAttribute()` und `getAttribute()` auf das `style`-Attribut zugreifen. *Ausnahme IE*

Auf einer Webseite soll per `setAttribute()` die Farbe einer Überschrift/die Ausrichtung eines Absatzes geändert werden. Die Ausrichtung wird dabei über eine Optionsgruppe, die Farbe über ein `Select`-Feld festgelegt.

Bei Klick auf eine Schaltfläche soll die Webseite per `setAttribute()` eine zufällige Hintergrundfarbe erhalten.

Durch `removeAttribute()` wird ein Attribut einschließlich seines Inhalts aus dem Element entfernt. *removeAttribute()*

Das folgende Programm demonstriert die Anwendung dieser Methode: *Beispiel*

```
<head>
<script type="text/javascript">
function rem_attr()
{
  var obj = document.getElementById("balken");
  obj.removeAttribute("style");
  obj.removeAttribute("title");
  obj.removeAttribute("fehlt");
}
</script>
</head>
<body>
<div id="balken" style="font-size:25px; color:white;
        height:30px; width:300px;
        background-color:brown;" title="wird entfernt">
Textabschnitt
</div>
<a href="javascript:rem_attr();">Attribute entfernen</a>
</body>
```

Die hier dargestellte Funktion referenziert zunächst das Element, entfernt dann sukzessive die Attribute style, title und fehlt. Das Entfernen eines nicht existierenden Attributes führt dabei nicht zu einem Laufzeitfehler, obwohl die Aktion nicht ausgeführt werden kann.

getAttribute Node()

Die Methode getAttributeNode() referenziert ein Attribut-Objekt. Sie gibt nicht wie die Methode getAttribute() einen String zurück, sondern sie enthält einen Verweis. Wird das Attribut nicht gefunden so enthält das Objekt den Wert null, ansonsten kann die Methode den Knotentyp, den Knotennamen und sowie dessen Wert zurückgeben.

Beispiel

Dieses Programm zeigt Ihnen, wie getAttributeNode() funktioniert:

```
<head>
<script type="text/javascript">
function attr_lesen()
{
  if (document.getElementById("demo"))
  {
    var elem = document.getElementById("demo");
    var attr_a = elem.getAttributeNode("alt");
    var attr_s = elem.getAttributeNode("style");
    window.alert("Typ " + attr_a.nodeType + "\n" +
      "Name " + attr_a.nodeName + "\n" +
      "Wert " + attr_a.nodeValue + "\n" +
      "Typ " + attr_s.nodeType + "\n" +
      "Name " + attr_s.nodeName + "\n" +
      "Wert " + attr_s.nodeValue);
  }
  else
  {
```

```
      alert("Bild nicht vorhanden");
   }
}
</script>
</head>
<body>
<div>
<img id="demo" style="width:64px; height:48px;"
        src="12.jpg"
 alt="bild" />
</div>
<a href="javascript:attr_lesen();">
    Attributknoten auslesen</a>
</body>
```

Erstellen Sie anhand des Beispiels eine HTML5-Seite und testen Sie das Script in verschiedenen Browsern.

Durch `getAttributeNode()` verweisen Sie auf ein Attribut und seinen Wert. Hier können Sie über die Eigenschaft `specified` abfragen, ob im HTML-Dokument dem Attribut tatsächlich ein Wert zugewiesen wurde oder ob es mit einem Standardwert belegt ist.

specified-Attribut

Das folgende Programm zeigt, wie Sie diese Attribut-Eigenschaft verwenden können:

Beispiel

```
<head>
<script type="text/javascript">
function attr_test(aname)
{
  var result ="";
  for (var zaehler = 0; zaehler < document.images.length;
        zaehler++)
  {
    var parent = document.images[zaehler];
    var attr = parent.getAttributeNode(aname);
    if (!attr || !attr.specified)
    result = result + parent.getAttribute("id") + "\t" +
        parent.getAttribute("src") + "\n";
  }
  return result;
}
</script>
</head>
<body>
<h1>Unbesetzte Attribute</h1>
<p>
<img src="12.jpg" id="bild12" style="width:12px;"
        class="test"/><br/>
<img src="13.jpg" style="width:12px;"/><br/>
<img src="14.jpg" id="b2" style="width:55px;"/><br/>
<a href="javascript:alert(attr_test('class'));">
    Untersuchen</a>
</p>
</body>
```

Erstellen Sie anhand des Beispiels eine HTML5-Seite und führen Sie das Script in verschiedenen Browsern aus.

removeAttributeNode()

Durch die Methode `removeAttributeNode()` wird ein Attribut-Knoten entfernt, sie gibt das entfernte Objekt zurück. Ggf. erhält das entfernte Attribut seinen Vorgabe- bzw. Standardwert. Diese Methode funktioniert jedoch im Internet Explorer erst ab der Version 8.

Beispiel

Sie sehen nun, wie Sie Attribute entfernen können.

```
<head>
<script type="text/javascript">
function attr_rem()
{
   if (document.getElementById("attr"))
   {
      var obj = document.getElementById("attr");
      var liste = obj.getElementsByTagName("li");
      for (var zaehler=0; zaehler<liste.length; zaehler++)
      {
         var dir = liste[zaehler].getAttributeNode("dir");
         liste[zaehler].removeAttributeNode(dir);
         var style = liste[zaehler].getAttributeNode(style);
         liste[zaehler].removeAttributeNode(style);
      }
   }
   else
   {
      alert("Objekt ungültig");
   }
}
</script>
</head>
<body>
<h1>Zugriff auf Attributknoten</h1>
<ol id="attr" style="width:250px;">
<li dir="rtl">getAttributeNode()</li>
<li dir="rtl">setAttributeNode()</li>
<li dir="rtl">removeAttributeNode()</li>
</ol>
<a href="javascript:attr_rem();">
    Attributknoten entfernen
</a>
</body>
```

Erstellen Sie anhand des Beispiels eine HTML5-Seite und führen Sie das Script in verschiedenen Browsern aus.

Attribute sind allerdings im Gegensatz zu Element- und Textknoten kein unmittelbarer Bestandteil des Dokument-Baumes. Sie stellen zwar Knotentypen dar, gelten jedoch als assoziiert. Sie sind nicht im `childNodes`-Array eines Elementes enthalten.

7.10 Zugriff auf Attribute **

Das folgende Programm zeigt, wie `childNodes` Attribute behandelt:

Beispiel

```
<head>
<script type="text/javascript">
function nodes(name)
{
  var arr = new Array();
  var obj = document.getElementById(name);
  for (zaehler=0; zaehler<obj.childNodes.length; zaehler++)
  {
    arr[zaehler]=obj.childNodes[zaehler].nodeType;
  }
  return arr.join("\n");
}
</script>
</head>

<body>
<p style="color:blue;" id="absatz">Hier geht es zu
<a style="font-size:25px;"
     href="www.google.de" id="wlink">Google</a>
<strong>Suchmaschine</strong>.
</p>
</body>
```

Zwar definiert das W3C-DOM für Node-Objekte bzw. die Knoten im DOM-Baum analog zu `childNodes` eine `attributes`-Eigenschaft – ein Array, über welches auf die Attribute zugegriffen werden kann, allerdings ist das `attributes[]`-Array nicht in allen Browsern gleichartig implementiert. Bisher war es daher unmöglich, portable JavaScript-Anwendungen zu erstellen, bei welchen der Zugriff auf Attribut-Knoten über das `attributes[]`-Array erfolgt.

attributes-Eigenschaft

Es folgt ein Programm für die `attributes`-Eigenschaft:

Beispiel

```
<!DOCTYPE html>
<html lang="de">
<head>
<meta http-equiv="content-type" content="text/html;
        charset=windows-1252" />
<title>Test</title>
<script type="text/javascript">
function attribs(name)
{
  var arr = new Array();
  var obj = document.getElementById(name);
  for (zaehler=0; zaehler<obj.attributes.length; zaehler++)
  {
    arr[zaehler]=obj.attributes[zaehler].name + " = " +
                  obj.attributes[zaehler].value;
  }
  return arr.join("\n");
}
```

```
</script>
</head>
<body>
<p style="color:blue;" id="absatz">Hier geht es zu
<a style="font-size:25px;"
    href="www.google.de" id="wlink">Google</a>s
<strong> Suchmaschine</strong>.
</p>
<p>
<input type="button" onclick="javascript:window.
    alert(attribs('absatz'));"/>Absatz untersuchen<br/>
<input type="button" onclick="javascript:window.
    alert(attribs('wlink'));"/>Link
</p>
</body>
</html>
```

Das DOM macht den JavaScript-Zugriff auf sämtliche Eigenschaften eines Node-Objektes möglich. Insbesondere besitzen viele HTML-Eigenschaften eines Elementknotens eine entsprechende JavaScript-Eigenschaft. Soweit der Eigenschaftsname nicht im Widerspruch zur JavaScript-Namenskonvention steht, ist der HTML-Name identisch mit dem JavaScript-Namen. Beispielsweise gibt es zu den HTML-Attributen id und src jeweils eine namensgleiche Eigenschaft in JavaScript.

Finden Sie weitere derartige Eigenschaften heraus und erstellen Sie Script-Beispiele, in welchen der Zugriff auf HTML-Attribute über diese Eigenschaften erfolgt.

Bekanntermaßen unterscheiden sich die Namenskonventionen von HTML und JavaScript hinsichtlich reservierter Schlüsselwörter und Casesensitivität. HTML-spezifische JavaScript-Eigenschaften werden mit Kleinbuchstaben, eventuelle weitere Wörter werden mit einem Großbuchstaben begonnen. Genau das ist beispielsweise bei der maxLength-Eigenschaft in JavaScript der Fall, welche auf das maxlength-Attribut des <input>-Elementes verweist. Entsteht ein Konflikt mit einem JavaScript-Schlüsselwort, so wird im Regelfall html vorangestellt.

Beim Ändern von CSS-Layout per JavaScript ist genau darauf zu achten, ob auf die betroffene Eigenschaft über ein CSS-Attribut oder über ein JavaScript-Attribut zugegriffen wird.

Beispiel
```
var obj=document.getElementById("ueberschrift");
obj.setAttribute("style") = "font-family:Courier";
            //OK
obj.style.fontFamily="Courier";   //OK
obj.style.wordSpacing="10px";   //OK
```

7.10 Zugriff auf Attribute ** 359

Ausnahmen bilden hier reservierte JavaScript-Schlüsselwörter. So wird die CSS-Eigenschaft `float` etwa zu `cssFloat` und `class` wird zu `className`.

Per Zugriff auf CSS-Layout können Sie Ein- und Ausblend-Effekte erzielen.

Beispiel

Hier sehen Sie eine JavaScript-Funktion, welche einen Einblend-Effekt erzeugt. Per CSS werden zunächst Schrift- und Hintergrundfarbe auf Grau gesetzt. Nach dem Einblenden ist der Hintergrund weiß und die Schriftfarbe schwarz.

```
<style type="text/css">
#main       /* Start: grau auf grau */
{
   background-color:rgb(128,128,128);
   color:rgb(128,128,128);
}
</style>
<script type="text/javascript">
var bg = 128;       //Startfarbe Hintergrund
var fg = 128;       //Startfarbe Schrift
function einblenden()
{
   if (bg < 0 || fg > 255) //schwarz oder weiß??
      return;
   var layout = document.getElementById("main").style
      //CSS-Eigenschaften von <body>
   layout.backgroundColor = "rgb(" + bg + "," +
               bg + "," + bg + ")";
   layout.color = "rgb(" + fg + "," + fg + "," + fg + ")";
   bg += 1;
   fg -= 1;
   window.setTimeout("einblenden()",50);
            //20 Schritte pro Sekunde
}
window.onload=window.setTimeout(
         "einblenden()",2000);      //2 Sekunden warten
</script>
```

Eine HTML-Seite soll innerhalb von 10 Sekunden eingeblendet und innerhalb der nächsten 30 Sekunden wieder ausgeblendet werden.

Die Möglichkeiten von DHTML sind unerschöpflich. Weitere Beispiele werden Ihnen zeigen, wie Sie ereignisgesteuert Webseiten per JavaScript manipulieren können.

Beispiel

Der folgende Programm erzeugt eine Webseite mit einer Überschrift, einer geordneten Liste und zwei Buttons:

```
<!DOCTYPE html>
<html lang="de">
<head>
<meta http-equiv="content-type" content="text/html;
```

```
              charset=windows-1252" />
<title></title>
<script type="text/javascript">
function abcsort()
{   //Liste alphabetisch sortieren
  var comp = new Array();
  var li = document.getElementsByTagName("li");
  for (var zaehler = 0; zaehler < li.length; zaehler++)
                              //Elemente einlesen
  comp.push(li[zaehler].firstChild.nodeValue);
  comp.sort();   //aufsteigend sortieren
  for (zaehler = 0; zaehler < li.length; zaehler++)
  li[zaehler].firstChild.nodeValue = comp[zaehler];
                              //Elemente schreiben
  document.getElementById("Art").firstChild.
    nodeValue = "alphabetisch";
                              //Text ändern
}
function preissort()
{   //Liste nach Preisen sortieren
  var priceArr = new Array(2,4,0,1,3);
        //Folge für die Sortierung nach Preis
  var comp = new Array();
  var li = document.getElementsByTagName("li");
  for (var zaehler = 0; zaehler < li.length; zaehler++)
  comp.push(li[zaehler].firstChild.nodeValue);
  for (zaehler = 0; zaehler < li.length; zaehler++)
                    //Elemente einlesen
  li[zaehler].firstChild.nodeValue = comp[priceArr[zaehler]];
                              //umsortieren
  document.getElementById("Art").firstChild.
    nodeValue = "nach Preis";
                    //Text ändern
}
</script>
</head>
<body>
<h1>Aktuelle Rechner im Angebot
        <span id="Art">alphabetisch</span>
</h1>
<ol>
<li>Cyber PC 2500</li>
<li>Dell XPerience 4</li>
<li>HP VX 8900</li>
<li>IBM XC 2100</li>
<li>Netbook 3700 b3</li>
</ol>
<form id="frm">
<input type="button" name="abc" value="alphabetisch"
          onclick="javascript:abcsort();">
<input type="button" name="prc" value="Preis"
          onclick="javascript:preissort();">
</form>
</body>
</html>
```

7.10 Zugriff auf Attribute **

Die zwei Funktionen sortieren die Liste auf unterschiedliche Weise, einmal nach Alphabet und einmal nach Preisen. Dabei ist die preisliche Reihenfolge der Listenelemente durch das Array `priceArr[]` wiedergegeben. Der Aufruf beider Funktionen erfolgt ereignisgesteuert durch Buttons.

Übernehmen Sie den Code in eine HTML5-Seite. Validieren Sie die Seite und führen Sie die Sortierung der Liste in verschiedenen Browsern aus.

Auf einer HTML-Seite wählt der Benutzer aus einer Auswahlliste ein Seitenelement und trägt in das Textfeld dessen Inhalt ein. Klickt er auf die Schaltfläche, so wird der aktuellen Seite das Element einschließlich seinem Inhalt hinzugefügt:

Beispiel

```
<!DOCTYPE html>
<html lang="de">
<head>
<meta http-equiv="content-type" content="text/html;
       charset=windows-1252" />
<title>Elemente hinzufügen</title>
<script type="text/javascript">
function add_elmnt()
{
  var typ =
  document.forms["frm"].elements["etyp"].options[document.
       forms["frm"].elements["etyp"].selectedIndex].value;
  var eknoten = document.createElement(typ);
  if (typ != "hr")
  {
    var tknoten = document.createTextNode(document.
    forms["frm"].elements["feld"].value);
    eknoten.appendChild(tknoten);
  }
  document.getElementById("main").appendChild(eknoten);
}
</script>
</head>
<body>
<form id="frm">
<select id="etyp" size="1">
<option value="h1">Überschrift, Grad 1</option>
<option value="h2">Überschrift, Grad 2</option>
<option value="h3">Überschrift, Grad 3</option>
<option value="p">Textabsatz</option>
<option value="hr">waagerechte Linie</option>
</select>
<input type="text" id="feld"/>
<input type="button" value="Einfügen"
       onclick="javascript:add_elmnt();"/>
</form>
<div id="main">
```

```
</div>
</body>
```

Übernehmen Sie den Code in eine HTML5-Seite. Validieren Sie die Seite und führen Sie die Funktion `add_elmnt()` in verschiedenen Browsern aus.

7.11 Drag&Drop ***

Das neue Drag&Drop-API von HTML5 ermöglicht es, durch Ziehen mit der Maus Seitenelemente innerhalb eines Browserfensters und auch zwischen verschiedenen Fenstern – in denen unterschiedliche Browser im Einsatz sind – zu kopieren, zu verschieben oder zu verknüpfen. Hierzu sieht der neue Standard einige neue *Event-Handler* bzw. Ereignisse sowie Attribute und Methoden zur Steuerung des Drag&Drop-Prozesses vor.

Mangels nativer Browser-Unterstützung war Drag&Drop bisher aufwendig zu realisieren. Für diese Aufgabe wurden in der Regel JavaScript-Bibliotheken eingesetzt. Dies ändert sich mit Einführung der Drag&Drop-Funktionalitäten von HTML5. Mit zunehmender HTML5-Konformität der Browser wird das Implementieren von Drag&Drop auf Webseiten bald ohne externe Bibliotheken möglich sein.

HTML5-kompatible Browser lassen das Ziehen einzelner Seitenelemente von einem Browserfenster in ein anderes zu. Die Steuerung erfolgt dabei über HTML-Attribute und JavaScript. Das neue API ist von enormer Komplexität. Die Basis wird durch mehrere neu eingeführte Browser-Ereignisse gebildet. Während sich ein Teil dieser Ereignisse auf das gezogene Element beziehen, betreffen die restlichen ein mögliches Zielelement. Das typische Verhalten einiger dieser Ereignisse besteht darin, die Drag&Drop-Aktion abzubrechen. Die zugehörigen *Event-Handler* müssen daher das jeweilige Ereignis sofort beenden.

Die Steuerung eines Drag&Drop-Prozesses erfolgt durch Techniken der erweiterten Ereignisbehandlung. Sinnvoll einsetzbar ist das Drag&Drop API lediglich in DOM 2-kompatiblen Browsern. Die Funktionalitäten werden bereits von Firefox ab der Version 4 großenteils unterstützt.

draggable   Der W3C-Standard sieht vor, dass markierter Text, Links `<a>` mit `href`-Attribut sowie Bilder grundsätzlich drag&drop-fähig sind. Andere für einen Drag&Drop-Vorgang freizugebende Elemente müssen dagegen zunächst durch `dragabble="true"` gekennzeichnet werden. `draggable` ist allerdings kein boolsches Attribut – es muss immer einen Wert zugewiesen bekommen.

7.11 Drag&Drop ***

Durch einen *Event-Handler* wird dann auf das Ereignis dragstart reagiert. dragstart tritt ein, wenn der Benutzer im Quellbereich mit dem Ziehen beginnt.

Auf der Zielseite werden einige *Event-Handler* benötigt:

- Der erste *Event-Handler* muss auf das Ereignis dragenter reagieren. Dieses tritt ein, wenn das Quellelement beim Ziehen durch den Benutzer das Zielfenster bzw. das Zielelement erreicht.
- Eine zweite *Handler*-Funktion wird für die Reaktion auf das Ereignis dragover benötigt. Dieses wird kontinuierlich ausgelöst, solange der Benutzer den Mauszeiger bei gedrückter linker Maustaste über den Zielbereich bewegt, bzw. wenn das gezogene Objekt sich über einem editierbaren Bereich befindet.
- Wird ein Element abgelegt, so tritt das Ereignis drop ein. Die Reaktion auf dieses Ereignis muss durch eine dritte *Handler*-Funktion erfolgen.

Standardmäßig wird bei dragenter und dragover die aktuelle Drag&Drop-Aktion zurückgesetzt. Dieses Verhalten, lässt sich in beiden Fällen durch die Methode preventDefault() des event-Objekts unterdrücken (erweiterte Ereignisbehandlung).

Beim Drag&Drop spielen weitere Ereignisse eine Rolle:

- drag wird permanent während der Drag-Operation (Ziehen vom Quellbereich in den Zielbereich) ausgelöst. Die Anzahl der ausgelösten drag-Ereignisse ist unbestimmt.
- dragend tritt ein, wenn die *Drag*-Operation durch Loslassen der linken Maustaste beendet oder durch Drücken der *Escape*-Taste abgebrochen wird.
- dragleave tritt ein, wenn der Benutzer den Mauscursor aus einem editierbaren Bereich heraus bewegt.

Bei einem gültigen Drag&Drop-Vorgang könnte die Reihenfolge der ausgelösten Ereignisse wie folgt aussehen: dragstart, drag, dragenter, drag, dragover, drag, drop, dragend.

Im Falle eines ungültigen Drag&Drop-Prozesses ist folgende Ereignisabfolge denkbar: dragstart, drag, dragenter, drag, dragover, drag, dragleave, drag, drop, dragend.

Bei der Realisierung von Drag&Drop per JavaScript ist es notwendig, dass die einzelnen *Event-Handler* problemlos und ressourcenschonend Werte/Parameter einander übergeben können. Die *Handler*-Funktion von dragstart kann daher Informationen über das zu verschiebende Seitenelement unter Verwendung eines dataTransfer-Objekts speichern.

dataTransfer-Objekt

Das `dataTransfer`-Objekt, welches ein Unter-Objekt des `event`-Objekts darstellt, bietet Zugriff auf einen speziell für Drag&Dop-Aktionen zur Verfügung stehenden lokalen Speicherbereich. Dieses Objekt existiert während des gesamten Drag&Drop-Vorgangs innerhalb der *Handler*-Funktionen. Die Anwendung von `dataTransfer` erfolgt über die Techniken des erweiterten *Event-Handlings*.

Methoden

Für den Zugriff auf diesen Speicherbereich stehen einige Methoden zur Verfügung:

- `setData()` definiert, welche Daten betroffen sind. Der erste Parameter dieser Methode gibt den MIME-Typ der Daten oder einen Zugriffsschlüssel (ähnlich wie bei *Cookies* und *Storage*-Objekten) an, der zweite Parameter enthält die Daten als String.
- Durch `getData()` werden die Daten aus dem `dataTransfer`-Speicher gelesen. Als Parameter kann hier der MIME-Typ der übergebenen Daten angeführt werden.
- `clearData()` entfernt genau diejenigen Informationen, welche dem als Parameter angegebenen MIME-Typ entsprechen. Fehlt dieser Parameter, so werden sämtliche Inhalte des `dataTransfer`-Speichers gelöscht.
- Durch `setDragImage()` kann ein Bild festgelegt werden, welches während des Drag&Drop-Vorgangs dargestellt wird. Der erste Parameter dieser Methode gibt das `image()`-Objekt an, der zweite Parameter legt die horizontale und der dritte die senkrechte Entfernung (beide werden als Pixelangaben interpretiert) des Bildes vom Mauscursor fest. Innerhalb des *Event-Handlers* `ondragstart` kann `setDragImage()` wie folgt aufgerufen werden: `e.dataTransfer.setDragImage(document.images[0],0,0)`.
- `addElement()` dient ebenfalls der Visualisierung des Drag&Drop-Vorgangs. Die Methode erzeugt aus einem DOM-Knoten ein Bild, welches während des Drag&Drop-Vorgangs angezeigt wird. Dies lässt sich beispielsweise durch die folgenden Zeilen innerhalb des `ondragstart` *Event-Handlers* erreichen:

```
var obj = document.createElement("div"); //<div> erzeugen
obj.innerHTML = "Dragging..."; //Textinhalt zuordnen
document.body.appendChild(obj);
        //<div> in den DOM-Baum einhängen
e.dataTransfer.addElement(obj);
        //Bild für drag-Vorgang festlegen
```

Zum `dataTransfer`-Objekt gehören die Eigenschaften `types`, `effectAllowed` und `dropEffect`.

types

Die `types`-Eigenschaft gibt eine Liste von Strings zurück. In dieser sind sämtliche Formate enthalten, welche dem `dataTransfer`-

Objekt innerhalb des *Event-Handlers* ondragstart übergeben wurden.

Welche *Drop*-Effekte für einen speziellen Drag&Drop-Vorgang überhaupt möglich sind, kann über das effectAllowed-Attribut des dataTransfer-Objekts innerhalb des ondragstart-*Handlers* festgelegt werden. Mögliche Werte sind hier z. B. none, copy, move, copyLink, copyMove, linkMove, link und uninitialized. Das effectAllowed-Attribut darf ausschließlich innerhalb des ondragstart *Event-Handlers* verwendet werden.

Welche Drag&Drop-Aktion jetzt genau im Zielbereich stattfindet, kann durch das dropEffect-Attribut innerhalb der *Event-Handler* ondragover und/oder ondragenter festgelegt werden. Ist hier kein Wert angegeben, so gilt folgendes Standardverhalten: dropEffect

- Der markierte Text/das Element wird verschoben, falls sich dieser/dieses immer über einem editierbaren Bereich befindet und beim Drag&Drop-Vorgang die aktuelle Seite nicht verlassen wird.
- Falls der markierte Text/das gezogene Element die aktuelle Seite verlässt oder sich irgendwann außerhalb eines editierbaren Bereichs befindet, findet ein Kopiervorgang statt.

dropEffect sollte innerhalb beider *Handler*-Funktionen eingesetzt werden, da ansonsten bei Eintreten von dragover in vielen Fällen die im dragenter-*Handler* festgelegte Aktion auf den Standardwert zurückgesetzt wird.

Sind beispielsweise grundsätzlich die Aktionen Kopieren und Verknüpfen zugelassen (e.dataTransfer.effectAllowed = "copyLink" im ondragstart *Event-Handler*), so sollte sowohl innerhalb des ondragover als auch innerhalb des ondragenter *Event-Handlers* das letztendliche Verhalten (etwa das Erstellen einer Verknüpfung) exakt angegeben werden:

e.dataTransfer.dropEffect="link";

Ein weiteres Problem tritt beispielsweise auf, wenn Sie einen Link verschieben möchten: Es gilt hier zu verhindern, dass der Browser den URL verfolgt und die angegebene Ressource lädt. Zu diesem Zweck setzen Sie in den *Handler*-Funktionen der Ereignisse dragover, dragenter und drag das Standardverhalten des Browsers außer Kraft:

e.preventDefault;

Außerdem sollte der Rückgabewert jeweils false lauten:

return false;

Bei einfachen Drag&Drop-Aktionen innerhalb einer einzigen Seite ist es allerdings bequemer, für das Zwischenspeichern der Daten den localStorage oder globale Variable zu verwenden.

Einige Browser unterstützen die Methoden des `dataTransfer`-Objekts noch nicht vollständig.

Essenziell für die Realisierung von Drag&Drop auf Ihren Webseiten ist daher die erweiterte Ereignisbehandlung. Drag&Drop-Beispiele finden Sie im Kapitel »Ereignisse weiterleiten«, S. 384.

7.12 Scrolling ***

Neben standardisierten Objekten und Methoden gibt es auch inoffizielle DOM-Funktionalitäten. Zu diesen gehört das *Scrolling*, welches vom W3C bisher nicht vorgesehen ist.

Das W3C-DOM regelt den Zugriff auf HTML-Elemente. Allerdings weist die Norm des W3C einige Lücken auf.

So zum Beispiel ist **Scrolling** ein wichtiger Effekt im Zusammenhang mit DHTML. Trotz dieser Tatsache stellt es keinen Bestandteil des W3C-DOM dar.

Aus diesem Grund gibt es bei den modernen Browsern einige proprietäre Methoden, welche scriptgesteuertes *Scrollen* ermöglichen:

- Die Methode `scrollIntoView()` kann auf DOM-Knoten angewendet werden. Sie ist in allen modernen Browsern einsetzbar. Bei Aufruf der Methode durch `document.getElementById("titel").scrollIntoView(true)` versucht der Browser, das Element, welches mit `id = "titel"` ausgezeichnet ist, am oberen Fensterrand auszurichten.
- Eine weitere Methode dieser Art ist `scrollByLines()`. Auch sie lässt sich auf DOM-Knoten anwenden, wird allerdings lediglich von Safari und Chrome unterstützt. Als Parameter muss die Anzahl der zu scrollenden Zeilen angegeben werden. Beispielsweise wird durch `document.body.scrollByLines(-20)` um 20 Zeilen nach oben gescrollt.
- Auch für seitenweises Scrollen gibt es eine Methode: `scrollByPages()`. Ihre Anwendung erfolgt analog zu der Anwendung von `scrollByLines()`. Als Parameter muss die Anzahl der zu scrollenden Seiten angegeben werden. Beispielsweise wird durch `document.body.scrollByPages(2)` der sichtbare Bildschirmausschnitt um 2 Seiten nach unten bewegt. Lediglich Safari und Chrome unterstützen diese Methode.
- Es gibt noch eine weitere Scroll-Methode: `scrollIntoViewIfNeeded()`. Auch sie funktioniert lediglich bei Chrome und Safari. Durch einen optionalen Parameter kann hier festgelegt werden, ob das betroffene Objekt in der Fenstermitte dargestellt wird. Auch `scrollIntoViewIfNeeded()` kann auf DOM-Knoten angewendet werden. Das Scrol-

len findet allerdings nur dann statt, falls das betroffene Element zum Zeitpunkt des Methodenaufrufes nicht sichtbar ist. Beispielsweise bei Aufruf dieser Methode durch `document.getElementById("titel").scrollIntoViewIfNeeded(true)` versucht der Browser, das Element, welches mit `id = "titel"` ausgezeichnet ist, in der Fenstermitte darzustellen – allerdings nur dann, wenn es sich nicht schon zuvor im sichtbaren Bereich befunden hat.

Lediglich `scrollIntoView()` besitzt derzeit in der Praxis Bedeutung, da die anderen Methoden nur von wenigen Browsern unterstützt werden.

Finden Sie heraus, welche der aktuellsten Browser die hier dargestellten Methoden unterstützen.

8 Erweiterte Ereignisbehandlung **

Die Behandlung von Ereignissen gehört zu den am meisten benutzten Möglichkeiten von JavaScript.

Ereignisse können nicht nur über HTML-Attribute abgefragt werden, sondern auch als Objekteigenschaft behandelt werden:

- »Event-Handler als Objekteigenschaft«, S. 369

Der DOM 0-Standard spezifiziert eine einfache Ereignisbehandlung:

- »Das DOM 0«, S. 373

Die meisten heutigen Browser unterstützen das DOM 2-Ereignismodell:

- »Das DOM 2- und Microsoft-Modell«, S. 375

Ereignisse können im DOM-Baum ab- und aufsteigen:

- »Ereignisse weiterleiten«, S. 384

8.1 *Event-Handler* als Objekteigenschaft **

Die Abfrage von *Events* ist nicht ausschließlich über HTML-Attribute möglich. Erst wenn man stattdessen *Event-Handler* über die Eigenschaft eines JavaScript-Objekts registriert, erreicht man skriptfreies HTML – die perfekte Trennung zwischen Inhalt und Verhalten.

Durch die Notation von Ereignissen als Objekteigenschaften (siehe »Funktionen und Objekte in JavaScript«, S. 9) erhält man skriptfreien HTML-Code.

So kann etwa die JavaScript-Notation
`window.onload = prepare;`
die Registrierung eines *Event-Handlers* im `<body>`-Element ersetzen:
`<body onload="javascript:prepare();">`
	Beispiel

Diese beiden Formen der Registrierung von *Event-Handlern* bzw. der Überwachung von Ereignissen unterscheiden sich in technischer Sicht. Der Wert eines *Event-Handler*-Attributes besteht aus JavaScript-Anweisungen; er ist ein String. Der Wert der entsprechenden JavaScript-Eigenschaft ist dagegen eine Funktion. Die Klammern im JavaScript-Code müssen somit entfallen, da hier lediglich eine Funktionsreferenz angegeben wird.

8 Erweiterte Ereignisbehandlung **

Anstatt *Event-Handler* als Attributwerte eines HTML-Elements zu notieren, können Sie einen *Event-Handler* einer Objekteigenschaft im JavaScript-Code zuweisen.

Beispiel

Dieses Beispiel zeigt Ihnen, wie Sie einen *Event-Handler* per JavaScript (Wert einer Objekteigenschaft) registrieren können.

```
<script type="text/javascript">
function anfang() //Funktion kodieren
{
   alert("Seite wird geladen");
}
window.onload = anfang; //Funktionsreferenz zuweisen
</script>
```

Betroffenes Objekt ist in diesem Beispiel window, das Browserfenster, in welchem die HTML-Seite dargestellt wird. Der onload-Eigenschaft wird die Referenz auf eine JavaScript-Funktion zugewiesen. Diese Funktion wird schließlich im Browserfenster aufgerufen, wenn das Ereignis, welches durch die Eigenschaft spezifiziert ist, eintritt.

Während ein *Event-Handler*-Attribut (HTML) grundsätzlich an das HTML-Element gebunden ist, kann der gleichwertige JavaScript-Code überall in der HTML-Datei notiert werden. Lediglich per JavaScript lassen sich *Event-Handler* jeder Zeit außer Kraft setzen, z. B.:

```
window.onresize=null;
```

Auf eine Größenänderung des Browserfensters wird nun keine Reaktion mehr erfolgen.

Es ist auch möglich, auf mehrere Ereignisse zu reagieren.

Beispiel

Dazu sehen Sie hier ein vollständiges Script-Beispiel:

```
<script type="text/javascript">
function mclick()
{
   alert("Klick");
}
function mup()
{
   alert("loslassen");
}
function mdown()
{
   alert("drücken");
}
function init()
{
   var obj=document.forms[0].elements[0])
        //Referenz auf das 1. Element des 1. Formulars
```

8.1 Event-Handler als Objekteigenschaft **

```
    obj.onclick = mclick;
    obj.onmouseup = mup;
    obj.onmousedown = mdown;
}
window.onload = init;
</script>
```

Dabei ist es wichtig, dass die Funktion `init()` erst beim Eintreten des `load`-Ereignisses von `window` (dem Browserfenster) aufgerufen wird. Der Fensterinhalt muss vollständig geladen worden sein, denn davor existiert die Schaltfläche noch nicht. Ihr können also auch keine Eigenschaften zugewiesen werden.

Bei Verwendung von Funktionsliteralen anstelle benannter Funktionen reduziert sich der Code ein wenig.

Hier sehen Sie ein Beispiel dazu:

Beispiel

```
<script type="text/javascript">
window.onload = function()
{
    window.status = "";
    var obj = document.forms[0].elements[0];
    obj.onclick = function()
    {
        alert("Klick");
    };
    obj.onmouseup = function()
    {
        alert("loslassen");
    };
    obj.onmousedown = function()
    {
        alert("drücken");
    };
}
</script>
```

Die Registrierung von *Event-Handlern* als Objekteigenschaft unterscheidet sich in mehrfacher Hinsicht von der Ereignissteuerung durch HTML-Attribute:

- Hier können ausschließlich JavaScript-Funktionen als Referenz angegeben werden, daher fehlen hinter dem Funktionsnamen die sonst üblichen Klammern.
- Die JavaScript-Objekteigenschaft ist grundsätzlich klein zu schreiben, der Name der Funktion *(Event-Handler)* muss genau so geschrieben werden wie in der Funktionsdefinition (Casesensitivität).
- Es ist die Ausführungsreihenfolge des Skripts in Beziehung zum aktivierenden HTML-Element zu beachten: Zuerst ist das HTML-Element zu definieren bzw. zu laden, vorher kann man dem Element keinen *Event-Handler* zuweisen.

8 Erweiterte Ereignisbehandlung **

Die Reihenfolge der Anweisungen und Elementdefinitionen ist hier also entscheidend, denn der Interpreter – im Regelfall der Browser – verarbeitet den Quelltext Top-down. Liest er eine *Event-Handler* Eigenschaft, so kann er diese nur auf die ihm bisher bekannten Objekte anwenden.

Beispiel
Das folgende Listing zeigt fehlerhaftes *Event-Handling*. Der Zugriff auf das Textfeld ist noch nicht möglich, da der <script>-Bereich vor dem <body>-Bereich verarbeitet wird.

```
<html>
<head>
<title>Event-Handler</title>
<script type="text/javascript">
function meldung()
{
alert("Sie haben Text markiert");
}
</script>
</head>
<body>
<form id="frm_test">
<textarea id="txt" onselect="meldung()">
Eingabe
</textarea>
</form>
<script type="text/javascript">
document.forms[0].frm_test.txt.onselect = meldung();
<!--wird aufgerufen, wenn der Text im Textfeld markiert wird.-->
</script>
</body>
</html>
```

Beispiel
Im folgenden Listing wird zuerst das Formular erstellt und erst danach der <script>-Bereich verarbeitet, welcher die Anweisungen für das *Event-Handling* enthält.

```
<html>
  <head>
    <title>Event-Handler</title>
    <script type="text/javascript">
      function meldung()
      {
        alert("Sie haben Text markiert");
      }
    </script>
  </head>
  <body>
    <form id="frm_test">
      <textarea id="txt">
        Eingabe
      </textarea>
    </form>
    <script type="text/javascript">
```

```
        document.frm_test.txt.onselect = meldung;
        //wird aufgerufen, wenn der Text im Textfeld markiert wird.
    </script>
  </body>
</html>
```

Erstellen Sie für jedes Beispiel eine valide HTML5-Seite und vergleichen Sie die Darstellung und eventuelle Fehlermeldungen in der Fehlerkonsole verschiedener Browser.

8.2 Das DOM 0 **

Die klassische Ereignisbehandlung per JavaScript wird durch das DOM 0 geregelt. Hier benötigt man eine Objektreferenz. Idealerweise wird ein *Event-Handler* registriert, indem der entsprechenden Objekt-Eigenschaft eine Funktion zugewiesen wird.

Einfache Ereignisbehandlung erfolgt über *Event-Handler* nach dem DOM 0-Standard. Diese werden entweder durch HTML-Attribute registriert oder als Objekt-Eigenschaften in einem `<script>`-Bereich deklariert.

DOM 0-Standard

Durch Angabe von *Event-Handlern* als JavaScript-Objekteigenschaften ergibt sich eine geringere Vermischung zwischen Seiteninhalt und Struktur (HTML) einerseits und JavaScript-Programmcode andererseits. Dies führt zu mehr Modularität und damit zu saubererem Code und einfacher zu wartenden Webseiten. Bei strikter Trennung von JavaScript und HTML-Code kann es passieren, dass die Ausführung eines *Event-Handler* einen Fehler verursacht. Dieser Fall tritt ein, falls noch nicht das gesamte Dokument einschließlich der Scripte geladen ist.

Event-Handler

Um ereignisgesteuert JavaScript-Code auszuführen, lässt sich der folgende Code verwenden:

Beispiel

```
<img id="bild" src="bild.jpg"
    onclick="javascript:alert('Klick');"/>
```

Alternativ könnte beim Laden der HTML-Seite eine Funktion definiert werden, welche dann später aufgerufen wird.

Das folgende Beispiel zeigt einen *Event-Handler* im `<script>`-Bereich:

Beispiel

```
<script type="text/javascript">
function meldung()
{
  alert("Klick");
}
</script>
```

```
<body>
<img id="bild" src="bild.jpg"
     onclick = "javascript:meldung();"
</body>
```

Auf diese Weise lassen sich jedoch nicht ohne weiteres mehrere JavaScript-Funktionen als Reaktion auf dasselbe Ereignis verketten, denn ein später aufgeführter *Event-Handler* `onclick=...` würde den vorigen überschreiben.

Allein durch rein scriptgesteuertes *Event-Handling* ist das jederzeitige Laden und Löschen von JavaScript-Funktionen möglich. So bleibt auch der Seitentext `<body>...</body>` scriptfrei.

Beispiel 1a

Dieses Beispiel zeigt Ihnen einen *Event-Handler* (anonyme Funktion) als Objekteigenschaft:

```
<script type="text/javascript">
window.onload = function()
{
   var obj = document.images[0];
   obj.onclick=function()
   {
      alert("Klick");
   }
}
</script>
```

In diesem Beispiel werden zunächst zwei anonyme Funktionen als *Event-Handler* deklariert. Die erste Funktion wird nach dem Laden der Seite, die zweite Funktion wird beim Klick auf das Bild ausgeführt. Die erste Funktion registriert die zweite Funktion als *Event-Handler*. So bleibt der Haupttext skriptfrei und sämtliche *Events* sind zentral deklariert. Die Verwendung einer anonymen Funktion ist hier sinnvoll, falls diese nur einmalig benötigt wird.

Führen Sie das Skript in mehreren Browsern aus.

Benannte Funktion aufrufen

Auch benannte Funktionen können Sie hier verwenden. Dann müssen allerdings bei der Zuweisung des Funktionsnamens die Klammern entfallen.

Beispiel 1b

Hier sehen Sie einen *Event-Handler* (benannte Funktion) als Objekteigenschaft:

```
<script type="text/javascript">
function meldung()
{
   window.status="Ereignis eingetreten";
}

window.onload = function()
{
```

```
  var obj = document.images[0];
  obj.onclick=meldung;
}
</script>
```

Einige HTML-Elemente besitzen beim Klick und auch bei Eintreten bestimmter anderer Ereignisse ein Standardverhalten. So wird beispielsweise bei Klick auf ein <a>-Element ein angegebener URL geladen oder bei Klick auf eine Absenden-Schaltfläche das enthaltende Formular abgeschickt.

Element-Standardverhalten

In derartigen Fällen ist der Rückgabewert der dem *Event-Handler* zugewiesenen Funktion relevant. Gibt diese den Wert `false` zurück, so wird die elementtypische Funktionalität nicht ausgeführt. Daher ist es oft sinnvoll, dass sichergestellt ist, dass die ereignisabhängig ausgeführte Funktion keinen Rückgabewert liefert, z. B. durch `return;`.

Durch das im Browser implementierte Ereignismodell wird schließlich festgelegt, auf welche Art und Weise auf ein eingetretenes Ereignis reagiert werden kann.

Die soeben dargestellten Techniken gehören zum DOM 0-Ereignismodell, welches bis auf geringe Abweichungen von allen Browsern heute unterstützt wird. Ein einzelnes HTML-Element wird durch den Browser auf ein bestimmtes Ereignis hin überwacht. Tritt das Ereignis ein, so wird eine vordefinierte Anweisung ausgeführt oder eine JavaScript-Funktion aufgerufen.

Wird der *Event-Handler* durch ein HTML-Attribut registriert, so können der Funktion beliebige Aufrufparameter übergeben werden. Wird der *Event-Handler* jedoch durch eine JavaScript-Objekteigenschaft deklariert, so ist dies nicht möglich. Auch stoßen die Techniken des DOM 0 an ihre Grenzen, wenn mehrere Scripte Ereignisse für dasselbe Seitenelement verarbeiten müssen und auch wenn flexibel einem Seitenelement mehrere ereignisbehandelnde Funktionen für dasselbe Ereignis hinzugefügt und entfernt werden sollen.

Grenzen des DOM 0

Zudem ist damit zu rechnen, dass klassische Ereignisbehandlung bald als veraltet *(deprecated)* eingestuft und aus dem ECMA-Standard entfernt wird.

8.3 Das DOM 2- und Microsoft-Modell **

DOM 2 ist das aktuell gültige Modell, durch welches die Regeln und Schnittstellen für die Ereignisbehandlung definiert werden. Ein Großteil der heutigen Browser folgt diesem Standard, welcher vom W3C festgelegt wurde. Einige alte Browser halten sich allerdings noch an das veraltete DOM 0, außerdem arbeitet der

8 Erweiterte Ereignisbehandlung **

Internet Explorer nach Microsoft-eigenen Regeln. Zum DOM 2-Standard gehört ein event-Objekt, welches als lokale Variable einem *Event-Handler* übergeben werden kann. Alte Browser unterstützen ein solches Objekt gar nicht, Microsoft-Browser (beispielsweise der Internet Explorer 8) stellen hier ein globales event-Objekt zur Verfügung. Das W3C definiert die Methoden und Eigenschaften des event-Objekts. Microsoft geht hier zum Teil seinen eigenen Weg. Mit dem Internet Explorer 9 berücksichtigt Microsoft mehr und mehr die Vorgaben des W3C. Zwar unterstützt der IE 9 das proprietäre Microsoft-Modell, jedoch hat Microsoft parallel einen großen Teil des DOM 2 in den Browser integriert.

event-Objekt Für eine detaillierte Ereignisbehandlung erzeugt der Browser bei Eintreten überwachter Ereignisse ein event-Objekt. Dessen Eigenschaften enthalten Informationen darüber, wo, wie und warum das Ereignis eingetreten ist. Dieses event-Objekt ist nach W3C-Standard der Übergabeparameter an die ereignisbehandelnde Funktion.

Sie kennen diese Technik bereits von der Fehlerbehandlung (siehe »Fehler-Objekte«, S. 149). In der catch-Klausel kann ebenfalls ein beliebiger Parameter angegeben werden, welcher in diesem Fall das durch den Interpreter automatisch erzeugte Fehlerobjekt repräsentiert.

Ausnahme IE Das durch den W3C-Standard definierte event-Objekt wird allerdings nicht durch den Internet Explorer (bis einschließlich der Version 8) erzeugt. Das Ereignis-Modell von Microsoft weicht hier von den W3C-Vorgaben ab. Der Internet Explorer stellt das event-Objekt nämlich als ein globales Unterobjekt von window – der Wurzel des DOM-Baumes – zur Verfügung. Jedoch ist das Objekt window.event nicht dauerhaft. Es verweist lediglich auf das jeweilige Ereignis-Objekt, welches gerade verarbeitet wird.

Browserunter-scheidung Wer browserübergreifend auf event-Objekte zugreifen möchte, muss beide Fälle in seinen Scripten berücksichtigen.

Beispiel Dieses Programm zeigt, wie Sie eine browserkompatible Ereignisbehandlung realisieren können:

```
<script type="text/javascript">
function demo(e)
{
  //IE und andere Browser unterscheiden
  if (typeof e == "undefined")
  {
    e = window.event;
  }
  window.status = "Hier haben Sie geklickt: " +
      e.screenX + "/" + e.screenY;
```

```
}
window.onclick = demo;
</script>
```

Dem Klick-Ereignis des aktiven Fensters wird die Funktion demo() zugewiesen. Diese wertet das event-Objekt aus. Sollte der Browser kein lokales Objekt e liefern, so wird durch die Funktion das globale event-Objekt verwendet. Schließlich ermittelt sie die Bildschirmposition, an welcher das Ereignis stattgefunden hat, und gibt die Koordinaten in der Statuszeile aus. Statt des if-Konstruktes könnte hier auch e = e || window.event verwendet werden.

Die Anwendungen des event-Objekts sind sehr vielseitig, da mit den meisten Ereignissen durch einen *Event-Handler* über das event-Objekt Informationen verarbeitet werden können, welche das Ereignis betreffen.

Hier sehen Sie am Beispiel des mit HTML5 eingeführten storage-Ereignisses, wie Sie die Eigenschaften des *event*-Objektes auswerten können. Das storage-Ereignis wird bei jeder Änderung des localStorage und des sessionStorage ausgelöst. Änderungen erfolgen durch Aufruf einer entsprechenden Methode. Methoden, durch welche die lokalen Speicher Änderungen erfahren, heißen clear(), setItem() und removeItem(). Zu den Eigenschaften des *event*-Objektes beim storage-Ereignis gehören key (der betroffene Schlüsselname als String), oldValue (der überschriebene Wert, null falls neu hinzugefügt), newValue (der neue Wert, null falls gelöscht) und url (die aufrufende Seite, bei einigen Browsern heißt diese Eigenschaft noch uri).

Beispiel

In einem DOM-kompatiblen Browser können Sie diese Eigenschaften wie folgt abfragen:

```
<script type="text/javascript">
window.onstorage = function(e)
{
  alert(e.key);
  alert(e.newValue);
  alert(e.oldValue);
  alert(e.url);
}
</script>
```

Das event-Objekt wird grundsätzlich automatisch erzeugt – unabhängig von seiner Verwendung oder Auswertung. Es stellt nach dem W3C-Standard ein Unterobjekt von window dar. Der Zugriff auf dessen Eigenschaften und Methoden erfolgt allein durch eine Skriptsprache innerhalb einer *Handler*-Funktion.

Microsoft-Modell Allerdings ist das event-Objekt nach dem Microsoft-Modell überall zugreifbar, wenn ein Ereignis eingetreten ist. Sein Name ist hier festgelegt: event.

W3C-Modell In W3C-konformen Browsern muss das Objekt im Kopf der ereignisbehandelnden Funktion aufgeführt werden. Hier dürfen Sie einen beliebigen Namen verwenden (gemäß der JavaScript-Konvention). Der Zugriff auf das Objekt und seine Eigenschaften ist hier ausschließlich innerhalb der Funktion möglich, da der Parameter die Funktionalität einer lokalen Variablen besitzt.

Unter Einsatz von *Workarounds* funktioniert die Ereignisbehandlung durch Scripte heute in beinahe allen Browsern. Allerdings weisen die Browser nicht nur hinsichtlich des Zugriffs auf das event-Objekt und Registrierung der *Event-Handler* Unterschiede auf. Auch die Eigenschaften des event-Objektes sowie dessen Methoden differieren.

Worin diese Unterschiede im Detail bestehen, können Sie der DOM-Referenz auf der Website Mozilla (http://developer.mozilla.org) und den Ausführungen im MSDN auf der Website von Microsoft (http://msdn.microsoft.com) entnehmen.

DOM 2 event-Objekt Das Prinzip jedoch ist in allen Fällen identisch: Klickt der Benutzer etwa in sein Browserfenster, so wird vom Browser implizit ein event-Objekt erzeugt, welches unter anderem Informationen enthält über

- die gedrückte Maustaste,
- die Art des Ereignisses,
- die Position des Mauszeigers zum Zeitpunkt des Klickens,
- gleichzeitig aktivierte/gedrückte Sondertasten (ALT, STRG, SHIFT, ALTGR).

Zum event-Objekt gehören einige Eigenschaften. Diese werden großenteils durch die DOM 2-API zur Verfügung gestellt. Bei Eintreten eines überwachten Ereignisses gibt der Browser die Informationen an das document-Objekt weiter. Diese können nun per JavaScript ausgelesen und verarbeitet werden. Danach wird das event-Objekt an den Browser zurückgegeben, welcher es schließlich weiter verarbeitet. So kann etwa auf einen beliebigen Tastendruck reagiert werden.

Beispiel Dieses Programm zeigt, wie Sie einen Tastendruck abfragen können:

```
<script type="text/javascript">
function taste(e)
{
  e = (e) ? e : window.event;
  window.alert(e.keyCode);
}
```

8.3 Das DOM 2- und Microsoft-Modell **

```
document.onkeypress = taste;
</script>
```

Führen Sie das Script in verschiedenen Browsern aus.

Hinsichtlich der Ereignisbehandlung unterteilen sich die aktuellen Browser in drei Gruppen:

Browsertypen

- W3C-konforme Browser (DOM 2)
- Microsoft-konforme Browser
- Dom 0-konforme Browser

Seit der Version 9 nimmt der Internet Explorer eine Sonderstellung ein: Er unterstützt einerseits das Microsoft-Modell (Abwärtskompatibilität zu IE $\leq$ 8), andererseits besitzt er gleichzeitig im Vergleich zu seinen Vorgängern eine deutlich verbesserte höhere DOM 2-Kompatibilität.

Für die Ereignisbehandlung nach den Vorgaben des W3C gibt es die Methode addEventListener(). Sie gehört zum DOM 2. Des Weiteren ist ein event-Objekt als Übergabeparameter für die ereignisbehandelnde Funktion vorgesehen.

Event-Handler registrieren (DOM 2)

Durch addEventListener() können Sie einem einzigen Ereignis mehrere behandelnde Funktionen zuweisen. Bei dieser Methode können Sie drei Argumente angeben (Tab. 8.3-1).

Argument	Beispiel
Event	"click"
JavaScript-Code/Funktionsaufruf	function(){alert("Klick");}
Modus (useCapture)	false

Tab. 8.3-1: Aufrufparameter von *addEventListener()*.

Allerdings erzeugt der Internet Explorer (Version 8 oder älter) ein globales event-Objekt und unterstützt bisher diese Methode nicht. Beim Microsoft-Modell muss die Ereignisbehandlung durch die Methode attachEvent() erfolgen, welche zwei Argumente besitzt (Tab. 8.3-2).

attachEvent()

Argument	Beispiel
Event-Handler	"onclick"
JavaScript-Code/Funktionsaufruf	function(){alert("Klick");}

Tab. 8.3-2: Aufrufparameter von *attachEvent()*.

Beispiel   Der folgende Programm ermöglicht die Validierung des Inhalts eines Formularfeldes in einem DOM 2-kompatiblen Browser:

```
<html>
<head>
<script type="text/javascript">
window.onload = function()
{
    var feld = document.getElementById("mail");
    feld.addEventListener("blur", testen, false);
}
</script>
</head>
<body>
<p>
<input type="text" id="mail"/>Adresse eingeben
</p>
</body>
</html>
```

Beispiel   Hier sehen Sie das entsprechende Programm für den Internet Explorer:

```
<html>
<head>
<script type="text/javascript">
window.onload = function()
{
    var feld = document.getElementById("mail");
    feld.attachEvent("onblur", testen);
}
</script>
</head>
<body>
<p>
<input type="text" id="mail"/>Adresse eingeben
</p>
</body>
</html>
```

Beispiel   Damit die Registrierung des *Event-Handlers* in standardkonformen Browsern und auch bei älteren Versionen des Internet Explorers funktioniert, können Sie im obigen Fall folgende Abfrage verwenden:

```
<script type="text/javascript">
window.onload = function()
{
    var feld = document.getElementById("mail");
    if (feld.attachEvent) //beherrscht der Browser die Methode?
    {
        feld.attachEvent("onblur", testen);
    }
```

```
    else if (feld.addEventListener)
    {
       feld.addEventListener("blur", testen, false);
    }
}
</script>
```

So wird attachEvent() nur in Browsern verwendet, in welchen diese Methode implementiert ist.

Weder attachEvent() noch addEventListener() garantieren allerdings, dass die *Event-Handler* in einer festgelegten vorhersagbaren Reihenfolge aufgerufen werden. Diese Reihenfolge bleibt grundsätzlich dem jeweiligen Browser überlassen.

Aufrufreihenfolge

Bei einem Vorgehen wie in diesem Beispiel bleiben die nur noch sehr selten im Einsatz befindlichen DOM 0-kompatiblen Browser unberücksichtigt, bei welchen lediglich das klassische *Event-Handling* realisierbar ist.

Die Anzahl der Benutzer derartiger Browser ist in den letzten Jahren sehr weit zurückgegangen. Daher werden diese häufig vernachlässigt, sodass diese Browser bei der Ereignishandlung außen vor bleiben.

Auch für diejenigen Webentwickler, welche auf DOM 0-Browser Rücksicht nehmen möchten oder müssen, gibt es einen *Workaround*.

Alte Browser einbeziehen

Die folgende Hilfsfunktion macht die Ereignisbehandlung für sämtliche Browser nahezu kompatibel:

Beispiel

```
function evtListen(obj, evt, f, mode)
{
   if (typeof obj.addEventListener != "undefined")
   {
      obj.addEventListener(evt, f, false);
   }
   else if (typeof obj.attachEvent != "undefined")
   {
      obj.attachEvent("on" +evt, f);
   }
   else
   {
      obj["on"+evt]=f;
   };
}
```

Durch Verschachtelung mehrerer Funktionen erreichen Sie hier, dass auch ältere Browser den Code korrekt verarbeiten können. Der browserübergreifende Aufruf dieser Funktion könnte für das oben gezeigte Beispiel wie folgt aussehen:

```
var feld = document.getElementById("feld");
evtListen(feld, "blur", testen, false);
```

8 Erweiterte Ereignisbehandlung **

Event-Handler deregistrieren

Event-Handler können auch wieder deregistriert werden. Der W3C-Standard stellt hier die Methode removeEventListener() bereit. Die entsprechende Methode des Microsoft-Modells heißt detachEvent().

removeEventListener() verwendet die gleichen Argumente wie addEventListener(), detachEvent() besitzt die gleichen Argumente wie attachEvent().

Beispiel

Das folgende Beispiel zeigt, wie Sie browserübergreifend einen *Event-Handler* deregistrieren können:

```
function remEvent(evt, f, obj)
{
  if (typeof obj.detachEvent != "undefined")
  {
    obj.detachEvent("on"+evt, f);
  }
  else if (typeof obj.removeEventListener != "undefined")
  {
    obj.removeEventListener(evt, f, false);
  }
  else
  {
    obj["on"+evt]=null;
  }
}
```

Eigenschaften des event-Objekts

Das event-Objekt nach dem DOM 2 besitzt noch einige weitere Eigenschaften:

- type bezeichnet das eingetretene Ereignis, z. B. mousemove.
- timeStamp ist ein Datumswert, welcher den Zeitpunkt zurückgibt, zu dem das Ereignis eingetreten ist.
- cancelable ist ein boolscher Wert, welcher angibt, ob eine eventuell vordefinierte Aktion durch die Methode preventDefault() verhindert werden könnte.
- bubbles ist ein *boolscher* Wert, welcher angibt, ob das Ereignis im DOM-Baum aufsteigen kann.
- eventPhase gibt an, ob sich das Ereignis am Zielelement, im Aufsteigen oder im Absteigen befindet.

Weitere spezielle Eigenschaften stehen gemäß W3C-Standard bei einigen Mausereignissen zur Verfügung:

- button gibt eine Zahl zurück, die Aufschluss darüber gibt, durch welche Maustaste (0 = links, 1 = mitte, 2 = rechts) das Ereignis ausgelöst wurde.
- altKey, ctrlKey, metaKey und shiftKey enthalten jeweils einen *boolschen* Wert. Dieser zeigt an, ob bei Eintreten des Ereignisses eine der Tasten ALT, CTRL bzw. STRG, META bzw. die Windows-Taste oder SHIFT (Umschalten) gedrückt wurde.

8.3 Das DOM 2- und Microsoft-Modell **

- clientX und clientY geben die Pixel-Koordinaten des Mauszeigers zu demjenigen Zeitpunkt an, zu welchem das Ereignis eintrat. Die Pixelangaben beziehen sich auf das Browserfenster.
- screenX und screenY geben die Pixel-Koordinaten des Mauszeigers zum Zeitpunkt an, als das Ereignis eintrat. Die Pixelangaben beziehen sich auf den Bildschirmrand.

Auch hier verhalten sich die einzelnen Browser nicht identisch. So gibt beispielsweise der Internet Explorer beim Drücken der linken Maustaste den Wert 1 und beim Drücken der rechten Maustaste den Wert 2 zurück.

Beispiel

Hier sehen Sie, wie Sie browserübergreifend abfragen können, welche Maustaste (rechts, links oder eine andere) der Benutzer gedrückt hat:

```
<!DOCTYPE html>
<html lang="de">
<head>
  <meta http-equiv="content-type" content="text/html;
         charset=utf-16" />
<title>Eingabeprüfung</title>
<script type="text/javascript">
window.onload = function()
{
  document.querySelector("div").onmousedown=function(e)
  {
    var browser = (!!e?"Standard":
                    (!!window.event?"MS":"sonst"));
    e = (!!e?e:(!!window.event?window.event:null));
    var button = ((browser=="MS"&&e.button==1)||
          (browser=="Standard"&&e.button==0))?"links":
          "sonst";button=(e.button==2)?"rechts":button;
    if (typeof e == "object")
    {
    alert(button + " geklickt");
    return (button);
    }
  }
}
</script>

</head>
<body id="main">
<div>CV</div>
<form id="frm">
<input type="text" id="eingabe">Farbe eingeben</input>
<br/>
<input type="button" id="btn" value="OK" />
</form>
</body>
</html>
```

8.4 Ereignisse weiterleiten **

Aufsteigen und Absteigen, die Möglichkeit des Abfangens von Ereignissen sowie zentrale Ereignisbehandlung sind Kernpunkte des DOM 2. Das W3C sieht hier vor, dass auf ein Ereignis auch an einem anderen Element als an seinem eigentlichen Auslöser reagiert werden kann.

Die Behandlung von Ereignissen, also die Reaktion auf Benutzereingaben oder -aktionen, wird häufig durch HTML-Attribute realisiert.

Beispiel Dieses Beispiel zeigt eine Möglichkeit, auf Ereignisse zu reagieren:

```
<body>
<h1>Events</h1>
<form>
<p>
<input type="button" value="testen"
  onmousedown="javascript:window.alert('drücken');"
  onmouseup="javascript:window.alert('loslassen');"
  onclick="javascript:window.alert('klick');)"/>
</p>
</form>
</body>
```

Die Ereignisbehandlung kann auch erfolgen, ohne JavaScript-Code innerhalb von HTML-Elementen einzusetzen.

Beispiel Hier erfolgt die Ereignisbehandlung rein scriptgesteuert:

```
<script type="text/javascript">
function mousedemo()
{
  window.alert("klick");
}
function mup()
{
  window.alert("loslassen");
}
function mdown()
{
  window.alert("drücken");
}
function start()
{
  with (document.forms[0].elements[0])
  onclick = mousedemo;
  onmouseup = mup;
  onmousedown = mdown;
}
window.onload = start;
</script>
<body>
```

```
<h1>Events</h1>
<form>
<p>
<input type="button" value="Klicken!"/>
</p>
</form>
</body>
```

Es ist hierbei sicher zu stellen, dass die *Handler*-Funktionen nicht zu früh aufgerufen werden. Das Dokument muss vollständig geladen worden sein, denn davor existiert die Schaltfläche noch nicht, ihr können also auch keine Eigenschaften zugewiesen werden. Daher wird start() hier erst aufgerufen, wenn alle Seitenelemente existieren – dann wird das load-Ereignis des window-Objekts ausgelöst.

Wie in diesem Beispiel zu sehen, sind ein Ereignis und ein *Event-Handler* immer einem bestimmten HTML-Element zugewiesen. Die Funktion start() ist dem load-Ereignis der aktuellen HTML-Seite zugewiesen, durch die anderen Funktionen wird auf Mausereignisse reagiert.

Führen Sie das Script in verschiedenen Browsern aus.

Ein event-Objekt wird während der Anzeige einer Webseite im Hintergrund erzeugt, sobald ein spezielles Ereignis (z. B. Tastendruck) eintritt. Allerdings besitzt das Eintreten eines Ereignisses nicht ausschließlich Auswirkungen auf denjenigen DOM-Knoten, an welchem das Ereignis ausgelöst wurde. Der Zugriff auf das event-Objekt ist auch über andere Seitenelemente möglich.

Durch das DOM 2-Ereignismodell werden drei Phasen bzw. Situationen definiert, in welchen sich ein Ereignis befinden kann:

Phasen im DOM 2-Modell

- Aufzeichnung
- Zielphase
- Aufstieg

Die Aufzeichnungsphase heißt auch *Capturing*. Hier bewegt sich das Ereignis im DOM-Baum abwärts vom document-Objekt bis zum Zielelement. Auf diesem Weg werden sämtliche für die durchlaufenen Elemente und den entsprechenden Ereignistyp registrierten Aufzeichnungs-*Handler* aufgerufen.

Aufzeichnung

Während der Zielphase, welche der Aufzeichnung folgt, werden die zutreffenden *Event-Handler* des Zielelements aufgerufen.

Zielphase

Der Zielphase folgt die Aufstiegsphase, in welcher jede entsprechende *Handler*-Funktion aufgerufen wird. In dieser Phase bewegt sich das event-Objekt durch die Objekthierarchie des Browser-Dokuments nach oben. Dieser Prozess wird als *Event-Bubbling* bezeichnet.

Aufstieg

8 Erweiterte Ereignisbehandlung **

Beim *Event-Bubbling* wird ein Ereignis bis zum höchsten DOM-Knoten weitergeleitet. Dieser Knoten ist document.

Beispiel

Wenn der Benutzer auf der hier dargestellten Webseite auf die Schaltfläche klickt, steigt das Klick-Ereignis bis zum document-Objekt auf:

```
<html>
<head>
<title>Bubbling</title>
</head>
<body>
    <form id = "frm">
        <input id="btn" value="Klicken!!" type="button"/>
    </form>
</body>
</html>
```

Die einzelnen Stationen sind:

1 `<input>`
2 `<form>`
3 `<body>`
4 `<html>`
5 document

Event-Delegation

Auf umfangreichen Webseiten muss oft derselbe *Event-Handler* für mehrere Seitenelemente registriert werden. Durch das Aufsteigen der Ereignisse im DOM-Baum wird dies deutlich vereinfacht, da per *Event-Delegation* ein zentrales Element die Ereignisverarbeitung für sämtliche seiner Unterelemente übernehmen kann.

Dies ist beispielsweise nützlich, wenn eine große Anzahl *Thumbnails* jeweils beim Anklicken in einem neuen Fenster mit voller Auflösung angezeigt werden soll. Abhängig vom Zielelement muss der *Event-Handler* hier ein neues Browserfenster öffnen und in diesem das entsprechende Vollbild ausgeben.

Nach dem W3C-Standard werden Aufstiegs-*Handler* durch `addEventListener( ; ; false)` und Abstiegs-*Handler* durch `addEventListener( ; ; true)` registriert.

Auch in Formularen findet *Event-Delegation* Anwendung. Dies ist etwa bei einem Formular der Fall, welches mehrere Kontrollfelder bzw. Checkboxen enthält, bei denen scriptgesteuert auf jede Zustandsänderung sofort reagiert werden soll.

Capturing & Bubbling

Allein durch *Capturing* können Sie in einem standardkonformen Browser sämtliche Ereignisse zentral überwachen, da jedes Ereignis gemäß dem DOM 2-Modell des W3C eine *Capturing*-Phase besitzt. Dagegen besitzen beispielsweise die Ereignisse `focus`, `blur` und `submit` keine *Bubbling*-Phase.

8.4 Ereignisse weiterleiten **

Da nicht DOM 2-kompatible Browser (Microsoft-Modell) kein *Capturing* unterstützen, müssen hier die Ereignisse direkt bei ihren Zielelementen überwacht werden.

Durch *Bubbling* und *Capturing* ist es möglich, ein Ereignis nicht nur beim auslösenden Objekt, sondern auch an jeder anderen Stelle seines Weges abzufangen.

Sie sehen in diesem Beispiel, wie ein Ereignis beim Aufsteigen abgefangen werden kann: *Beispiel*

```
<!DOCTYPE html>
<html>
<head>
<meta http-equiv="content-type" content="text/html;
        charset=windows-1252" />
<title>Event-Bubbling</title>
<script type="text/javascript">
var obj;
function f(e)
{
  e = e || window.event;
  alert(this.id);        //ID des verarbeitenden Elements
}

function start()
{
  var arr = ["titel", "absatz", "box", "text1", "text2",
             "main", "hinweis"];
  window.onclick = f;
  var len = arr.length;
  for (var zaehler = 0; zaehler < len; zaehler++)
  {
    obj = document.querySelector("#"+arr[zaehler]);
    obj.onclick = f;
  }
}
window.onload=start;
</script>
</head>
<body id = "main">
<div id = "box">
<h1 id = "titel">Event-Bubbling
</h1>
<p id = "absatz">Diese Demo zeigt das Aufsteigen von
                 Ereignissen. Dadurch lässt sich
<strong id = "text1">dasselbe</strong> Ereignis bei
<strong id = "text2">verschiedenen</strong>
Seitenelementen erkennen und auch per JavaScript auswerten.
</p>
<p id = "hinweis">
Klicken Sie auf die hervorgehobenen Textstellen oder die
Überschrift. Sie erhalten dann eine Rückmeldung, welche
Elemente das <code>event</code>-Objekt passiert hat.
</p>
```

```
</div>
</body>
</html>
```

Wenn Sie hier auf das erste `<strong>`-Element klicken, können Sie anhand der Ausgabe der ereignisbehandelnden Funktion das Aufsteigen des Ereignisses nachvollziehen. Die Ausgabe lautet zunächst text1, dann absatz, dann box, dann main, und schließlich undefined.

Die letzte Ausgabe erscheint zunächst unlogisch. Jedoch ist das *Event-Bubbling* beim `<body>`-Element noch nicht beendet. Im DOM-Baum befindet sich über `<body>` der document-Knoten. Da dieser hier keine ID besitzt, ist der entsprechende Wert undefined.

Erstellen Sie anhand dieses Codebeispiels eine HTML5-Seite und vollziehen Sie das *Event-Bubbling* nach.

Weiterleitung verhindern

Im Rahmen der Ereignisbehandlung können Sie erreichen, dass ein spezielles Ereignis nicht weitergeleitet wird. Im Falle eines DOM 2-kompatiblen Browsers geschieht dies durch den Aufruf der stopPropagation()-Methode des event-Objektes:

e.stopPropagation()

Bei Browsern, welche das Microsoft-Modell unterstützen, besitzt das event-Objekt zu diesem Zweck die spezielle Eigenschaft cancelBubble, deren Standardwert false lautet. Um hier die Weiterleitung zu verhindern, müssen Sie den Wert dieser Eigenschaft auf true setzen:

event.cancelBubble=true;

Standardverhalten ausschalten

Auch können Sie nach dem DOM 2 festlegen, dass seitens des Browsers auf das Ereignis keine Reaktion erfolgt:

e.returnValue = false;

Bei der Ereignisbehandlung wird in diesem Fall false zurückgegeben, daher unterdrückt der Browser das elementtypische Verhalten.

Erstellen Sie ein HTML5-Formular. Überwachen Sie hier das keypress-Ereignis. Steuern Sie die Reaktion des Browsers auf dieses Ereignis. Überprüfen Sie Ihre Seite in verschiedenen Browsern.

Beteiligte Elemente

Das Auslösen zentraler *Event-Handler* sowie die Ereignisweiterleitung führen dazu, dass die *Handler*-Funktion in vielen Fällen auf zwei Seitenelemente zugreifen muss, welche an diesem Prozess beteiligt sind:

- Das Zielelement:
  Der Zugriff auf das ursprüngliche Element, bei welchem das

Ereignis eingetreten ist, erfolgt beim Internet Explorer über die Eigenschaft srcElement. Diejenigen Browser, welche sich an den DOM-Standard halten, stellen hier die target-Eigenschaft des event-Objektes zur Verfügung.

- Das verarbeitende Element:
Dasjenige Element, dessen *Event-Handler* gerade ausgeführt wird, kann per DOM 2-Standard über die currentTarget-Eigenschaft des event-Objekts referenziert werden. Da der Internet Explorer als einer der verbreitetsten Browser bis zur Version 8 diese Eigenschaft nicht unterstützt, sollte hier für browserübergreifendes Scripting statt e.currentTarget grundsätzlich this verwendet werden.

Dieses Beispiel zeigt Ihnen, wie Sie browserübergreifend das verarbeitende Element und das Zielelement identifizieren können: | Beispiel

```
function objekte(e)
{
   e = (typeof e != "undefined") ? e : window.event;
   var ziel = (e.target) ? e.target : e.srcElement;
   var result = [ziel.id, this.id];
   return result;
}
```

Zunächst erzeugt die Funktion eine Referenz auf das event-Objekt. Beim Microsoft-Modell ist es das globale Objekt window.event, bei DOM 2-kompatiblen Browsern ist es eine lokalen Variable, welche der *Handler*-Funktion übergeben wird.

Nun wird das ursprüngliche Ziel des Ereignisses referenziert. Bei Browsern, welche das Microsoft-Modell unterstützen, geschieht das über die Eigenschaft srcElement des event-Objektes. Das DOM 2 dagegen sieht hier die Eigenschaft target vor.

Schließlich ermittelt die Funktion jeweils die ID des Zielelements sowie die ID des *Handler*-Elementes und gibt beide in einem Array zurück.

Wird bei einem DOM 2-kompatiblen Browser am Zielelement auf ein Ereignis reagiert, so verweisen this, target und currentTarget innerhalb des *Event-Handlers* stets auf dasselbe Objekt: | Beispiel

```
<form id="frm">
<input id="nr" type="text"/>
</form>
<script>
var obj=document.querySelector("#nr");
obj.onkeypress=function(e)
{
   window.alert(this.id +"     " +
```

8 Erweiterte Ereignisbehandlung **

```
                          e.currentTarget.id + "    " + e.target.id);
}
</script>
```
Der *Event-Handler* liefert in allen drei Fällen den Namen "nr".

Führen Sie das Script in verschiedenen Browsern aus. Ergänzen Sie es so, dass es auch im Internet Explorer in der Version 8 fehlerfrei abläuft.

Beispiel

Wird bei einem DOM 2-kompatiblen Browser beim Aufsteigen auf ein Ereignis reagiert, so verweisen `this` und `currentTarget` innerhalb des *Event-Handlers* auf dasselbe Objekt, lediglich `target` verweist auf ein anderes Objekt:

```
<html>
<head>
<script>
window.onload = function()
{
   var obj = document.querySelector("#frm");
   obj.onclick = function(e)
   {
     window.alert(this.id + "    " +
              e.currentTarget.id +
          "    " + e.target.id);
   }
}
</script>
</head>
<body>
<form id="frm">
<input id="btn" value="Klicken!!" type="button"/>
</form>
</body>
</html>
```

Der *Event-Handler* gibt zweimal `frm` und einmal `btn` zurück, wenn der Benutzer auf die Schaltfläche klickt.

Führen Sie das Script in verschiedenen Browsern aus. Erweitern Sie es um eine Abfrage, sodass auch der Internet Explorer es in der Version 8 verarbeiten kann.

Eine typische Anwendung des DOM 2 ist das Verschieben von Elementen auf einer Webseite. Herkömmliches Drag&Drop wird durch mehrere Funktionen realisiert:

- Zunächst müssen einige *Event-Handler* registriert und die Anfangsposition des zu verschiebenden Objekts ermittelt werden.
- Das Objekt muss zur aktuellen Position des Mauszeigers hin verschoben werden.

- Die endgültige Position des Objekts wird festgelegt und einige *Event-Handler* werden wieder deregistriert.

Auf der hier dargestellten Webseite kann jedes sichtbare Element, welches zur CSS-Klasse drag gehört, mit der Maus verschoben werden:

Beispiel

```
<!DOCTYPE html>
<html lang="de">
<head>
<meta http-equiv="content-type" content="text/html;
        charset=utf-16" />
<style type="text/css">
/* Klasse für ziehbare Objekte */
.drag{position:relative}
</style>

<script type="text/javascript">
var mstart = {x:0, y:0};   //Maus Startposition
var abstand = {x:0, y:0};  //Bildabstand
var obj;                   //Verweis auf Drag-Objekt

window.onload = function()
{ //Handler einrichten
  document.onmousedown = start;
  document.onmouseup = ende;
}

function start(e)
{     //Fallunterscheidungen für IE
      //Ausgangswerte ermitteln
  e = e||window.event;
  obj = e.target != null ? e.target : e.srcElement;
  if ((e.button == 1 && window.event != null
     || e.button == 0) && obj.className == 'drag')
  {     //falls linke Maustaste gedrückt ...
    mstart = {x:e.clientX, y:e.clientY};
        //Startposition feststellen
    abstand = {x:getpos(obj.style.left),
               y:getpos(obj.style.top)};
    obj.style.zIndex = obj.style.zIndex + 100;
        //Objekt in den Vordergrund
    document.onmousemove = ziehen;   //Handler zuweisen
    return false; //Standardverhalten des Browsers abschalten
  }
}

function ziehen(e)
{ //Objekt verschieben
  e = e||window.event;
  obj.style.left = (abstand.x + e.clientX - mstart.x) + 'px';
  obj.style.top = (abstand.y + e.clientY - mstart.y) + 'px';
  window.status = '(' + obj.style.left + ', '
                      + obj.style.top + ')';
     //Mauspostion in Statusleiste anzeigen
```

8 Erweiterte Ereignisbehandlung **

```
}
function ende(e)
{ //abschließende Zuweisungen
  if (obj == null) return;
  obj.style.zIndex = obj.style.zIndex - 100;
  //Objekt wieder in den Hintergrund setzen
  document.onmousemove = null;
  obj = null;
}

function getpos(px)
{ //Koordinaten als Werte lesen
  var wert = parseInt(px);
  return (wert == null || isNaN(wert)) ? 0 : wert;
}
</script>
</head>
<body>
<img class="drag" id="bild" src="smiley.gif"/>
<br/><br/>
<canvas class="drag" style="background-color:green;">Test
</canvas>
</body>
</html>
```

Führen Sie das Script in verschiedenen Browsern aus.

In vielen Fällen ist das Verschieben mithilfe von DOM-Methoden ohne spezielle Drag&Drop-Funktionalitäten durchführbar. Das neue Drag&Drop-API bietet hier allerdings u. a. folgende Vorteile und Verbesserungen:

- Jedes Element ist ziehbar.
- Der Quelltext wird übersichtlicher.
- Auch komplexe Datentypen können gezogen werden.
- Das Browserverhalten ist detailliert steuerbar.
- Während des Drag&Drop-Vorgangs kann ein *Icon* angezeigt werden.

Beispiel Hier wird ein Bild per Drag&Drop in einen Ziel-Bereich verschoben:

```
<!DOCTYPE html>
<html lang="de">
<head>
<meta http-equiv="content-type" content="text/html;
       charset=utf-16" />
<style type="text/css">
#drop{height: 150px; width: 200px;
      border: 2px solid; background-color:red;}
</style>
<script type="text/javascript">
window.onload=function()
```

```
{
  var drop = document.querySelector("#drop");
  var bild = document.querySelector("#bild");
  drop.ondragenter = abbruch;
  drop.ondragover = abbruch;
  bild.ondragstart = function(e)
  {
    e.dataTransfer.setData("txt",this.src);
    e.dataTransfer.setData("obj",this.nodeName);
    e.dataTransfer.setData("id",this.id);
  }
  drop.ondrop = function(e)
  {
    var elem = e.dataTransfer.getData("id");
    var obj = document.querySelector("#"+elem);
    e.target.appendChild(obj);
    e.stopPropagation;
    return false;
  }
  function abbruch()
  {
     return false;
  }
}
</script>
</head>
<body>
<img id="bild" src="smiley.gif"/>
<div id="drop"></div>
</body>
</html>
```

Das Skript ist einsetzbar in W3C-Browsern, welche bereits das Drag&Drop-API (HTML5) unterstützen. Zu diesen gehört beispielsweise Firefox ab seiner Version 4.

Führen Sie das Skript in verschiedenen Browsern aus.

9 Canvas ***

<canvas> ist ein neues Seitenelement. Es gehört zum HTML5-Standard. Übersetzt bedeutet es »Leinwand«. Es stellt auf einer Webseite eine rechteckige Zeichnungsfläche dar.

Über eine API-Schnittstelle können Sie per JavaScript <canvas>-Elemente manipulieren, um dynamisch Bitmap-Grafiken zu erstellen oder das Layout eingebetteter Bildobjekte zu ändern.

Einsatzmöglichkeiten

Sie erfahren hier, wie Sie Canvas-Grafiken auf Ihrer Webseite darstellen und dynamisch verändern können. Die aktuellen Browser beherrschen bisher nur einen Teil dessen, was derzeit in den *Working Drafts* der WHATWG, des W3C und anderer Standardisierungsgremien beschrieben wird.

Die hier dargestellten Funktionalitäten sind sowohl bei Google-Chrome, im Firefox-Browser ab der Version 4 als auch bei Opera ab Version 11 vollständig implementiert. Ab der Version 9 ist auch der Internet Explorer canvasfähig.

Das Canvas-API stellt im zweidimensionalen Kontext ein *Rendering*-Objekt zur Verfügung. Es können gerade Linien, Kurven, Flächen und Text gezeichnet werden. Zum Zeichnen von Text und Rechtecken gibt es spezielle Methoden.

Bei anderen Zeichenobjekten beginnt man den Entwurf mit beginPath() und legt dann die Konturen/Linien fest. Dies kann beispielsweise durch die Kontext-Methode arc() geschehen, welche das Zeichnen eines Kreises ermöglicht. Schließlich erfolgt das Zeichnen mit einer Methode wie fill() oder stroke(). Durch spezielle Eigenschaften des *Rendering*-Objekts können Sie das Layout Ihrer Zeichnungen beeinflussen.

Im Folgenden werden Sie zahlreiche Techniken kennen lernen:

- Rechtecke zeichnen und ausfüllen.
- Beliebige Flächen ausfüllen und Linien darstellen.
- Zeichenattribute setzen, speichern und laden.
- Zeichenmethoden anwenden.
- Farbverläufe und Transparenz einsetzen.
- Eigenschaften von Linien und Endpunkten festlegen.
- Datenbasierte Diagramme erstellen.
- Texte darstellen.
- Schatteneffekte verwenden.
- Bildobjekte erstellen.

In einem <canvas>-Zeichenbereich können u. a. Rechtecke, Kreise, Linien, Texte und Sprites dargestellt werden. Auch Pfeile und kleine Logos können per Canvas leicht erzeugt werden. Dies erfolgt während der Laufzeit – anstelle einer großen Bilddatei müssen hier lediglich ein paar Byte JavaScript-Code vom Webserver geladen werden.

Neben statischen Grafiken können Webdesigner per Canvas-Technik auch Animationen und insbesondere Browserspiele programmieren. Die Darstellung erfolgt dabei jedoch nicht – wie Sie es bisher kennen – durch *PlugIns*, wie es etwa der Fall ist bei Adobe Flash, Java Applets, Silverlight oder JavaFX.

Canvas-Objekte sind keine Vektor- sondern Pixelgrafiken. Sie werden unmittelbar im Browserfenster angezeigt. Sie ergänzen die grafischen Möglichkeiten, welche gegeben sind durch

- *Cascading Style Sheets* (CSS),
- *Scalable Vector Graphics* (SVG) und
- *Vector Markup Language* (VML).

Alternative SVG

SVG und Canvas stehen zueinander in unmittelbarer Konkurrenz. Dabei ist SVG ein Vektorgrafik-Standard, welcher auf XML basiert, sich auch außerhalb des Browsers bewährt hat und erheblich mehr Möglichkeiten als Canvas bietet.

Bei SVG sind einzelne Zeichenobjekte Teil des DOM-Baums und jedes dieser Objekte kann gezielt verändert werden. Allerdings ist SVG derzeit (Stand 2011) nicht Teil des HTML-Standards, sodass dessen Unterstützung durch die Browser nicht dauerhaft gewährleistet ist. Die Implementierung von SVG ist mangels Standardisierung in den einzelnen Browsern nicht einheitlich.

Canvas-Änderungen haben zur Folge, dass der gesamte Zeichenbereich neu gerendert werden muss. Trotzdem bietet Canvas mehr Dynamik. Es ermöglicht zahlreiche neue Anwendungen auf Webseiten. Zu diesen gehören Diagramme, Skizzen, Ablaufpläne oder Modellierung.

Während bisher Grafiken statisch als Bilder im Browser dargestellt wurden, entstehen nun neue Möglichkeiten:

- Die Berechnung der Grafik erfolgt durch den Interpreter.
- Dynamische Applikationen durch Interaktion mit dem Benutzer erfordern weder Kommunikation mit dem Server, noch den erneuten Aufbau der aktiven Webseite.

Der Internet Explorer ist erst seit der Version 9 in ausreichendem Maße canvastauglich.

Die Anwendungen von Canvas sind sehr vielseitig. Wer sich vorab einen Eindruck verschaffen möchte, findet im Web umfangreiche Beispiele:

- Die Image-Replace-Technik wird auf der Website Neocracy (http://typeface.neocracy.org) dargestellt.
- Eine experimentelle Online-IDE finden Sie auf der Website Ajax.org (http://ace.ajax.org/).

- Ein JavaScript-Toolkit wird auf der Website Mochaui (http://mochaui.com/demo) angeboten.

Sie lernen im Folgenden ausführlich das Wichtigste über Canvas und seine Methoden.

Zunächst geht es um das Initialisieren des Canvas-API und um das Zeichnen einfacher Figuren:

- »Rechtecke zeichnen«, S. 397

Canvas-Farben können definiert werden:

- »Muster und Farbverlauf«, S. 407

Kurven und Figuren können erzeugt werden:

- »Pfade und Formen«, S. 411

Text kann gezeichnet werden:

- »Text und Schatteneffekte«, S. 419

Geometrische Abbildungen können programmiert werden:

- »Transformationen«, S. 422

Bereits erstellte Bildobjekte können verändert werden:

- »Bilder und Pixelmanipulation«, S. 424

In Zukunft können auch 3-D-Effekte erzeugt werden:

- »WebGL – die dritte Dimension «, S. 430

9.1 Rechtecke zeichnen ***

Im 2D-Kontext lassen sich neben formatierten Texten auch Kreise, Rechtecke, Linien, Farbverläufe und ähnliche Zeichenobjekte darstellen. Zudem kann man externe Bilddateien in einen Canvas-Bereich einbinden. Die Koordinatenachsen werden dabei durch den oberen und den linken Rand des Objektes repräsentiert. Die x-Achse zeigt nach rechts, die y-Achse nach unten. Durch <canvas> und seine API-Schnittstelle, welche beide Teil des HTML5-Standards sind, lassen sich scriptgesteuert Bilder erstellen, Grafiken verändern und animieren.

Ein <canvas>-Zeichnungselement wird im <body>-Bereich der HTML-Seite definiert. Es stellt ein Inline-Element dar, sollte also gemäß HTML-Standard innerhalb eines Block-Elementes wie beispielsweise <p> oder <div> verwendet werden.

Die Größe des Elementes lässt sich durch HTML-Attribute festlegen.

```
<canvas width="100" height="50" id="cv1">
Canvas-Element 1
</canvas>
```

Beispiel

Auch per JavaScript können Sie die Abmessungen des Elements angeben.

Beispiel

Durch die Knoteneigenschaften `height` und `width` ändern Sie scriptgesteuert das Layout de <canvas>-Bereiches. Derartige Größenänderungen haben zur Folge, dass sämtliche Zeichnungen und Pfade entfernt sowie die Eigenschaften des *Rendering*-Objektes auf ihre Standardwerte zurückgesetzt werden:

```
<script style="text/javascript">
  var obj = document.getElementById("cv");
  if (obj.getContext)
  {
    obj.height = 50;
    obj.width = 100;
    var context = obj.getContext('2d');
    context.fillStyle = "rgb(0, 0, 0)";
    context.fillRect(0, 0, obj.width, obj.height);
  }
</script>
<body>
<div>
<canvas id="cv">
Canvas-Element
</canvas>
</div>
</body>
```

In jedem der hier gezeigten Beispiele wird ein leeres rechteckiges <canvas>-Element erzeugt, dessen Breite 100 Pixel und dessen Höhe 50 Pixel beträgt. Beide Elemente besitzen im Browserfenster identische Größe. Das `id`-Attribut dient jeweils dem gezielten Zugriff per JavaScript.

Wenn Sie ein Canvas-Element – wie hier dargestellt – auszeichnen und seine Eigenschaften festlegen, steht es nun in einem canvaskompatiblen Browser für Zeichenaktivitäten zur Verfügung. Es hebt sich jedoch noch nicht vom Rest der Seite ab. Um einen Canvas-Bereich ohne Zugriff auf das Canvas-API zu visualisieren, können Sie ihm per CSS einen farbigen Hintergrund zuweisen:

```
background:yellow;
```

Eine andere Möglichkeit besteht darin, für die Zeichnungsfläche einen Rahmen festzulegen:

```
border: 2px solid blue;
```

Durch <canvas> ...</canvas> erzeugen Sie eine leere Zeichnungsfläche. Diese können Sie per CSS formatieren und einzig per JavaScript mit Pixelgrafik füllen. Der Zugriff auf Zeichenobjekte innerhalb eines <canvas>-Elements erfolgt über die Eigenschaften und Methoden des Canvas-API.

Während das `<canvas>`-Element als Ganzes einen DOM-Knoten darstellt, erscheinen einzelne per Script gezeichnete Figuren, Linien, etc. nicht im DOM-Baum der Seite.

Die Angabe eines Element-Inhalts beim Anlegen eines Zeichnungselements ist nicht notwendig. Der Inhalt der Textknoten und Elementknoten innerhalb eines `<canvas>`-Elements wird durch den Browser lediglich ausgegeben, wenn dieser nicht canvasfähig sein sollte.

Sinnvollerweise geben Sie hier einen Hinweistext an. Auch eine statische Grafik `<img ....> </img>` könnte hier alternativ ausgegeben werden.

Sie können auf diese Weise leicht prüfen, ob Ihr Browser mit dem `<canvas>`-Element umgehen kann. Der Inhalt eines `<canvas>`-Elements wird auch als *fallback content* bezeichnet.

fallback content

Um die Ausmaße eines `<canvas>`-Elements per JavaScript abzufragen, könnten Sie die üblichen Elementeigenschaften `width` und `height` verwenden.

Hier wird die Größe eines solchen Elementes ausgegeben.

Beispiel

```
var obj = document.getElementById("cv1");
window.alert("Höhe: " + obj.height +
"          Breite: " + obj.width);
```

Legen Sie zwei `<canvas>`-Elemente an. Die Größe soll bei dem einen Element per CSS, bei dem anderen per HTML festgelegt werden. Fragen Sie die jeweiligen Elementeigenschaften in verschiedenen Browsern ab. Was stellen Sie fest?

HTML-Layout wird nicht als standardgemäß angesehen. Das W3C empfiehlt, für Layoutzwecke grundsätzlich CSS zu verwenden. Jedoch wird durch die aktuellen Browser im Fall, dass Sie dessen Größe per CSS angeben, ein `<canvas>`-Element in Standardgröße (Höhe 150, Breite 300) angelegt.

Standardgröße

Die Größe eines `<canvas>`-Elements kann also lediglich per HTML oder durch die JavaScript-Eigenschaften `height` und `width` wirksam festgelegt werden. Die Verwendung von `style` oder `setAttribute()` wird hier *nicht* unterstützt. Die Festlegung der Größe eines `<canvas>`-Elements ist ausschließlich in der Einheit »Pixel« möglich. Es genügt dabei grundsätzlich die Angabe einer Zahl. Bei fehlenden oder fehlerhaften Angaben zur Größe werden die Standard-Abmessungen verwendet.

Legen Sie mehrere `<canvas>`-Elemente an, deren Größe per JavaScript durch `height` und `width` festgelegt wird. Lassen Sie sich die Größe der einzelnen Elemente in verschiedenen Browsern ausgeben.

Zum `<canvas>`-Element gehören nur wenige Methoden. Eine von diesen ist die Methode `toDataURL()`, welche das Exportieren des Zeichnungsbereiches in eine Bilddatei ermöglicht. `toDataURL()` ist allerdings keine Kontext-Methode, da sie nicht den Prozess des Zeichnens beeinflusst. Es handelt sich hier um eine DOM-Methode, welche speziell auf `<canvas>`-Elementknoten angewendet werden kann. Diese Methode wird im Kapitel »Bilder und Pixelmanipulation«, S. 424, behandelt.

Rendering-Objekt

Um eine `<canvas>`-Grafik per JavaScript zu erstellen, benötigen Sie einen Zeichnungskontext *(rendering context)* bzw. ein *Rendering*-Objekt, über welches der Zugriff auf das Canvas-API erfolgt. Hier existieren folgende Alternativen:

- Einzig der 2D-Kontext wird durch die gängigen Browser durchgehend und umfassend unterstützt.
- Immer mehr aktuelle Browser bieten auch einen 3D-Kontext an.

getContext()

Um ein *Rendering*-Objekt zu erzeugen und anschließend per JavaScript auf das Canvas-API zugreifen zu können, gibt es die Methode `getContext()` des `<canvas>`-Knotens. Übergabeparameter ist der Name des Kontextes. Für den 2D-Kontext heißt er `2d`. Der Konstruktor erzeugt dann ein `CanvasRenderingContext2D`-Objekt. Für den 3D-Kontext heißt der Name `webgl`. Hier erzeugt der Konstruktor ein `WebGLRenderingContext`-Objekt.[1]

Beispiel

Hier wird ein 2D-*Rendering*-Objekt erzeugt:
```
var obj = document.getElementById("cv1");
var init = obj.getContext("2d");
```

⚠ Beachten Sie hier, dass jeder Zeichnungsbereich lediglich ein einziges Kontextobjekt bzw. *Rendering*-Objekt besitzt. Daher wird jeder weitere Aufruf von `getContext()` für dasselbe `<canvas>`-Element dieselbe Objektinstanz zurückliefern.

Die Methode `getContext()` besitzt die Funktionalität eines Konstruktors. Durch `getContext("2d")` erzeugt sie ein Core-Objekt, welches vom Typ `CanvasRenderingContext2D` ist. Dieser Objekttyp ist seit HTML5 Teil des Webstandards.

Zum `CanvasRenderingContext2D` gehören einige native Eigenschaften und Methoden. Durch `prototype` können Sie ihm auch weitere Methoden hinzufügen.

Zum Kontext-Objekt `CanvasRenderingContext2D` gehört die Eigenschaft `canvas`, welches eine Rück-Referenz auf das umgebende

---

[1] Die Browserhersteller haben begonnen, mit WebGL ein API für JavaScript als Schnittstelle zu OpenGL zu implementieren. WebGL ist sehr komplex. Sie wird hier nicht weiter behandelt. Sobald die Browserhersteller genug WebGL-Fähigkeiten in ihre Browser integriert haben, sollten Webdesigner 3D-Grafik mit Hilfe von *Frameworks* auf Basis von JavaScript oder Ajax entwickeln.

9.1 Rechtecke zeichnen ∗∗∗

bzw. übergeordnete <canvas>-Element darstellt. So ist es möglich, während der Laufzeit Eigenschaften des <canvas>-Elements abzufragen oder gar zu ändern.

> **Beispiel**
>
> Mit Hilfe der canvas-Eigenschaft kann dynamisch die Größe des <canvas>-Elements geändert werden:
> ```
> CanvasRenderingContext2D.prototype.newSize=
> function(x,y)
> {
>   this.canvas.height=y;
>   this.canvas.width=x;
> }
> ```

Übernehmen Sie die neue Methode newSize() des *Rendering*-Objekts und testen Sie deren Funktionalität in verschiedenen Browsern.

Um das *Rendering*-Objekt vollständig an den gerade aktiven Browser-Tab anzupassen, können Sie auf die Eigenschaften innerWidth und innerHeight des window-Objekts zugreifen.

Nicht alle Browser sind canvasfähig. Um Laufzeitfehler zu vermeiden und Fehlfunktionen vorzubeugen, können Sie sicherheitshalber vor die Initialisierung eine Abfrage schalten:
```
var obj = document.getElementById("cv1");
if (obj.getContext)
{
  var init = obj.getContext("2d");
}
```

Nachdem Sie ein *Rendering*-Objekt erzeugt haben, können Sie mit Hilfe von Methoden des Canvas-API einen beliebigen Teilbereich des Canvas-Bereiches farbig hinterlegen. Dazu legen Sie zunächst durch das fillStyle-Attribut die Eigenschaften des Hintergrunds (Transparenz, Farbe) fest. — **fillStyle**

> **Beispiel**
>
> Hier sehen Sie als einführendes Canvas-Beispiel eine JavaScript-Funktion. Diese können Sie beispielsweise nach dem Laden einer Webseite (window.onload) ausführen, welche ein <canvas>-Element mit der Auszeichnung id="cv1" enthält. Hier wird vorausschauend die Funktion fillRect() verwendet, welche eine Zeichenmethode des Canvas-API ist. Sie gehört zum CanvasRenderingContext2D-Objekt.
>
> Die Funktion farben() füllt einen Zeichenbereich mit Quadraten identischer Größe und unterschiedlicher Farbe. Durch die Eigenschaft fillStyle wird das Füllmuster festgelegt. Die Methode fillRect() definiert einen rechteckigen Füllbereich. Durch dim = 7 wird festgelegt, dass die for-Schleife 49 mal durchlaufen werden soll. Das Script passt die Größe der zu zeichnenden Quadrate den Abmessungen des Canvas-Bereichs

an. Die bei jedem Schleifendurchlauf neu berechneten Variablen x und y sorgen dafür, dass jedes Quadrat eine neue Position und eine andere Farbe erhält.

```
function farben()
{
  var obj = document.getElementById("cv1");
  var init = obj.getContext("2d");
  var dim = 7, x = 0, y = 0;
  init.canvas.height=300;
  init.canvas.width=400;
  var len = Math.floor(Math.min(init.canvas.width,
                        init.canvas.height)/dim);
  for (var zaehler=0;zaehler<dim*dim;zaehler++)
  {
    y = zaehler%dim;
    x = (zaehler - y)/dim;
    init.fillStyle="rgb(" + Math.floor(255-255/dim*y) + ",0," +
                   Math.floor(255-255/dim*x) + ")";
    init.fillRect(x*len,y*len,len,len);
  }
}
```

Führen Sie das Script in verschiedenen Browsern aus.

strokeStyle — Für das Zeichnen von Konturen steht die Eigenschaft strokeStyle zur Verfügung. Das Setzen dieser Eigenschaft erfolgt analog zur Wertzuweisung an fillStyle.

Alphakonstante — Hier kann neben rgb() auch rgba() verwendet werden, welches neben Rot-, Grün- und Blau-Anteil einen 4. Parameter erfordert. Dieser heißt »Alphakonstante«. Bei der Alphakonstanten handelt es sich um eine Zahl zwischen 0 und 1, welche die Transparenz der Füllfarbe angibt. Dabei bedeutet 0 vollständige Transparenz und 1 bedeutet vollständige Deckung.

Beispiel 1
```
init.fillStyle = "rgb(255, 0, 0)"; //deckendes Rot
init.fillStyle = "rgba(255, 0, 0, 0.4)";
                 //Rot, 40% Deckung
init.strokeStyle = "#FF0000";
init.strokeStyle = "red";
```

Farbkonstante — Die letzte Zeile im Beispiel 1 enthält eine Farbkonstante. Die hier erlaubten Standard-Farben heißen aqua, black, blue, fuchsia, gray, grey, green, lime, maroon, navy, olive, purple, red, silver, teal, white und yellow.

globalAlpha — Praktisch im Zusammenhang mit Transparenz ist die Kontext-Eigenschaft globalAlpha. Sie können hier einen Wert zwischen 0 und 1 angeben, welcher auf alle nachfolgenden Zeichenbefehle fill(), stroke(), fillText(), strokeText(), fillRect() und strokeRect() gleichermaßen angewendet werden soll.

Die Kombination mehrerer Alpha-Werte wirkt multiplikativ.

```
init.globalAlpha = 0.6;
init.fillStyle = "rgba(0, 255, 255, 0.2)";
init.fillRect(0,0,50,50); //12% Deckung
```
Beispiel

Zu CSS3 und somit auch zu Canvas gehören neben Farbkonstanten, `rgb()` und `rgba()` auch Farbdefinitionen per `hsl()` und `hsla()`. Die Abkürzung `hsl` steht für *hue, saturation* und *lightness*:

hsl()

- *hue* ist hier der »Farbwinkel«. Der Farbkreis beginnt bei Rot (0°) und läuft über Gelb (60°), Grün (120°), Cyan (180°), Blau (240°) und Magenta (300°) zu Rot zurück. Der Wert des Farbwinkels ist eine Gleitkommazahl.
- Die Farbsättigung *saturation* wird als Gleitkommazahl angegeben, wobei 0 ein helles Grau darstellt. Der Wert von *saturation* ist als eine Prozentangabe (0...100) zu interpretieren.
- Auch die Helligkeit *(lightness)* wird als Prozentzahl (0...100) angegeben. Der Wert 100 erzeugt ein weißes Muster, 0 wird als Schwarz ausgewertet. Auch der *lightness*-Wert ist eine Gleitkommazahl.

`hsla()` benötigt 4 Parameter:

- Den Farbwinkel (0...360),
- die Sättigung (0...100),
- die Helligkeit (0...100),
- die Alphakonstante (0...1).

Typische `hsla()`-Farbdefinitionen sind:

Beispiele

- hsla(180, 100, 0, 0.5)
- hsla(360, 50, 100, 0.3)
- hsla(0, 40, 10, 0.1)

Zu unterscheiden im 2D-Kontext sind die Basisobjekte

- Rechteck,
- Text,
- beliebige Form.

Das Zeichnen erfolgt bei Canvas durch spezielle Methoden des Kontexts bzw. des *Rendering*-Objekts. Dabei dienen *Stroke*-Methoden zum Zeichnen von Linien, während durch *Fill*-Methoden ganze Flächen ausgefüllt werden. Tab. 9.1-1 zeigt Ihnen die zur Verfügung stehenden Zeichenmethoden.

Zeichenmethoden

Durch Aufruf dieser Methoden erreichen Sie, dass Änderungen am <canvas>-Element sofort übernommen und auf der Webseite dargestellt werden. Andere Methoden wie zum Beispiel `lineTo()` und `arc()` erstellen lediglich einen nicht sichtbaren Entwurf.

9 Canvas ***

Methode	Verwendung
strokeRect()	Rechteck umranden
fillRect()	Rechteck ausfüllen
fillText()	Ausgefüllten Text darstellen
strokeText()	Textkonturen zeichnen
fill()	Pfad ausfüllen
stroke()	Kontur eines Pfades zeichnen

Tab. 9.1-1: Zeichenmethoden.

fillRect() — Der Methode fillRect() übergeben Sie einen rechteckigen Bereich, welcher so ausgefüllt wird, wie es durch die Eigenschaft fillStyle festgelegt ist. Die Rechtecksseiten verlaufen parallel zu den Koordinatenachsen.

Als Parameter von fillRect() müssen Sie hier die Koordinaten der linken oberen Ecke (startX, startY) sowie die Längen der Rechtecksseiten (längeX, längeY) des Füllbereiches relativ zum Objekt angeben. Dabei stellt X jeweils die waagerechte Koordinate (width) und Y die senkrechte Koordinate (height) ausgehend von der linken oberen Ecke des Zeichnungselements <canvas> dar.[2]

Die Angabe erfolgt jeweils in der Einheit Pixel nach dem Muster fillRect(startX, startY, längeX, längeY). Die angegebenen Längen dürfen auch negativ sein. Das Zeichnen erfolgt dann nach links und/oder oben.

Beispiel — Hier wird das linke obere Viertel eines <canvas>-Elements nach dem Laden der Seite mit einem transparenten Hintergrund (10 % Deckung) versehen.

```
window.onload=
function()
{
  var obj = document.getElementById("cv1");
  if (obj.getContext)
  {
    var init = obj.getContext("2d");
    init.fillStyle = "rgba(22, 33, 44, 0.1)";
    init.fillRect(0, 0, obj.width/2, obj.height/2);
  }
}
```

Führen Sie das Script in verschiedenen Browsern aus.

---

[2] Dies gilt nur, falls zuvor keine Transformation stattgefunden hat.

Auch können mehrere `fillRect()`-Aufrufe auf dasselbe `<canvas>`-Element angewendet werden. Dies führt ggf. zu Überlagerungen der zu zeichnenden Figuren bzw. Linien, sodass die Farben je nach Transparenz gemischt werden. Standardmäßig werden bereits vorhandene Linien und Formen durch neu gezeichnete Elemente überdeckt.

Durch die Kontext-Eigenschaft `globalCompositeOperation` wird beim Erstellen von Pfaden und Formen festgelegt, auf welche Weise neu erstellte Zeichenelemente und Bilder im Falle einer Überlagerung mit zuvor erstellten Elementen kombiniert werden. Dies ist von Bedeutung, wenn Sie mit (teilweise) transparenten Farben arbeiten und/oder `globalAlpha` gesetzt haben.

global Composite Operation

Standardmäßig (`source-over`) werden beide Elemente gezeichnet. Das neue Element überdeckt jedoch das bereits vorhandene dort, wo beide sich überschneiden.

Bei Angabe von `source-atop` wird das neue Element nur dort gezeichnet, wo es das bestehende Element überlappt. Der Rest des alten Elements bleibt unverändert.

Die Einstellung `source-in` wirkt ähnlich `source-atop`, dabei ist jedoch das alte Element vollständig transparent (unsichtbar). Ausschließlich gezeichnet wird derjenige Bereich des neuen Elements, welcher das alte Element überschneidet.

Wurde `globalCompositeOperation` der Wert `source-out` zugewiesen, so wird lediglich derjenige Bereich des neuen Elements gezeichnet, welcher das alte nicht überschneidet. Das alte Element wird völlig transparent.

`destination-over` hat zur Folge, dass das alte Element vollständig dargestellt wird. Das neue Objekt wird dort ergänzt, wo sich beide nicht überschneiden, es wird hinter dem bereits existierenden Canvasinhalt angeordnet.

Im Fall `destination-atop` wird das alte Element lediglich dort dargestellt, wo sich beide überschneiden. Der Rest des neuen Elements wird ebenfalls gezeichnet.

Wenn Sie `destination-in` angeben, so wird lediglich derjenige Teil des alten Elementes gezeichnet, welcher vom neuen Objekt überdeckt würde. Alle anderen Bereiche beider Elemente sind transparent.

Ist `destination-out` angegeben, so wird ausschließlich der alte existierende Canvasinhalt ohne denjenigen Bereich dargestellt, welcher auch vom neuen Element bedeckt würde. Das neue Element wird völlig transparent gezeichnet.

Bei der Angabe von `copy` wird das alte Element transparent gezeichnet, das neue Element wird komplett dargestellt.

darker führt dazu, dass beide Elemente dargestellt werden, jedoch deren Überschnitt in der subtraktiven Farbe angezeigt wird.

Im Fall lighter werden beide Element angezeigt. Dort, wo sie sich überlappen, werden die Farben addiert.

Besitzt die Eigenschaft globalCompositeOperation den Wert xor, so werden beide Elemente dargestellt, jedoch deren Überschnitt transparent gezeichnet.

In Abb. 9.1-1 sehen Sie, wie sich die einzelnen Werte grafisch auswirken.

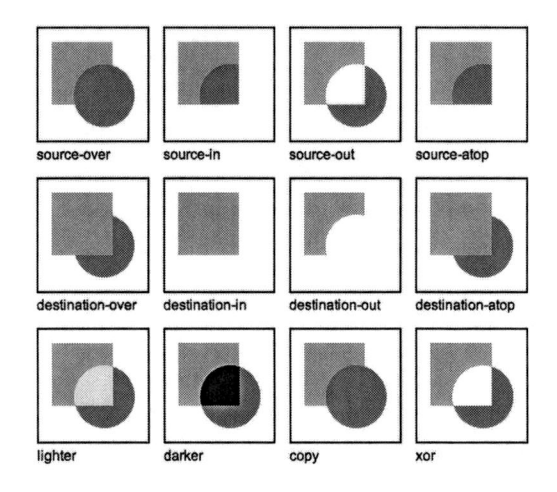

Abb. 9.1-1: Überlagerung von Elementen.

Zeichnen Sie ein grünes Rechteck, welches von einem grauen Rechteck teilweise überlagert wird. Wählen Sie verschiedene Werte für globalCompositeOperation und vergleichen Sie die jeweilige Darstellung im Browser.

Beispiel

Hier werden in ein <canvas>-Element zwei Rechtecke gezeichnet, welche einander überschneiden:

```
window.onload =
function()
{
  var obj = document.getElementById("cv1");
  if (obj.getContext)
  {
    var init = obj.getContext("2d");
    init.fillStyle = "rgba(22, 33, 44, 0.1)";
    init.fillRect(0, 0, 200,150);
    init.fillStyle = "rgba(150, 100, 200, 0.8)";
    init.fillRect(150, 100, 150, 200);
  }
}
```

Führen Sie das Script in verschiedenen Browsern aus.

Um lediglich die Konturen bzw. den Rahmen eines Rechtecks zu zeichnen, können Sie die Methode `strokeRect()` verwenden, welche analog zu `fillRect()` aufgerufen wird. Die Farbe des Rahmens legen Sie über die Eigenschaft `strokeStyle` fest. Mit `strokeRect()` zu zeichnende Konturen besitzen folgende Eigenschaften:

strokeRect()

- `lineWidth`, die Stärke,
- `lineCap`, das Endstück (`"butt"`, `"round"` oder `"square"`),
- `lineJoin`, die Verbindung (`"bevel"`, `"round"` oder `"miter"`).

`lineCap` und `lineJoin` spielen allerdings eher bei Pfaden und Linien eine Rolle, daher werden sie im Kapitel »Pfade und Formen«, S. 411, ausführlich behandelt.

Mit den gleichen Parametern wie `fillRect()` und `strokeRect()` wird die Methode `clearRect()` aufgerufen, welche einen rechteckigen Bereich innerhalb der Zeichnungsfläche leert bzw. ausradiert.

clearRect()

Sie können `clearRect()` verwenden, um alle Zeichnungen aus einem Canvas-Bereich zu entfernen:

Beispiel

```
var obj = document.getElementById("cv1");
var init = obj.getContext("2d")
init.clearRect(0, 0, init.canvas.width,
                init.canvas.height);
```

9.2 Muster und Farbverlauf ***

Zum Zeichnen von Konturen und Ausfüllen von Flächen lassen sich auch Farbverläufe definieren. Für lineare Verläufe gibt es die Kontext-Methode `createLinearGradient()`, für radiale Verläufe heißt die entsprechende Methode `createRadialGradient()`. Beide erzeugen ein `CanvasGradient`-Objekt. Auch ein `<canvas>`-Bereich oder eine beliebige Pixelgrafik kann als Füllmuster dienen. Zu diesem Zweck ist durch die Kontext-Methode `createPattern()` ein `CanvasPattern`-Objekt zu erzeugen und nach Manier von CSS die Ausfülltechnik (`repeat-x`, ...) festzulegen.

Neben gleichmäßigen Farben und Transparenz können Sie für das Zeichnen von Linien, Rechtecken und anderen Formen auch Farbverläufe verwenden, welche Sie jedoch zunächst über spezielle Methoden des Kontextes festlegen müssen.

In folgenden Schritten ist hier vorzugehen:

1. Sie rufen die Kontext-Methode auf und erzeugen ein Gradient-Objekt (Typ: `CanvasGradient`).
2. Sie geben ein Farbschema an.
3. Nun können Sie den Stil übernehmen.
4. Schließlich können Sie eine Zeichenmethode aufrufen.

createLinear Gradient()

Die Methoden `createLinearGradient()` und `createRadialGradient()` gehören zum *Rendering*-Objekt, welches Sie mit `getContext()` erzeugt haben. Sie definieren jeweils einen Farbverlauf als `CanvasGradient-`=Objekt.

Zur Methode `createLinearGradient()` gehören vier Aufrufparameter: `startX,startY,endX,endY`. Die Werte, welche Sie der Methode übergeben, stellen die Koordinaten von Anfangs- und Endpunkt eines rechteckigen Bereiches dar.

Beispiel

Die folgende Anweisung definiert ein Gradient-Objekt mit Anfangspunkt (50, 40) und Endpunkt (120, 150):

```
var gradient = createLinearGradient(50,40,120,150);
```

addColorStop()

Das Gradient-Objekt `CanvasGradient` besitzt die Methode `addColorStop()`, welche es ermöglicht, den Farbverlauf zu unterbrechen und zu steuern. Hier teilen Sie durch das Festlegen von Verlaufspunkten den Füllbereich prozentual in Teilbereiche auf und geben gleichzeitig die Farben sowie den Grad der Transparenz an. Sie wird mit zwei Parametern aufgerufen:

- Der erste Parameter gibt die Startposition des ersten Teilbereiches als Zahl zwischen 0 und 1 an.
- Der zweite Parameter ist ein Farbwert als Farbkonstante, in Hexadezimalschreibweise, als RGB-Angabe oder in HSL-Darstellung mit oder ohne Transparenz.

Beispiel

Die folgenden Anweisungen legen für das Gradient-Objekt die Anfangsfarbe Weiß, in der Mitte die Farbe Rot und schließlich die Endfarbe Grün bei jeweils 70 % Deckung fest:

```
var obj = document.getElementById("cv");
var init = obj.getContext("2d");
var gradient = init.createLinearGradient(50,40,120,150);
gradient.addColorStop(0, "rgba(255, 255, 255, 0.7)");
gradient.addColorStop(0.5, "rgba(255, 0, 0, 0.7)");
gradient.addColorStop(1, "rgba(0, 255, 0, 0.7)");
init.fillStyle = gradient;
init.fillRect(10,10,130,130);
```

In vielen Fällen soll ein Bereich vollständig gefüllt werden. Zu diesem Zweck legen Sie beim Aufruf von `createLinearGradient()` lediglich die Verlaufsrichtung fest. Hier haben Sie unter anderem folgende Möglichkeiten:

- Durch `var gradient = init.createLinearGradient(0, 0, 0, init.canvas.height);` legen Sie einen Farbverlauf von oben nach unten fest.
- Die Definition `var gradient = init.createLinearGradient(0, 0, init.canvas.width, 0);` erzeugt einen Farbverlauf von links nach rechts.

9.2 Muster und Farbverlauf ***

Im nächsten Schritt müssen Sie das Füllmuster einer Stil-Eigenschaft des *Rendering*-Objekts zuweisen und schließlich das eigentliche Zeichnen vornehmen:

```
init.fillStyle = gradient;
init.fillRect(0, 0, init.canvas.width, init.canvas.height);
```

Analog erfolgt das Zeichnen der Kontur durch `strokeRect()`.

```
init.strokeStyle = gradient;
init.strokeRect(0, 0, init.canvas.width, init.canvas.height);
```

Bei gleichbleibender x-Koordinate entsteht also ein vertikaler Verlauf, bei konstantem y-Wert ein waagerechter Farbverlauf.

Die folgenden Anweisungen zeigen, dass auch andere Verlaufsrichtungen als waagerecht und senkrecht realisierbar sind:

```
var obj = document.getElementById("cv");
var init = obj.getContext("2d");
init.createLinearGradient(0, 0, 100, 100);
init.fillRect(0, 0, 100, 100);
```

Der Farbverlauf ist hier diagonal.

Für kreisförmige Farbverläufe gibt es die Kontext-Methode `createRadialGradient()`, deren Aufruf folgende Parameter erfordert:

`createRadial Gradient()`

```
createRadialGradient(startX, startY, startR, endX, endY, endR)
```

Die ersten drei Parameter bezeichnen Mittelpunkt und Radius des Startkreises, die anderen drei Parameter beschreiben den Endkreis. Die Verwendung von `createRadialGradient()` erfolgt analog zu der von `createLinearGradient()`.

Auch hier wird ein `CanvasGradient`-Objekt erzeugt und Sie können durch die Methode `addColorStop()` Verlaufspunkte setzen und auf diese Weise verschiedene Muster aneinanderreihen.

Wie bei CSS können Sie auch im 2D-Kontext eines `<canvas>`-Elements Füllmuster *(patterns)* festlegen. Dazu bietet sich die folgende Vorgehensweise an:

`CanvasPattern-Objekt`

1 Als Erstes erfolgt das Erstellen des Basisobjekts (`<img>`, `<video>` oder `<canvas>`) auf der Webseite durch HTML.
2 Ist das Objekt erzeugt und referenziert, so können Sie danach die Eigenschaften des Basisobjekts festlegen.
3 Für den Zugriff per JavaScript müssen Sie eine Referenz auf das Basisobjekt herstellen.
4 Mit der Methode `createPattern()` können Sie ein `CanvasPattern`-Objekt anlegen, dabei die Art der Wiederholung (`repeat`, `repeat-x`, `repeat-y` oder `no-repeat`) angeben und so das Füllmuster erstellen.
5 Das Füllmuster bzw. *pattern*-Objekt lässt sich jetzt der `fillStyle`-Eigenschaft des *Rendering*-Objekts zuweisen.
6 Nun können Sie den eigentlichen Zeichenvorgang ausführen.

Falls das eventuell mehrfach darzustellende Musterobjekt ein Canvas-Element ist, so ist es im Regelfall auf der aktuellen Seite unsichtbar und es wurde dynamisch erzeugt.

Beispiel

Hier wird ein Muster definiert und schließlich zum Ausfüllen eines Rechtecks verwendet.

```
var obj = document.getElementById("cv");
var init = obj.getContext("2d");
var basis = document.createElement("canvas");
basis.height = basis.width = 20;
basis.getContext("2d").fillRect(1, 1, 14, 14);
var muster = init.createPattern(basis,"repeat-y");
init.fillStyle = muster;
init.fillRect(0, 10, 200,200);
```

Nach dem Laden einer Webseite soll ein Canvas-Bereich durch ein Muster horizontal ausgefüllt werden.

toDataURL()

Canvas-Grafiken können durch die Methode toDataURL() des *Rendering*-Objekts in ein Bild umgewandelt werden. Unterstützt werden durch toDataURL() die Formate png, jpg und gif.

Beispiel

Hier wird ein Canvas-Bereich in das png-Format konvertiert und im Browserfenster dargestellt:

```
init.fillStyle="rgba(255,255,0,0.5)";
init.fillRect(25,25,80,120);
init.fillStyle="rgba(255,128,0,0.4)";
init.fillRect(80,80,90,60);
window.location = init.canvas.toDataURL("image/png");
```

Eine gif-Datei erzeugen Sie durch toDataURL("image/gif"), eine jpg-Datei lässt sich zum Beispiel durch den Aufruf toDataURL("image/jpeg",0.6) erstellen. Dabei stellt der letzte Parameter von toDataURL() die Qualität der jpg-Datei dar, eine Gleitkommazahl zwischen 0 und 1. Aus Berechtigungsgründen funktioniert toDataURL() nur dann, wenn das Canvas-Element keinerlei Inhalte besitzt, welche (erzeugt durch drawImage() oder durch ein CanvasPattern-Objekt) von einer anderen Domain stammen (siehe »Bilder und Pixelmanipulation«, S. 424).

Beispiel

Ein Canvas-Bereich wird als Bildobjekt in eine Webseite eingefügt:

```
var obj = document.getElementById("cv");
var init = obj.getContext("2d");
var cv_bild=document.createElement("img");
cv_bild.src=init.toDataURL();
document.body.appendChild(cv_bild);
```

Ein rot umrandetes Canvas-Rechteck soll als Bild-Objekt in eine Webseite eingefügt werden.

9.3 Pfade und Formen ***

Um beliebige Formen zu zeichnen, muss man den Zeichenmodus des 2D-Kontexts öffnen (beginPath()). Nun folgt der Entwurf von Konturen und Flächen. Schließlich zeichnet man diese mit Hilfe von *Fill*- und *Stroke*-Methoden des Kontexts.

Im Zeichenmodus können Sie auf Ihrer Webseite neben Rechtecken auch Strecken, Polygonzüge und Kurven darstellen. Diese lassen sich beliebig aneinanderreihen, sodass sie eine Fläche begrenzen.

Das Zeichnen der Konturen erfolgt durch eine *Stroke*-Methode, der innere Bereich wird durch eine *Fill*-Methode ausgefüllt. Der Zeichnungsstil wird per Zuweisung an eine Kontext-Eigenschaft festgelegt:

- Einen Farbverlauf erzeugen Sie mit Hilfe eines CanvasGradient-Objekts.
- Für die Wiederholung eines Musters setzen Sie ein CanvasPattern-Objekt ein.
- Für konstante Farben weisen Sie der entsprechenden Kontext-Eigenschaft einen Hexadezimalwert, eine Farbkonstante, rgb()/rgba()-String oder einen hsl()/hsla()-String zu.

Um komplexere Linien und geometrische Figuren zu erzeugen, müssen Sie zunächst den Zeichenmodus für den 2D-Kontext öffnen. Dazu stellt Ihnen der HTML5-Standard die Methode beginPath() zur Verfügung. beginPath() ist eine Methode des *Rendering*-Objekts.

> Hier wird ein Kontext-Objekt erzeugt und ein Zeichnungspfad begonnen:
> ```
> var obj = document.getElementById("cv");
> var init = obj.getContext("2d");
> init.beginPath();
> ```

Beispiel

Nach dem Öffnen des Pfades erstellen Sie Schritt für Schritt Ihre Zeichnung. Dazu bietet Ihnen JavaScript folgende Methoden:

- lineTo(x, y) zeichnet eine Strecke von der Cursorposition bis zum Punkt (x, y).
- moveTo(x, y) bewegt den Cursor auf den Punkt (x, y).
- rect(startX, startY, längeX, längeY) zeichnet ein Rechteck ausgehend vom Punkt (startX, startY) mit den angegebenen Seitenlängen.
- arc(midx, midy, r, alpha1, alpha2) ergibt einen Kreisbogen um (midx, midy) mit Radius r, Startwinkel alpha1 und Endwinkel alpha2.

- arcTo(x1, y1, x2, y2, r) zeichnet einen Kreis durch den aktuellen Punkt, (x1, y1) und (x2, y2) mit dem Radius r.
- bezierCurveTo(x1, y1, x2, y2, x, y) zeichnet von der Cursorposition aus eine Funktion 3. Grades (kubische Kurve) bis zum Punkt (x, y) durch die Punkte (x1, y1) und (x2, y2).
- quadraticCurveTo(x1, y1, x, y) zeichnet den Bogen einer quadratischen Funktion bis (x1, y1) durch (x, y).

isPointIn-Path()

Ob ein Punkt (x, y) sich innerhalb des Pfades befindet, können Sie über die Methode isPointInPath(x, y) des Kontextes abfragen.

Diese Methode liefert true, falls sich der Punkt auf dem Rand befindet oder er von einem fill()-Befehl betroffen wäre.

Wenn Sie einen Canvas-Pfad durch beginPath() geöffnet haben und eine der soeben aufgeführten Zeichenmethoden aufgerufen haben, können Sie folgende Methoden zur Weiterverwendung Ihres (bisher unsichtbaren) Entwurfes einsetzen:

- closePath() beendet den Pfad, fügt eine Linie vom aktuellen Punkt bis zum Startpunkt des Pfades hinzu und beginnt einen neuen Pfad. Diese Methode wird benötigt, bevor Sie mit stroke() einen vollständigen Pfad zeichnen können.
- stroke() zeichnet den Stil, welcher durch strokeStyle vorgegeben ist.
- fill() füllt den Stil aus, welcher durch fillStyle vorgegeben ist.
- clip() schränkt bei nachfolgenden Zeichenvorgängen den Ausgabebereich ein. Diese Kontext-Methode wirkt wie eine Schablone.

fill()

Durch fill() wird der aktuelle Pfad mit einer Farbe, einem Muster oder einem Farbverlauf visuell gefüllt, wie es durch fillStyle bestimmt ist. Allerdings wird der Pfad nicht abgeschlossen, kann also noch weitergezeichnet werden. Sollen lediglich die Linien bzw. Konturen kenntlich gemacht werden, so erfolgt dies durch die Kontext-Methode stroke().

nonzero winding number rule

Die Entscheidung, welche Bereiche zu füllen sind, erfolgt über die *nonzero winding number rule*. Befindet sich beispielsweise ein im Uhrzeigersinn gezeichnetes Rechteck innerhalb eines Kreises, welcher gegen den Uhrzeigersinn gezeichnet wurde, so wird das Rechteck nicht durch fill() ausgefüllt.

Erstellen Sie eine JavaScript-Funktion, welche innerhalb eines per lineTo() gezeichneten Rechtecks in entgegengesetzter Richtung einen Kreis zeichnet und rufen Sie fill() auf.

Durch fill() wird das Innere eines Pfades gefüllt. Einfache Figuren sind oft geschlossen und besitzen keine einander überschneidenden Kanten/Linien. Hier ist die Wirkung von fill() leicht vorhersehbar.

Gehören zu einem Pfad allerdings einander überlappende Figuren oder gibt es Linienschnittpunkte, so entscheidet die *nonzero winding number rule* darüber, welche Punkte als »innerhalb« eingeordnet und somit durch fill() verändert werden und welche als außerhalb befindlich gelten.

Die *nonzero winding number rule* beruht auf der Überlegung, dass sich ein Punkt nur dann innerhalb eines Polygons befindet, falls dieser Punkt von den Kanten des Polygons umwunden wird.

Im Gegensatz zum *Even-Odd* Algorithmus liefert dieses Verfahren auch für komplexe Polygone korrekte Resultate.

fill() zeigt in diesen beiden Fällen unterschiedliche Wirkung.

Speziell beim Zeichnen von Linien stellen die Eigenschaften lineCap und lineJoin interessante neue Gestaltungsmöglichkeiten dar. Das Endstück einer Linie (lineCap) kann durch folgende Werte festgelegt werden:

lineCap

- butt (»abgeschnitten«) ist die Voreinstellung. Es wird kein Endstück gezeichnet.
- round erzeugt einen Halbkreis, dessen Durchmesser der Linienstärke entspricht.
- square ergibt ein Rechteck, welches halb so hoch und genauso breit wie die Linie ist.

Abb. 9.3-1 zeigt Ihnen die verschiedenen Linienenden. Die linke Linie wurde mit lineCap = "butt" gezeichnet. Die mittlere Linie besitzt die Eigenschaft lineCap = "round" während für die rechte Linie lineCap = "square" gewählt wurde.

Abb. 9.3-1: Verschiedene Linienenden.

Zeichnen Sie 3 äquidistante Strecken gleicher Länge mit unterschiedlichen Endstücken.

Es ist eine Strecke zu zeichnen, welche an beiden Enden einen nach außen gerichteten Pfeil besitzt.

Eine neue Kontext-Methode soll eine waagerechte Strecke zeichnen. Durch einen Übergabeparameter wird festgelegt, ob am Anfang und/oder am Ende eine Pfeilspitze gezeichnet wird.

lineJoin Durch lineJoin legen Sie fest, wie zwei Linien zu verbinden sind:
- round erzeugt abgerundete Verbindungen.
- Durch bevel werden Linien flach verbunden. Dies ist der Standardwert.
- Bei Angabe von miter werden spitze Verbindungen gezeichnet.

In Abb. 9.3-2 werden die unterschiedlichen Verbindungen dargestellt. Die obere Linie wurde mit lineJoin = "round" gezeichnet. Die mittlere Linie besitzt die Eigenschaft lineJoin = "bevel" während für die untere Linie lineJoin = "miter" gewählt wurde.

Abb. 9.3-2: Unterschiedliche Verbindungsarten.

Beispiel Hier werden einige Linien mit unterschiedlichen Verbindungen (lineJoin) gezeichnet:

```
function linien()
{
  var obj = document.getElementById("cv");
  obj.width=350;
  obj.height=200;
  var init = obj.getContext("2d");
  var arr1 = new Array("miter", "bevel", "round");
  var arr2 = new Array("red", "blue", "yellow");
  init.lineWidth = 25;
  for (var zaehler=0; zaehler<arr1.length; zaehler++)
  {
    init.beginPath();
    for (var z2=0; z2<2; z2++)
    {
      init.moveTo(10 + zaehler*120, 20 + z2*60);
      init.lineTo(50 + zaehler*120, 60 + z2*60);
      init.lineTo(90 + zaehler*120, 20 + z2*60);
    }
    init.lineJoin = arr1[zaehler];
    init.strokeStyle = arr2[zaehler];
    init.stroke();
  }
}
```

Führen Sie das Script in verschiedenen Browsern aus.

Durch `clip()` schränken Sie nachfolgende Zeichnungsaktivitäten auf einen Teilbereich einer `<canvas>`-Zeichnungsfläche ein. Falls ein *Clipping*-Bereich festgelegt ist, so wird lediglich innerhalb dieses Bereichs gezeichnet.

> Die Verwendung von `clip()` könnte wie folgt stattfinden:
> ```
> var obj = document.getElementById("cv");
> var init = obj.getContext("2d");
> init.beginPath();
> init.rect(40,60,120,180);
> init.clip();
> ```
> Hier wird ein rechteckiger *Clipping*-Bereich festgelegt.

Beispiel

Durch `clip()` kann der Zeichnungsbereich zwar verkleinert werden, jedoch wirkt es nicht auf die Maße `width` und `height`. `clip()` beeinflusst lediglich das Ergebnis von den Zeichenmethoden `fill()`, `stroke()`, `fillText()`, `strokeText()`, `fillRect()` und `strokeRect()`.

Auch lässt sich ein *Clipping*-Bereich nicht wieder vergrößern oder ohne Weiteres zurücksetzen. Daher ist es zu empfehlen, vor dem Einsatz von `clip()` den Canvas-Zustand per `save()` zu sichern und bei Bedarf später durch `restore()` wieder herzustellen.

Das Canvas-API ermöglicht lediglich das Arbeiten mit einem einzigen Satz von Grafik-Einstellungen. Mit Hilfe der Kontext-Methoden `save()` und `restore()` können Sie die Einstellungen speichern und später wieder abrufen.

Durch `save()` wird der aktuelle Zustand auf einen Stapel »gelegt«.

save()

Per `restore()` können Sie den letzten Canvas-Zustand vom Stapel wieder herstellen, wobei der wiederhergestellte Zustand vom Stapel entfernt wird.

restore()

Zwar werden Pfad und Cursorposition durch die Kontext-Methode `save()` nicht gespeichert, wohl aber folgende Eigenschaften des Kontextes: `strokeStyle`, `fillStyle`, `globalAlpha`, `lineWidth`, `lineCap`, `lineJoin`, `miterLimit`, `shadowOffsetX`, `shadowOffsetY`, `shadowBlur`, `shadowColor`, `globalCompositeOperation`, `font`, `textAlign`, `textBaseline`. Auch Transformationsangaben und der *Clipping*-Bereich werden gespeichert.

Zeichnen Sie mehrere Dreiecke unter Einsatz von `save()` und `restore()`.

Durch `lineJoin = "miter"` werden zwei aufeinander zu laufende Linien so weitergezeichnet, dass sich die Verlängerungen ihrer äußeren Kanten schneiden. Je kleiner der Winkel ist, desto näher ist dieser Schnittpunkt.

miterLimit

Mit abnehmendem Schnittwinkel bzw. mit zunehmender Parallelität steigt die Entfernung des Schnittpunkts der äußeren Kanten sehr stark an. Um diesen Effekt zu begrenzen, gibt es die miterLimit-Eigenschaft des *Rendering*-Objekts. Würde der Wert von miterLimit überschritten, so wird anstelle von miter ein flaches Ende (bevel) gezeichnet.

miterLimit können Sie eine beliebige positive Zahl zuweisen. Diese Zahl gibt das maximale Verhältnis zwischen Gehrungslänge und Linienstärke an.

Beispiel Hier treffen mehrere Strecken paarweise aufeinander. Durch Ändern des Wertes im Textfeld können Sie erkennen, welche Auswirkungen das Setzen von miterLimit besitzt:

```
<script type="text/javascript">
function linien()
{
  var obj = document.getElementById("cv");
  var init=obj.getContext("2d");
  var anzahl = 80;
  var limit=document.getElementById("limit");
  init.canvas.width=600;
  init.canvas.height=200;
  cv.style.border="2px solid blue";
  init.strokeStyle = "red";
  init.lineWidth = 3;
  init.miterLimit = parseFloat(limit.value);
  init.beginPath();
  init.moveTo(0,100);
  for (zaehler=0; zaehler<anzahl; zaehler++)
  {
    var abstand = (zaehler%2==0 ? 40 : -40);
    init.lineTo(0.1*zaehler*zaehler,100+abstand);
  }
  init.stroke();
}
</script>

<body>
<h1>miterLimit angeben und auf ZEICHNEN Klicken.</h1>
<div>
<canvas id="cv">Zeichenfläche
</canvas><br/><br/>
</div>
<form>
        <label>Miter limit</label>
        <input type="text" size="3" id="limit"/>
        <input type="button" onclick="javascript:linien();"
                value="zeichnen"/>
</form>
</body>
```

9.3 Pfade und Formen ***

Übernehmen Sie das Beispiel auf eine valide HTML5-Seite und zeichnen Sie die Linien für verschiedene Werte von `meterLimit`.

Steuern Sie im Formular der vorigen Übung die Änderung des `meterLimit`-Wertes durch einen Spinbutton.

Das Zeichnen von Pfaden bietet völlig neue Möglichkeiten.

Hier wird ein offenes Dreieck gezeichnet. `stroke()` erzeugt die Konturen, durch `fill()` wird es gefüllt.

Beispiel

```
function tri(obj)
{
  var cv = document.getElementById(obj);
  var init = cv.getContext("2d");
  init.canvas.height=400;
  init.canvas.width=350;
  cv.style.border="brown 1px dashed";
  init.strokeStyle="rgba(255,0,255,0.4)";
  init.beginPath();
  init.moveTo(20,40);
  init.lineTo(300,120);
  init.lineTo(250,300);
  init.lineWidth=5;
  init.stroke();
  init.fillStyle="cyan";
  init.fill();
}
```

Dynamische Effekte basieren häufig auf Berechnungen.

Die hier dargestellte Funktion zeichnet einen Pfad abhängig von der Größe des `<canvas>`-Elements:

Beispiel

```
function cv_demo(obj)
{
  var cv = document.getElementById(obj);
  var init = cv.getContext("2d");
  init.canvas.height=600;
  var h = init.canvas.height;
  init.canvas.width=950;
  cv.style.border="brown 1px dashed";
  var x = Math.min(cv.width, cv.height/3);
  init.strokeStyle="rgb(120,128,40)";
  init.beginPath();
  init.lineCap="square";
  init.lineJoin="bevel";
  init.moveTo(0,h);
  init.lineTo(0,h-2*x);
  init.lineTo(x,h);
  init.lineTo(0,h);
  init.lineTo(x,h-2*x);
  init.lineTo(0,h-2*x);
  init.lineTo(x/2,h-3*x);
  init.lineTo(x,h-2*x);
  init.lineTo(x,h);
```

```
    init.lineWidth=25;
    init.stroke();
}
```

Binden Sie die Funktion cv_demo() in eine HTML5-Seite ein und führen Sie sie für verschiedene Größen eines Canvas-Bereichs aus.

Zeichnen Sie einen Kreis mit linearem Farbverlauf von Rot nach Blau.

Beispiel

Die Funktion cv_demo1 zeichnet ebenfalls eine Grafik, welche sich an die Größe des Canvas-Bereiches anpasst.

```
function cv_demo1(obj)
{
  var cv = document.getElementById(obj);
  var init = cv.getContext("2d");
  init.canvas.height=70;
  init.canvas.width=50;
  cv.style.border="green 6px dotted";
  var len = Math.min(init.canvas.width, init.canvas.height)/2;
  init.fillStyle="rgba(0,0,40,0.3)";
  init.fillRect(0,0,2*len,2*len);
  init.fillStyle= "rgba(0,128,128,0.7)";
  init.beginPath();
  init.arc(cv.width-len, cv.height-len,len, 0,
           2*Math.PI, true);
  init.fill();
}
```

Erstellen Sie eine HTML5-Seite mit mehreren Zeichnungselementen unterschiedlicher Größe und wenden Sie die Funktion cv_demo1() auf die einzelnen <canvas>-Elemente an.

Auch dynamische Diagramme lassen sich erzeugen.

Beispiel

Hier sehen Sie eine JavaScript-Funktion, welche ein datenbasiertes Kreisdiagramm erzeugt:

```
<script type="text/javascript">
function kreis()
{
  var obj = document.getElementById("cv");
  var init = obj.getContext("2d");
  init.canvas.height=350;
  init.canvas.width=350;
  var daten = [50, 40, 25, 60, 80];
  var farben = ["red", "blue", "cyan", "brown", "magenta"]
  var alpha1=0, alpha2=0;
  var secs = daten.length;
  var gesamt = 0;
  for (var zaehler = 0; zaehler<secs; zaehler++)
    gesamt = gesamt + daten[zaehler];
  for (var zaehler = 0; zaehler < secs; zaehler++)
```

```
    {
        alpha1 = alpha2;
        alpha2 = alpha2 + daten[zaehler]/gesamt*Math.PI*2;
        init.beginPath();
        init.moveTo(150,150);
        init.arc(150,150,130,alpha1,alpha2,false);
        init.closePath();
        init.fillStyle=farben[zaehler];
        init.fill();
    }
}
```

Führen Sie die Funktion `kreis()` in verschiedenen Browsern aus.

9.4 Text und Schatteneffekte ***

Die Kontext-Methoden `fillText()` und `strokeText()` ermöglichen die Darstellung von Strings. Für Schatteneffekte besitzt das Kontext-Objekt die Eigenschaften `shadowBlur`, `shadowColor`, `shadowOffsetX` und `shadowOffsetY`.

Canvas beherrscht nicht nur Linien. Auch Text lässt sich per Canvas zeichnen. Allerdings gibt es innerhalb eines `<canvas>`-Elementes kein Box-Modell, wie Sie es von CSS her kennen. Somit können zahlreiche Layouttechniken, wie z. B. Verbergen, Außen- und Innenabstände, Zeilenumbrüche und auch schwebende Elemente, nicht wie gewohnt verwendet bzw. gesteuert werden. Für das Zeichnen von Text besitzt das *Rendering*-Objekt einige spezielle Eigenschaften:

- `font` gibt Stil, Größe und Familie nach CSS-Art an, z. B. "10px Arial".
- `textAlign` legt die horizontale Ausrichtung ("start", "end", "center", "right", "left") fest.
- `textBaseline` definiert die Grundlinie bzw. die vertikale Ausrichtung ("top", "middle", "alphabetic", "hanging", "bottom", "ideographic").

Besondere Erwähnung verdient hier die `font`-Eigenschaft. Sie ermöglicht die Ausgabesteuerung durch Angabe absoluter Schriftattribute.

font

```
init.font = "bold 30pt Times New Roman";
init.font = "24px serif";
init.font = "italic 10em monospaced";
```

Beispiele

Auch relative Angaben im Vergleich zur Standardschrift sind erlaubt.

```
init.font = "bolder larger sans-serif";
init.font = "lighter smaller serif";
```

Beispiele

Text zeichnen — Um Text zu zeichnen, können Sie die Methoden fillText() und strokeText() nutzen, welche jeweils mit vier Argumenten aufgerufen werden können:

- Das erste Argument gibt den darzustellenden String an.
- Der x-Wert des Startpunktes ist der zweite Parameter.
- Den y-Wert des Startpunktes gibt der dritte Parameter an.
- Die maximale Größe kann als vierter Parameter angegeben werden.

Lediglich der 4. Parameter ist dabei optional. Sollte der Text unter Anwendung der font-Eigenschaft länger sein als es durch den letzten Parameter spezifiziert ist, so wird automatisch eine entsprechende Verkleinerung stattfinden.

measureText() — Wenn Sie schon vor dem endgültigen Zeichnen die Länge des Textes abfragen möchten, so können Sie dies mit Hilfe der Kontext-Methode measureText() erreichen:

```
window.alert(init.measureText("JavaScript").width);
```

fillText() greift dabei auf die Eigenschaft fillStyle und strokeText() auf die Eigenschaft strokeStyle zu. Beide Methoden verändern weder die aktuelle Cursorposition, noch den Pfad.

Beispiel — Hier wird Text als Füllmuster eingesetzt:

```
<head>
<script type="text/javascript">
function muster()
{
  var muster = document.getElementById("muster");
  var init0 = muster.getContext("2d");
  var txt = "CANVAS";
  init0.canvas.height=60;
  init0.canvas.width=120;
  init0.font="25px Times New Roman";
  init0.fillStyle="yellow";
  init0.fillRect(0, 0, init0.canvas.width,
                       init0.canvas.height);
  init0.fillStyle="rgba(0,200,200,0.7)";
  init0.fillText(txt,15,20);
  var cv = document.getElementById("cv");
  var init = cv.getContext("2d");
  var inhalt = init.createPattern(muster,"repeat-y");
  init.fillStyle = inhalt;
  init.fillRect(0, 0, init.canvas.width,init.canvas.height);
}
</script>
</head>
<body>
<div>
<canvas id="muster">
</canvas>
<br/><br/>
```

9.4 Text und Schatteneffekte ***

```
<canvas id="cv">
</canvas>
</div>
</body>
</html>
```

Führen Sie das Script in verschiedenen Browsern aus.

Zum Zwischenspeichern von Texteigenschaften können die Methoden save() und restore() verwendet werden.

Diese Funktion speichert einige Texteigenschaften und ruft diese danach wieder ab:

Beispiel

```
function speichern()
{
  var obj = "cv";
  var txt = "JavaScript und Canvas";
  var cv = document.getElementById(obj);
  var init = cv.getContext("2d");
  init.canvas.height=400;
  init.canvas.width=400;
  init.font="40px Times New Roman";
  init.fillStyle="rgba(150,70,0,0.3)";
  init.fillText(txt,15,40);
  init.save();
  init.fillStyle="rgba(0,0,200,0.9)";
  init.fillText(txt,15,80);
  init.restore();
  init.fillText(txt,15,130);
}
```

Führen Sie die Funktion speichern() in verschiedenen Browsern aus.

Linien, Flächen, Text und auch Bilder können mit Schatteneffekten versehen werden. Für die Darstellung von Schatten besitzt das Kontext-Objekt einige Eigenschaften:

Schatteneffekte

- shadowColor ist die (CSS-)Farbe.
- shadowBlur ist eine Gleitkommazahl, welche die Unschärfe des Schattens darstellt.
- shadowOffsetX gibt die Verschiebung in x-Richtung an als Gleitkommazahl.
- shadowOffsetY bezeichnet die Verschiebung in y-Richtung als Gleitkommazahl.

Diese folgende Funktion zeichnet einen String mit Schatteneffekt:

Beispiel

```
function txt()
{
  var obj=document.getElementById("cv");
  obj.height=350;
```

```
obj.width=350;
var init = obj.getContext("2d");
init.shadowOffsetX=3;
init.shadowOffsetY=-2;
init.shadowBlur=5;
init.shadowColor="hsla(110, 30, 20, 0.4)";
init.font = "25px Algerian";
init.fillStyle="green";
init.fillText("JavaScript und Canvas",15,25);
}
```

Führen Sie das Script mit verschiedenen Schatteneigenschaften aus.

9.5 Transformationen ***

Die Lage des Canvas-Koordinatensystems lässt sich durch Verschieben, Drehen und Skalieren verändern.

Das Standard-Koordinatensystem eines <canvas>-Elements besitzt seinen Ursprung oben links. Die x-Achse zeigt nach rechts, die y-Achse nach unten. Die Skalierung der Achsen entspricht den CSS-Pixelangaben.

In vielen Fällen stellt ein Pixel auch genau einen Bildschirmpunkt dar. Lediglich bei hochauflösenden Bildschirmen ist diese Übereinstimmung nicht gegeben.

Durch Transformationsmethoden des *Rendering*-Objekts können Sie Einfluss auf Lage/Richtung und Eigenschaften der Achsen nehmen:

- translate(x, y) verschiebt den Ursprung.
- scale(x, y) streckt oder staucht die Achsen.
- rotate(winkel) dreht die Achsen um den Ursprung im Uhrzeigersinn.
- transform(a, b, c, d, e, f) berechnet die Lage der Achsen sowie des neuen Ursprungs anhand der übergebenen Matrix.
- setTransform(a, b, c, d, e, f) wirkt wie transform(), setzt jedoch zuvor sämtliche Transformationen zurück.

Sowohl Linien und Figuren als auch die Textrichtung werden durch Transformationen beeinflusst. Dabei wirken beinahe alle dieser Methoden additiv. Sie greifen auf die aktuellen Transformationsdaten zu. Lediglich setTransform() führt erst ein *Reset* durch, stellt also zunächst die Standardsituation wieder her.

Beispiel

Die hier dargestellte Funktion zeichnet mehrere Kreise, welche auf vier konzentrischen Kreisbahnen gleichmäßig um den Mittelpunkt des Canvas-Bereichs angeordnet sind:

```
function kreise()
{
  var obj = document.getElementById("cv");
  var init=obj.getContext("2d");
  init.canvas.height=100;
  init.canvas.width=200;
  init.translate(100,100);
  for (var z1=1;z1<5;z1++)
  {
    init.save();
    init.fillStyle = "rgb("+(255-63*z1)+","+(63*z1)+","
                            +(255-63*z1)+")";
    for (var z2=0;z2<z1*5;z2++)
    {
      init.rotate(Math.PI*2/(z1*5));
      init.beginPath();
      init.arc(0,z1*15,6,0,Math.PI*2,true);
      init.fill();
    }
    init.restore();
  }
}
```

Passen Sie das Script so an, dass die Kreise in drei Reihen gleichmäßig um den Mittelpunkt des Canvas-Bereiches positioniert sind. Sorgen Sie auch für gleichmäßige Farbänderungen.

Diese Funktion zeichnet einen String, welcher auf verschiedene Weisen transformiert wird:

Beispiel

```
function trans_txt()
{
  var obj = "cv";
  var cv = document.getElementById(obj);
  var init = cv.getContext("2d");
  init.canvas.height=400;
  init.canvas.width=400;
  init.font="40px Times New Roman";
  init.fillStyle="rgba(150,70,0,0.3)";
  init.translate(0,30);
  init.fillText("JavaScript und Canvas",15,25);
  init.rotate(Math.PI/6);
  init.fillText("JavaScript und Canvas",15,25);
  init.scale(0.5,0.9);
  init.fillText("JavaScript und Canvas",15,25);
  init.transform(1.2,0.8,1.2,0.5,0.3,3);
  init.fillText("JavaScript und Canvas",15,25);
  init.setTransform(0.6,0.8,1.2,0.5,0.3,3);
  init.fillText("JavaScript und Canvas",15,25);
}
```

Zeichnen Sie die Kontur eines Kreises in Blau und transformieren Sie den Kreis auf verschiedene Weisen.

Zeichnen Sie ein Quadrat, welches per Klick auf eine Schaltfläche im Wechsel um 50 % gestaucht und beim nächsten Klick wieder in seinen Ursprungszustand versetzt wird.

9.6 Bilder und Pixelmanipulation ***

Einzelne Pixel eines Canvas oder auch eines anderen Bildobjektes lassen sich gezielt verändern und durch die Methode `putImageData()` in einen `<canvas>`-Bereich schreiben. Zum Zwischenspeichern der Pixeldaten stellt das Canvas-API das `ImageData`-Objekt zur Verfügung.

Inhalte eines `<canvas>`-Elements lassen sich auch in ein anderes übernehmen.

`drawImage()` Sie können ein anderes `<canvas>`-Element, externe Grafiken und auch Bildobjekte der aktuellen Seite in ein `<canvas>`-Element einbetten und diese animieren oder dynamisch verändern. Dazu übergeben Sie der Kontext-Methode `drawImage()` ein Bildobjekt sowie die Koordinaten für das Zeichnen des Bildes.

Folgende Typen kommen als Bildobjekt bzw. als Bildquelle in Frage:

- Es kann sich um eine Grafik handeln, welche schon auf der Seite angezeigt wird. Diese muss vollständig geladen sein.
- Ein über das DOM dynamisch erzeugtes Bild können Sie in einen Canvas-Bereich übernehmen.
- Bildquelle kann ein anderes Canvas-Element oder ein Ausschnitt daraus sein.
- Sie können ein Bitmap verwenden, welches durch Einsatz der Methode `toDataURL()` aus einem `<canvas>`-Element entstanden ist.

Das dynamische Erzeugen eines derartigen Bildobjekts erfolgt dabei durch den `Image()`-Konstruktor.

`drawImage()` kopiert ein ganzes Bild oder einen rechteckigen Ausschnitt daraus in einen Canvas-Bereich. Wenn Sie diese Kontext-Methode mit drei Parametern nach dem Muster `drawImage(img,dx,dy)` aufrufen, dann wird das gesamte Bild unter Berücksichtigung von etwaigen Transformationen übernommen, soweit der Canvas-Bereich groß genug ist.

Ist der Canvas-Bereich zu klein, so wird lediglich ein Bildausschnitt dargestellt, wobei sich die Proportionen des Bildes nicht verändern. Dabei bezeichnet `img` ein Objekt vom Typ `Image()`, (dx, dy) ist der Startpunkt im Ziel-Canvas, ab welchem das Bild `img` gezeichnet werden soll.

9.6 Bilder und Pixelmanipulation ***

Hier wird ein dynamisches Bildobjekt angelegt, dessen Quelle eine lokale Datei ist. Nach dem Laden der Bilddatei wird ereignisgesteuert der Inhalt in ein <canvas>-Element übernommen:

Beispiel

```
var quelle = new Image();
var obj = document.getElementById("cv1");
var init = obj.getContext("2d");
quelle.src = "logo.jpg";
quelle.onload =
function()
{
   init.drawImage(quelle,
            init.canvas.width/2,
            init.canvas.height/2);
}
```

Stellen Sie eine lokale jpg-Datei an verschiedenen Positionen innerhalb eines Canvas-Elementes dar.

Mit Hilfe der Transformationsmethoden des Kontext-Objektes können Sie ein Bild drehen und es anschließend zeichnen. Das Drehen eines Bildes, welches sich innerhalb eines <canvas>-Elementes befindet, können Sie in drei Schritten realisieren:

1. Sie geben durch translate() das Drehzentrum an.
2. Sie drehen das Bildobjekt mit der rotate()-Methode.
3. Sie führen das *Rendering* des gedrehten Bildes unter Einsatz der Methode drawImage() durch.

Das <canvas>-Element cv1 (300x300 Pixel) wird hier referenziert und nach dem Laden der Bildquelle (ebenfalls 300x300 Pixel), um 90° im 2D-Kontext gedreht, vollständig in den Canvas-Bereich gezeichnet:

Beispiel

```
function drehen()
{
  var obj = document.getElementById("cv1");
  var quelle = new Image();
  quelle.src = "bild.jpg";
  quelle.onload = function()
  {
    var init = obj.getContext("2d");
    init.translate(300, 0);
    init.rotate(90 * Math.PI/180);
    init.drawImage(quelle, 0, 0);
  }
}
```

Hier kann die Funktion drehen() mehrfach hintereinander aufgerufen werden, da der gesamte Kontext gedreht wird und nicht nur das Bild.

Skalieren mit drawImage()

Neben den Startkoordinaten können Sie noch die Größe des im Ziel-Element zu zeichnenden Bereichs angeben. Der Aufruf von drawImage() erfolgt dann nach dem Muster drawImage(img,dx,dy,dw,dh). Hier wird das Bild vollständig gezeichnet. Der Interpreter skaliert es dynamisch und passt es in den angegebenen Zielbereich ein. Die zusätzlichen Parameter dw und dh beim Aufruf von drawImage() geben die Breite und die Höhe des Bildes im Ziel-Canvas an.

Beispiel

Der Inhalt eines Canvas-Elements wird hier unter Angabe eines Vergrößerungs-/Verkleinerungsfaktors in ein anderes Canvas-Element kopiert:

```
function kopie(quelle,ziel,faktor)
{
   var obj1 = document.getElementById(quelle);
   var obj2 = document.getElementById(ziel);
   var init2 = obj2.getContext("2d");
   init2.save();
   init2.scale(faktor, faktor);
   init2.drawImage(obj1, 0, 0, init2.canvas.width,
                   init2.canvas.height);
   init2.restore();
}
```

Die Funktion muss unter Angabe der IDs zweier Canvas-Elemente und eines Skalierungsfaktors > 0 aufgerufen werden.

Zeichnen Sie als Bildquelle die Konturen dreier einander überschneidender Dreiecke und kopieren Sie diese unter Angabe verschiedener Zoom-Faktoren.

Beispiel

Hier wird ein dynamisches Bildobjekt nach dem Laden der Bilddatei neu skaliert und vollständig in ein <canvas>-Element übernommen:

```
var quelle = new Image();
var obj = document.getElementById("cv1");
var init = obj.getContext("2d");
quelle.src = "logo.jpg";
quelle.onload = function()
{
   init.drawImage(quelle,0,0, init.canvas.width/2,
       init.canvas.height/2);
}
```

Stellen Sie ein jpg-Bild an verschiedenen Positionen und mit unterschiedlichen Abmessungen innerhalb eines Canvas-Elementes dar.

Dieser Prozess kann – wie Sie anhand des Beispiels erkennen – zur Änderung der Proportionen des Bildes führen. Um einen derartigen Effekt zu verhindern, sollten Sie zuvor durch Abfrage der

9.6 Bilder und Pixelmanipulation ***

Bildeigenschaften `quelle.width` und `quelle.height` das Seitenverhältnis des Bildes ermitteln und dieses bei dessen Darstellung im Ziel-Canvas unverändert lassen.

Zusätzlich können Sie noch die Größe des aus dem Quellobjekt zu übernehmenden Bereiches angeben. Wenn Sie lediglich einen Teil bzw. Ausschnitt eines Bildobjektes weiterverwenden möchten, so benötigt `drawImage()` vier weitere Aufrufparameter.

Der Aufruf von `drawImage()` lautet dann wie folgt: `drawImage(img,sx,sy,sw,sh,dx,dy,dw,dh)`. `sx` und `sy` stellen dabei die Startkoordinaten desjenigen Bereiches dar, welcher aus dem ursprünglichen Objekt übernommen werden soll, `sw` und `sh` bezeichnen Breite und Höhe des zu übernehmenden Bildausschnittes (Abb. 9.6-1).

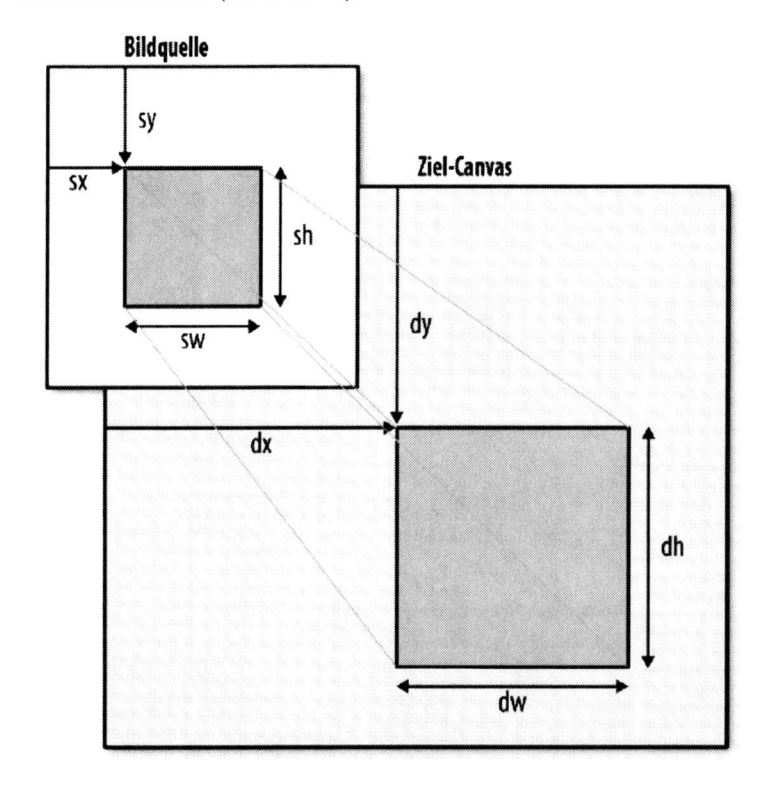

Abb. 9.6-1: Transformationen.

Sämtliche Zahlen, welche der Kontext-Methode `drawImage()` übergeben werden, verstehen sich für den Interpreter als Pixelangaben.

Beispiel	Hier wird der Ausschnitt eines Bildes nach dem Laden der Bilddatei neu skaliert und in ein `<canvas>`-Element übernommen.

```
var quelle = new Image();
var obj = document.getElementById("cv1");
var init = obj.getContext("2d");
quelle.src = "logo.jpg";
quelle.onload =
function()
{
init.drawImage(quelle,100,200,300,300,50,50,150,150);
}
```

Übernehmen Sie verschiedene Bereiche eines jpg-Bildes in ein Canvas-Element.

ImageData-Objekt	Die eigentlichen Pixeldaten eines Canvas-Bereiches werden durch ein ImageData-Objekt repräsentiert. Objekte vom Typ ImageData besitzen die Eigenschaften width, height und data.
ImageData-Eigenschaften	width und height stellen die Abmessungen des Objekts in Pixel dar. Das data-Attribut enthält zu jedem einzelnen Pixel 4 Informationen, welche jeweils als Ganzzahl (8 Bit) gespeichert werden: Rot-Wert r, Grün-Anteil g, Blau-Anteil b, Alpha-Transparenz a.

Die Zählung beginnt oben links. Der erste Punkt wird durch data[0], data[1], data[2] und data[3] dargestellt. Die erste Zeile des `<canvas>`-Bereiches wird somit durch data[0], data[1] ... data[4*init.canvas.width-1] beschrieben. Auf die Länge des data-Array können Sie über die Eigenschaft init.imgData.data.length zugreifen, wobei imgData ein ImageData-Objekt darstellt.

Methoden zur Pixelmanipulation	Der Zugriff auf Bildinformationen kann sowohl lesend als auch schreibend erfolgen. Das Kontext-Objekt besitzt hierzu einige Methoden:

- Durch createImageData(w,h) wird ein ImageData-Objekt der Höhe h und der Breite w erzeugt, dessen Inhalte schließlich in ein Canvas-Element gezeichnet werden sollen. Wird die Methode durch createImageData(imgData) aufgerufen, so erhält das neue ImageData-Objekt die Größe des Objekts imgData, welches allerdings ebenfalls ein ImageData-Objekt sein muss.
- Durch getImageData(startX,startY,w,h) lassen sich Pixelinformationen gezielt auslesen. Diese Kontextmethode liefert ein ImageData-Objekt zurück, welches einen rechteckigen Bereich des Canvas-Elements repräsentiert. Der Anfangspunkt ist (startX, startY), w ist dessen Breite und h dessen Höhe. Wurde das ImageData-Objekt bereits zuvor z.B. durch createImageData(w,h) erzeugt, so wird durch den Aufruf von getImageData() die Größe des Objektes neu festgelegt.

- Die Kontext-Methode `putImageData(imgData,x,y)` ermöglicht das Zurückschreiben geänderter Daten. Ein `ImageData`-Objekt wird hier an der Stelle (x,y) eines Canvas-Elementes ausgegeben.

Das Ändern eines Canvas-Inhaltes kann durch folgende zum Teil optionale Arbeitsschritte geschehen:

1 Es ist eine Referenz auf das Kontext-Objekt herzustellen.
2 Sie erzeugen ein leeres `ImageData`-Objekt.
3 Es erfolgt das ggf. teilweise Auslesen der Pixeleigenschaften des Canvas-Elements.
4 Die Inhalte des Canvas-Elements werden völlig oder teilweise gelöscht.
5 Die Pixeleigenschaften werden manipuliert oder es werden neue Pixel erzeugt.
6 Das geänderte `ImageData`-Objekt wird in das Canvas-Element zurückgeschrieben.

Vorgehen bei der Pixelmanipulation

Hier wird ein Bild in ein Canvas-Element gezeichnet. Da das Canvas-Element Standardgröße besitzt, wird ggf. nur ein Teil des Bildes übernommen. Es wird ein temporäres `ImageData`-Objekt erzeugt. Ein Teil des Bildes wird in das temporäre Objekt geschrieben. Das Canvas-Element wird geleert. Nun wird das temporäre Objekt in das Canvas-Element übernommen. Schließlich wird der Inhalt des Canvas-Elements als `<img>`-Objekt in den DOM-Baum der aktuellen Seite eingehängt:

Beispiel

```
function zeichnen()
{
  var bild = new Image();
  bild.src="logo.jpg"
  var obj = document.getElementById("cv");
  var init = obj.getContext("2d");
  init.drawImage(bild, 0, 0);
  var tmpData=init.getImageData(150, 150, 200, 250);
  init.clearRect(0,0,init.canvas.width,init.canvas.height);
  init.putImageData(tmpData, 50, 50);
  var bild_obj = document.createElement("img");
  bild_obj.src=init.canvas.toDataURL();
  document.body.appendChild(bild_obj);
}
```

Führen Sie die Funktion in verschiedenen Browsern aus.

Hier wird ein Bild vollständig in ein Canvas-Element gezeichnet. Es wird ein `ImageData`-Objekt erzeugt und das Bild hineingeschrieben. Es wird die Länge des `data`-Array ermittelt und es werden sämtliche Farbanteile invertiert, wobei die Alpha-Anteile unverändert bleiben. Das Canvas-Element wird geleert und das temporäre Objekt in das `<canvas>`-Element übernom-

Beispiel

men. Das Bild wird im png-Format im aktiven Browser-Tab dargestellt:

```
function invert()
{
  var bild = new Image();
  bild.src = "logo.jpg"
  var obj = document.getElementById("cv");
  var init = obj.getContext("2d");
  init.canvas.width = bild.width;
  init.canvas.height = bild.height;
  init.drawImage(bild, 0, 0);
  var tmpData = init.getImageData(0, 0,
          init.canvas.width, init.canvas.height);
  var len = tmpData.data.length;
  for (var zaehler = 0; zaehler<len; zaehler++)
  {
    if (zaehler%4!=3)
      tmpData.data[zaehler] = 255-tmpData.data[zaehler];
  }
  init.putImageData(tmpData, 0, 0);
  window.location = init.canvas.toDataURL("image/png");
}
```

Führen Sie die Funktion in verschiedenen Browsern aus.

Zeichnen Sie eine Bilddatei in ein Canvas-Element und wandeln Sie sämtliche Farben in Rottöne um.

Eine Bilddatei soll in ein Canvas-Element gezeichnet werden, wobei sämtliche Alpha-Werte um 40% reduziert sind.

9.7 WebGL – die dritte Dimension ***

Canvasfähige Browser werden bald auch 3D-Effekte auf Webseiten ermöglichen.

VRML Bereits in den Neunzigerjahren des vergangenen Jahrhunderts gab es einen Ansatz, 3D-Grafiken auf Webseiten darzustellen: VRML *(Virtual Reality Markup Language)*. Allerdings hat sich VRML nicht durchgesetzt. Daher hat ein Konsortium aus Browser- und Hardwareherstellern zu Beginn des Jahres 2011 die erste Spezifikation von WebGL *(Web Graphics Library)* freigegeben. Diese wird bereits durch Firefox 4 und Chrome 9 vollständig unterstützt.

Die API-Funktionen, welche durch WebGL zur Verfügung stehen, ermöglichen die Darstellung dreidimensionaler Animationen, Bilder und Funktionen auf einer Webseite.

Durch den WebGL-Standard ist festegelegt, wie Sie per JavaScript 3D-Effekte auf einer Webseite erzeugen können. Da die Browserhersteller in ihre Programme die WebGL-Funktionalitäten integrieren werden, wird es nicht notwendig sein, zusätzliche Hilfsprogramme, Compiler oder teure Entwicklerwerkzeuge für die Nutzung/Entwicklung von 3D-Webseiten zu verwenden.

Voraussetzung für 3D-Einsatz auf Webseiten wird also lediglich ein WebGL-fähiger Browser sein. Und ein Texteditor. Für Test und Darstellung benötigen Sie einen Open GL 2-fähigen Grafikadapter oder eine entsprechende Emulation – eine Art Treiberprogramm wie z. B. Mesa.

Voraussetzungen

10 Ajax-Grundlagen **

Durch das XMLHttpRequest-Objekt können JavaScript-Programme im Hintergrund Server-Antworten auswerten und weiter verarbeiten, ohne dass der Benutzer irgendwelche Verzögerungen feststellt. Neben der Kommunikation mit dem Server sorgt es auch für die Konfiguration und den Aufbau der Benutzerschnittstelle. Es besitzt Methoden für die asynchrone Client/Server-Kommunikation sowie Eigenschaften, welche unter anderem der scriptgesteuerten Kontrolle des Datenverkehrs zwischen Client und Server dienen. Nach dem Registrieren einer *Callback*-Funktion lässt sich jede Änderung des Transaktionszustands auswerten und auch darauf reagieren. Ajax baut auf DHTML auf. Durch Ajax wird es insbesondere möglich, nach dem Laden und dem Aufbau einer Webseite im Browser zusätzliche Daten vom Server anzufordern, mit welchen die bereits geladene Webseite aktualisiert und ergänzt werden kann, ohne dass der vollständige Seitenquelltext vom Server gesendet wird.

Webserver und Browser kommunizieren über HTTP, welches auf einem Anfrage-/Antwort-Prinzip basiert. Der Client fordert benötigte Daten per HTTP-*Request* beim Webserver an und erhält per HTTP-*Response* im Regelfall eine HTML-Webseite, welche mit CSS formatiert ist. Die Übertragung erfolgt zustandslos, es besteht keine permanente Verbindung zwischen Webserver und Browser.

Bevor er eine Antwort generiert, kann der Webserver erhaltene Anfragen an andere Server weiterleiten *(Content Syndication)* oder etwa eine Datenbank abfragen. Nun generiert er die Antwort und sendet diese an den Client zurück.

Content Syndication

Wenn der Benutzer beispielsweise auf einen Hyperlink klickt, ein Formular abschickt oder die location-Eigenschaft des window-Objektes ändert, so wird ein HTTP-*Request* zu seinem Webserver übertragen. Dieser verarbeitet die erhaltenen Daten bzw. die Anfrage, fordert ggf. von anderen Servern weitere Informationen an und leitet die aus diesen Daten erzeugte HTML-Seite zurück an den anfragenden Webbrowser.

Auch wenn mit oder ohne Benutzerinteraktion scriptgesteuert der Wert eines src-Attributes bzw. die Datenquelle eines HTML-Seitenelementes neu gesetzt wird, tritt HTTP in Aktion. Zu den Seitenelementen, welche eine src-Eigenschaft besitzen, gehören u. a. <script>, <img> und <iframe>.

Im Falle einer Ajax-Anwendung werden Benutzerinteraktionen nicht sofort als HTTP-*Request* an einen Webserver weitergeleitet, sondern müssen erst in ein XMLHttpRequest-Objekt überführt werden. Anschließend werden notwendige Informationen durch das

XMLHttpRequest-Objekt, welches zum JavaScript-Sprachumfang gehört, per HTTP-*Request* angefordert. Diese können dann beliebig verwendet werden. So kann die Antwort des Servers in ein HTML-Element eingesetzt oder an eine Funktion übergeben werden.

XMLHttpRequest wurde von Microsoft im Jahr 2000 eingeführt. Das Objekt sollte es für Microsoft Outlook Web Access (OWA) ermöglichen, dass E-Mails ohne Benachrichtigung unmittelbar dargestellt werden können.

Heute dient das Objekt der asynchronen Client/Server-Kommunikation. Daten können ausgetauscht und nachgeladen werden, ohne dass die aktuelle Seite erneut vollständig vom Server angefordert und im Browser völlig neu aufgebaut werden muss.

Durch Verwendung des XMLHttpRequest-Objekts entstehen interaktive, reaktionsfähige Internetanwendungen. Das Antwortverhalten gleicht dem, welches die Benutzer schon von Desktop-Anwendungen her kennen.

Das XMLHttpRequest-Objekt wird nach seiner Initialisierung zwischen Benutzer und Webserver geschaltet. Jede Benutzeraktion, welche ursprünglich eine HTTP-Anfrage generiert hätte, erzeugt nun einen JavaScript-**Thread**, welcher an das XMLHttpRequest-Objekt weitergeleitet wird.

Die Tendenz der letzten 20 Jahre setzt sich fort: Die Benutzer können immer weniger zwischen Online- und Offline-Anwendungen differenzieren. Allerdings können Online- und Offline-Anwendungen nicht unmittelbar miteinander kommunizieren, da sie aus Sicherheitsgründen keinen direkten Zugriff auf die Zwischenablage besitzen, welche für den Datenaustausch benötigt wird.

Ajax Durch das XMLHttpRequest-Objekt können Client-Scripte HTTP-Transaktionen initiieren, wobei die zugehörigen Zustandsinformationen durch das Objekt verwaltet werden. Die Technik, per JavaScript XMLHttpRequests abzusetzen, heißt Ajax *(Asynchronous XML and JavaScript)*. Ajax ist die Basis zahlloser Web 2.0-Seiten.

Bei Ajax-Anwendungen finden verstärkt interaktive Steuerelemente Einsatz. So wird zum Beispiel die Eingabe eines Datums über ein Kalenderelement möglich. Durch visuelle Effekte wird der Benutzer auf Veränderungen, ablaufende Prozesse und nachgeladene Inhalte aufmerksam gemacht. Drag & Drop sowie die Bearbeitung der aktuellen Webseite wird durch Ajax möglich.

Durch Ajax können die Benutzer Einfluss auf Inhalte von Webseiten nehmen und deren Darstellung ihren Bedürfnissen und Vorstellungen anpassen. Ajax-Anwendungen basieren großenteils auf DHTML.

Wirklich Ajax-spezifisch ist lediglich die asynchrone Kommunikation zwischen Client und Server. Ajax bedeutet also zeitversetzten Datenaustausch zwischen Client und Server.

Durch die asynchrone Datenübertragung ist es außerdem möglich, dass aufgrund von Benutzereingaben betroffene Bereiche der aktuellen Webseite auf dem Server ermittelt und neu an den Client gesendet werden.

Bei synchroner Kommunikation übermittelt der Server die gesamte neu aufgebaute Webseite, sodass Informationen und Inhalte, welche nicht durch die Änderung betroffen sind, überflüssigerweise erneut übertragen werden und hohe Netzbelastung sowie Wartezeiten seitens des Benutzers zur Folge haben.

Die Basis für asynchrone Kommunikation bildet das XMLHttpRequest-Objekt. Es stellt den Kern nahezu jeder Ajax-Anwendung dar.

Genau genommen müsste also bei jeder Ajax-Anwendung ein asynchroner Datenaustausch zwischen Client und Server stattfinden und die übertragenen Daten müssten XML-Format besitzen. Tatsächlich jedoch gibt es durchaus synchrone Ajax-Kommunikation und die beteiligten Programme verwenden statt **XML** (Mime-Typ "text/xml") lediglich Text (MIME-Typ "text/plain") oder **JSON** (MIME-Typ "text/json")

Ajax bringt nicht nur Vorteile. Da es auf JavaScript basiert, kann es nur bei nicht deaktiviertem JavaScript eingesetzt werden. Des Weiteren funktioniert der Zurück-Button im Browser oft nicht wie gewünscht, da der Browser die verschiedenen Ladezustände nicht in seinen Verlauf bzw. seine Chronik einträgt. Auch lassen sich häufig Zustände nicht als Bookmarks bzw. Lesezeichen speichern.

Im Regelfall läuft Ajax in einer *Sandbox* - eine Ajax-Anwendung kann somit lediglich Ressourcen der eigenen Domain anfordern. Durch die *Same Origin Policy* ist festgelegt, dass ein HTTP-*Request* ausschließlich an denjenigen Server gesendet werden kann, von welchem die aktive Webseite ursprünglich geladen wurde.

Mancher Browser macht es allerdings möglich, dass diese Sicherheitsvorkehrung umgangen wird. Beim Firefox-Browser führt die Eingabe des URL about:config zu der entsprechenden Einstellungsseite. Hier können Benutzer für die Variable signed.applets.codebase_principal_support den Wert TRUE angeben, um Cross-Domain-Zugriffe freizuschalten.

Was benötigen Sie nun zum Testen bzw. Nachvollziehen der Ajax-Technik? Ein Client-Server-System auf Basis von HTTP und

10 Ajax-Grundlagen **

eine JavaScript-fähige Client-Anwendung bilden die Voraussetzung für Ajax.

Java-Anwendungssserver — Für die Reaktion auf eine Ajax-Anfrage können Sie eine Server-Applikation verwenden, welche beispielsweise mit Java entwickelt wurde. Zu diesem Zweck können Sie auf dem Webserver zusätzlich einen Java-Anwendungsserver oder einen Java-Container installieren. Eine geeignete OpenSource-Lösung ist hier der Java-Application-Server Tomcat, welcher allerdings eine bereits vorhandene Java-Laufzeitumgebung voraussetzt.

Für das Beantworten von Ajax-Anfragen durch PHP- oder Perl-Programme eignet sich der Apache-Webserver, mit entsprechenden Erweiterungen. In zahlreichen Netzwerken befindet sich als Alternative zu Apache der Internet Information Server von Microsoft im Einsatz.

Clientseitig muss bei aktuellen Browsern zunächst ein XMLHttpRequest-Objekt erzeugt werden, damit das Anfordern einer Ressource von einem entfernten Server möglich ist.

ActiveX — Bei vielen älteren Browsern (beispielsweise dem Microsoft Internet Explorer Version 6 oder älter) steht allerdings der Konstruktor XMLHttpRequest() nicht zur Verfügung. Hier muss ein ActiveX-Objekt angelegt werden.

Bei den ersten Ajax-Implementierungen des Internet Explorers konnte das XMLHttpRequest-Objekt wie folgt initialisiert werden:

```
var obj = new ActiveXObject("Microsoft.XMLHTTP");
```

Bei nachfolgenden Browsermodellen war das Objekt ein Teil des XML-Namensraums:

```
var obj = new ActiveXObject("MSXML2.XMLHTTP");
```

Bei neueren Browsern sieht die Initialisierung wie folgt aus:

```
var obj = new XMLHttpRequestObject();
```

In vielen Fällen löst der Aufruf des Konstruktors ActiveXObject() einen Ausnahmefehler aus, falls das Objekt nicht erzeugt werden kann. Eine portable Ajax-Anwendung, welche innerhalb sämtlicher Browser einsetzbar sein soll, muss daher sukzessive die verschiedenen Möglichkeiten zum Anlegen des XMLHttpRequest-Objekts abfragen und jeweils eine Fehlerbehandlung durchführen.

```
function xhr()
{
  var obj = null;
  try
  {
    obj = new ActiveXObject("MSXML2.XMLHTTP");
  }
  catch (err)
  {
```

```
   try
   {
      obj = new ActiveXObject("Microsoft.XMLHTTP");
   }
     catch (err)
     {
        if (typeof XMLHttpRequest != "undefined")
          obj = new XMLHttpRequest();
     }
   }
   return obj;
}
```

Neuere Browser benötigen für Ajax-Anwendungen kein ActiveX-Objekt mehr. Die nun folgenden Ausführungen orientieren sich an der aktuellen Browsergeneration (z. B. Opera ab Version 9 und Firefox ab Version 3), welche geschlossen für die Programmierung von Ajax-Anwendungen den Konstruktor XMLHttpRequest() zur Verfügung stellt.

Zum XMLHttpRequest()-Objekt gehören u. a. die Methoden open() und send().

Die Methode open() des XMLHttpRequest-Objekts bereitet das Versenden der Nachricht vor. Sie initiiert die Kommunikation mit dem Webserver und übergibt dem Kommunikationsobjekt die Verbindungsdaten.

open()

Die ersten beiden Parameter von open() sind obligatorisch:

- Zunächst muss eine Übergabetechnik angegeben werden. Hier kommen die Versendemethoden GET, POST, HEAD oder PUT in Frage. Dabei hängt GET kleine Datenmengen an den URL an, per POST wird eine größere HTTP-Nachricht gesendet, durch PUT werden Dateien auf den Webserver kopiert und mit HEAD werden lediglich Metadaten (der *Header* der Server-Nachricht) angefordert. HEAD können Sie verwenden, wenn Sie beispielsweise das Erstellungsdatum oder die Größe einer Datei auf dem Server abfragen möchten, jedoch nicht deren Inhalt clientseitig weiterverarbeiten möchten.
- Zweiter Parameter von open() ist der URL – die Ressource. Bei Verwendung von GET stellt dieser URL im Regelfall einen Verweis auf ein Serverscript dar.

Die weiteren Parameter der Methode open() sind optional:

- Besitzt der 3. Parameter den Wert FALSE, so wird synchron übertragen. Im Fall, dass sein Wert TRUE lautet, findet asynchrone Kommunikation statt.
- Ist für den Zugriff auf die Ressource eine Authentifizierung notwendig, so kann mit der Methode open() ein Benutzername und ein Passwort an den Server übermittelt werden.

10 Ajax-Grundlagen **

Beispiel

Ein Aufruf von `open()` könnte also wie folgt lauten:

```
obj.open("get","http://www.meinserver.de/start.php",true,
        "user01","abc");
```

send()

Das Senden der Nachricht an den Server erfolgt durch die Methode `send()`. Wenn ein Nachrichtentext übertragen werden soll, dann kann der Body der Nachricht an die Methode `send()` des XMLHttpRequest-Objekts als String übergeben werden:

```
obj.send("Browser=Opera11");
```

Im Fall eines GET-*Requests* wird kein Body übermittelt. Daher ist hier der Wert `null` anzugeben:

```
obj.send(null);
```

Beispiel 1a

Hier wird ein neues XMLHttpRequest-Objekt erzeugt und mit einem GET-*Request* initialisiert:

```
var obj = new XMLHttpRequest();
obj.open("get", "http://www.meinserver.de/private/ajax.php?
        Browser=Opera11&System=Windows7", false);
obj.send(null);
```

Synchrone Kommunikation

Die Kommunikation mit dem Server erfolgt im soeben dargestellten Beispiel synchron. Wenn hier die Anfrage per `send()` gesendet wird, unterbricht der Interpreter die Ausführung des Scripts solange, bis er die Antwort des Servers vollständig empfangen hat.

Beispiel 1b

Bei einem POST-Request sieht der ansonsten gleichwertige JavaScript-Code ein wenig anders aus:

```
var obj = new XMLHttpRequest();
obj.open("post",
    "http://www.meinserver.de/private/ajax.php", false);
obj.send("Browser=Opera11&System=Windows7");
```

status

Auch das Ergebnis dieser Operation lässt sich über das XMLHttpRequest-Objekt ermitteln. Dazu können Sie den Statuscode (Eigenschaft `status`) der übermittelten HTTP-Antwort und deren Inhalt als String (Eigenschaft `responseText`) mit Hilfe einer benutzerdefinierten Funktion auswerten.

Über die `status`-Eigenschaft lässt sich abfragen, ob der Vorgang erfolgreich war und ob der `responseText`-Eigenschaft ein Antworttext zugewiesen wurde.

Statuscodes

Hat der Server keinen Fehler gemeldet, so besitzt `obj.status` einen Wert 200 und 299 oder den Wert 304, welcher anzeigt, dass sich das Anfrageergebnis schon zum Zeitpunkt der Anfrage im lokalen Browsercache befand. Tab. 10.0-1 zeigt Ihnen, welche Statuscodes vom Server zurückgeliefert werden.

Nummernbereich	Beschreibung
100–199	Der Server hat eine Information über den Status der Bearbeitung zurückgesendet. Die Transaktion ist jedoch noch nicht beendet.
200–299	Die Anfrage wurde durch den Server erfolgreich bearbeitet und der anfragende Client erhält nun das Ergebnis.
300–399	Dem Server steht die angefragte Ressource bzw. Information nicht zur Verfügung. Die Antwort muss von einer anderen Quelle angefordert werden, welche der Server in seiner HTTP-*Response* angegeben hat.
400–499	Die Anfrage war fehlerhaft und kann aus diesem Grund durch den Server nicht bearbeitet werden.
500–599	Bei der Bearbeitung ist ein Server-Fehler aufgetreten, welcher allerdings nicht unmittelbar mit der Anfrage zusammenhängt.

Tab. 10.0-1: HTTP-Statuscodes.

Häufig vom Server gemeldete Fehler bzw. Statuscodes sind:
- 400: Das Format der Anfrage ist ungültig.
- 401: Es ist eine Autorisierung notwendig.
- 403: Der Zugriff ist nicht gestattet.
- 404: Der Server kann die angegebene Datei/Ressource nicht finden.

Hier sehen Sie eine benutzerdefinierte Funktion, welche die Auswertung des Antwort-Status vornimmt:

Beispiel

```
function checkState(state,txt)
{
  if (state>=200 && state<=299 || state==304)
    window.alert(txt)
  else
    window.alert("Fehlercode ist  " + state);
}
```

Das folgende Script zeigt, wie und in welchem Kontext Sie die Funktion checkState() aufrufen können:

```
obj.open("get", "http://www.google.de/", false);
obj.send(null);
checkState(obj.status, obj.responseText);
```

Dabei enthält responseText immer den Body der vom Server erhaltenen Nachricht bzw. Antwort auf die Anfrage.

Bei einer echten Ajax-Anwendung verläuft das Ganze allerdings asynchron. Damit der Browser das Script nicht anhält, um die Antwort des Servers abzuwarten, muss open() anstelle mit false mit dem Parameter true aufgerufen werden.

Asynchrone Kommunikation

Das Script wird dann nach dem Absenden des *Requests* nicht angehalten. Allerdings darf jetzt nicht unmittelbar der Antwort-Status abgefragt werden, denn die Antwort des Servers wird erst zu einem späteren Zeitpunkt eintreffen.

Sollte die Antwortzeit des Servers einen vorgegebenen Zeitrahmen überschreiten, so kann der gesamte Vorgang abgebrochen werden. Zu diesem Zweck gehört zum XMLHttpRequest-Objekt die Methode abort().

Callback-Funktion

Um die Antwort des Servers zu verarbeiten, können Sie ereignisgesteuert eine *Callback*-Funktion verwenden, welche immer dann aufgerufen wird, wenn sich der Bearbeitungszustand der Transaktion ändert.

readystatechange

Dazu besitzt das XMLHttpRequest-Objekt die Eigenschaft bzw. den *Event-Handler* onreadystatechange. Dieser können Sie eine *Handler*-Funktion zuweisen, um auf das Ereignis »Der Zustand des Transaktionsvorgangs hat sich geändert.« scriptgesteuert zu reagieren.

Beispiel

Hier sehen Sie, wie eine *Callback*-Funktion für asynchrone HTTP-*Requests* eingesetzt werden kann:

```
var obj = new XMLHttpRequest();
obj.onreadystatechange = checkState;
obj.open("get", "http://www.google.de/", true);
obj.send(null);

function checkState()
{
  if (this.readyState == 4)
  {
    if (this.status>=200 && this.status<=299
                        || this.status==304)
        window.alert(this.responseText);
    else
        window.alert("Fehlercode ist " + this.status);
  }
}
```

Hier wird zunächst wieder ein XMLHttpRequest-Objekt erzeugt. Nun registriert man für das Ereignis readystatechange die benutzerdefinierte Handler-Funktion checkState() als *Callback*-Funktion. Diese soll auf Statusänderungen reagieren und die erhaltene Antwort weiter verarbeiten. Der Aufruf von open(....., true) gewährleistet dabei, dass der Browser nach dem Senden der Anfrage die Ausführung des Scripts fortsetzt. Jede Statusänderung des XMLHttpRequest-Objekts obj führt nun zum Aufruf der benutzerdefinierten Handler-Funktion checkState(). Durch das Schlüsselwort this wird auf das XMLHttpRequest-Objekt verwiesen, dessen Zustandsänderungen hier überwacht werden.

Dabei enthält die Eigenschaft readyState des XMLHttpRequest-Objekts Informationen über den aktuellen Status der Transaktion (siehe Tab. 10.0-2).

Wert von readyState	Bedeutung
0	Die Transaktion ist nicht initialisiert, es besteht keine Verbindung zum HTTP-Server. In vielen Fällen wurde hier die Methode open() noch nicht aufgerufen.
1	Es besteht bereits eine Client/Server-Verbindung, jedoch hat der Server noch keine Anfrage erhalten. Möglicherweise wurde send() noch nicht abgesetzt.
2	Die Anfrage ist an den Server gestellt worden, jedoch ist der Vorgang noch nicht abgeschlossen. Die Methode send() wurde bereits aufgerufen. Header und Status der Nachricht seitens des Servers liegen bereits vor.
3	Client und Server befinden sich in Interaktion, die Datenübertragung hat begonnen. Ein Teil der Antwort kann bereits über die Eigenschaft responseText abgefragt werden.
4	Die Übertragung ist beendet, der Vorgang abgeschlossen.

Tab. 10.0-2: HTTP-Transaktionsstatus.

Die readyState-Eigenschaft gibt jedoch keine Auskunft über etwaige Fehlersituationen. Ein derartiger Fehlercode wird durch die status-Eigenschaft des XMLHttpRequest-Objekts zurückgegeben.

Nicht alle Browser geben hier allerdings einheitliche Werte zurück. Während readyState=4 in den gängigen Browsern implementiert ist, werden die restlichen Werte von einigen Browsern nicht unterstützt.

11 *Frameworks* **

Die unterschiedliche Unterstützung von JavaScript und der DOM-Levels durch die Browser hat zur Entwicklung und Verbreitung von JavaScript-Frameworks geführt. Immer häufiger wird bei der Erstellung dynamischer Webseiten auf elementares JavaScript verzichtet und für die Website-Erstellung ein **Framework** eingesetzt. Auch für Ajax gibt es zahlreiche derartige Funktionssammlungen.

Mit dem WTFramework bookmarklet – Sie finden es auf der Website marklets (http://marklets.com/WTFramework.aspx) – kann man leicht herausfinden, welches Ajax- bzw. JavaScript-Framework bei der Erstellung einer Website verwendet wurde. Die populärsten Bibliotheken werden unmittelbar durch das Werkzeug erkannt.

WTFramework

Frameworks für JavaScript sind Funktionsbibliotheken. Die enthaltenen Funktionen sind dokumentiert, bewährt, browserunabhängig und nahezu beliebig erweiterbar. Viele *Frameworks* sind sogar kostenlos erhältlich.

Durch *Frameworks* stehen Webentwicklern neue Möglichkeiten bzw. Erweiterungen der JavaScript-Funktionalitäten zur Verfügung. Die Bibliotheken eines *Frameworks* enthalten Objekte, Methoden und Eigenschaften, durch welche zahlreiche Unzulänglichkeiten der Browser erfolgreich behandelt werden. Dadurch verlagert sich die unterschiedliche Berücksichtigung der einzelnen Browser im JavaScript-Code auf eine höhere Abstraktionsebene.

Durch den Einsatz von *Frameworks* soll der Aufwand für die Programmierer von Webanwendungen reduziert werden. *Frameworks* führen die notwendigen Objektprüfungen durch und sind mit Browserweichen ausgestattet, sodass JavaScript-Programmierer ohne Kenntnis browserspezifischer Details und *Bugs* leicht Code entwickeln können, der auf sämtliche Browser portierbar ist.

Im Web werden zahlreiche *Frameworks* angeboten, welche sich allerdings hinsichtlich Aktualität, Benutzerfreundlichkeit, Transparenz, Funktionsumfang, Effizienz und Datenvolumen stark unterscheiden. Es gibt auch Produkte wie GWT, durch welche der Code des *Frameworks* dynamisch erzeugt und zum Browser übertragen wird.

Das Datenvolumen ist bei *Frameworks* von großer Bedeutung. Bei vielen *Frameworks* führt dieses zu hoher Ladezeit der Seite auf dem Client und auch zu erhöhter Ausführungszeit der Skripte.

Im Regelfall ist bei JavaScript-*Frameworks* keine Installation notwendig. Die Auslieferung der zugehörigen Dateien erfolgt per Zip-Archiv. Nach dem Entpacken und dem Kopieren in einen lokalen Ordner reicht das anschließende Einbinden der JavaScript-Dateien in den meisten Fällen aus. In wenigen Fällen ist zusätzlich die Installation einer Laufzeitumgebung notwendig.

Durch *Frameworks* wird die Entwicklung aufwendiger Webanwendungen erheblich vereinfacht. Einige *Frameworks* besitzen eine desktopartige Benutzeroberfläche auf Browser-Basis.

Einige *Frameworks* integrieren sich unmittelbar in den Browser. Sie bieten dort für alle gängigen Browser eine einheitliche Oberfläche für die Programmierung und den Zugriff auf die Bibliotheken bzw. Objekte des *Frameworks*.

Die meisten *Frameworks* sind kompakt. Mit wenigen Programmzeilen kann man oft viel bewirken.

Architekturen
Die Architektur von JavaScript-*Frameworks* ist durch unterschiedliche Modelle gekennzeichnet:

- Es gibt viele eigene globale Objekte und neue Core-Objekte. Beim Zugriff auf ein HTML-Element wird das Elementobjekt um eigene Methoden ergänzt. Zu dieser Gruppe gehören die *Frameworks* Prototype und Mootools.
- Die Methoden befinden sich in einem globalen Namensraum, welcher durch weitere gruppierende Objekte unterteilt wird. Zu dieser Kategorie gehören die *Frameworks* YUI 2 und Dojo.
- Bei jQuery und DOMAssistant gibt es z. B. ein einziges globales Objekt. Bestehende JavaScript-Objekte werden hier nicht erweitert. Eigener Code ist weitgehend gekapselt. Der Aufruf eigener Methoden erfolgt über das Namensraum-Objekt `jQuery.trim()`. Methoden können auch über Wrapper-Objekte für Elementlisten aufgerufen werden: `jQuery('#element').css(...)`.
- Bei YUI 3 findet ebenfalls ein globales Namensraum-Objekt Verwendung. Dieses ist gekapselt und um das Laden von Modulen und asynchrone Ausführung erweitert: `YUI({...}).use("modul1", "modul2", ... function(Y) {...});`

JavaScript-*Frameworks* kapseln die Unterschiede zwischen den einzelnen Browsern und stellen eine einheitliche Schnittstelle für die Entwicklung zur Verfügung. Die Komplexität der programmiertechnischen Realisierung bzw. der tatsächlichen Implementierung wird verborgen.

So können Webseiten unverändert auch durch zukünftige Browser verarbeitet werden. Man aktualisiert lediglich das verwendete *Framework* bzw. die eingebundenen Bibliotheken anstatt sämtliche plattformspezifischen Elemente im HTML-Quelltext und im JavaScript-Code anzupassen.

Die Bibliotheken stellen eine Reihe von Standardfunktionen bereit. Dadurch beschleunigt sich die Entwicklung erheblich. Sie sind nahezu beliebig erweiterbar.

Die Trennung von Inhalten, Darstellung und Ereignisbehandlung hilft dabei, eine Webanwendung übersichtlicher zu gestalten und vor allem deren Wartbarkeit zu verbessern.

In diesem Kapitel lernen Sie Eigenschaften einiger JavaScript-Frameworks kennen:

- »Das Framework jQuery«, S. 446
- »Das Framework Prototype«, S. 453
- »Das Framework Qooxdoo«, S. 454

Weitere *Frameworks*, welche bei der JavaScript-Programmierung Unterstützung bieten, sind MooTools und das Dojo Toolkit.

Mit den MooTools steht eine kleine effiziente Bibliothek auf der Website Mootools (http://www.mootools.net/) zur Verfügung, deren Stärken im Bereich Animationen und Objektorientierung liegen. Das *Framework* unterstützt die Verkettung von Aufrufen *(Chaining)* und auch die DOM-Manipulation. — MooTools

Ein weiteres *Framework* ist das Dojo Toolkit. Es ist verfügbar auf der Website dojotoolkit (http://dojotoolkit.org/). Es unterstützt Ajax-Funktionen und Methoden für den Einsatz der Vererbungstechnik sowie zum Anlegen von Klassen. — Dojo Toolkit

Außerdem gehört zu Dojo eine *Widget*-Bibliothek mit Auswahllisten, Kalendern, Menüs sowie Funktionen zur Validierung von Formulareingaben.

Das *Framework* zeichnet sich durch folgende Funktionalitäten aus: 3D-Rendering, *Event Management*, viele Widgets und eine Diagrammbibliothek.

JavaScript-*Frameworks* erleichtern erheblich die Entwicklungsarbeit und besitzen Standardfunktionen und -komponenten für alle typischen Aufgaben innerhalb einer Webanwendung. — Fazit

Die Entwicklung der *Frameworks* schreitet stetig fort. Neuere Versionen eines *Frameworks* sind in der Regel abwärtskompatibel. Die Weiterentwicklung der *Frameworks* bringt für die Webprogrammierer mehr und mehr Vorteile:

+ Zunehmende Browserkompatibilität,
+ Rückgang der Ladezeiten,
+ erhöhter Funktionsumfang,
+ mehr Automatisierungsmöglichkeiten und
+ zusätzliche vordefinierte Objekte und Methoden.

Viele *Frameworks* sind erweiterbar, *Communities* stellen *PlugIns* zur Verfügung. Oft sind mehrere *Frameworks* miteinander kombinierbar, wobei es allerdings zu Konflikten zwischen Objekten mit gleichen Bezeichnern kommen kann. Hauptursache dafür ist, dass in der JavaScript-Laufzeitumgebung für eine Webseite nur ein einziger globaler Namensraum existiert.

- Nachteilig ist allerdings, dass Script-Bibliotheken nicht unerhebliche Ladezeiten beim Benutzer verursachen.

Auch für *Frameworks* gilt: Bei deaktiviertem JavaScript sollte gewährleistet sein, dass die Anwendung vollständig nutzbar bleibt.

11.1 Das *Framework* jQuery **

Das JavaScript-*Framework* jQuery unterstützt die Erstellung von *Tooltips* und die Validierung von Formularen. Es stellt zahlreiche Selektoren und Funktionen zur Verfügung. Seine Syntax ist angelehnt an die von CSS und JavaScript.

Das frei verfügbare Javascript-*Framework* jQuery können Sie auf der Website jQuery (http://www.jquery.com/) herunterladen. Unter Downloads und Current Release finden Sie die aktuellste Version des *Frameworks* und auch zahlreiche Informationen dazu.

jQuery verfügt über umfangreiche Funktionen zur Navigation und auch zur Manipulation der DOM-Syntax. Es bietet eine Vielfalt an Möglichkeiten:

- *Slide*-Effekte,
- *Tooltips*,
- Formularvalidierung,
- Panorama-Effekte,
- schnelle Selektoren *(Sizzle-Engine)*,
- Verkettung von Aufrufen *(Chaining)*,
- DOM-Manipulation und DOM-Navigation.

jQuery ist besonders für JavaScript-Einsteiger geeignet. Es ist einfach zu erlernen und bietet zahlreiche Funktionen und Selektoren.

CSS 3 — Die große Zahl Selektoren umfasst bereits einen Großteil der Selektoren des neuen CSS 3-Standards.

Spezielle Effekte — Die Bibliothek bietet dem Entwickler auch eine Vielzahl an Effekten wie z. B. das Ein- und Ausblenden von Seitenelementen.

Ajax — Ajax-Funktionen zum asynchronen Abruf von Daten eines Webservers sind ebenfalls integriert.

Befehle verketten — Komfortabel ist die Möglichkeit, für eine Gruppe von Elementen mehrere Befehle gleichzeitig aufzurufen. Dazu werden die einzelnen Befehle jeweils durch einen Punkt miteinander verkettet.

Das *Framework* ist modular aufgebaut und lässt sich durch individuelle *PlugIns* erweitern. | Modularität

Zur Gestaltung von Benutzeroberflächen steht mit jQuery UI eine Widget-Bibliothek zur Verfügung. Die Erweiterung jQuery UI ergänzt das *Framework* um Animationen, visuelle Effekte und GUI-Komponenten. Zu jQuery UI gehören auch Formulare, Kalender, Dialogboxen, Tabs und Fortschrittsanzeigen. Ein Widget- und ein CSS-Modul ermöglichen das Erstellen von Eingabemasken und Benutzerschnittstellen. | jQuery UI

jQuery kann in einen Kompatibilitätsmodus geschaltet werden, um mit anderen *Frameworks* zusammenzuarbeiten. | Kompatibilität

Bevor Sie die jQuery-Bibliothek verwenden, können Sie diese auf Ihrem Webserver speichern und sie in Ihre Webseite einbinden. Das Einbinden erfolgt beispielsweise durch

```
<script type=" text/javascript" src="jquery.js">
</script>
```

Dieses Vorgehen hat jedoch einige Konsequenzen:

1. Bei jedem Aufruf Ihrer Seite muss zusätzlich die jQuery-Bibliothek zum Benutzer übertragen werden.
2. Die Client-Anwendung muss für den Zugriff auf die Bibliothek eine weitere HTTP-Verbindung zu Ihrem Webserver herstellen.

Alternativ können Sie die Bibliothek von einem anderen Server einbinden, welcher diese zum Download anbietet bzw. öffentlich bereitstellt *(hosting)*. So stellt beispielsweise Google auf einem Server zahlreiche *Libraries* zur Verfügung. Der Pfad zur jQuery-Bibliothek in der Version 1.4.4 auf dem Google-Host lautet

```
http://ajax.googleapis.com/ajax/libs/jquery
     /1.4.4/jquery.min.js
```

Abgesehen davon, dass der Google-Server die Bibliothek äußerst schnell an einen anfragenden Web-Client liefert, ergeben sich weitere Vorteile:

+ Viele andere Webmaster und Web-Entwickler nutzen Google-Dienste und binden die jQuery-Bibliothek in ihre Webseiten ein, sodass sich diese bereits im lokalen Cache befinden kann. Öffnet der Benutzer eine neue Seite, so baut sie sich erheblich schneller auf, da das *Framework* nicht mehr geladen werden muss.
+ Da ein Browser nur eine begrenzte Anzahl Verbindungen zu einem Webserver aufbauen kann – der Server soll schließlich nicht überlastet werden – führt das Laden der jQuery-Dateien von einem anderen Server oft zu einer Entlastung und daher zu einem beschleunigten Seitenaufbau.

11 Frameworks **

Die Anwendung von jQuery ist denkbar einfach. Nach dem Einbinden der Bibliothek lässt sich verglichen mit reinem JavaScript eine Menge Schreibarbeit sparen.

Beispiel
Per JavaScript greifen Sie auf das Seitenelement
```
<p id="absatz">
</p>
```
durch
```
var obj = document.getElementById("absatz");
```
zu. Die entsprechende Referenz erzeugen Sie mit jQuery durch
```
var obj = $("#absatz");
```
Über den Selektor #absatz erhalten Sie also die Referenz.

Selektoren
Selektoren dienen bei jQuery dem Zugriff auf Seitenelemente. Die Syntax ist hier sehr stark an die von CSS angelehnt.

Selektoren werden oft mit Filtern kombiniert. Tab. 11.1-1 zeigt einige Möglichkeiten.

Selektor	Objekt in HTML
`$("#absatz")`	`id="absatz"`
`$(".wichtig")`	`class="wichtig"`
`$("*")`	Alle Seitenelemente
`$("a, li, h1")`	Sämtliche `<a>`-, `<li>`- und `<h1>`-Elemente
`$("h1+h2")`	`<h2>`-Elemente, welche unmittelbar einem `<h1>`-Element folgen
`$("p.wichtig")`	Sämtliche Elemente mit `class="wichtig"`, welche Unterelemente eines Absatzes `<p>` sind
`$("a#vlink")`	`<a id="vlink">`
`$("p+.wichtig")`	Alle Elemente mit `class="wichtig"`, welche unmittelbar einem Absatz `<p>` folgen
`$("p>em")`	`<p><em></em></p>`, alle `<em>`-Elemente, welche sich direkt unterhalb eines Absatzes `<p>` befinden (childNodes).
`$("ul>.item")`	Alle Kindknoten eines `<ul>`-Elements, welche mit `class="item"`ausgezeichnet sind.

Tab. 11.1-1: Selektoren.

Auf Selektoren werden Funktionen angewendet.

Beispiel
Hier wird jeder zweite Absatz der Seite in Blau dargestellt:
```
$("p:odd").css({color:"blue", fontWeight:"bold"});
```
Der letzte Link wird langsam ausgeblendet:

```
$("a:last").hide("slow");
```
Alle versteckten Elemente werden angezeigt:
```
$("*:hidden").show();
```
Vor dem ersten Absatz wird eine Überschrift eingefügt:
```
$("p:first").before("<h1>Überschrift</h1>");
```
Jedes `<ul>`-Element wird mit einem `<div>`-Container umgeben:
```
$("ul").wrap("<div></div>");
```
Bei Klick auf die Schaltfläche werden innerhalb von 10 Sekunden sämtliche Absätze wieder eingeblendet:
```
<input id="btn" type="button" value="Effekt"/>

<script type="text/javascript">
$("#btn").click(function()
{
   $("p").show(10000);
})
</script >
```
Der Inhalt des ersten `<h1>`-Elements wird auf der aktuellen Webseite ausgegeben:
```
<script type="text/javascript">
    document.write($("h1:first").text());
</script>
```

Auch *Event-Handling* und DHTML-Effekte sind problemlos möglich.

Beispiel

Hier sehen Sie, wie Sie nach dem Laden einer Webseite eine anonyme Funktion ausführen:
```
<script type="text/javascript">
$(document).ready(function()
{
   window.alert("Seite geladen");
});
</script>
```

Beispiel

Die folgende Situation ist ein wenig komplexer. Hier wird eine Liste über ein `<div>`-Element manipuliert:
```
<body>
<ol id ="list">
</ol>

<div id="init">
Liste erweitern
</div>
</body>
```
Nach dem Laden der Seite wird ein *Event-Handler* registriert, welcher bei jedem Klick auf den Text bzw. das `<div>`-Element

die Liste um einen Aufzählungspunkt erweitert. Dies lässt sich durch den folgenden JavaScript-Code erreichen:

```
<script type="text/javascript">
window.onload=function()
{
document.getElementById("init").onclick=hinzu;
}
function hinzu()
{
  var obj = document.getElementById("list");
  var neu = document.createElement("li");
  obj.appendChild(neu);
}
</script>
```

Der entsprechende jQuery-Code ist der folgende:

```
<script type="text/javascript">
$(document).ready(function()
{
  $("#erweitern").click(function()
  {
    $("#list").append("<li></li>");
  })
})
</script>
```

Die Funktion css() von jQuery ermöglicht Layoutänderungen.

Beispiel

Möchten Sie etwa alle Absätze einer Webseite mit einem roten Hintergrund versehen, so genügt eine einzige Codezeile:

```
$("p").css(background: "red");
```

Die Funktion toggle() führt im Wechsel zwei Funktionen aus. Dabei wird die zweite Funktion zuerst ausgeführt.

Beispiel

Hier wird der Inhalt aller Absätze über eine Schaltfläche `<button id="btn">einblenden</button>` abwechselnd ein- und ausgeblendet. Gleichzeitig wird der Alternativtext des Bildes und die Beschriftung der Schaltfläche geändert.

```
<script type="text/javascript">
$(document).ready(function() {
$("#btn").toggle(function()
{
  $("p").hide("slow");
  $(this).text("einblenden");
},
function()
{
  $("p").show();
  $(this).text("ausblenden");
});
```

```
})
</script>
```

Für den Zugriff auf HTML-Attribute besitzt jQuery die Funktion attr().

Hier wird bei Klick auf eine Schaltfläche   Beispiel
```
<input id="btn" type="button" value="Bild wechseln"/>
```
in das Bildelement
```
<img scr="bild_alt.gif" alt="Demo" id="bild"/>
```
ein neues Bild geladen und der Alternativtext geändert.
```
<script type="text/javascript">
$("#btn").click(function()
{
   $("#bild").attr({src:"bild_neu.gif",alt:"Demo01"});
})
</script>
```

jQuery ermöglicht es auch, mehrere Tabs auf einer Webseite darzustellen.

Der folgende Programmcode erstellt eine Webseite mit 3 Tabs: Beispiel
```
<head>
<script type="text/javascript">
$(function()
{
   $("#main").tabs();
});
</script>
</head>

<body>
<div id="main">
<ul>
<li><a href="#s1">Seite 1</a></li>
<li><a href="#s2">Seite 2</a></li>
<li><a href="#s3">Seite 3</a></li>
</ul>
<div id="s1"> ... </div>
<div id="s2"> ... </div>
<div id="s3"> ... </div>
</div>
</body>
```
Jeder Tab enthält ein `<div>`-Element, welches beim Anklicken des Reiters zur Anzeige kommt.

jQuery stellt Eingabehilfen für Formulare zur Verfügung. Zu diesen gehört unter anderem ein Kalenderelement.

Beispiel
Ein solches Kalenderelement können Sie wie folgt einblenden:
```
<head>
<script type="text/javascript">
$(function()
{
  $("#datum").datepicker();
});
</script>
</head>
<body>
<form>
<p>
Datum eingeben: <input id="datum" type="text"/>
</p>
</form>
</body>
```
Auch Autovervollständigung stellt für jQuery kein Problem dar.

Beispiel
Bei einem Textfeld sollen Tastatureingaben automatisch ergänzt werden. Sie definieren dafür zunächst ein Array, welches eine Liste mit den auszufüllenden Begriffen enthält.
```
<head>
<script type="text/javascript">
$(document).ready(function() {
$("#eingabe").autocomplete({
source: ["MooTools", "jQuery", "Prototype", "Qooxdoo"]
});
});
</script>
</head>
<body>
<form>
<p>
Framework eingeben <input type="text" id="eingabe"/>
</p>
</form>
</body>
```
Mit HTML5 lässt sich dies ohne Programmierung erreichen:
```
<input list="eingabe">
<datalist id="eingabe">
<option value="MooTools">
<option value="jQuery">
<option value="Prototype">
<option value="Qooxdoo">
</datalist>
</input>
```
jQuery eignet sich unter anderem hervorragend zur Erstellung von *Tooltips*. Ein Tutorial dazu finden Sie hier:

- Website matthiasschuetz (http://matthiasschuetz.com/jquery-tutorial-eigenes-tooltip-plugin-erstellen)

11.2 Das *Framework* Prototype ***

Zu den Stärken von Prototype gehören Ereignisbehandlung und Ajax-Funktionen.

Ein sehr bekanntes JavaScript-*Framework* ist Prototype. Nicht nur die Ereignisbehandlung wird durch Prototype erheblich vereinfacht. Angeboten wird es im Web auf der Website prototypejs (http://www.prototypejs.org/).

Prototype unterstützt objektorientiertes JavaScript. Es bietet Funktionen zur Selektion und Manipulation von Seitenelementen an.

Zu Prototype gehören auch Ajax-Funktionen, um Daten asynchron abzurufen. Ebenso stehen Funktionen zur Validierung von Formularen zur Verfügung. Das *Framework* unterstützt außerdem die Technik der Vererbung sowie die Definition von objektorientierten Klassen.

Für die Ereignisbehandlung stellt Prototype einen *Event-Namespace* mit den Methoden observe() und stopObserving() zur Verfügung. Während die erste der beiden Methoden *Event-Handler* registriert, lassen sich *Event-Handler* durch stopObserving() entfernen bzw. deregistrieren.

Zunächst müssen Sie die Funktionalitäten von Prototype in Ihre Webseite integrieren bzw. die Bibliothek laden: | Bibliothek einbinden

```
<script type="text/javascript" src="Prototype-1.5.1.js">
</script>
```

Nach dem Einbinden der Bibliothek können unmittelbar browserkompatible *Event-Handler* registriert werden:

```
<script type="text/javascript">
    window.onload=Event.observe("btn1", "click",
            pruefen, true);
</script>
```

Zum Ereignis-API von Prototype gehören auch zahlreiche Methoden, welche die Auswertung und Weiterverarbeitung eines Ereignisses ermöglichen. Wenn Sie z. B. der Methode Event.isLeftClick() ein Mausereignis als event-Objekt übergeben, so liefert sie true zurück, falls das Ereignis per Linksklick ausgelöst wurde. | API-Methoden

Soll die Weiterleitung eines Ereignisses gestoppt werden, so genügt die Codezeile Event.stop(e); innerhalb eines *Event-Handlers*, wobei e auf das event-Objekt verweist. | Ereignisweiterleitung

Eine ideale Ergänzung zu Prototype ist Scriptaculous, welches Sie auf der Website Scriptaculo (http://script.aculo.us/) finden. Durch Scriptaculous lässt sich Prototype um zusätzliche Funktionen erweitern. Scriptaculous bietet unter anderem

11 *Frameworks* **

- Ajax-Steuerungselemente,
- Drag-and-Drop-Funktionen,
- DOM-Werkzeuge sowie
- eine umfangreiche Menge an visuellen Effekten und Animationen.

So lassen sich z. B. Inline-Text-Editoren, Transitionen und *Fades* realisieren.

Beispiel

> Beispielsweise wird durch
>
> Effect.Fade('obj', { duration: 3.0 })
>
> ein *Fade*-Effekt für ein beliebiges DOM-Objekt realisiert, welches durch id="obj" ausgezeichnet ist.

11.3 Das *Framework* Qooxdoo ***

Qooxdoo basiert auf der Programmiersprache Python. Es eignet sich besonders zur Erstellung von Desktop-Anwendungen.

Qooxdoo ist ein JavaScript-Framework, welches sich zwar auf die Entwicklung desktopartiger Anwendungen konzentriert, jedoch auch andere Anwendungen, wie die Validierung von Formularen unterstützt. Es ist als Open-Source-Programm (Lizenzmodell LGPL/EPL) auf der Website Qooxdoo (http://qooxdoo.org/) verfügbar.

Batch-Steuerung

Bei der Installation von Qooxdoo wird eine Ordnerstruktur angelegt. Die ausführbaren Scripte befinden sich standardmäßig in einem bin-Ordner, wie beispielsweise C:\Qooxdoo-0.8.2-sdk\tool\bin. Die Bedienung erfolgt großenteils batchgesteuert. Zu dem *Framework* gehören eine Reihe von Python-Skripten, welche wiederkehrende Aufgaben automatisieren und vereinfachen. Es ist allerdings eine Python-Installation auf dem Entwicklungsrechner notwendig, da alle Skripte in dieser Sprache realisiert sind.

Die Kommandozeilenwerkzeuge von Qooxdoo übernehmen Routinearbeiten, wie beispielsweise die Erstellung eines Projektgrundgerüstes.

Beispielsweise erstellen Sie über den folgenden Batchaufruf eine neue Anwendung bzw. ein neues Projekt und geben gleichzeitig das Zielverzeichnis für die Projektdateien an: create-application.py --name=demoproj --out=c:\projekte

Durch diesen Befehl wird der Ordner c:\projekte\demoproj angelegt, in welchem sich zahlreiche Unterverzeichnisse und Dateien befinden. Zur Projektstruktur gehören beispielsweise Ordner für Klassen, Übersetzungen und Ressourcen.

11.3 Das *Framework* Qooxdoo *** 455

Durch *Widgets* vereinfacht Qooxdoo die Entwicklung von grafischen Webanwendungen.

Eine Schaltfläche innerhalb eines JavaScript-Fensters erstellen Sie wie folgt: — Beispiel

```
var win = new qx.ui.window.Window("QooxDoo");
win.setLayout(new qx.ui.layout.VBox());
win.setWidth(250);
win.setHeight(150);
win.setShowMinimize(false);
this.getRoot().add(win, {left:10, top:160});
var btn1 = new qx.ui.form.Button("Hier klicken!", "");
win.add(btn1);
win.open();
```

Verschiedene Layout-Container ermöglichen es, Inhalte automatisch anzuordnen sowie Bereiche und Fenster an eigene Bedürfnisse oder Bildschirmgrößen anzupassen. Zahlreiche Layout-Container gehören zum Lieferumfang und können unmittelbar eingesetzt werden. — Layout-Container

Darunter befinden sich auch einige, die vom Benutzer größenmäßig verändert werden können. Alle Container lassen sich an die Fenstergröße anpassen. Ggf. werden Scrollbalken angezeigt.

Der folgende Programmausschnitt zeigt, wie Sie ein Canvas-Element definieren können: — Beispiel

```
var canvas = new qx.ui.container.
        Composite(new qx.ui.layout.Canvas);
canvas.add(new qx.ui.form.Button("Canvas-Objekt"),
{
  left: 20, top: 20
});
```

Um komplexe Oberflächen zu generieren, können mehrere Container ineinander verschachtelt werden.

Qooxdoo ermöglicht auch die Ereignisbehandlung. Das *Framework* unterstützt zahlreiche Ereignisse, welche Sie überwachen können. — Ereignisbehandlung

Hier wird ein JavaScript-Dialog angezeigt, wenn der Benutzer auf den Button klickt: — Beispiel

```
var btn = new qx.ui.form.Button("Hier klicken");
var win = this.getRoot();
win.add(btn, {left: 50, top: 150});
btn.addListener("execute", function(e)
   {
     alert("Event ausgelöst");
   });
```

12 Effizienz **

Verglichen mit anderen Programmiersprachen wird JavaScript-Code sehr langsam verarbeitet. Durch das Vermeiden von globalen Variablen, Einsatz von Hilfsvariablen, Minimierung von DOM-Zugriffen, Verzicht auf eval() und with, Verwenden von children anstelle von childNodes sowie das Reduzieren von *Repaints* und *Reflows* ist oft eine Laufzeitverkürzung um über 50 % möglich.

Nicht alle hier gemachten Aussagen treffen auf jeden Browser und die verwendete JavaScript-Implementierung zu. Es wird jedoch versucht, Anhaltspunkte für Optimierungsmöglichkeiten zu geben.

Es ist in den meisten Fällen sinnvoll, JavaScript-Code, auch wenn er keine technischen und logischen Fehler aufweist, auf seine Effizienz hin zu überprüfen und zu optimieren. Als Ziel müssen aufwendige Operationen vermieden werden und es gilt, die Anzahl der Rechenoperationen zu minimieren. — *Code optimieren*

Ineffizienter JavaScript-Code führt häufig zu erheblichen Performance-Einbußen. Überflüssige Codezeilen und nicht optimierte Codesegmente bremsen ein Script aus. Sie verursachen zusätzlichen Rechenaufwand.

Schon bei der Deklaration von Variablen können Sie als JavaScript-Programmierer zur Effizienz Ihres Codes beitragen. Nicht nur Namenskonflikte lassen sich auf diese Weise vermeiden. Da globale Variable im gesamten Script verfügbar sind, befinden sie sich während der gesamten Ausführungszeit im Arbeitsspeicher. Bei jedem Zugriff auf eine globale Variable muss der Namensraum vollständig durchsucht werden. Das ist eine ziemlich zeitintensive Angelegenheit. — *Globale Variable*

Lokale Variable dagegen werden nach dem Beenden einer Funktion aus dem Speicher entfernt bzw. zum Überschreiben freigegeben *(Garbage Collection)*. — *Garbage Collection*

Lese- und Schreibzugriffe erfolgen auf lokale Variable um ein Vielfaches schneller, als dies bei globalen Variablen der Fall ist. Die Anzahl der globalen Variablen sollte also grundsätzlich möglichst gering gehalten werden.

Bei der Code-Erstellung gibt es für JavaScript-Programmierer erhebliches Optimierungspotenzial. Zum Beispiel wird beim Einsatz der with-Anweisung durch den Interpreter grundsätzlich ein zusätzlicher Namensraum angelegt. Die Suche nach Namen innerhalb dieses Namensraumes verursacht unnötigen Zeitaufwand. Aus Performance-Gründen sollte man nach Möglichkeit daher auf die Verwendung von with-Konstruktionen verzichten. — *with*

12 Effizienz **

Wenn Sie mehrfach auf dasselbe Objekt zugreifen müssen, erspart Ihnen with zwar Schreibarbeit, es arbeitet allerdings ineffizient. Zwecks Laufzeitoptimierung sollten Sie hier eine Hilfsvariable anstelle von with verwenden.

Beispiel 1a

Häufig sollen einem Element mehrere Eigenschaften zugewiesen werden. Unter Verzicht auf with könnte der Code dazu wie folgt lauten:

```
document.getElementById("btn").onclick=f;
document.getElementById("btn").onmouseup=g;
document.getElementById("btn").ondblclick=h;
```

Diese Lösung ist nicht ressourcenschonend, denn bei jeder Zuweisung muss der Interpreter hier den gesamten DOM-Baum durchsuchen. Bei größeren Webseiten entsteht auf diese Weise ein enormer Rechenaufwand.

Wenn Sie die Referenz auf einen Elementknoten zunächst in einer Variablen speichern, reduziert sich die Verarbeitungszeit erheblich.

Beispiel 1b

Hier sehen Sie, wie Sie einem Objekt mehrere Eigenschaften auf effiziente Weise zuordnen können:

```
var btn = document.getElementById("btn");
btn.onclick=f;
btn.onmouseup=g;
btn.ondblclick=h;
```

Binden Sie die beiden Scripte jeweils in eine for-Schleife ein. Vergleichen Sie die Laufzeiten beider Scripte in verschiedenen Browsern bei 50, 100 und 200 Durchläufen bzw. Wiederholungen.

DOM-Zugriffe stellen überhaupt ein schwerwiegendes *Performance*-Problem dar, da die Core-Objekte von JavaScript und die DOM-Funktionalitäten, auf welche per JavaScript zugegriffen wird, bei den Browsern in jeweils unterschiedlichen lokalen Programm-Bibliotheken bzw. DLL-Dateien auf dem Client-Computer gespeichert sind. Der Aufruf von DOM-Methoden und der Zugriff auf DOM-Elemente per JavaScript erfolgt aus diesem Grund über browserinterne Schnittstellen.

children

Ein erheblicher Zeitgewinn ist schon zu verzeichnen, wenn Sie API-Eigenschaften anstelle von DOM-Funktionen verwenden. Da beispielsweise children verglichen mit childNodes weniger Elemente zurückgibt, ergibt sich hier ein erheblicher Performancegewinn.

White Spaces auf der HTML-Seite stellen standardgemäß zwar Textknoten dar, werden jedoch im children-Array nicht aufgeführt. children wird schneller als childNodes verarbeitet, im Regelfall etwa um das 3-fache. Ausnahme ist hier mal wieder der

Internet Explorer. Bei der Version 7 beispielsweise erfolgt die Verarbeitung durch `children` über 100 Mal schneller als es bei Verwendung von `childNodes` der Fall ist.

DOM-Funktionalitäten sind unabhängig voneinander in den einzelnen Browsern implementiert. Daher spielt hier Effizienz eine besondere Rolle – es besteht erhebliches Optimierungspotenzial.

Die folgenden Funktionen schreiben die Zahlen 1...5000 untereinander in einen HTML-Absatz.

Beispiel

```
function f1()
{
document.getElementById
("absatz").innerHTML = inhalt;
}

function f2()
{
  var inhalt = "";
  for (var zaehler = 0; zaehler <= 5000; zaehler++)
  {
    inhalt += zaehler + "\n";
  }
  for (var zaehler = 0; zaehler <= 5000; zaehler++)
  {
    document.getElementById("absatz").innerHTML = inhalt;
  }
}
```

Firefox 3.5 und auch der Internet Explorer 8 führen f2 beinahe 300 Mal so schnell aus wie f1. Grundsätzlich ist daher reinem JavaScript bzw. dessen Core-Objekten gegenüber dem Einsatz von DOM-Methoden und Zugriff auf Seitenelemente der Vorzug zu geben.

Scriptgesteuerte Änderungen und Zugriffe auf den DOM-Baum einer Webseite können zu extremer Speicherauslastung führen. Insbesondere ist häufige Verwendung von Schreibzugriffen durch die DOM-Eigenschaften `textContent`, `outerText`, `outerHTML`, `innerText` und `innerHTML` ineffizient – sie erweist sich als ressourcen- und zeittechnisch problematisch. Die Ursache für diesen Sachverhalt besteht in der hohen Anzahl *Reflows* und *Repaints*.

Knoten-Manipulation

Das Entfernen von Elementen, welchen ein *Event-Handler* zugeordnet ist, wird von manchem Browser nicht korrekt durchgeführt. Zwar verschwindet das Element aus dem DOM-Baum, jedoch bleibt der *Event-Handler* in diesem Fall weiterhin aktiv. Dies kann zu erheblichem Performance-Rückgang führen. Aus diesem Grund sollten vor dem Entfernen eines DOM-Knotens zunächst sämtliche zugeordnete *Event-Handler* deregistriert werden.

Event-Handler

Zwar erfolgt die Verarbeitung von innerHTML deutlich schneller als der Aufruf von DOM-Methoden, allerdings empfiehlt sich auch hier ressourcenschonende Programmierung.

Falls es möglich ist, sollten Operationen durch reines JavaScript durchgeführt und auf den Zugriff auf externe Eigenschaften und Methoden weitgehend verzichtet werden. Oft können String-Methoden dasselbe leisten, sodass der Zeitaufwand für die Skriptausführung sich erheblich reduziert.

Beispiel

Die folgende for-Konstruktion ist in mehrerlei Hinsicht ineffizient:

```
for (var zaehler = 0; zaehler < arr.length; zaehler++)
{
   liste.innerHTML += "<li>" + arr[zaehler] + "</li>";
}
```

Einerseits muss die Länge des Array bei jedem Schleifendurchlauf neu ausgewertet werden. Dies ist spätestens dann problematisch, wenn die Struktur des Array durch das Script verändert wird. Außerdem wird bei jedem Durchlauf der for-Schleife die innerHTML-Eigenschaft der Liste verändert.

Eine erhebliche Verbesserung stellt die folgende Konstruktion dar:

```
var l = arr.length;
var str = "";
for (var zaehler = 0; zaehler < l; zaehler++)
{
   str += "<li>" + arr[zaehler] + "</li>";
}
liste.innerHTML = str;
```

Hier erfolgt lediglich ein einziger DOM-Zugriff.

Auch beim Zugriff auf die Attribute von DOM-Knoten sowie bei Layout-Änderungen ist *Performance* ein sensibles Thema.

Beispiel

Durch die folgenden Codezeilen können Sie einem Seitenelement mehrere CSS-Eigenschaften zuweisen:

```
var obj = document.getElementById("absatz");
obj.style = "color:red;";
obj.style = "text-align:right;";
obj.style = "font-weight:900;";
```

Wie schon in den vorangegangenen Beispielen führt auch in diesem Fall die Verwendung einer zusätzlichen Variablen zu einer erheblich verkürzten Laufzeit des Scriptes:

```
var layout = "color:red;" + "text-align:right;" +
             "font-weight:900;";
obj.style = layout;
```

Da der JavaScript-Interpreter sowohl das Objekt als auch die Eigenschaft nur einmal suchen muss, ist auf diese Weise eine erhebliche Effizienzsteigerung zu verzeichnen. Der Zeitgewinn wird noch größer, falls die einzelnen Strings vor ihrer Zuweisung zur Objekteigenschaft dynamisch erzeugt werden müssen.

Vergleichen Sie die Laufzeit beider Skripte in verschiedenen Browsern.

Die objektunabhängige Funktion eval() ermöglicht es, komplexe Berechnungen durchzuführen. Außerdem können Sie der Funktion eval() auch Strings übergeben, welche dann als JavaScript-Code interpretiert werden. Die Funktion führt String-Operationen durch, wertet JavaScript-Ausdrücke unmittelbar aus und gibt deren Wert zurück.

eval()

eval() wird daher häufig zur Positionierung von Elementen auf der Webseite und auch für andere optische Effekte eingesetzt.

Dadurch, dass bei eval() verschachtelte Anführungszeichen zum Einsatz kommen, besteht allerdings erhöhte Fehleranfälligkeit, wie die folgende Codezeile zeigt.

Beispiel

```
eval(document.feld1.value+".style.color='red'; ");
```

Der Interpreter parst eine solche Programmzeile erst zur Laufzeit, kann sie daher nicht intern optimieren. Dies führt zur Erhöhung der Script-Laufzeit sowie zu unnötigem Ressourcenverbrauch, weshalb auf eval() möglichst verzichtet werden sollte.

Effizienter ist hier beispielsweise

```
document.getElementById(feld1.value).style.color = "red";
```

Häufig findet man Objektzugriffe innerhalb einer Schleife. Wann immer möglich, sollten Objekteigenschaften einmalig vor dem Abarbeiten der Schleife abgefragt werden.

Ein weiteres Beispiel für ineffizienten JavaScript-Code sehen Sie hier:

Beispiel

```
for (var zaehler = 0; zaehler < document.images.length;
        zaehler++)
{
   document.images[zaehler].src = "demo.gif";
}
```

Durch diese for-Schleife werden sämtliche Bilder einer Webseite ersetzt. Genau diese Aufgabe wird erheblich performanter durch den folgenden Code ausgeführt:

12 Effizienz **

```
var len = document.images.length;
for (var zaehler = 0; zaehler < len; zaehler++)
{
   document.images[zaehler].src = "demo.gif";
}
```

Auch beim Erzeugen von Objekten lässt sich die Effizienz deutlich steigern. Objekte können alternativ per Konstruktor oder durch ein Literal erzeugt werden. Hier stellt die Literalsyntax in zahlreichen Fällen die flexiblere und gleichzeitig effizientere Lösung dar. Literale sind also hinsichtlich ihrer Verarbeitungsgeschwindigkeit einem Konstruktor vorzuziehen.

Beispiel

Hier sehen Sie einige Literale:

```
var zahl = 7;
var str = "JavaScript";
var arr = [1, 2, 6];
var obj = {in:function(){}, out:function(){}};
```

Zwar geht die Verwendung der Literalsyntax manchmal zu Lasten der Übersichtlichkeit des Codes, bringt jedoch deutlichen Performancegewinn.

Repaint

Dank Ajax und DHTML verzichtet kaum eine moderne Webseite auf ansprechende Effekte. Wird zum Beispiel das Layout eines Elements geändert, so findet durch den Browser ein *Repaint* (das Neuzeichnen des Inhaltes der Seite) statt. Auch umfangreiche Änderungen einer Webseite im Browserfenster sind keine Seltenheit:

- Das Browserfenster wird vergrößert.
- Ein Element wird neu positioniert.
- Ein DOM-Knoten wird hinzugefügt oder entfernt.

Reflow

In derartigen Fällen muss der Browser ein *Reflow* durchführen bzw. die Struktur und damit den DOM-Baum der Seite aktualisieren. Nach dem *Reflow* findet eine vollständige Neuberechnung des Layouts der Seite statt *(Repaint)* und die Seite wird neu gezeichnet *(Rendering-Prozess)*.

Um keine Ressourcen zu verschwenden, sollten die durchzuführenden *Reflows* und *Repaints* auf ein Minimum reduziert werden. Durch den effektiven Einsatz von Methoden wie `appendChild()` oder Knoteneigenschaften wie `innerHTML` lässt sich die Anzahl der *Reflows* deutlich reduzieren.

Da Layout-Änderungen ein *Repaint* zur Folge haben, sollten möglichst viele Layout-Änderungen gleichzeitig durchgeführt werden. Folgendes Vorgehen ist hier sinnvoll:

1 Legen Sie scriptgesteuert eine neue CSS-Klasse an.

2 Fassen Sie möglichst viele Regeln in einem einzigen String zusammen.

Erst, wenn Sie einem Element oder einer Gruppe von Elementknoten die CSS-Klasse zuweisen, erfolgt einmalig ein *Repaint*.

Manchmal findet man ein Script wie das Folgende: *Beispiel*

```
var obj=document.getElementById("absatz");
obj.style.color = "white";
obj.style.backgroundColor = "black";
obj.style.border = "2px solid blue";
```

Notwendig sind hier mehrere DOM-Zugriffe. Auch muss der Browser in unmittelbarer Folge drei *Repaints* durchführen. Eine erhebliche Laufzeitverkürzung erreichen Sie durch das Anlegen einer CSS-Klasse:

```
<style type="text/css">
.spezial{
  color:white;
  background-color:black;
  border:2px solid blue;
}
</style>
```

Wenn Sie nun per

`document.getElementById("absatz").className = "spezial";`

die CSS-Klasse des Seitenelementes ändern, reduzieren sich die DOM-Zugriffe auf ein Minimum und es erfolgt lediglich ein einziges *Repaint*.

Zeitintensiv ist das Initialisieren einer Liste von Knoten, wie Sie beispielsweise bei Einsatz der folgenden arrayähnlichen Objekte/Eigenschaften ermittelt wird:

- `getElementsByTagName()[]`,
- `getElementsByClassName()[]`,
- `childNodes[]`,
- `attributes[]`,

Auch beim Arbeiten mit den vom JavaScript-Interpreter automatisch erzeugten Arrays `document.images[]`, `document.anchors[]`, `document.links[]` oder `document.forms[]` ergibt sich Optimierungspotenzial, da hier beinahe jede Änderung ein *Reflow* zur Folge hat.

Weitere Performancesteigerungen sind möglich, wenn Sie native Objekt-Methoden, wie etwa `Math.round()` anstelle von benutzerdefinierten Funktionen verwenden. Vordefinierte Objekt-Methoden sind sehr effektiv. Auch `switch`-Anweisungen und binäre Operatoren arbeiten äußerst effizient.

12 Effizienz **

In vielen Fällen bringt das Minimieren der Anzahl der notierten Anweisungen einen Zeitgewinn.

Beispiel

Beispielsweise wird
```
var wert = liste[zaehler];
zaehler++;
```
langsamer als
```
var wert = liste[zaehler++];
```
verarbeitet.

Bei der Variablendeklaration spielt Effizienz ebenfalls eine Rolle.

Beispiel

Die Zeilen
```
var x = 1;
var str = "Name";
var arr = [1, 2, 5];
```
werden langsamer verarbeitet als
```
var x = 1,
    str = "Name",
    arr = [1, 2, 5];
```

Weitere Optimierung ist hinsichtlich des Codeumfangs und der Positionierung von JavaScript-Code möglich:

- Wenn Sie JavaScript-Code grundsätzlich in externe Dateien auslagern, verkürzt sich die Ladezeit einer Webseite spätestens beim zweiten Öffnen durch den Benutzer. Grund dafür ist, dass der Browser lediglich die HTML-Datei erneut vom Webserver laden muss, die JavaScript-Datei jedoch aus seinem lokalen *Cache* lesen kann.
- Wenn sämtliche Scripte in einer einzigen Datei abgelegt sind, wird die Anzahl der Dateizugriffe minimiert.
- Die Ladezeit kann deutlich reduziert werden, wenn JavaScript-Programmierer möglichst kurze Variablennamen verwenden, auf überflüssige *White Spaces* verzichten und Kommentare entfernen.

Fazit: Code-Optimierung mit dem Ziel der Laufzeitverkürzung und der Verringerung der Ladezeit Ihrer Webseiten darf trotz leistungsfähiger Server und Anwendercomputer sowie 50 Megabit-Internet beim Webdesign nicht vernachlässigt werden.

13 Die Zukunft von JavaScript **

Die Weiterentwicklung von ECMAScript, HTML5 sowie neue API-Schnittstellen beeinflussen die Möglichkeiten von JavaScript erheblich.

Ein wichtiger Teil von JavaScript wird das `XMLHttpRequest`-Objekt bleiben, die Schnittstelle zur Ajax-Technik. Dieses Objekt ermöglicht JavaScript, per HTTP Anfragen an den Webserver zu senden, von welchem die Webseite geladen wurde. In Verbindung mit DOM-Scripting bzw. DHTML ist es Webanwendungen damit möglich, während der Anzeige einer Webseite Daten vom Webserver zu ermitteln und in das aktuell im Browserfenster dargestellte HTML-Dokument zu übernehmen.

ECMAScript wird wie bisher die Basis von JavaScript sein. Es definiert die Syntax, Core-Objekte, Datentypen und die exakte Verarbeitung. Da typische clientseitige JavaScript-Objekte wie `window` und `document` nicht Teil von ECMAScript sind, sie gehören zur Laufzeitumgebung, ist ECMAScript auf keine bestimmte Plattform eingeschränkt und daher vielseitig einsetzbar.

Rolle von ECMAScript

ECMAScript 5 ist die Weiterentwicklung von ECMAScript 3. Allerdings besitzen die neuen Möglichkeiten von ECMAScript 5 noch kaum Bedeutung, da sie durch die Browser bisher nur minimal unterstützt werden.

ECMAScript 5

Das neue ECMAScript wird abwärtskompatibel zum Vorgänger sein und es wird auch das **JSON**-Format unterstützt. Zum Auswerten bzw. Parsen von Objekten ersetzt `JSON.parse()` die veraltete Funktion `eval()`, welche bisher ein erhebliches Sicherheitsrisiko bedeutete.

ECMAScript 4 wurde nie veröffentlicht. Über 10 Jahre nach der Veröffentlichung von ECMAScript 3 gibt es nun mit ECMAScript 5 außerdem zahlreiche neue Methoden, durch welche Sie Einfluss darauf nehmen können, inwiefern ein ganzes Objekt, dessen Eigenschaften und auch Methoden statisch oder dynamisch sind. Hier sind beispielsweise `seal()` und `freeze()` zu nennen. `seal()` kann Objekte versiegeln, sodass deren bereits existierende Eigenschaften erhalten bleiben und dynamisch geändert werden können, jedoch das Hinzufügen zusätzlicher Attribute nicht möglich ist. Durch `freeze()` können Sie Objekte einfrieren, sodass ausschließlich bisher existierende Eigenschaften mit dem jeweiligen Objekt verwendbar sind und diese nicht geändert werden können.

Um abzufragen, inwiefern ein Objekt durch `seal()` oder `freeze()` geschützt ist, sieht hier der ECMA-Standard die neuen Methoden `isSealed()` und `isFrozen()` vor:

13 Die Zukunft von JavaScript **

```
var obj = new Object();
var result = [Object.isFrozen(obj),Object.isSealed(obj)];
alert("Objekt ist eingefroren    " + result[0] +"/n"
    + "Objekt ist versiegelt      " + result[1]);
```

Erstellen von Widgets

JavaScript wurde anfangs nur für kleine in Webseiten eingebettete Programme und Funktionen verwendet. Mit ECMAScript 5 wird JavaScript einsatzfähig für die Entwicklung großer Anwendungen: U. a. wird die Entwicklung von **Widgets** sowie serverseitigen Webanwendungen mit JavaScript möglich.

Sicherheit

Mit ECMAScript 5 sind erhebliche Verbesserungen der Sicherheit verbunden. Durch die Anweisung `use strict;` lässt sich verhindern, dass in einer JavaScript-Funktion oder einem ganzen `<script>`-Bereich kritischer Code ausgeführt wird. Der JavaScript-Interpreter wird in einen *Strict Mode* versetzt. So moniert er beispielsweise undeklarierte Variable (`ReferenceError`). Ein unerlaubtes Konstrukt wie `with{}` erzeugt einen Syntaxfehler.

Kritischer Code verursacht einen Ausnahmefehler *(Exception)*. Beispielsweise kann innerhalb eines Objektliterals nun nicht mehr dieselbe Eigenschaft mehrfach aufgeführt werden.

Im *Strict Modus* können durch `eval()` keine globalen Variablen mehr definiert werden. Durch

```
eval("var bool = false;");
```

wird nun eine Variable erzeugt, welche lediglich im Kontext von `eval()` Gültigkeit besitzt.

Durch **Metaprogrammierung** lassen sich in dieser Betriebsart die Zugriffsrechte von eigenen Objekten und Eigenschaften detailliert steuern. Objekte können umgekehrt vor dem Zugriff durch andere Scripte geschützt werden. Per `use strict;` wird ein Script abgekapselt, sodass kritische Anweisungen einen Programmabbruch auslösen. Auf diese Weise lässt sich die Einhaltung von aktuellen Standards erzwingen und damit eine höhere Softwarequalität erreichen.

Zugriff auf das Dateisystem

Durch eine neue Schnittstelle zum Dateisystem wird es u. a. per JavaScript möglich,

- Dateien aus JavaScript-Objekten zu erzeugen,
- Datei-Eigenschaften abzufragen,
- Datei-Operationen durchzuführen.

Die verschiedenen Methoden zum Splitten, Zusammenführen, Ausschneiden usw. werden asynchron arbeiten.

HTML5

Zu HTML5 gehört nun neben dem HTML-DOM auch das *Browser Object Model* (BOM) – die Objekte der JavaScript-Umgebung. Einst proprietäre JavaScript-Techniken werden neu standardisiert. Durch den HTML5-Standard werden die JavaScript-Schnittstellen der Browser im Detail festgelegt.

Mit HTML5 sollen als Ergänzung zu Ajax bzw. dem XMLHttpRequest-Objekt weitere Scripting-Schnittstellen eingeführt werden:

Neue Schnittstellen

- **Canvas** (Vektorgrafik)
- Die neuen Storage-Objekte localStorage und sessionStorage ermöglichen lokale Datenspeicherung in größerem Umfang, als es bisher bei Verwendung von *Cookies* möglich war. Derartige persistente clientseitige Speichertechniken bilden die Basis umfangreicher Webanwendungen, welche keine durchgehende Anbindung an das Internet benötigen.
- Das WebSockets-Objekt bietet eine neue Kommunikations-Schnittstelle. Das WebSockets-Protokoll ws ermöglicht es dem Server, aktiv Inhalte an einen Client zu senden. Auf diese Weise wird direkte bidirektionale Kommunikation zwischen Client und Server möglich. Anwendungen wie Chat, Instant Messaging und gemeinsames Arbeiten an Dokumenten werden so realisierbar.
- Das Geolocation-Objekt zur Übermittlung von GPS-Daten an den Webserver wird zunehmend unterstützt.

Web Workers (mehrere gleichzeitig verarbeitete JavaScript-*Threads*) werden die Ausführung von JavaScript deutlich beschleunigen.

Web Workers

Durch WebGL sowie Canvas und dessen JavaScript-Schnittstelle werden sich für JavaScript-Programmierer völlig neue Möglichkeiten ergeben: Vektorgrafiken, Zeichnungen, Animationen und 3D-Rendering.

WebGL

Die Abhängigkeit von einer permanenten Internetverbindung wird dank *Cache Manifest* zunehmend geringer. Die Unterschiede zwischen Desktopanwendungen und Webanwendungen gehen weiter zurück.

Offline-Anwendungen

Die Entwicklung browserübergreifender Scripte wird erheblich einfacher, JavaScript-*Frameworks* werden mit zunehmender HTML5-Unterstützung viel effizienter.

Verbesserte Frameworks

Wie jedes JavaScript-Sprachkonstrukt ist auch das XMLHttpRequest-Objekt bzw. jede Ajax-Anwendung an das Sicherheitskonzept der *Same Origin Policy* gebunden. Durch die neue Technik *Cross-Origin Resource Sharing* (CORS) lassen sich einzelne HTTP-Ressourcen freigeben, welche nicht auf einen Server bzw. eine Domäne eingeschränkt sind. Hierfür wurden spezielle HTTP-Header wie Access-Control-Allow-Origin: * definiert.

CORS

Chats und Live-Ticker werden deutlich von den neuen Möglichkeiten der Kommunikation in Echtzeit profitieren.

Echtzeit-Kommunikation

Browser werden durch Entwicklungswerkzeuge erweitert, welche klassisches *Debugging* (Haltepunkte, Einzelschritt-Verarbeitung sowie das Untersuchen von Objekten und Variablen) zulassen. Auch *Performance*-Messungen bei DOM-Änderungen und CSS-Rendering werden möglich.

Das klassische DHTML mit *Event-Handling*, DOM-Manipulation, *Timeouts*, dynamischen Änderungen der angezeigten Seite und asynchroner Datenübertragung zwischen Browser und Webserver wird weiterhin den Großteil aller JavaScript-Anwendungen ausmachen. Universelle *Frameworks* wie jQuery werden den Zugriff auf die neuen API-Funktionalitäten deutlich vereinfachen.

Glossar

ActiveX
Von Microsoft entwickelte Schnittstelle, über welche sich in den Internet Explorer andere Anwendungen (beispielsweise Flash oder Quicktime) integrieren lassen. ActiveX-Steuerelemente bzw. ActiveX-Controls sind binäre, sprachunabhängige Komponenten, über welche sich unter anderem Multimediadateien in eine Webseite einbinden lassen. Allerdings ist mit der Verwendung von ActiveX-Steuerelementen ein hohes Sicherheitsrisiko verbunden, da diese über uneingeschränkten Zugriff auf das Client-Betriebssystem verfügen. ActiveX ist von Microsoft speziell für Windows-Betriebssysteme entwickelt worden. Unter anderen Betriebssystemen wie Linux oder MacOS findet es keinerlei Anwendung. Bei Firefox und anderen Browsern kommt das *Netscape PlugIn Application Programming Interface* (NPAPI) zum Einsatz, welches ähnliche Funktionen wie ActiveX zur Verfügung stellt.

API *(Application Programming Interface)*
Programmierschnittstelle, die ein Softwaresystem anderen Anwendungssystemen zur Anbindung an das eigene System zur Verfügung stellt. Im Zusammenhang mit HTML und XHTML ist das DOM, das den dynamischen Zugriff auf Webseiten erlaubt, ein wichtiges API.

Application-Cache *(application cache)*
Lokaler Speicher eines Webbrowsers auf dem Clientsystem der die Speicherung von Ressourcen einer Website ermöglicht. Der Speicherort des Application-Caches variiert von System zu System und ist vom verwendeten Betriebssystem und dem Webbrowser abhängig.

ASCII *(ASCII; American Standard Code of Information Interchange)*
Genormter 7-Bit-Zeichensatz (128 Positionen) zur Darstellung von Ziffern, Buchstaben, Sonderzeichen und Steuerzeichen (siehe auch Latin und Unicode).

Auswahl *(selection)*
Ausführung von Anweisungen in Abhängigkeit von Bedingungen. Man unterscheidet die einseitige, die zweiseitige und die Mehrfachauswahl. (Syn.: Verzweigung, Fallunterscheidung)

Bit *(bit; binary digit)*
Binärzeichen, das nur jeweils einen von zwei Zuständen darstellen bzw. speichern kann, z. B. Null oder Eins. Acht Bits fasst man zu einem Byte zusammen.

Bytecode
Der Bytecode ist eine Sammlung von Befehlen für eine virtuelle Maschine. Bei Kompilierung eines Quellprogramms mancher Programmiersprachen, z. B. Java, oder Umgebungen wird nicht direkt Maschinencode, sondern ein Zwischencode, der Bytecode, erstellt. Dieser Code ist in der Regel unabhängig von realer Hardware und im Vergleich zum Quelltext oft relativ kompakt.

Cache *(cache)*
Ein *Cache* ist ein temporärer Zwischenspeicher in Computern, der benutzt wird, um Informationen, auf die öfter zugegriffen wird, schneller wieder zu erhalten, als sie von der Ursprungsquelle neu zu holen. Webbrowser speichern Webseiten, die vom Internet heruntergeladen wurden, auf der Festplatte zwischen, um sie bei einem erneuten Aufruf der URL schneller anzeigen zu können.

Canvas
Canvas (»Leinwand«) ist eine Schnittstelle zum Erstellen von Bitmapgrafiken per JavaScript. Das <canvas>-Element steht als Teil des HTML5-Standards in den aktuellen Browsern zur Verfügung. Die Möglichkeiten von <canvas> bestehen u. a. darin, Bilder zu zeichnen, zu drehen, zu skalieren und sie pixelgenau zu ändern.

Cookies
Cookies sind kleine Dateien, in welchen eine Webseite Benutzerinformationen auf der Festplatte eines Computers speichert. Das Cookie hat die Aufgabe, die Webseite zu benachrichtigen, wenn man sie erneut aufruft. Es enthält oft Anmeldedaten für die automatische Identifizierung.

CSS *(CSS;* cascading style sheet*)*
Zusatzsprache zu HTML und XHTML, die es ermöglicht, CSS-Stilvorlagen für HTML- und XHTML-Elemente zu formulieren.

DHTML
Bei Dynamischem HTML – seit einigen Jahren auch als DOM-Scripting bezeichnet – geht es darum, Webseiten mit interaktiven Elementen zu erstellen. Es handelt sich um die kombinierte Anwendung von HTML, CSS und JavaScript. DHTML eignet sich, um vollständige Web-Anwendungen zu erstellen.

Digitale Signatur
Mit elektronischen Informationen verknüpfte Daten, mit denen man den Unterzeichner bzw. Signaturersteller identifizieren und die Integrität der signierten elektronischen Informationen prüfen kann. Die elektronische Signatur erfüllt den gleichen Zweck wie eine eigenhändige Unterschrift auf Papierdokumenten.

Document Object Model *(DOM;* Document Object Model*)*
Das *Document Object Model* (DOM) ist eine vom W3C definierte Spezifikation einer Schnittstelle für den Zugriff auf HTML- oder XML-Dokumente. DOM definiert für diese Dokumente eine Baumstruktur und eine Reihe von Methoden zum Zugriff auf diese Struktur und deren Elemente bzw. zu deren Manipulation. Es werden vier Standardisierungsebenen (DOM Level 0 bis DOM Level 3) unterschieden.

ECMA
Die ECMA *(European Computer Manufacturers Association)* ist ein Gremium, in welchem die europäischen Computerhersteller zusammengeschlossen sind, um Entwürfe für Industrienormen der IT auszuarbeiten. Diese Entwürfe werden von der ECMA an die nationalen Normungsgremien zur Verabschiedung weitergegeben. Die ECMA hat viele der bestehenden ISO-Standards zum großen Teil mitentwickelt. Die Mitglieder sind europäische Computerhersteller. Es werden Standards für IT-Systeme und Kommunikationsprotokolle entwickelt. Die von der ECMA verabschiedeten Standards werden vielfach in IEC-Standards und ISO-Standards sowie in ITU-T-Empfehlungen übernommen. Somit besitzt die ECMA einen erheblichen Einfluss auf die internationale Normung. Die ECMA wurde 1961 gegründet und hat ihren Sitz in Genf/Schweiz.

Event-Handling
Bedeutet bei Webseiten die programmgesteuerte Reaktion auf Ereignisse im Browserfenster.

Fehlerkonsole
Kommunikationsschnittstelle zwischen Browser und Benutzer, in welcher Fehler aufgelistet sind, welche auf zuvor geladenen Webseiten aufgetreten sind. Auch Mitteilungen und Warnungen stellt der Browser in der Fehlerkonsole dar. Je nach Browser lassen sich die Eintragungen in der Fehlerkonsole

hinsichtlich der betroffenen Sprache (z. B. HTML, CSS oder JavaScript) und auch nach ihrer Art (Warnung, Hinweis, Fehler, usw.) filtern.

Frame *(frame)*
Rechteckige Fensterbereiche – *Frames* oder *Frame*-Fenster genannt – innerhalb des Anzeigebereichs eines Web-Browsers. *Frames* erlauben es, den Arbeitsbereich eines Web-Browsers in Bereiche zu gliedern. Sie werden oft dazu verwendet, um Navigations- und Inhaltselemente in getrennten *Frame*-Fenstern anzuzeigen, um z. B. die Navigationselemente immer an der gleichen Stelle zu positionieren, während sich die Inhaltselemente verändern. (Syn.: Rahmen, HTML-Frame, HTML-Rahmen)

Framework *(Framework)*
Programmgerüst bzw. Programmrahmen, das den Programmierer bei der Anwendungsentwicklung unterstützt und ihm eine Reihe von Aufgaben abnimmt. Hier ist der Rahmen der Anwendung bereits programmiert. Damit ist gemeint, dass bestimmte Aufgabenstellungen, die in vielen Anwendungen benötigt werden, hier bereits implementiert sind. Außerdem ist der grobe Aufbau der Anwendung (also der Rahmen) meist bereits durch das *Framework* vorgegeben. (Syn.: Rahmenwerk)

Funktion *(function)*
Eine Funktion besitzt einen Namen, Funktionsparameter und einen Rückgabewert. Besitzt eine Funktion keinen Rückgabewert, wird sie auch als Prozedur bezeichnet. Eine Funktion besteht aus Funktionskopf und Funktionsrumpf.

Google Maps
Google Maps ist ein Webdienst von Google, welcher Karten sowie Informationen zu Unternehmen und Dienstleistern vor Ort bietet. Unternehmensstandorte, Kontaktinformationen und Routenpläne können ebenfalls abgerufen werden. Zu den Funktionen von Google Maps zählen integrierte Suchergebnisse für Unternehmen, frei verschiebbare Karten, Satellitenbilder, Straßenansicht, detaillierte Routenpläne, Zoomfunktion per Doppelklick und Mausrad.

HTTP *(HTTP*; Hypertext Transfer Protokoll*))*
Standardprotokoll, mit dem Webseiten vom Webserver zum Webbrowser übertragen werden. HTTP ist ein *zustandsloses* Protokoll. Nach jeder Anfrage und der zugehörigen Übertragung der Webseite an den Webbrowser wird die Verbindung vom Client zum Server wieder getrennt. HTTP hat sich bei der Übertragung von HTML- und XHTML-Seiten als Standard etabliert.

HTTPS
HTTPS steht für *Hypertext Transfer Protocol Secure* (sicheres Hypertext-Übertragungsprotokoll). Es definiert eine zusätzliche Schicht zwischen HTTP und TCP für eine sichere Datenübertragung, HTTPS dient zur Verschlüsselung und zur Authentifizierung der Kommunikation zwischen Webserver und Browser. Da unverschlüsselte Datenströme per HTTP als Klartext übertragen werden, sind sie gegen Abhören nicht gesichert. Die zunehmende Verbreitung von unverschlüsselten frei zugänglichen Funknetzwerken hat zu vermehrtem Einsatz von HTTPS geführt, da dieses die übertragenen Daten unabhängig von der Übertragungstechnik (Funk, Kabel, ...) verschlüsselt. Die Verschlüsselung per HTTPS kann ohne die Installation spezieller Software durch jeden internetfähigen Computer genutzt werden. Die HTTPS-Kommandos sind identisch mit denen von HTTP. Sowohl die Authentifizierung als auch die ergänzende asymmetrische Verschlüsselung der übertragenen Daten erfolgt durch SSL *(Secure Sockets Layer)*.

Glossar

IDE
Eine integrierte Entwicklungsumgebung (IDE, *integrated development environment* oder *integrated design environment*) ist ein Softwaresystem zur Entwicklung von Software. Integrierte Entwicklungsumgebungen enthalten Texteditor, Compiler bzw. Interpreter, Linker, Debugger, Quelltextformatierungsfunktion. Umfangreichere integrierte Entwicklungsumgebungen enthalten oft weitere Komponenten wie Versionsverwaltung, Projektmanagement oder die Möglichkeit der einfachen Erstellung von grafischen Benutzeroberflächen. Meist wird nur eine Programmiersprache unterstützt. Es gibt aber auch Anwendungen, die mehrere spezielle IDEs unter einer gemeinsamen Benutzeroberfläche zusammenfassen.

Internet-Provider
Internet-Provider und *Internet Service Provider* (ISP) sind unternehmerische Anbieter von Diensten und technischen Leistungen, die für die Nutzung oder den Betrieb von Inhalten und Leistungen im Internet erforderlich sind. Diese bieten z. B. einen Internetzugang an. Die verschiedenen Provider unterscheiden sich in Bezug auf ihre Leistungen und ihre Netzinfrastruktur. Ein Telekommunikationsanbieter besitzt häufig die Funktion eines *Internet Service Providers*. Dieser besitzt oft ein eigenes Telefonnetz und bietet z. B. DSL-Internetzugänge über die Telefonleitung an.

Interpreter *(interpreter)*
Analysiert Anweisung für Anweisung eines Programms und führt jede analysierte Anweisung sofort aus, bevor er die nächste analysiert. Im Gegensatz zu einem Compiler wird kein Maschinencode erzeugt und abgespeichert. Interpreter werden für Makrosprachen und Skriptsprachen (z. B. Perl, JavaScript, VBScript) eingesetzt.

Java Virtual Machine
JVM ist eine virtuelle Maschine, die plattformunabhängige Anwendungen ermöglicht. Nach der Installation der JVM lassen sich systemweit Java-Programme ausführen. Die Plattformunabhängigkeit wird in Java durch das Zusammenspiel zweier Programme gelöst: den Compiler, welcher den Quellcode (die .java-Dateien) in Bytecode (die .class-Dateien), übersetzt, und einen Interpreter, die *Virtual Machine*. Die *Virtual Machine* ist ein Programm, das auf der Zielplattform installiert ist und den Java-Bytecode ausführt. Die virtuelle Maschine ist somit das einzige Element von Java, das von der Rechnerplattform abhängig ist. Die Plattformunabhängigkeit kommt dadurch zustande, dass es für nahezu jede Plattform Interpreter bzw. eine JVM gibt.

JIT-Compiler
(Just-In-Time Compiler) JIT-Compiler übersetzen Quellprogramme zur Laufzeit und nach Bedarf, so dass eine schnellere Ausführung direkt im Prozessor stattfinden kann.

JSON
Ein äußerst kompaktes Datenformat, in welchem JavaScript-Code zwischen Client und Server übertragen wird.

Latin *(Latin)*
Genormter 8-Bit-Zeichensatz (256 Positionen), der den ASCII-Code um 128 Positionen erweitert. Latin-1 deckt westeuropäische Sprachen ab.

Malware *(malicious software)*
Oberbegriff für unerwünschte Software, die schädigende Funktionen ausführt und die Sicherheit eines Computersystems gefährdet. Dazu gehören verschiedene Viren (Dateiviren, Makroviren, Bootviren), *Backdoors*, Trojaner, Würmer und andere bösartige Software, welche vertrauliche Daten ausspioniert und unbemerkt versendet.

Glossar

Metaprogrammierung
Erstellung von Programmcode, welcher anderen Programmcode erzeugt. Im einfachsten Fall ist die Ausgabe des erzeugenden Programmes selbst ein Programm. Einige Programmiersprachen stellen für die Metaprogrammmierung spezielle Techniken zur Verfügung. Das Makrosystem von LISP ist hier ein Paradebeispiel. Zur Metaprogrammierung gehört auch die Erstellung von (Client-)Javascript-Code durch serverseitige PHP-Scripte.

MIME-Typ
Steht für *Multipurpose Internet Mail Extensions*. MIME-Typen sind ein Webstandard, um Dateitypen anzugeben. MIME-Typen werden bei der Kommunikation zwischen Webserver und Browser eingesetzt. Sowohl der Webserver als auch der Browser verfügt über eine Liste mit ihm bekannten Dateitypen. In vielen Browsern ist das die Liste der »Helper Applications«. Beim Übertragen vom Server zum *Browser* wird über HTTP der MIME-Typ mit übertragen. Aufgrund seiner Liste mit MIME-Typen weiß der Browser, wie er die Datei zu behandeln hat.

Modaler Dialog *(modal dialog)*
Ein modaler Dialog muss beendet sein, bevor eine andere Aufgabe der Anwendung durchgeführt werden kann.

Modifikator
Optionaler Teil eines regulären Ausdrucks in JavaScript, welcher Einfluss auf das Ergebnis der Mustererkennung nimmt. Zu JavaScript gehören die Modifikatoren g, x, m und i.

Multitasking *(multitasking)*
Die zeitgleiche Ausführung mehrerer Anwendungen auf einem Computersystem.

Parser *(parser)*
Ein Parser ist eine Software, die Programme einer Programmmiersprache auf korrekte Syntax überprüft und die Programme in der Regel in eine neue Struktur umwandelt. Unter dem Verb »parsen« versteht man die Vornahme der Syntaxanalyse. (Syn.: Zerteiler)

Regulärer Ausdruck *(regular expression)*
Zeichenkette, welche der Beschreibung eines Teilstrings durch syntaktische Regeln dient. Reguläre Ausdrücke stellen oft ein Filterkriterium für Texte dar, indem der jeweilige reguläre Ausdruck in Form eines Musters mit dem Text abgeglichen wird. Mit Hilfe regulärer Ausdrücke lassen sich komplizierte Ersetzungen innerhalb eines Strings durchführen. Ein einzelner regulärer Ausdruck lässt sich ebenfalls als Schablone einsetzen, um Wörter zu erzeugen, welche einem vorgegebenen Muster entsprechen. (Abk.: RegExp)

RFC *(Request For Comments)*
Reihe von technischen und organisatorischen Dokumenten zum Internet. RFC-Beschreibungen werden meist zum allgemeinen Standard. RFC werden von der Organisation IETF verwaltet.

Scrolling
Vorgang, bei welchem man den Bildschirminhalt (per Scrollrad, Rollbalken auf einer Bildlaufleiste, Scrolltasten) nach links/rechts oder oben/unten verschiebt, um andere Inhalte sichtbar zu machen.

Syntaxfehler
Verstöße gegen die formale Grammatik einer Programmiersprache.

Thread *(thread)*
Ein *Thread* stellt einen Programmpfad im Adressraum eines Prozesses dar. Durch die quasi-parallele Ausführung mehrerer *Threads (Multithreading)* ist

die gleichzeitige Ausführung von mehreren Programmpfaden innerhalb desselben Prozesses möglich.

Unicode *(unicode)*
Genormter 16-Bit-Zeichensatz (65.469 Positionen), der die Schriftzeichen aller Verkehrssprachen der Welt aufnehmen soll. Wird in Java und ab Windows NT verwendet. (Abk.: UCS)

URL *((uniform resource locator)*
Im Web verwendete standardisierte Darstellung von Internetadressen; Aufbau: protokoll://domain-Name/Dokumentpfad.

Validator
Programm oder Webdienst, mit welchem sich überprüfen lässt, ob die verwendete Syntax korrekt bzw. einem Standard entsprechend angewendet wurde. Ein Validator zeigt eventuelle Fehler im Quellcode an und gibt Verbesserungshinweise. Mit Validatoren ist es auch möglich, eine Website auf Kompatibilität mit einem Browser zu überprüfen. Speziell beim JavaScript-Einsatz sind Browser wenig fehlertolerant.

Webhoster
Unternehmen, die Speicherplatz auf Webservern zu Vermietung bereitstellen. Der Webhoster stellt dabei im Normalfall gegen eine entsprechende Bezahlung seine Ressourcen (Leitungen, Speichervolumen, Rechnerleistung, Zugriffssoftware) zur Verfügung. Es gibt Angebote, die nur Speicherplatz für eine einfache Webpräsenz beinhalten. Diese sind teilweise kostenlos oder zu geringen Monatskosten erhältlich. Es gibt Webhosting-Pakete, welche auch den Einsatz von serverseitigem Scripting (etwa PHP oder Perl) unterstützen und zusätzlich noch ein Datenbanksystem wie MySQL zur Verfügung stellen. Außerdem gibt es Komplettangebote, welche bereits ein umfangreiches Web Content Management System wie Joomla oder Typo3 enthalten.

Webserver
Computer oder ein Programm der/das Clientanfragen weiterleitet und beantwortet und auch der Bereitstellung von Webseiten dient. Eine Website befindet sich also im Regelfall auf einem Webserver.

Widget
Kleines Computerprogramm, das nicht als eigenständige Anwendung ausgeführt wird, sondern in eine Benutzeroberfläche oder in eine Webseite eingebunden wird. Meist handelt es sich bei Widgets um Hilfsprogramme bzw. Softwarewerkzeuge. Manchmal werden Widgets auch als Gadgets oder Plug-Ins bezeichnet. Widgets benötigen eine Laufzeitumgebung (Widget-Engine), welche über eine Programmierschnittstelle Grundfunktionen und Ressourcen bereitstellt und deren Möglichkeiten beschränkt (Sandbox-Prinzip).

Wildcard
Englischer Fachbegriff (für die Spielkarte »Joker«) aus dem IT-Bereich für einen Platzhalter für beliebige andere Zeichen.

XML *(Extensible Markup Language)*
Die *Extensible Markup Language* (XML) ist eine Beschreibungssprache sowohl für Offline-Dokumente als auch für Webseiten. Sie dient dem Austausch strukturierter Informationen. Durch XML-Auszeichnungen wird der logische Aufbau eines Dokuments festgelegt. XML ist eine vom W3C standardisierte Metasprache.

Sachindex

A
ActiveX **30**, 31, 253
ActiveX-Objekt 30, 436
AddOn 59, 60, 62, 318
Ajax 41, 238, 439, 446, 453, 462, 467
Alphakonstante 402
alt=" Function()" 215
Apache 436
API **16**, 395
Application-Cache **278**
ASCII **70**
Aufrufstapel 55
Auswahl **100**
　　ein- und zweiseitig 100

B
Bezeichner 146, 147, 153
Binärdatei 28
Bit **15**
Blog 34
Boolean 119
break-Anweisung 108
BSD-Lizenz 60
Bubbling 385
Bytecode **44**

C
Cache **278**
call by value 198
Canvas **467**
Capturing 385
Chaining 445
Closure 206
CodeBurner 62
continue-Anweisung 108
Cookies **37**
Core-Objekte 288
CSS 27, **27**, 58, 61

D
Datenschutz 263
Debugger 61
Debugging 48, 468
DHTML 258, **284**, 434, 462, 465
Digitale Signatur 30
Document Object Model **38**
Document Object Model (DOM) **16**
DOM **289**, 336
DOM-Baum 28, 232, 316, 382, 399, 458
DOM 0 373
DOM 2 378
DOM 3 334
Domain 268
Dragonfly 57

E
ECMA **41**, **46**, 195, 206, 232, 465
Einzelschritt-Ausführung 55
Entity 335
Escape-Sequenz 195
Event-Handler 66, 374
Event-Handling **65**

F
Fallunterscheidung 100
Farbverlauf 408
Farbwinkel 403
Fehlerbehandlung 376
Fehlerkonsole 48, 56, **65**
Fehlersuche 61
Firebug 56, 57, 60, 316
Frame **41**
Frames 40
Frames **38**
Framework 447, 454
Framework **443**
Funktion **9**
Funktion, anonym 374
Funktionsliteral 197, 214, 371

G
Gültigkeitsbereich 221
Geltungsbereich 206
Geolocation 259
globale Variable 248
Google Maps **41**
GPS 258

H
Haltepunkt 55
Host-Objekte 288
Hover 203
hsl() 403
HTTP **42**, 61, 237, 465
HTTPS **269**

I
IDE **54**
Internet-Provider **37**
Interpreter **6**

J
Java Virtual Machine **44**
JIT-Compiler **36**
JScript 31, 57
JSON **435**, **465**

K
Kaskadierung 305
Kommentar 77
Kommentarknoten 336
Konstruktor 88, 116, 119, 121, 133, 172, 214, 400, 436, 462

L
Latin **15**
Laufanweisung 104
Laufzeitfehler 145, 234
Literal 92
Literalsyntax 121, 143, 462

M
Malware **40**
Manifest-Datei 280
Mehrfachauswahl 102
Metaprogrammierung **466**
MIME-Typ **20**
Modaler Dialog **249**
Modifikator **173**
Modifikator (RegExp) 179
Multitasking **231**

N
n plus 1/2-Schleife 107

O
OpenAjax Allianz 43
opener 252

P
Parser 20, **20**, 291, 335
Perl 436
Persistenz 212
PHP 436
PlugIns 58, 446, 447
PopUp 247
Port 235
Positionsdaten 260
Programmfehler 54
Prototyp 191

Pseudo-Klasse 315
Python 454

Q
Qooxdoo 454
Quelltextanalyse 61
Quirks-Modus 259

R
Referenz 212
Reflow 462
Regulärer Ausdruck **54**, **136**, **171**
Rekursion 211
Rendering 28, 396
Repaint 462
Replikator 172, 176
RFC **267**

S
Scripting Host 47
Scrolling **366**
Selektor 295, 312
Suchmuster 171
SVG 396
Syntaxfehler **53**

T
TCP 238
this 73, 389
Thread **232**
Threads **434**
Timeout 251
Tooltips 452

U
UDF 191
Unicode 25, **96**, 137, 195
URL **24**

V
Validator **52**
Variable
   explizit deklariert 81
   lokale 83
   undefiniert 81
VBA 151
VBScript 57
Venkman 57
Vererbung 305
Verlauf 265
Verzweigung 100
VML 396
void() 252

W
W3C 28, 230, 310, 395
Webhoster **37**
Webhosting 447
Webserver 27, 30, **37**, 61, 263, 267
WHATWG 230
Widget 445, 455
Widget **466**
Wildcard 171
Wrapper 139, 288
wss 238

X
XML **43, 435**
XMLHttpRequest-Objekt 42

Z
Zählschleife 104
Zeichnungskontext 400

Hochschulzertifikate

W3L.
web life long learning

Die FH Dortmund besitzt einen der größten und renommiertesten Fachbereiche Informatik. Ein qualifiziertes Hochschulzertifikat der FH Dortmund dokumentiert Ihnen und Ihrem Arbeitgeber, dass Sie eine hochwertige wissenschaftliche Weiterbildung durchgeführt haben.

Fachhochschule Dortmund
University of Applied Sciences and Arts

Wissenschaftliche Informatik-Weiterbildung Online
mit Hochschulzertifikaten der Fachhochschule Dortmund

Upgrade Your Knowledge

- Junior-Programmierer/in
- Anwendungsprogrammierer/in
- Web-Frontend-Programmierer/in
- Web-Entwickler/in
- Requirements Engineer
- Software-Architekt/in
- Software-Manager/in

Ihre Vorteile
- Sie können jederzeit beginnen.
- Sie können beliebig viele oder beliebig wenige Module belegen, je nach Vorkenntnissen, Finanz- und Zeitbudget - berufsbegleitend und flexibel.
- Sie werden durch qualifizierte Online-Tutoren persönlich betreut.
- Ein perfekt aufeinander abgestimmtes Modul-System erlaubt es Ihnen, Ihr Wissen gemäß Ihren beruflichen Anforderungen zu aktualisieren und zu erweitern.
- Zu jedem Modul erhalten Sie ein oder mehrere Lehrbücher, um auch offline ergänzend lernen zu können.

Fordern Sie noch heute unser kostenloses Infopaket an:
http://Akademie.W3L.de/Weiterbildung